本书获
_____

浙江省优秀研究生教学案例立项;

浙江工业大学首批创新团队项目、浙江工业大学研究生教材建设项目（项目编号：20190105）资助

求·是·书·系　新闻与传播硕士

丛书主编◎王哲平

创意城市与创意产业案例教程

GLOBAL CREATIVE CITIES AND

CREATIVE INDUSTRIES:

CASE STUDIES AND ANALYSIS

王哲平　苏永华—编著

ZHEJIANG UNIVERSITY PRESS

浙江大学出版社

图书在版编目（CIP）数据

创意城市与创意产业案例教程 / 王哲平, 苏永华编
著. —杭州：浙江大学出版社，2021.2
　（求是书系. 新闻与传播硕士）
　ISBN 978-7-308-21051-5

　Ⅰ. ①创… Ⅱ. ①王… ②苏… Ⅲ. ①城市文化—文
化产业—案例—研究生—教材 Ⅳ. ①G114

　中国版本图书馆 CIP 数据核字(2021)第 024178 号

创意城市与创意产业案例教程

王哲平　苏永华　编著

责任编辑	李海燕	
责任校对	孙秀丽　李栋林	
封面设计	雷建军	
出版发行	浙江大学出版社	
	（杭州市天目山路 148 号　邮政编码 310007）	
	（网址：http://www.zjupress.com）	
排　　版	杭州中大图文设计有限公司	
印　　刷	杭州高腾印务有限公司	
开　　本	710mm×1000mm　1/16	
印　　张	22	
字　　数	431 千	
版 印 次	2021 年 2 月第 1 版　2021 年 2 月第 1 次印刷	
书　　号	ISBN 978-7-308-21051-5	
定　　价	49.00 元	

前　言

　　当前,全球科技革命方兴未艾,数字经济蓬勃发展,产业结构快速调整,价值观念和文化形态也正经历着深刻的变化。在这一时代背景下,文化创意产业在世界经济社会发展中发挥着越来越重要的作用。城市和产业是文化的载体与容器,文化既涵养着城市的气质和形象,亦活化了产业的结构与功能。从创意城市和创意产业两个维度考察世界文化创意产业的赓续发展,或许可为我们提供一个既有活力又具张力的研究框架。

　　2004 年,联合国教科文组织创设"创意城市网络"(UNESCO Creative Cities Network, UCCN),意在突显创意作为可持续发展战略因素的价值,并借此促进全球各城市之间的紧密合作。一般而言,大凡称作创意城市的地方,必定在某一方面(或经济,或文化,或技术,或产业,或生活方式)具有独特禀赋和强劲实力,人才荟萃,特色鲜明。截至 2019 年底,这一网络已有 246 个城市加入,这些城市往往既创造过辉煌的物质文明成果,也贡献了杰出的文化艺术成就。以英国伦敦为例,作为全球创意中心,它不仅在 1829 年诞生了世界上第一辆公交汽车,在 1836 年通行了世界上首条郊区铁路(从伦敦到格林威治),在 1890 年运营了全球最早的地铁线路,在当代同样创造了为数不菲、令人叫绝的创意设计,如伦敦奥运会开幕式、性感巴士、花园桥等。再看法国巴黎,巴黎圣母院、埃菲尔铁塔、卢浮宫、凯旋门、塞纳河左岸则早已成为令世界各国游客神往的艺术殿堂或旅游胜地……类似的名单我们还可以开出一长串。

　　与传统产业物质资源消耗大、劳动力密集、经营粗放、外源型生产模式迥然不同的是,创意产业高度仰仗人的灵感与智慧的照亮,其生产模式可归属于内生型,具有突出的个性化、不可复制、无污染、高附加值的产业特征。也正因如此,进入 21 世纪以来,创意产业已成为世界上许多国家产业创新发展的一股重要力量和支柱型产业,创意实力亦成为衡量一个国家经济强弱的重要指标。2020 年 8 月,在胡润研究院公布的"全球独角兽企业国家分布"排行榜中,美国以 233 家位居榜首,中国以 227 家紧随其后,英国和印度以 24 家和 21 家分列第三位和第四位。这其中,中国占据了全球十大独角企业兽榜单中的 6 个席位,除蚂蚁集团和字节跳动以外，还有滴滴出行、陆金所、快手和菜鸟网络，而快手、菜鸟网络和加州大数据分析公司 Palantir 系首次进入全球十大独角兽企业榜单。这些异军突起的独角兽企业（许多从属于创意产业）启示我们，其存在的价值不仅在于它们创造了巨大的社会财富，更重要的是，它们引领并推动了当今世界经济发展方式的转变。

实践证明，创意城市与创意产业互为交融，相辅相成。创意城市的繁荣为创意产业的发展提供了必要前提条件，而创意产业的发展也进一步巩固和延续了创意城市的品牌影响。在创意城市和创意产业的交融互促中，创意阶层群体得以孕育发展并重塑着城市和产业的形态，影响着文化、工作方式和整个社会的发展。创意城市与创意产业或将是解决当代初露端倪的"新城市危机"的一剂良方，也为世界包容的可持续发展勾勒出未来图景。

《创意城市与创意产业案例教程》从"一城一品"的角度，撷取中外 15 个创意城市及其创意产业发展作为经典案例来源，围绕创意集群、创意内容、创意设计、创意活动、创意品牌、创意传播等方面进行有选择且具个性化的撰述，全面深入地考察文化创意城市与产业发展的内在规律和外在条件，既有宏观的环境透视，又有微观的对象把握，反映了时下文化创意产业实践的最新成果。

书中的每个案例包括案例内容和"思考、讨论、训练"题若干。有关创意城市案例的选取，以丰裕、惬意、人性为标准，而创意产业案例的选取，则以创新、灵活、多元为标尺。全部案例以适用于教学使用为原则，每个案例内容的写作体例，包括案例描述、案例分析、案例启示、延伸阅读或附录以及"思考、讨论、训练"题等。这些案例均适合教学使用，每章列出的"延伸阅读"资料和附录"创意城市和创意产业相关网址"可供学生深入学习时参考。

比较庆幸的是，本书即将付梓之际，得以忝列"浙江省研究生优秀教学案例"，同时还获"浙江工业大学专著与研究生教材出版"项目立项资助，在此需要对评审专家的慧眼与支持表达诚挚谢意。

对于书中作者力未能逮的讹误和疏漏，诚祈各位读者和方家不吝指正。

王哲平　苏永华

2020 年 8 月 8 日

目　录

第一章　世界创意之都——伦敦

一、案例描述

（一）英国：全球创意产业发展的"先行者"

英国是工业革命的发源地，也是世界上第一个资本主义国家。英雄迟暮的英国之所以能在全球化时代焕发光彩，成功转型，主要得益于其大力倡导并发展极具前景的创意产业。

"创意产业"的概念原创于英国。1993年，英国公布题为《创造性的未来》的文化发展战略，明确国家文化政策和战略规划，在各类文化艺术领域实践中确立"创造性"为核心思想，开拓出产业发展的一条新路径。

1997年，时任英国首相布莱尔为有计划地发展文化创意产业以振兴英国经济，将"国家遗产部"（Department of National Heritage）改组为文化媒体体育部（Department for Culture，Media and Sport，DCMS），设置创意产业工作组（Creative Industries Task Force），并亲自担任主席。

1998年英国颁布《英国创意产业路径文件》（*Creative Industries Mapping Document*），确立了"创意产业"概念，提出以"创造性"价值为导向推进创意产业发展的国家政策。在英国人看来，凡是基于个人创造力、技能和才华，通过知识产权的开发与运用而创造财富和就业潜力的行业，即为创意产业。根据这个定义，英国将广告、建筑、艺术和文物交易、工艺品、设计、时装设计、电影、互动休闲软件、音乐、表演艺术、出版、软件、电视广播等13个行业划为创意产业统计范畴。同年，"创意产业输出推广顾问团（CIEPAG）"成立，其职能体现在调查政府政策对创意产品出口效益的影响情况，向不同企业产品的出口提供咨询建议，协调签订出口市场协议，并帮助创意企业实施世界品牌战略等。[①]

进入21世纪，创意产业已经成为当今世界经济最具活力的产业之一。正

---

① 王哲媛.英国创意产业及其价值观国际传播的思考[J].对外传播，2019（2）：71—73.

如约翰·霍金斯曾在《创意经济》中所指出的,全世界创意经济每天创造 220 亿美元的财富,并以 5% 的速度递增。"随着全球化、信息化的发展,世界发达国家正步入后工业经济社会,面临着社会经济的全面转型,驱动经济的增长主导要素发生了结构性的变化,文化和人的创造力对经济发展的贡献率不断增加。"[①]从某种意义上说,正是全球化、信息化、网络化为创意产业的应运而生提供了丰饶的沃土。

作为全球创意产业发展的"先行者",英国政府在 2008 年《创意英国》报告中总结创意产业发展十周年时,不再以"产业为中心",转而关注"以人为中心",表明"英国现在转而关注那些试图独立思考并善于运用想象力的个体和组织"。[②] 2009 年发布的《数字英国》(Digital Britain)提出,要在数字时代将英国打造成全球创意产业中心,扩大数字内容的传播范围,并把数字产业在 2017 年正式交由 DCMS 管理。

实践证明,英国的创意产业发展成效十分显著。2017 年,英国文化创意产业国民增加值(GVA)达到 1015.3 亿英镑,相较于 2016 年增加了 7.1%。其中,伦敦地区占 51.4%,为 522.25 亿英镑,地区排名第一;东南部次之,占 16.7%,为 169.13 亿英镑。同时,文化创意产业国民增加值占全部产业增加值的比例也在逐年攀升,2010 年英国文化创意产业 GVA 占比为 4.64%,2017 年增加至 5.52%。[③] 如今的英国,从事创意产业的企业超过 10 万家,从业人员达 200 多万人,占英国就业总数的 8% 以上,居各产业之首。英国的创意产业每年为国家经济贡献高达 714 亿英镑,相当于平均每小时就有 800 万英镑入账,每年为英国国内生产总值贡献 8%～9% 的产值,创意产业的贡献率早已超过其老牌的金融业。[④]

(二)伦敦:全球创意城市的标杆

创意城市是指在全球竞争日趋激烈、资源环境约束日渐增强的背景下,地方城市从主要依赖自然客体资源的发展转向开发人类主体资源的发展,从主要依赖有形的、物质性硬要素转向充分利用无形的、文化性软要素的发展。[⑤] 自创意城市研究先驱 Charls Landry、Richard Florida、Peter Hall 等人提出文化创意城市的概念后,世界各国政府高度关注,并纷纷致力于城市创意要素和条件的

---

① [英]约翰·霍金斯.创意生态[M].北京:北京联合出版公司,2011:4.
② [英]约翰·霍金斯.创意生态[M].北京:北京联合出版公司,2011:6.
③ 张娜,田晓玮,郑宏扩.英国文化创意产业发展路径及启示[J].中国国情国力,2019(6):71—75.
④ 孙微,杨沙沙.创意经济,帮英国华丽转身[J].中国中小企业,2015(4):74—75.
⑤ 厉无畏.建设创意城市与发展会展业[J].国际经贸探索,2012,28(8):4—11.

积聚及创意能力的提升。

在后工业化的信息时代,如何让以机械制造业、煤矿开采业、金融业著称的国际化大都市转型发展,"旧貌换新颜",成为英国和伦敦政府亟待破解的难题。"1990 年代以来,英国政府对城市中的废弃老工业区实施城市更新,希望能重塑区域的物质环境、改善生活质量和提升经济活力。伦敦政府强调将文化策略作为伦敦城市更新的重要组成部分,在千禧年计划里,伦敦政府发起了大规模的城市更新运动,使伦敦成为英国城市更新中最为活跃的城市,闲置的工业用地和棕地(Brownfields)大多被转型为公共空间。"①

伦敦是英国历代王朝建都之地和文化艺术名城,创意景点在空间上表现为点状或线状,以小型、零散的状态分布于城市的主流空间,通常表现为地标建筑、商业街、步行街、时尚街、历史文化街区等。市内遍布的文物古迹、历史名胜和众多一流的博物馆、美术馆和剧院每年都会吸引大量的海内外游客到此观光。距伦敦 100 公里的牛津城以教育为特色,开发文化旅游;伦敦以西 180 公里的斯特拉福特是英国戏剧家威廉·莎士比亚(William Shakespeare)的故乡,该地开发出各类莎士比亚品牌产品,如艺术表演、旅游等。伦敦依托独特的参与体验,展现出独具魅力的文化价值,促使旅游目的地创意旅游产品快速地开发,促进了旅游目的地经济、社会和文化发展,从而在区域旅游竞争中占据了绝对优势。

伦敦与巴黎、阿姆斯特丹、罗马、柏林、布拉格、维也纳和莫斯科等首都城市一同被誉为创意、发明和新奇的世界中心。伦敦创意产业的艺术基础设施占了全国的 40%,英国 1/3 以上的设计机构位于伦敦,音乐产业产值约占英国的 50%,伦敦还拥有全英国 85% 以上的时尚设计师,以及全英国 36% 的出版产业产值、73% 的电影后期制作活动。② 伦敦每年举办 200 多个一定规模的创意文化活动,不仅树立了城市文化品牌,还大大激发了城市的创新创意活力。伦敦还有着丰富多彩的文化教育生活,众多的世界著名大学、学院和其他教育机构,吸引着世界各地的学子来此求学深造。

作为全球"创意城市"的代表,伦敦的创意产业区通过结合创意产业更新老工业区、吸引本土创意阶层集聚、支持创意阶层的文化生产、展示文化产品和鼓励举行艺术文化活动等举措,来提高区域文化创造的影响力,促进城市创意产业的经济效益。地处市中心的伦敦泰特现代美术馆(Tate Modern Gallery)、伦

---

① 陈洁.西方城市更新中的文化策略——以伦敦和悉尼为例[J].国际城市规划,2020,35(5):61—69.

② 厉无畏.建设创意城市与发展会展业[J].国际经贸探索,2012,28(8):4—11.

敦交通博物馆(London Transport Museum)等城市公共建筑,均由昔日的发电厂或花卉市场改建而成,展厅、观景平台、咖啡厅、餐厅、游客中心、商店等配套设施一应俱全。它们通过引进文化教育项目和提供文化设施,扩大公众对文化艺术的参与度,丰富市民文化生活,振兴弱势群体社区以及加强社区影响力。其他成功的样板还有伦敦克勒肯维尔(Clerkenwell)艺术区和伦敦南岸(Southbank)艺术区。

伦敦有多个成熟的文化创意产业集群,位于伦敦东部地区的电影产业集群是仅次于好莱坞的全球第二大电影产业集群,伦敦西部地区的音乐产业集群和艺术、设计产业集群也都是很成熟的文化创意产业集群。伦敦的文化创意产业集群中聚集了大量的电影特效公司、后期制作公司、音乐公司、设计公司等,形成了完整的影视传媒产业链。这些集群内部结构合理,文化氛围浓厚,各公司注重业务合作,共同将市场做大做强。[①]

2017年,文化创意产业为伦敦带来470亿英镑的经济贡献,而当年英国创意产业创造的产值达920亿英镑。同时,文化创意产业的就业人数年平均增长率高达36.9%,每6个伦敦人就有一个从事文创工作。整个英国创意产业的就业人数为190万人,但几乎1/3的创意产业工作都集中在伦敦。文化创意产业亦成为伦敦城市旅游的最大驱动力,助推伦敦旅游在2017年突破3190万人次,游客的文化旅游花费高达73亿英镑。[②]

(三)英国著名的创意项目

英国是现代设计的发源地,在当代建筑与设计领域一直被公认为全球的领头羊。历史上的伦敦塔桥、大本钟、红色K8电话亭等创意设计,凝聚了英国人独特的精神气质和深刻的集体记忆,成为首都伦敦靓丽的城市标识和文化符号。进入21世纪,"非凡英国"项目聚焦英国的创新设计、创新工程和创意产业,无论是世博会展馆还是伦敦奥运会火炬设计,无不彰显了当代英国新兴设计文化的活力和打造城市未来的主要力量,成为"创意英国"的象征。

1. 上海世博会英国馆

以"传承经典,铸就未来"为主题的2010年上海世博会英国馆,集中展现了英国在创意设计领域的最佳创新精神,凡是看过这一令人叹为观止杰作的观众,无不为托马斯·海瑟维克(Thomas Heatherwick)极富想象力的设计方案所折服。

---

① 杜杨.英国政府对文化创意产业集群发展支持模式研究[J].企业导报,2016(9):173—174.
② 彭婷婷.英国文创地产的启发[J].城市开发,2019(12):78—79.

　　海瑟维克不是将建筑简单地视作一种营造方式,而是认为建筑也可以像植物一样是活的,在花园中绽放笑容。由 60680 根亚克力光纤"触须"从内部向外延伸构成的"种子圣殿",其建筑造型既像刺猬又像蒲公英,每一根亚克力光纤长达 7.5 米,根部都放着一粒或者几粒植物的种子,观众可以在展馆内近距离观察它们,那些向外伸展的亚克力杆将会随风轻摇。最神奇的还是每一根亚克力杆里存放着不同科属、形态各异的种子,共有 900 个科属 26 万粒。人们赞叹海瑟维克不是在建房子,而是在种房子,表达了一种人与自然和谐相处的生态观。英国馆馆长大卫・马丁说:"种子是英国人在本届世博会上表达的主题,旨在呼吁人们关注自然物种的保护和延续。现在,地球上的物种每天正以大约 100 个的速率消失,种子圣殿就是要表达种子和人类以及地球的关系。"[1]

　　显然,英国馆的设计理念与上海世博会倡导的"绿色低碳"理念十分契合,它有助于人类改善在环境中的体验,促进"低碳城市"的发展,展示各类新兴信息技术对"智慧城市"发展的推动。在上海世博会闭幕颁奖晚会上,英国馆凭借"种子圣殿"一举夺得 A 类展馆设计金奖。

　　2. 伦敦奥运会

　　创意设计是城市创新发展的最重要元素之一。伦敦是世界上第一个也是目前唯一一个举办过三次奥运会的城市。伦敦奥运作为一种实践中的话语极力阐释了大不列颠的国家形象,昔日的日不落帝国正以崭新的姿态塑造更加自由、开放和富有活力的现代帝国文明。[2]

　　整个城市街头和奥林匹克体育中心都安装了智能垃圾桶。这款与众不同的垃圾桶不仅刀枪不入,而且还有 LED 显示屏滚动播出热点新闻、天气预报、股市行情以及与奥运会相关的各种资讯;垃圾桶甚至还可以是一个无线网络基站,为附近的手机用户提供无线网络信号。上阔下窄造型的奥运会主场馆"伦敦碗"采用了特殊的设计和材料,赛会结束后便可拆卸,既环保又可循环利用。

　　极具仪式感的伦敦奥运会主火炬点火仪式令人惊艳:7 名年轻的火炬手聚集在场地中央,点燃铜质花瓣上的小火炬,204 支小火炬依次燃起,最后合成一个大的奥林匹克主火炬——204 个铜花瓣象征 204 个参赛国以奥运的名义和平相聚。伦敦奥运会开幕式视觉创意设计的最大亮点是音乐和电影元素的运用。英国电影、摇滚乐、工业等充满现代英伦气息和代表性的流行元素在开幕式总导演丹尼・博伊尔手里得到淋漓尽致的表现:莎士比亚、田园风光、工业革命、

---

① 刘军."种子圣诞"的奥秘——访英国馆副馆长大卫・马丁[N].光明日报,2010-10-31,(004)。

② 朱晓楠.奥运话语与国家形象建构——从北京到伦敦[J].长沙大学学报,2014,28(4):95—97.

007、憨豆先生、滚石乐队、甲壳虫乐队、《猜火车》、《跳出我天地》等经典、流行音乐、电影情节的使用,不但很好地诠释了开幕式各个部分的主题,同时也展示了英国在文化创意产业中的翘楚地位。从非凡创意角度来说,伦敦奥运会既凸显了伦敦深厚的文化积淀和卓越的科技创新能力,也向世界展示了伦敦当代丰富的文化生活内涵。①

3. 伦敦"路主"大红巴士

双层客车发祥于伦敦,有着一百多年的历史。红色双层巴士已经成为英国重要的文化符号,成为伦敦最具特色的流动风景,伦敦人亲切地称它为"马路主人"(Routemaster,简称"路主")。由于经营成本高、车龄老旧、缺乏无障碍设计等原因,"路主"渐渐淡出人们的视野。

2010年,为了迎接伦敦奥运盛会,天才创意设计大师托马斯·海瑟维克团队接受委托,为经典巴士"路主"重新设计以期在奥运会开幕前复活——这项任务要求海瑟维克在有限的空间中对人性化功能设计进行一次全新的考量。经过2年的设计,2012年初第一辆新版Routemaster双层公交车投入使用。

这款名为H4、身高超过4.2米的新车型,以新增的微笑前脸和透明车顶的新颖设计受到市民和游客的赞誉,堪称古典与现代的美丽邂逅:微笑前脸给人以憨态可掬的感觉,能缓解工作和生活的压力;车顶全部采用透明玻璃,使乘客能有绝佳的观景体验,营造一种浪漫的氛围;弧形的造型,流畅的线条,与大红的色彩相映成趣,美妙生动。此外,海瑟维克还采取了环保混合动力技术减少废气排放量,省油40%;除了传统的前后门之外,车后方的敞开式设计,方便了乘客上下车,通往二层的楼梯也增加到两个。如今,乘坐Routemaster观光已经成为伦敦城市旅游的重要组成部分,为世界各地游客所青睐,给许多人都留下了难以忘怀的记忆。②

4.《哈利·波特》创意IP

大众的辨识力不仅仅是从既存的文化资源中选取与扬弃,更是对选择出的内容进行创造性使用的过程。如果要在近年来方兴未艾的IP产品开发中,挑选一部书稿成就一个点石成金的商业品牌经典案例,恐怕非J. K.罗琳的"哈利·波特"系列小说莫属。

截至2015年,该系列小说已经被翻译成73种语言出版发行,各种版本在

---

① 王林生.伦敦城市创意文化发展"三步走"战略的内涵分析[J].福建论坛(人文社会科学版),2013(6):48—54.

② Cici Zhang,班博.超越平凡的设计[J].设计,2012(9):130—137.

全球的总销售量已经超过 4.5 亿册,其中第七部《哈利·波特与死亡圣器》图书首发日在全美共售出 830 万册,名列世界最畅销小说榜。倘若把所有售出的"哈利·波特"系列书籍首尾相连地排列,其长度是地球赤道的 1.4 倍。

在整合营销传播鼻祖舒尔茨看来,基于客户需求和欲望(Consumer Wants and Needs)、成本(Cost)、便利性(Convenience)和沟通(Communication)四要素考虑,将企业一切营销和传播活动进行一元化开发,让顾客从不同的信息渠道获得某一产品或某一企业一致的信息,有助于营销产品在顾客心目中形成一个总体的、综合的印象,进而使顾客对产品或企业产生情感认同,并能更有效地接受企业所传播的信息,更好地辨别其产品和服务。[①]

"哈利·波特"的火爆现象并不仅限于图书市场。2001 年,时代华纳公司将"哈利·波特"搬上银幕,首映票房就达到 3.13 亿美元,创下了全球 4000 多家影院同时上映、全球最卖座儿童影片等 8 项电影史纪录。[②] 据此创意 IP 制作的DVD、游戏、服装、主题公园等一系列衍生产品也席卷全球,引来各国"哈迷"膜拜、"哈风"蔓延。显然哈利·波特已不再只是一个小说人物,而成为一个"品牌价值已经突破 10 亿美元,相关产业规模超过 2000 亿美元,其中衍生产品创造的价值超过总额的 70%"[③]的商业奇观,"哈利·波特"已经成为一个家喻户晓的世界品牌。

二、案例分析

创意城市是推动城市复兴和再生的一种发展模式,也是实现城市持续发展的一种转型战略。伦敦以其对时代变化和经济社会发展趋势的敏锐把握和勇立潮头的先锋意识,成功地实现了人类历史上一次革命性的城市治理创新。从SWOT 的视角对这一影响深远的社会实践运动进行分析,能够为其他国家和地区的创意城市和创意产业发展提供借鉴。

(一)优势(Strengths)分析

1.文化资源优势

根据美国《时代》周刊的评选,"世界十佳博物馆"排行榜中,英国有 4 家博物馆入选。截至 2017 年年底,英国博物馆总共有 2500 家,其中获政府官方认证的有 1860 家,国家级博物馆有 28 家,大学中的博物馆有 100 家。43%的英

① 刘贝琳.以 4C 为基础的电影品牌整合营销传播特点[J].中国电影市场,2018(12):19—21.
② 刘明阳."哈利·波特"的成功因素分析及启示[J].出版广角,2016(5):63—65.
③ 龙怒."哈利·波特"产权运作对云南文化产业的启示[N].云南日报,2011-12-02(007).

国人每年至少去一次博物馆或展览馆,英国主要博物馆和展览馆的年访问量达到 7100 万人次。英国最受欢迎的十大景点中,有 8 个是博物馆,大英博物馆、英国伦敦国家美术馆位居前列。博物馆在文化教育、创新创意培养上发挥着重要作用,为民族的未来储备创作潜能。

英国对待历史物件、文物的态度是重视保护,让其融入现代生活并为现代设计与创意提供思路。英国博物馆数量众多,分布集中,展品丰富,馆内有众多衍生品出售,以博物馆藏品为创意来源的文创产品广泛存在。英国博物馆免费对外开放,亦兼具文化素养教育和创造力培养的功能,这也构成了文化创意产业中的重要一环。

2. 人才资源优势

伦敦和上海都属于国际性大都市,但伦敦的城市空间和人口数量都相对较小:伦敦的城市面积是 1577 万平方公里,约为上海的 1/4;伦敦人口数量近 900 万人,约为上海的 1/3。然而,伦敦创建新技术、新创意、新产业组织、新商业模式、新文化形态等方面的基础条件却是上海无法比拟的。此外,它还拥有人才这一最重要创意资本的蓄积。数据显示,伦敦"有 70% 以上的从业人员都受过某种程度的高等教育,在这个领域中,高等教育对于学会怎样工作是十分重要的"[1]。

3. 国际交流优势

"由于较早拥护民主制度、进行海外扩张和经历了宗教破坏的不良影响,伦敦和英国社会已经形成了宽容和开放的价值观。"[2]从创意经济占国家 GDP 总量的比例来衡量,英国拥有欧盟最大的创意产业;从绝对数量上看,英国是文化产品和服务出口最成功的国家。2014 年,由世界知识产权组织、康奈尔大学和英氏国际商学院共同发布的"全球创新指数"中,英国排名跃至第二位。近些年来,通过对外文化交流,英国正逐步让各国政府和世界各地的创意产业越来越多认识到创意经济在提供就业、创造财富和传播文化方面的重要作用。[3]

---

① [英]贾斯汀·奥康纳. 欧洲文化产业与文化政策[A]. 林拓,李惠斌,薛晓源. 世界文化产业发展前沿报告[C]. 北京:社会科学文献出版社,2004:18.
② 英国职业基金会,英国文化媒体体育部. 站在前列:英国创意产业的经济表现[A]. 张晓明. 国际文化产业发展报告(第 1 卷)[C]. 北京:社会科学文献出版,2007:168.
③ 孙微,杨沙沙. 创意经济,帮英国华丽转身[J]. 中国中小企业,2015(4):74—75.

(二)劣势(Weaknesses)分析

1.去工业化程度较高

英国是去工业化程度比较高的国家,对盎格鲁-撒克逊人来说,国家转型创意产业也是"不得已而为之"。"二战后英国工业特别是制造业的比重持续下降,按照农业、工业、服务业这种产业结构来区分,1960年英国工业增加值占GDP的42.8%(其中制造业占32.1%),1979年为37.1%(其中制造业占24.9%),到1989年下降为29.4%(其中制造业占8.0%)。这种衰败导致传统产业不得不寻求新的突破。"[①]由于地价、劳动力、原材料等成本不断上升,英国已经不具备传统工业优势,不能和其他国家一起来拼"大工业",英国必须以最小的人力成本换取最大的利润,因此一定要发展自己的特色产业。[②]

2.产业发展整体性不足

城市规划治理时的整体性思考欠缺导致了产业结构的失调,这是制约伦敦创意城市和创意产业发展的又一个重要因素。据统计,1997年至2007年,艺术与古董这两个文化创意产业部门对英国经济贡献值占比平均约为0.053%,时尚设计的平均贡献值也仅为0.046%,而出版业的经济平均贡献值占比达到了1.14%,软件、电脑游戏和电子出版这一集合体的平均经济贡献值占比则高达2.44%。从这几个数据的对比中可以发现,不同文化创意产业部门的经济贡献比值的差异巨大。这样的不均衡导致英国文化创意产业缺乏发展的整体性,削弱了文化创意产业在国际上的综合竞争力。[③]

3.脱欧负面效应显现

2016年英国脱欧公投之举震惊世界,由此带来的负面效应也逐渐显现。一是英国经济总体水平持续下行,在脱欧悬而未决、出口疲软等因素影响下,2019年英国资本净流入规模预计同比下降13.1%,只有947亿美元,占英国GDP9%的创意产业因此受到很大影响。二是英国是接受欧盟文化捐助种类最多、金额最高、领域最广的欧洲国家之一,脱欧使公民欧洲、欧洲区域发展基金、欧洲文化基金、欧洲社会基金等项目资助和收入或被削减、或被取消,对英国媒体产业将造成重大损失。三是脱欧后造成的传媒人才流动受限、签证收紧、费

---

① 黄春平.创意经济兴起的文化、技术及产业背景解析[J].浙江传媒学院学报,2014,21(6):43—46.

② 孙微、杨沙沙.创意经济,帮英国华丽转身[J].中国中小企业,2015(4):74—75.

③ 杨光斌.英国新工党政府创意文化产业发展的SWOT分析[J].四川省干部函授学院学报,2019(2):15—18.

用升高等问题,影响了英国传媒产业的发展。四是脱欧使英国对欧盟的市场优势不复存在,对英国现有媒体产业链模式造成巨大冲击,这不仅使英国与欧盟国家合作投资拍摄计划受阻,而且使占英国媒体产品出口半壁江山的欧盟市场不复存在。[①] 五是脱欧势必导致英国高校失去与欧盟的密切学术联系,引发人才外流的严重问题,这对英国高校已有的全球排名格局也将产生不利影响。

(三)机遇(Opportunities)分析

1.“非凡英国”品牌的推广

增加城市人口活力卓有成效的方式是在居住的城市中和普通工作中增加创意的成分。2011年,英国政府推出“非凡英国”(GREAT BRITAIN)国家形象品牌计划,该计划实施过程中利用特定标识、图片和视频等加强宣传,邀请了代表英国主流价值观的各行业精英、名人、文艺工作者为之代言,以此展现英国在文化、教育、艺术、商业、创意等方面深厚的历史、领先的技术、友好的学习氛围以及无限的未来前景。该计划通过各种文化信息及价值观的对外投射和相互流通,产生文化吸引力,引导他国的认同感并建构与他国之间的身份认同关系,从而树立良好的国家形象。[②]

2.产业集群的成熟

随着文化创意产业链的垂直整合,其价值链上游的研发设计、中游的物流仓储和下游的销售服务企业自然会相互集聚。成熟的产业集群为伦敦创意产业发展带来了声誉与机遇。伦敦早期最成熟、最典型的创意产业集聚区要数伦敦 Soho 和伦敦西区,前者以中小型媒体企业为主,在电影拍摄和后期制作上成为全球王牌产业集聚区,后者是与纽约百老汇齐名的演艺产业集聚区,是全世界剧迷的朝圣地。伦敦以 1997 年英国将创意产业列为国家战略为开端,在跨世纪的数十年中,探索出了城市复兴与旧改驱动下文创产业发展的多种路径——从产业集聚为主的文创园区和街区到文创引领的城市综合体,伦敦的文创地产堪称全球城市的先驱。[③]

3.互联网经济的崛起

英国是世界互联网强国。根据联合国经济合作与发展组织撰写的《OECD互联网经济展望 2012》,相关经合国家互联网经济在 GDP 中占比估算值英国以7.2%的比例居于首位,其他国家分别为:瑞典 6.6%,丹麦 5.8%,荷兰 4.8%,

---

① 裴永刚.英国传媒产业发展现状、问题及趋势分析[J].编辑之友,2018(5):101—106+112.
② 王哲媛.英国创意产业及其价值观国际传播的思考[J].对外传播,2019(2):71—73.
③ 彭婷婷.英国文创地产的启发[J].城市开发,2019(12):78—79.

美国 2%。从数字经济总体增加值(Gross Value Added)来看,英国 2014 年为 1182.88 亿英镑,比 2013 年增加 7.2%,在过去的十几年里,英国数字经济销售额翻了一番。① 在锻造智能交通系统、辅助或独立生活、水管理、智能电网和能源网络、垃圾管理等为核心的智慧城市体系方面,伦敦已成为智慧城市的全球领跑者。

4. 创意人才的流动

依查尔斯·兰德里(Charles Landry)之见,创意城市是一种有助于创新者和其他创造者的工具。创意城市不仅意味着硬件系统,如建筑、道路、环境、基础设施,还意味着一种城市的思想氛围、行为习惯、价值取向和规范模式,它会影响人们如何应对机遇和挑战。② 英国在从制造业经济转向知识经济、从信息技术时代转向文化创意时代的过程中,为了有效地吸引外来科技人才,"政府规定:英国以及其联邦国家的科技人才,可以在英国工作两年而不用办理工作签证。这种招揽科技人才的政策,已经从印度、澳大利亚、加拿大等国吸引了许多专业科技人才"③。英国通过设立新的签证类型——创业签证,吸引创业人才和贸易投资,而创新创业人才国际流动的日益频繁,强化了英国人才环流的知识溢出和传播效应、人才聚集效应及生产力倍增效应。

(四)威胁(Threats)分析

1. 社会结构性矛盾突出

查尔斯·兰德利(Charles Landry)认为,当代大都市发展面临严峻的结构性问题,如传统经济衰退、缺乏集体归属感、生活品质恶化和全球化的威胁与挑战等,这些问题往往需要依靠创意的方法和超越传统的思维才能解决。这也就是说,"工业资本主义的发展并没有带来城市的强大,反而造成了城市作为一个围绕某些特定目标和组织起来的、制度性的并且相对自治的社会系统的实质性消失"④。英国根深蒂固的资本主义工业化社会的结构性矛盾,导致了城市空间的无序扩散,造成了城市生态和文化特殊性的丧失。

2. "英国病"的蔓延

英国是工业革命的故乡,在 19 世纪一度成为以制造业为主的"世界工厂",

---

① 王蔚.以经济发展为核心 以领跑全球为愿景——英国互联网发展与治理报告[J].汕头大学学报(人文社会科学版),2017,33(7):142—148.

② 童明.创意与城市[J].时代建筑,2010(6):6—15.

③ 李昳,张向前.英国适应创新驱动的科技人才发展机制对中国的启示[J].科技与经济,2017,30(1):76—80.

④ 曼纽尔·卡斯特,戈岳,高向平.城市化[J].国外城市规划,2006,21(5):7—14.

而 19 世纪末由于受到国内市场规模的制约和外国同行的激烈竞争,英国传统的工业优势日趋萎缩。由于政府没有及时制定新的产业政策,对科技成果的商业应用及教育和人才培养等方面重视不够,进一步加剧了工业生产的衰落。在第一次世界大战之后相当长的一段时期里,英国经济处于高通胀、高失业率、低增长的严重不景气状态:工业投资水平较低、投资环境较差、产业结构老化和设备更新缓慢直接影响了劳动生产率的提高,由此出现了被称为"英国病"的经济衰退现象。20 世纪中叶,随着后工业时代的来临和产业的升级转型,传统的制造业日渐式微,大工业的衰落在城市的老城区引发了严重的社会问题——基础设施老化、工人失业和人口老龄化。为此,英国政府推出了以大力发展服务业为核心的经济振兴计划,第二产业的衰落和第三产业的发展推动了创意产业的诞生。"创意产业的概念本身就是为老工业城市未来克服制造业能耗大、污染多、利润低等缺陷而提出的。"[①]

三、案例启示

(一)政府职能聚焦于公共利益目标的实现

英国自撒切尔政府之后,始终坚持"政府不保证提供所有公共服务,只保证所有公共服务被提供"的理念,除皇家邮政这样少数的"央企"外,其他公司企业都已经自由化。但在推进文化与科技融合发展方面,英国政府原负责传播通信的次长卡特男爵指出:"如果希望数字革命的利益最大化,那么国家要出台积极的产业政策,完全依靠市场自身,只能使英国落后。我们需要一种明确而长远的战略……来展示出政府已经做好对市场进行必要干预的准备。"基于这样的指导思想,英国政府大力推动全国普及基本宽带网络,到 2012 年底实现了所有住户拥有 2Mbps 的基本宽带网络,为数字化产品提供了有效的消费市场。[②]

英国工党政府制定文化政策的方向将过去以补助为主的政策,转型为协助产业区创造资源,并出版了《团结英国:社区更新、艺术与体育的国家策略》(*Bringing Britain Together*:*A National Strategy for Neighbourhood Renewal*、*Arts and Sport*)。此后,英国政府还设立"区域发展署"(Regional Development Agency)和"地方文化协会"(Regional Cultural Consortia),以文化政策协助地方

---

① 李明超. 创意城市与英国创意产业的兴起[J]. 公共管理学报,2008(4):93—100+127.
② 缪学为. 英国创意产业发展的经验与启示[J]. 人文天下,2015(21):28—34.

发展,并提出用国家公益彩票(National Lottery)收益补贴文化产业发展的计划。[①]

(二)知识产权保护意识深入人心

人类的创造性是经济社会发展的最终根源,激发并保护人的创造性成为各国政府十分重要的制度安排。英国具有 400 多年的知识产权保护历史,也是世界上最早通过颁布法律来保护知识产权的国家:1623 年颁布的《垄断权条例》是世界上第一部正式而完整的专利法,1709 年颁布的《安娜女王法令》则是世界上第一部具有现代意义的著作权法。这两部法律的颁布为英国奠定了世界知识产权保护制度鼻祖的地位,也对后来各资本主义国家的知识产权立法产生了重要影响。在完善自身知识产权制度的同时,英国还在不断推动世界知识产权保护体系的发展。

英国参加了众多的保护知识产权的国际公约,包括保护工业产权的《巴黎公约》(1883 年)、保护文学艺术作品的《伯尔尼公约》(1886 年)和《罗马公约》(1961 年)、《专利合作条约》(1970 年)以及与贸易有关的《知识产权协议(TRIPS 协议)》(1994 年)等。此外,英国还严格实施欧盟的知识产权法律及《著作权、产品设计和专利法》《专利法》《商标法》等本国法律,其对知识产权的保护达到了“苛求”的程度——对版权合理使用只允许“为科研或个人学习目的”而使用文字、音乐、绘画或雕塑等艺术品。因此,在英国为个人娱乐目的未经作者同意而使用作品属于侵权行为;对无法找到作者的作品,英国都给予了有效保护,各类企业在使用此类作品时都必须准备好备用金,以便作者现身时兑付。[②]

(三)城市为地方文化活动开展提供了人潮和市场支持

一个成功的文化创意园区(Cultural Quarter)应该具有良好的城市区位;能够提供有益的文化形式与意义的组合;能够激发新的概念;能使人从中获得探索、讨论、尝试、测试新产品的机会等特征。[③] 与此相应,文化创意园区主要应突出这样一些功能:一是为艺术家和设计师创造就业机会;二是提供艺术产品被消费的机会,如画廊、剧院、音乐厅等;三是与正规的教育机构合作,提供教育与培训,并与艺术家、企业家实现研发互动;四是具备多重功能,提供各种文化活动,如零售商店、私人艺术馆、会场、咖啡厅及餐厅等;五是成为艺术与创意活动

---

① 陈琳,高德强.英国文化创意产业发展的经验与启示[J].四川省干部函授学院学报,2016(3):5—10.

② 缪学为.英国创意产业发展的经验与启示[J].人文天下,2015(21):28—34.

③ Landry C. The creative city:A toolkit for urban innovators[M]. Earthscan,2012.

生产、消费的地方。①

　　城市提供人潮和市场以支持地方文化活动,而这些文化活动能激活地方经济并为年轻人提供新的创业机会。这也是为什么英国在开发文化创意产业园区时,并不采取选取新的地方重新开发的方式,而是直接在原有的城市街区进行重新改造,这是英国文化园区建设的重要特征,也是其成功之处。②

　　2007 年,英国工作基金会(The Work Foundation)主任威尔·赫顿(Will Hutton)说:"这种现象的背后趋势是有钱又有品位的消费者开始寻求文化上的满足感,各种各样的商业机构都瞄准了扑上去,运用各种新技术来赚他们的钱——这种趋势看来正在增长。"当下英国的主要城市,约 50%的人工作在所谓的"知识产业"中,约 10%的人工作在"创意产业"中。

(四)税收政策激励文化创意产业快速发展

　　英国是全球首个采用税收调控政策推动创意产业发展的西方发达国家。1997 年,布莱尔首相执政后,英政府特别重视支持创意产业发展,但其鼓励、扶持不是对成熟的市场机制以及任何文化创造活动进行直接干预和控制,而是利用间接调控政策手段,对按照市场机制和市场运作的文化创意企业在税收调控政策上给予优先扶持与促进,该税收优惠政策几乎覆盖了整个文化创意产业领域,从而构建了较为完备的支持创意产业发展的税收政策。③

　　英国税制明确规定,在政府管辖的独立行政区域内,公益性团体如果向非慈善组织和团体捐赠,适用于与其他企业相类似的税收征管政策——以慈善为目的的公益性捐赠可以获得额外的税收减免。自 20 世纪 80 年代中期开始,英国重点在税收上扶持对创意文化、纯粹艺术性团体的捐赠,若捐赠对象为从事创意产业研发和具有公益性的高雅文化社会团体、组织和个人,将给予捐赠人一定的税收优惠政策扶持。在税收优惠的持续性激励下,英国每年常规举办各类各种创意艺术类演出高达 500 多场,其中 56%得到行业企业和社会民间资本的赞助,44%以上获得物质形式的无偿捐赠扶持。近三年来,英国纳税人(含法人和自然人)通过赞助或者捐赠本国创意业和高雅文化艺术的经费约 14 亿英镑,成为政府财政资助和扶持的有效补充,有力扶持了英国文化创意产业的发

---

　　① Montgomery J. Cultural quarters as mechanisms for urban regeneration. Part 2:A review of four cultural quarters in the UK,Ireland and Australia[J]. Planning,Practice & Research,2004,19(1):3—31.

　　② 陈琳,高德强.英国文化创意产业发展的经验与启示[J].四川省干部函授学院学报,2016(3):5—10.

　　③ 李丽萍,杨京钟.英国文化创意产业税收激励政策对中国的启示[J].山东财经大学学报,2016,28(2):48—54.

展与繁荣。[①]

(五)积聚具有潜力的文化创意"微力量"

创意来源于人的智慧、思维和灵感,人是一切创造性的源泉,培养人才是发展文化创意产业的重中之重。在英国文化媒体体育部大臣克里斯·史密斯看来,"每个个体都具有其创意潜能,都有权参与到创意与文化活动中来,创意并非局限于少数有天赋的个人,而是向每个人开放"[②]。因此,每个个体都可以成为具有潜力的文化创意"微力量"。

在这一思想指导下,英国对创意人才的培养是从基础抓起且多路径的,在实施创意人才培养驱动世界品牌战略,从幼儿教育到中等教育再至高等教育的完整教育产业链中,始终贯穿和突出创意人才培养的理念。英国大力扶植创意产业(Creative Industry),着意培养更多的艺术家,英国政府一边强化创意产业作为重点产业的战略定位。与此同时,又为发展学生创造力这一教育目标设置独立的课程:数量众多的公益性文化组织,每周都会为青少年提供免费的文化类和艺术类课程以及实践活动,提高青少年学习的积极性,培养其创意性思维。

BBC围绕文化创新"Make It Happen"(美梦成真)计划,让"处处激发创意"的模式迅速在BBC内部被复制与效仿,引发了收集、评估每个员工创意并随之开发新创意节目、内部运行体制与管理方式的热潮,这为BBC文化娱乐产品不断赢得观众更为广泛的支持提供了保障。

四、延伸阅读

文化创意产业国际化发展的战略选择[③]

创意是文化创意产业发展的精髓,战略是文化创意产业发展的关键。国际经验表明,对文化创意产业发展规律的深刻把握和战略选择的高度重视,是世界主要发达国家文化创意产业国际化发展取得创新突破的重要经验,相反,对文化创意产业不加选择的发展和保护有可能招致事与愿违的结果。

---

① 李丽萍,杨京钟.英国文化创意产业税收激励政策对中国的启示[J].山东财经大学学报,2016,28(2):48—54.

② Smith,DCMS. A new cultural framework[R]. London:Department for Culture,Media and Sport,1998:145.

③ 案例来源:王哲平、王思齐.文化创意产业国际化发展的前提条件和战略选择——以世界主要发达国家为研究对象[J].编辑之友,2016(3):103—108.

(一)美国:以知识产权战略拓展海外市场

当今世界各国的经济竞争正在由资本竞争向技术竞争转变,其实质乃是知识产权的竞争。知识产权的拥有量已成为衡量一个国家综合国力的重要标志。从 20 世纪 70 年代起,为了更好地保护文化创意产品在国际市场的竞争优势,美国采取了一系列法律措施:根据国家利益的需要,对专利法、版权法等知识产权立法不断修改完善,扩大保护范围,强化保护力度;出台"337 条款"和"特别301 条款",为美国在国际贸易中保护知识产权提供直接的国内法律依据;积极推进知识产权保护的国际化,力促世界贸易组织将知识产权保护纳入国际贸易体制,进而影响国际市场结构与产业价值链分工。[①] 近几年,美国政府继发布"美国创新战略"之后,又推出了"21 世纪国家知识产权战略",从战略高度对知识产权领域进行主动参与和积极部署,以期通过知识产权政策的实施,影响创新垄断的形式、力度和内容等要素,提高文化创意产业的竞争力。

正如国际知识版权联盟组织总裁艾立克·史密斯所说:"当我们目睹全球信息时代黎明的曙光到来时,美国信息和娱乐业已经成为经济增长和贸易的先导。"统计显示,美国知识产权集中产业占全美商品出口总额的 60.7%,占服务出口总额的 19%。2016 年美国电影海外票房 183 亿美元,是国内票房的 1.6倍。总体看美国电影海外票房增速显著高于其国内,形成了全球化的分发网络,奠定了其全球文化输出中心的地位。美国电影业以全球 8% 左右的产业规模,控制了全球近 80% 的市场。世界娱乐业巨头迪士尼公司在全球有 3000 多家授权经营商,仅中国内地就有 80 多家,版权授权收入高达 4 亿多美元。作为全球最重要的版权贸易盛会之一,美国书展(Book Exposition of American,简称 BEA)每年吸引来自世界 80 多个国家和地区的业内人士云集于此,年交易额253 亿美元。从 1996 年开始,美国版权产品首次超过飞机、汽车、农产品、食物和制药等其他传统产业,成为美国最大宗的出口产品。据国际知识产权联盟报告,海外市场上的美国优质版权产品在 2015 年时已达 1770 亿种。

(二)英国:创意人才培养驱动世界品牌战略

1988 年英国国会的一项报告指出:"人民的想象力是国家的最大资源。想象力孕育着发明、经济效益、科学发现、科技改良、优越的管理、就业机会、社群与更安稳的社会。想象力主要源于文学熏陶,文艺可以使数学、科学与技术更加多彩,而不会取代它,整个社会的兴旺繁荣也因此应运而生。"[②]基于这一认

---

① 董崇悦.战后美国知识产权对外保护战略研究[D].长春:吉林大学,2011.

② 李程骅,赵曙明.发达国家创意人才的培养战略及启示[J].南京社会科学,2006(11):1—5.

识,英国将创造性人才培养理念贯穿英国教育的始终,从幼儿园、小学、中学到大学教育的教纲都必须突出创意人才培养理念,并建立相应的课程设置和科学评估体系。

英国政府设立"英国文创技能委员会"(Creative & Cultural Skills),通过实施六大计划——国家技能学院(The National Skills Academy)、创意学徒计划(Creative Apprenticeships Program)、创意职业选择计划(Creative Choices Program)、创意蓝图计划(Creative Blueprint Program)、专业标准计划(Professional Standard Program)、舞台后场排练中心(The Backstage Centre Program),培育包括工艺、文化遗产、设计、文学、音乐、表演艺术、视觉艺术等在内的各类创意人才,帮助英国的创意产品和创意企业实现走向世界的品牌战略。据统计,全英范围内开设的创意类专业学位课程多达 37000 多门。

英国文化创意人才培养机制的突出特征是开放性。英国政府认为,在全球化时代,人才会像其他商品一样高速流动,限制政策不利于吸引和培养全球一流人才,吸引全球人才关键是要建立有利于人才发展的社会环境和平台。通过推出"牛顿奖学金计划"、规定英联邦国家高技术人才不需签证就可在英国工作两年以及改革移民制度等诸多措施,英国政府吸引并汇聚了全球众多创意人才。此外,积极促进创意企业与国际级教育机构之间的合作,如在上海举办创意英国活动,启动伦敦艺术大学北京创意产业中心……也成为英国创意产业做强做大的重要因素。

(三)法国:以"文化多样性"提高国际辨识度

法国政府在文化发展方面不太依仗市场的作用,而更相信国家的扶持和庇护。法国电影产业长久以来屹立不倒很大程度上归功于法国国家力量对影视产业的调控和干预,但国家对影视产业的扶持并非简单的行业补贴或者财政拨款,而是通过一个科学而缜密的影视产业资助体系来实现,具体执行机构是法国国家电影中心(简称 CNC)——每年约有 5 亿欧元的 CNC 基金对电影、电视、视听艺术、多媒体等相关产业进行扶助和调控。与美国电影"市场至上"的模式化工业生产不同,法国电影市场则显得类型多样,喜剧片、剧情片、动画片、纪录片、艺术片等百花齐放。2010 年,法国电影市场票房收入 12.37 亿欧元,列世界第四位,其中艺术和实验影片的票房份额达到了总票房的 26.4%。法国政府坚持"文化多样性"的方针,既提高了法国电影的国际地位,也有效地抵御了好莱坞电影的强势冲击。[①]

---

①　舒叶.法国电影产业国家资助体系浅析[J].东方电影,2011(10):70—73.

法国政府高度重视文化的多样性,通过扩大资金投入和资源整合,扶持和鼓励艺术家创作,帮助其走向世界,提高国际辨识度。1984 年,法国文化部与外交部共同成立"南方基金",旨在扶持法国与其他国家的合拍片项目(故事片、动画片、纪录片),每年用于资助与亚、非、拉及中东欧国家合拍电影的资金大约有240 万欧元,这些影片多为艺术电影或纪实类电影。"国家视觉艺术中心"提供的"鼓励创作基金",资助对象包括艺术家、纪录片摄影师、艺术修复者、作家、理论家、艺术评论家、出版商、画廊、移动影像,主要补助法国和国外专业艺术家在法国的首次展出活动。申请期间,艺术家必须向委员会证明申展作品是首次展览,该项补助也适用于部分艺术家团体申请。2012 年,该中心拨付 83200 欧元预算,对提交申请的 31 个项目中的 23 项予以立项,平均每项获得 4050 欧元补助。

(四)德国:国际会展、国际大奖唱响文化创意品牌

文化是会展的灵魂。作为世界最大的会展王国,德国的会展无论是展览主题、展会氛围还是展会服务,都体现出浓郁的文化气氛。德国之所以成为世界会展巨头,与其众多的知名会展品牌是分不开的。世界各国许多文化创意产品正是通过德国会展活动走向国际:全球每年举行的 130～150 个国际专业展会中,有 2/3 是在德国举办。其间,来自世界各地的约 17 万家参展商和 1000 多万名观众参与其中,展出面积达 690 万平方米,每年会展业直接收入超过 27 亿欧元。全球十大展览公司中五家来自于德国,而汉诺威展览中心、法兰克福展览中心、科隆展览中心、杜塞尔多夫展览中心则占据了世界五大展览中心的四席,其中汉诺威展览中心是世界上规模最大的会展场馆,占地面积达 100 万平方米。有"出版业奥运会"美誉的法兰克福书展是当今世界最大的书展,每年吸引世界上 100 多个国家和地区的业内人士前来参展,它在为全球出版商、代理商和图书馆人员提供一个洽谈版权贸易、出版业务和展书订书平台的同时,也成为展示和弘扬德国文化的重要窗口。

德国注重通过设立基金或举办大奖和大型节事活动,激励产业创新,促进产业发展,提升文化创意品牌的知名度和国际竞争力。德国几乎在所有文化创意领域都设立了"大奖",如"IF 设计大奖""红点设计大奖""德国回声古典大奖"①"德国电影奖""德国年度游戏奖"等。作为世界最富盛名和影响力的设计竞赛之一,"红点设计大奖"以自己独特的标准,在各个行业和品牌中寻找最富创意、兼具技术与艺术的优秀作品,其评选结果既能让我们了解当前各个行业

---

① 德国回声古典大奖(Echo Klassik)与英国"留声机"(Gramophone)、法国戛纳国际音乐博览会(Midem)和美国格莱美奖(Grammy Award)齐名,并称世界四大古典音乐奖项.

的设计总结与评价,也能洞悉未来各行业设计的趋势与走向。①

(五)日本:"酷日本战略"带动文化"软实力"输出

全称为"支援开拓海外需求机构"的"酷日本"机构(Cool Japan Fund),是为推动日本文化走出去建立的一个巨大平台。2011年,日本经济产业省针对中国、印度、美国及巴西等不同国家,制定"酷日本"出口战略的10个重点项目,通过在世界各地设立临时展销窗口,促进日本的动漫、流行音乐、电玩游戏、家电产品、时装和美食出口。他们认为:优质的日本产品会使海外产生对日本的敬意。在马来西亚,"酷日本"机构与三越伊势丹合作,广泛销售日本的大众美食、凯蒂猫(Hello Kitty)等动漫人物商品以及最新的家电等商品,将日本商品所占比重从不到10%提升至90%以上。在中国宁波,"酷日本"机构与 H2O Retailing Corporation 携手投资约510亿日元,建设日本境外最大的日系百货店。此外,该机构还计划未来3年间通过互联网向海外销售漫画和模型的东京御宅风尚(Tokyo Otaku Mode)投资近15亿日元。

2013年,日本首相安倍晋三开始正式推进"酷日本战略",将其定位为经济增长的原动力,新设相关阁僚并增加了预算。日本经济产业省媒介内容课的横仓干人曾向澎湃新闻(http://www.thepaper.cn)表示:"酷日本"战略主要分为三个阶段,第一阶段是向海外传达日本的魅力,包括动漫、时尚、饮食文化等内容;第二阶段是让本国企业通过在海外开发动漫、时尚等关联产业的商品而获利;第三阶段则是吸引更多的海外游客来日本观光消费。日本政府希望通过向全球展现日本的"软实力"来提升对外形象,帮助"重拾日本人的骄傲和自信"。"本国文化得到世界认同的话,会令国民产生自信,有必要让其与重振经济齐头并进。"②《走俏世界的酷日本》一书作者、日本数字好莱坞大学校长杉山知之直言不讳地指出,安倍力推"酷日本",其终极目标就是引领日本迈向文化大国之路。

(六)韩国:"跨界整合模式"拉长国际产业链

在亚洲国家中,韩国的"跨界整合模式"卓有成效。以电视剧为主要渠道,韩国从《大长今》的成功开始,即有计划、有系统地推动文化创意产业发展。在文化产业振兴院主导下,影视产业除创造产业价值之外,还发挥了龙头作用,为观光、医疗美容、餐饮、服装、时尚、消费电子商品等产业的国际化奠定了基础。韩国近年来在亚洲多国掀起了一股"韩流",成为公认的文化出口新兴国家:韩国最大的游戏公司——天堂游戏公司年生产收入约9000万美元,利润率高达

---

① 金然.跨界:2010 德国红点产品设计奖[J].设计,2010(8):22—29.

② 沈靓.安倍政权的成长战略支柱之一:"酷日本"计划[N].澎湃新闻网,2014-9-26.

35％,比韩国最大的企业三星电子还要多。韩国网络游戏约占中国市场份额56％以上,包括影视、唱片在内的其他韩国文化创意产品在中国文化商品市场中则至少要占10％的份额。

韩剧《来自星星的你》在华热播不仅延展了产业链,而且使"炸鸡和啤酒"成为流行语,被列为"2014中国文化创意产业最受关注十大热点事件"之首。据统计,该剧在爱奇艺网站的点播率高达3.5亿次,"百度贴吧"有关该剧的跟帖量高达373万。在"星星效应"的带动下,相关周边产品也受到追捧:在图书网站,剧中男主角阅读的《爱德华的奇妙之旅》中英文版本销售一空;剧中的服饰装扮成为时尚热点;同款唇膏告罄断货⋯⋯看剧尚不过瘾的星剧迷们,扎堆报名韩国游,一路追到各大取景地去实地感受都教授与千颂伊的浪漫爱情。在喜剧结尾后,开发商更是抓住"星你"的趋势,决定开发一款手机游戏。

五、思考讨论

(一)产品价值链是实现文化创意产业增值最大化的关键

以人的创造力为核心增长要素的创意产业是21世纪的朝阳产业,它已成为当前世界各国推动经济发展的新引擎。文化创意产业具有创新性、高附加值性、强融合性、渗透性和辐射性、持久盈利性等特点,从而决定了其价值链也有别于传统产业,其基本特征是:价值的非消耗性,内容创造的高盈利性,盈利的不确定性,价值转换模式的非物质性,价值实现过程中注重个性化。[1]

随着产业链的垂直整合,价值链上的企业会迅速地汇聚到一起。产业链通常是指制造业的上中下游,但"未来的制造业一定是服务业"[2]。服务业的上游是研发设计,中游是物流仓储,下游是销售服务。服务业的中下游一般大都是小企业,都是知识化的、附加值极高的、员工不多的公司。[3] 实际上,创意产业的根本观念就是通过"越界"促成跨行业、跨领域的联合与渗透,拓展新的产业领域,并在特定的文化背景下,通过跨界融合,促进传统产业结构转型,完成价值实现与增值。[4]

合理有序的产业价值链能够促使文化创意产业各增值环节、各产业形态有序分工、高效合作、深度融合,实现产业增值最大化和核心竞争力提升。全球化

[1] 黄志锋.创意产业价值链的运行与演化形成[J].河北地质大学学报,2017,40(2):52—57.

[2] 马云.马云:世界重新洗牌,看懂未来的几条建议[J].中国企业家,2018(13):16—17.

[3] 黄奇帆.近期6大谬论观点的回应[EB/OL].http://www.china-cer.com.cn/zhonghong/202005064660.html.

[4] 厉无畏.创意改变中国[M].北京:新华出版社,2009:34—36.

时代,应积极运用互联网思维和信息技术对文化创意产业价值链进行重构,横向上注重产业间的跨界融合,建立网状产业价值链;纵向上深度延伸拉长线性产业价值链,逐步建立完整的价值增值体系,使文化创意产业的增值效应得到最大程度发挥。①

请以具体行业类别为例分析如何优化提升文化创意产业价值链。

(二)"创造有意义的新形式"的工作是创意阶层崛起的前提条件

理查德·佛罗里达在《创意阶层的崛起》中指出:"创意阶层的显著特点就是其成员从事着旨在'创造有意义的新形式'的工作……由两种类型的成员组成。一种是'超级创意核心'群体,包括科学家与工程师、大学教授、诗人与小说家、艺术家、演员、设计师与建筑师;另一种群体是现代社会的思想先锋,比如非小说作家、编辑、文化人士、智囊机构成员、分析家以及其他'舆论制造者'……创意阶层还包括'创新专家',他们广泛分布在知识密集型行业,如高科技行业、金融服务业、法律与卫生保健业以及工商管理领域。"

随着英国创意产业的蓬勃发展,人才数量急剧增加,人才的聚集性效应也日益凸显,伦敦、伯明翰、曼彻斯特、利物浦等一批以创意产业为标志的创意城市逐渐形成。在创意城市中,交通的通达性和创意氛围的浓厚性吸引创意人才的进入,在示范效应和马太效应的双重机制作用下,英国创意阶层作为一个新的阶层迅速崛起。② 52%的英国人认为他们是工作在创意产业之外的创意工作者,在美国,这个数字大约为50%。在伦敦,69%的创意职业人工作在创意产业中,而其他地区的比例则低于50%。③ 据2009年1月英国文化媒体体育部公布的《英国创意产业经济评估》(*Creative Industries Economic Estimates Statistical Bulletin*)统计,1997—2007年,英国创意产业的从业人数从160万上升至200万,年均增长率为2%,而同期整个社会就业率仅增加1%。

"创意阶层是创意产业发展的源泉和第一推动力,创意阶层主要包括创意人才,创意团体以及创意企业,其利用技术创新将创意落地,促进创意产业的形成。"④

试就创意阶层崛起的条件和培育路径,谈谈你的认识。

---

① 马凤娟."互联网+"语境下文化创意产业价值链的重构[J].中国文化产业评论,2016,23(1):142—153.

② 郭强.比较与启示:从英国创意阶层的崛起看我国高校文化产业人才培养模式[J].黑龙江高教研究,2017(7):16—21.

③ [美]理查德·佛罗里达.创意阶层的崛起[M].司徒爱勤,译.北京:中信出版社,2010:44.

④ 刘勇,杜俊良.区域创意产业创意阶层培育机制研究[J].广义虚拟经济研究,2018,9(4):44—50.

第二章　世界电影之城——洛杉矶

一、案例描述

（一）美国电影的世界影响

电影始于 19 世纪一项能让画面运动起来的实验，之后它经历了无声电影和有声电影时代，并一直延续到今天的数字电影制作。电影工业的繁荣以及电影院观影成为美国文化的一部分，电影反过来也反映和传播了美国文化，进而影响了世人的精神世界。

自电影问世以来，看电影已成为人们日常生活中一种十分重要的休闲娱乐活动。对许多影迷而言，电影一直陪伴着他们成长，而其中绝大部分又是美国电影。环顾全球文化创意产业的竞争力和影响力，"电影业是第一种真正服务于全球的媒体业。垄断电影市场的新成员几乎都是美国电影厂。它们以好莱坞为基地，与华尔街的金融业巨头关系密切。早在 1914 年，全球 85％的电影观众都在看美国电影。1925 年美国电影占英国、加拿大、澳大利亚、新西兰和阿根廷电影总收入的 90％以上，占法国、巴西和斯堪的纳维亚国家电影总收入的70％以上。随着'有声电影'的出现，虽然好莱坞所占百分比有所下降，但它统治电影业的地位未曾受到挑战。"①

乔治·罗德曼在《认识媒体》一书中写道："今天，美国电影业拍摄的电影，数量仅占世界的 15％，但是获得的收入却超过了全球总收入的 80％。巴西、中国、日本和印度都是电影产业十分繁荣的国家。印度制作的电影在数量上超过了其他任何国家，约每年 800 部，几乎是美国电影平均年产量的两倍。"

2019 年，全球电影票房总计 410 亿美元，其中北美票房达 113.2 亿美元，虽较 2018 年的 118.8 亿美元下降了 4.8％，但仍占全球总票房的 27.6％。在该年

---

① ［美］爱德华·赫尔曼，罗伯特·麦克切斯尼.全球媒体：全球资本主义的新传教士［M］.甄春亮，等译.天津：天津人民出版社，2001：5—6.

度,美国共发行影片 906 部,较 2018 年减少了 87 部,在全球票房前十位的影片中,迪士尼公司独揽 7 部,并创造了 132 亿美元的单家公司年度票房纪录,将 2019 年变成了"迪士尼之年"①。

尽管美国电影学会评选的 100 部最佳影片名单存有不少争议,但是,却没有多少人会质疑最伟大的美国电影——《公民凯恩》《卡萨布兰卡》《教父》《乱世佳人》《阿拉伯的劳伦斯》《绿野仙踪》《毕业生》《码头风云》《辛德勒名单》《雨中曲》的十佳榜单排名。

一年一度的奥斯卡颁奖典礼,不仅成为好莱坞自己的视觉盛宴和集体狂欢,而且也成为全球电影爱好者的嘉年华和媒介记忆。

(二)"天使之城"洛杉矶

位于美国加利福尼亚州西南部的洛杉矶,是美国第二大城市,也是美国西部最大的城市,被称为"天使之城"(City of Angels)。洛杉矶是全球城市网络中的重要节点,也是一个非常典型的以平台型为主的城市——国际贸易与航运中心、国际文化娱乐中心、国际著名科教中心等,整个都市区域链接着全球资源的流量化,拥有强大的城市功能和很高的城市能级。

洛杉矶是一座发展基础良好且拥有美好前程的大都市,富裕并充满活力。一是位于资源丰富的美国加州,与拥有丰富农业和自然资源的内陆地区商业和财政联系紧密并获益匪浅,从而发展迅猛;二是拥有更高教育水平的劳动力,接纳了比其他地区更多的拉美裔移民;三是滋养了活力四射、变化多样的制造业和服务业经济;四是受惠于美国联邦政府从企业大规模采购军事物资的条件;五是洛杉矶是创新中心,也是知识和技术密集产业的中心,它生产出销往全球市场的代表性产品,如飞机、半导体、通信设备和娱乐产品;六是拥有重要的科学研究群体,包括世界排名前 20 位的研究型大学,以及政府研究实验室、独立机构、开展研发项目的大型私营企业和研究型医院,享有"科技之都"的美誉;七是美丽的自然风光、宜人的气候和高质量生活吸引着大批移民,从而使得房地产价格居高不下,非贸易性商品和服务的本地市场持续扩张;八是享有相对先进的政府结构、制度、基础设施和教育政策;九是人均收入水平高,1970 年洛杉矶人均收入水平为旧金山的 92%。② 2016—2018 年,洛杉矶连续三年蝉联 50 万以上人口规模的全美数字城市冠军,《2019 国际大都市科技创新能力评价》报告则显示,在全球 20 个城市科技创新能力综合排名中,洛杉矶名列第 13 名。

---

① 潘源.2019 年美国电影产业发展报告[J].电影艺术,2020(2):49—57.
② 李显波.洛杉矶和旧金山的不同发展轨迹对上海的启示[J].科学发展,2019(11):21—27.

(三)洛杉矶的城市文化品牌

美国三所最负盛名的私人图书馆分别是坐落于洛杉矶的亨廷顿图书馆、华盛顿的霍尔查·莎士比亚图书馆和纽约的皮尔庞特·摩根图书馆。其中亨廷顿图书馆不仅有丰富的藏书,还有大量艺术珍品收藏于花园内的艺术博物馆,并以其浓厚的艺术文化氛围加上令人叹为观止的大花园,位居三大图书馆之首。

洛杉矶现代艺术博物馆(简称为 MOCA)是洛杉矶唯一一所由艺术家创立的艺术博物馆,拥有 3 个展馆——洛杉矶现代艺术博物馆主馆(Grand Avenue)、格芬当代艺术博物馆(Geffen Contemporary)和 MOCA 太平洋设计中心(Pacific Design Center),还有一件坐落于内华达州沙漠的米迦勒·海泽(Michael Heizer)的宏大艺术作品《双重否定》(1970)。MOCA 致力于收藏、展示当代艺术,拥有约 7000 件藏品,其中一部分是世界上最引人瞩目的当代艺术藏品。MOCA 不断增加的纪录反映了它的历史深度、近期实验、全球意识,以及洛杉矶这座城市所赋予它的使命。

在第 92 届奥斯卡颁奖典礼上,汤姆·汉克斯宣布:伦佐·皮亚诺建筑工作室(RPBW)设计的电影学院博物馆将于 2020 年 12 月 14 日于洛杉矶对公众开放。球形建筑包含拥有 1000 个座位的大卫·格芬剧院和朝向好莱坞的杜比家庭露台。整个园区将拥有超过 50000 平方英尺(约合 4645 平方米)的画廊空间,包括两个剧院,一个户外广场,屋顶露台,一家活跃的教育工作室,一家餐厅和商店等。

洛杉矶丰饶的图书馆、艺术馆和博物馆资源营造了浓郁的城市文化氛围,涵养了市民强烈的艺术创新意识。

洛杉矶的好莱坞电影文化不仅是洛杉矶城市文化的代表,而且成为美国文化的重要标志,其知名度甚至超过了洛杉矶本身,每年为城市创造了千亿美元的收入。美国洛杉矶电影业形成的"好莱坞"进一步推动了电视、文化旅游、唱片业的发展,这些产业与独特的阳光、冲浪、棕榈树等城市符号结合,把轻松的社会生活与纯属虚构的想象联系在一起,形成一种源自地方城市语境的城市品牌,这种产业发展与文化之间的协同关系代表了洛杉矶普遍的竞争优势。

洛杉矶善于创造和开发文化资源,成为美国重要的文化产业中心。洛杉矶当地政府将经营思想全面融入文化公共管理,一方面通过资助和支持政策促进历史文化资源和现代文化资源建设,另一方面通过规范和优惠政策支持各种文化产业发展,促进文化资源建设与开发相互融合,形成一个良性循环。电影电视是洛杉矶最著名和最有影响力的文化产业。洛杉矶政府、影视行业和社区共同参与组建了一家非营利企业 FilmL. A. 公司,负责审批拍摄许可等影视产业管理和协调工作。2014 年,为进一步支持影视产业发展,洛杉矶市议会决定实施影视拍摄许可费减免计划,总减免金额达数百万美元。洛杉矶的好莱坞是该市文化产业的集大成者。目前,好莱坞几乎集中了全美所有的大型电影制作发行公司,带动了包括音像、电视、印刷、出版、旅游等整个娱乐业的发展,在全球具有巨大的文化影响力,不仅给洛杉矶带来丰厚的利润,也在很大程度上塑造着洛杉矶的城市形象。①

(四)好莱坞的著名电影公司

1. 迪士尼(WALT DISNEY)

迪士尼公司是目前世界上第二大传媒公司,经营范围涉及电影、电视、书籍、广告、主题公园等行业,它在 4 个国家经营 6 家迪士尼主题公园,每年收入达 250 亿美元。

迪士尼公司贵在创新,从一只米老鼠做起,先后创造了一个又一个活灵活现的艺术形象:米老鼠、唐老鸭、狮子王、兔子罗杰、白雪公主、小鹿斑比……这些形象几乎影响了全世界每个国家孩子的心灵。在动画、电影、娱乐游玩中的艺术形象深入人心之后,迪士尼尽快努力使这种艺术形象增值,把圆领衫、手表、玩具等制成米老鼠、唐老鸭的形象,颇受消费者尤其是儿童的喜欢。以米老鼠为例,各种卡通书籍和电影衍生品为迪士尼带来了声望和财富。

1994 年,迪士尼的影片《狮子王》在美国票房收入超过 3 亿美元,加上 2019 年新版的《狮子王》票房收入,迪士尼在这部影片上获得的利润就达到 10 亿多美元;而其另一部影片《圣母院的驼背人》的利润也可达 5 亿美元。2019 年 3 月,迪士尼公司以 713 亿美元完成对 21 世纪福克斯公司的收购。根据协议,迪士尼接管了该公司旗下 20 世纪福克斯电影公司的影视业务,其中包括《X 战警》《死侍》《神奇四侠》《阿凡达》系列的电影版权以及 20 世纪福克斯、福克斯探照灯影业、福克斯 2000 电影公司、福克斯家庭电影公司、福克斯动画公司的所有权。② 迪士尼拥有美国本土总票房榜前 15 位中的 12 部电影,在全球总票房榜的前 15 位中,其也占据了其中的 10 部,通过对 20 世纪福克斯影业的收购,迪士尼重回娱乐媒体领域的霸主地位。

2. 福克斯(FOX)

福克斯(FOX)的全称是 20 世纪福克斯电影公司(20th Century Fox Film

---

① 张俊华.西雅图、洛杉矶发展经验及对杭州的启示[J].杭州(周刊),2019(34):44—49.
② 潘源.2019 年美国电影产业发展报告[J].电影艺术,2020(2):49—57.

Corporation),人称"造梦工厂"。1935年,福克斯电影公司(Fox Film Corporation)和20世纪影片公司(20th Century Pictures,Inc.)合并组建最晚成立的好莱坞大公司。

威廉·福克斯是好莱坞最早的电影大亨之一,与其他电影大亨不同,威廉·福克斯最大的兴趣是在建造新电影院和收购电影院上,相比之下,制作电影只能算是第二位的。威廉·福克斯还是好莱坞最早进行垂直经营的电影大亨,拥有制片、发行和放映全套业务。一说起福克斯,人们就不禁会想起《最长的一天》《音乐之声》《海神号遇险记》《泰坦尼克号》《埃及艳后》《异形》系列等代表作品。第二次世界大战时期,依靠亨利·方达、贝蒂·嘉宝、秀兰·邓波儿等明星和歌舞片、传记片,20世纪福克斯就已经成为好莱坞最能赚钱的公司,代表作有《君子协定》《飞去来器》和《毒龙潭》。①

2009年,由福克斯出品、詹姆斯·卡梅隆导演的3D巨片《阿凡达》上映,该片只用了6周的时间就超越了《泰坦尼克号》的全球票房(12亿美元),这为福克斯不仅带来了极丰厚的利润,同时也成为福克斯电影史上第一部独资拍摄的票房进入世界前十的影片。新版《星球大战》三部曲为福克斯贡献了超过26亿美元的全球总票房,成为福克斯的又一经典力作。

3. 环球影业(UNIVERSAL)

环球影业公司成立于1912年,是美国最大的电影公司之一,也是好莱坞历史第二悠久的电影公司。它隶属康卡斯特麾下,坐落于环球影城广场。

20世纪三四十年代,环球影业生产了大量低成本影片,其中大多是西部片、音乐片、恐怖片和滑稽片。50年代,它一改过去大量摄制低成本片的做法,采取少拍片以提高技术质量的方针。同时,开始采用资助独立制片人拍摄影片的方法,其中不乏《斯巴达克斯》(1960)这样的成功之作。70年代摄制了颇有影响的《美国风情画》(1973)以及该公司历史上获利最多的娱乐影片《鲨腭》(1975,或译《大白鲨》)。1999—2003年间,环球在国际和国内票房上都取得了不同凡响的成绩,代表作品如《美丽心灵》《帝国骄雄》《永不妥协》《钢琴家》等等,环球出品的DVD如《红龙》《8英里》《憨豆特工》《绿巨人》等的销售也列居各电影公司之首。此外,《速度与激情》总票房累计超过30亿美元,成为历史上最成功的赛车系列电影,《辛德勒名单》《侏罗纪公园》《阿波罗13》《泰迪熊》等影片也广受赞誉。环球影业和暴雪娱乐、传奇影业合作,联袂打造的影业版《魔兽世界》取得不俗票房,2003年环球影业的票房收入排在全美第三,2010年米高梅破产后,

---

① 修竹.造梦工厂:二十世纪福克斯[J].现代企业文化(上旬),2014(1):80—81.

环球影业公司重新坐回好莱坞的头把交椅。

4. 米高梅（MGM）

创建于 1924 年的米高梅公司，在其成立之初掌门人梅耶就提出了"为艺术而艺术"的口号，在这一宗旨的指导下，公司每年以四五十部优秀的影片制作面向观众。1927 年诞生了第一部有声电影《爵士歌王》，1929 年制作了享誉好莱坞的歌舞片经典《百老汇的旋律》，20 世纪三四十年代的米高梅乃是好莱坞最大的影片公司。曾几何时，MGM 众星云集，如伊丽莎白·泰勒、斯宾塞·屈塞、凯瑟琳·赫本、加里·格兰特、葛丽泰·嘉宝等，奥斯卡前 40 位影帝和影后中就有 11 位是米高梅旗下的签约明星。

20 世纪 50 年代电视技术的迅速崛起一度对 MGM 的影业发展造成极大冲击，但 MGM 不仅拍摄了电影史上最出色的影片之一——《乱世佳人》，创造出历久不衰的银幕经典——007，塑造了不朽的卡通形象——猫和老鼠，更创造了《大饭店》《乱世佳人》《忠勇之家》等 200 多部影片荣膺奥斯卡金像奖的辉煌成就，并一度登上好莱坞八大影视公司的头把交椅。MGM 的电影资源库存量位居世界第二，其拥有 4100 多部电影和 10000 多小时的电视节目。

2010 年，资本驱动下的 MGM 破产重组标志着电影工业一个时代的结束。究其原因，主要应归因于其产业链整合能力差导致业务收入水平低、产品创新能力差导致主营业务收入低、过度依赖大制作导致影片耗用成本过高以及负债过高。[①]

5. 华纳兄弟（WARNER BROS.）

华纳兄弟娱乐公司成立于 1918 年，旗下包括华纳影业、华纳兄弟制片厂、华纳兄弟电影公司、华纳兄弟动画制作、华纳家庭录影、华纳兄弟游戏、DC 娱乐公司和 CW 电视台等公司。1990 年华纳兄弟娱乐公司被时代公司收购，更名为时代华纳。

华纳兄弟依托丰富的影视资源，将电影、电视剧等娱乐内容与游戏相结合进行深度开发，对数十年来积累的影视剧经典形象如蝙蝠侠、超人、乐高、闪电侠、绿灯侠、哈利·波特等进行衍生品授权，在世界各地相继开发落成了乐高主题公园、蝙蝠侠主题公园、哈利·波特的魔法世界、正义联盟探险主题公园等。[②]旗下 HBO 频道绝对统治收视黄金时段的致胜诀窍是不播广告，而且每月播出

---

① 李月珍. 米高梅破产的个案研究[D]. 重庆：西南大学，2012.

② 韩晓宁，杨毅. 优质数字内容与全球资本运营：时代华纳新时期战略研究[J]. 中国出版，2017（4）：64—67.

的 70 多部电影中有 1/3 左右是新片,10% 以上是独家播出的特别娱乐节目。值得关注的是,全球最大社交网站 Facebook 利用其用户优势,于 2011 年联合华纳兄弟推出在线影视租赁业务。

华纳兄弟的作品脍炙人口,著名的有《蝙蝠侠》系列、《超人》系列、《黑客帝国》系列、《哈利·波特》系列、《指环王》系列、《霍比特人》系列、《地心引力》、《盗梦空间》等,在好莱坞影响力颇大。其中《哈利·波特》系列电影在全球范围内票房收入已经超过 74 亿美元,稳居全球"最赚钱"电影系列。

二、案例分析

(一)拥有全球规模最大的电影产业基地——好莱坞梦工厂

说起美国电影,人们自然会把它与坐落于洛杉矶的好莱坞联系在一起。美国电影产业中心从最初的纽约—新泽西都市区移至洛杉矶的好莱坞,除了该地温暖的阳光、温和的冬天和多样化的景观等区位优势外,更与其垂直分离的制作、注重小企业的发展、区分合作与控制、强化创意中心建设等发展策略密切相关。① 好莱坞聚集了美国 600 多家影视公司,每年生产成百上千部优秀的商业电影,它已成为美国电影的代名词和世界影视业的中心,是世界影迷心驰神往的梦幻之都。好莱坞给世界各地青年提供了学习的课堂,提供了一夜成名的可能,在这里他们很有可能获得成为明星替身的机会,也有可能成为主角或配角,在这里他们离自己的美国梦更近了一步。②

据美国电影协会 2018 年统计数据,好莱坞六大影业公司的票房分别为:迪士尼 26 亿美元,环球影业 8.4 亿美元,华纳兄弟 7.3 亿美元,索尼哥伦比亚 6.2 亿美元,20 世纪福克斯 5.1 亿美元,派拉蒙影业 4.1 亿美元。人口总数仅为 2.67 亿的美国人,每年至少要花费 1200 亿小时的时间和 1500 亿美元的金钱来消费各种合法形式的娱乐和服务,其中电影成为娱乐产业的旗舰,其产值仅次于航空业位居第二位。洛杉矶人口约 1800 万,而从事影视产业的人口就有 25 万,人口与劳动力的优势展露无遗。此外,好莱坞所处区域拥有得天独厚的自然条件,是室外拍摄的绝佳之地。③

几乎所有的好莱坞大片讲述的都是美国人的故事,美式英语,美式审美,美国的社会机构,美式的服装食物,还有美式的行为习惯和人物性格,这都是好莱

---

① 钱紫华,闫小培.好莱坞电影产业集聚体的演进[J].世界地理研究,2009,18(1):118—128.

② 王战,杨婷.好莱坞电影的营销和推广策略研究[J].湖南大众传媒职业技术学院学报,2012,12(5):5—11.

③ 吕丹.好莱坞、宝莱坞的发展及国际化的共同经验探究[J].新闻世界,2015(7):205—207.

坞电影的标配。虽然影片中的故事主要发生在美国,但影片所表现的内容却具有超越民族性的特点,好莱坞电影已经在不断地吸收和包容各个国家和民族的文化,已经在用他国的文化讲美国故事。换句话说,"好莱坞的魅力之一来自于影片所呈现的美国图景……这种想象的图景使得人们对陌生的彼此产生认同,好莱坞电影就是将这种想象展现出来,将一千个人的哈姆雷特化为一个好莱坞的哈姆雷特,并在影像中不断地制造一个又一个美国神话"①。

(二)具有国际影响的重要行业协会组织主导着全球产业的发展走向

英国制片人大卫·普特南在《不宣而战:好莱坞 VS 全世界》中对好莱坞无与伦比的独特性和产业影响力有过精彩分析:"在美国,电影最初是在那些代表传统文化的人的视野之外发展起来的,而且随着电影业日趋成熟,这一与东海岸那些掌握高雅文化和高级金融机构的人群格格不入的产业,在没有实际上离开美国而又离这些人尽可能遥远的加利福尼亚扎下根来,看起来再合适不过了。"

洛杉矶(尤其是好莱坞)在制造商业化电影产品方面具有国际性的主导力量。它不仅拥有诸如动画片、特效、电影剪辑、脚本创作、录音等产业和服务中心,迪士尼、福克斯、MCA/环球、米高梅和时代华纳等电影制片公司均在全球电影产业中难以望其项背②,而且许多具有国际影响的重要产业组织——行业协会也永久落户天使之城:久负盛名的电影艺术与科学协会(Academy of Motion Picture Arts and Sciences)、美国唱片艺术与科学协会(American Association of Phonographic Arts and Sciences)、美国电视艺术与科学协会(National Academy of Television Arts and Science),分别负责颁发每年的奥斯卡奖、格莱美奖和艾美奖。其中,寄托电影人梦想的"奥斯卡"金像奖是美国历史最为悠久、最具权威性和专业性的电影类奖项,也是全世界最具影响力的电影类奖项,自 1929 年设立以来,引无数电影人竞雄逐鹿。美国电影协会(MPAA,The Motion Picture Association of America)成立于 1922 年,其主要成员包括美国最大的七家影视制作商和发行商:博伟发行公司(隶属于迪士尼集团)、索尼娱乐、米高梅、派拉蒙影业、20 世纪福克斯、环球城市制片公司和华纳兄弟娱乐公司。除此之外,比较著名的还有美国编剧协会、美国导演协会、美国音乐家联合会、美国电视广播演员协会、国际戏剧舞台工作者联盟等。

---

① 魏家猷.好莱坞电影的全球化策略——以《疯狂动物城》为例[J].今传媒,2017,25(8):105—106.

② [美]艾伦.J.斯科特.城市文化经济学[M].董树宝,张宁,译.北京:中国人民大学出版社,2010:164.

（三）誉满全球的优质教育资源保障了产业所需智力/劳力的稳定供给

熟练的劳动力是文化创意产业长期生存的基础条件，而星罗棋布的大学、学院和学校保证了产业熟练劳动力的稳定供应。洛杉矶是美国三大高等教育集中地之一，拥有254所高等教育机构，其中加州理工学院、加州大学洛杉矶分校、南加州大学等是全球著名的高等学府和研究中心，科学家和工程技术人员数量位居全美第一，约20%的人拥有大学及以上学历。对许多矢志投身影视演艺事业的学子而言，加州大学洛杉矶分校戏剧、电影与电视学院和艺术与建筑学院，南加州大学电影艺术学院，欧特斯艺术与设计学院，加州艺术学院瓦伦西亚分校等，无疑是他们心驰神往的学术圣地。

南加州大学电影艺术学院（USC School of Cinematic Arts，简称SCA）1929年由南加州大学和美国电影艺术与科学学院共同创建。作为世界上唯一一个教授所有电影艺术主要学科的媒体学校，SCA提供了一种独特的跨学科学习体验。从这里走出了《星球大战》系列的导演乔治·卢卡斯和音效大师班·布特、《达芬奇密码》的导演朗·霍华德，《阿甘正传》的导演罗伯特·泽米吉斯、《巧克力工厂》的导演大卫·L.沃尔普等杰出电影艺术家。

加州大学洛杉矶分校（UCLA）是美国最具声望的公立大学之一，致力于教育、研究和服务的完美融合，以助益于每一位学生的全面发展。UCLA戏剧、电影和电视学院（School of Theater，Film and Television）毗邻好莱坞，拥有得天独厚的地理位置，吸引了不少电影拍摄与制作，被誉为电影艺术专业人才的摇篮——好莱坞四大导演之一的弗朗西斯·福特·科波拉就毕业于此。作为一位接受过学院派教育的电影导演，科波拉没有受到电影理论的羁绊，反而从好莱坞电影旧有体制中走出了一条属于自己的道路：无论是《教父》《现代启示录》，还是《局外人》《没有青春的青春》，几乎每部电影都融入了他极具个人色彩的理性精神。

（四）高新特技和工业编码的深嵌融合缔造了"景观电影"的光影传奇

其实，一部电影史也是一部技术、艺术、商业和文化的历史。美国是世界上公认的最具创新力的国家之一，其整体国力位居全球第一，相对于自由的社会环境，其系统的科技政策、优越科研条件支撑下的创新精神，让美国自第二次世界大战以后一直保持着绝对的竞争优势。美国电影产业的发展，始终受到科技发展的巨大影响，这既包括电影产业自身的技术进步，也包括外围的电视产业、视听产业以及通信技术的发展等。"每一次技术的革新（比如声音、彩色以及宽银幕在不同时代的出现）所带来的结果，就是使更为醒目刺激的视觉奇观的营造成为可能。而这恐怕才是好莱坞电影在每个时期都能出奇制胜，在全世界电影市场中保持强势的原因。"①20世纪80年代以后,美国电影更是在高新科技与全球化的双轮驱动下,产品的空间流动变得益发频繁,影片的大量出口进一步巩固了美国电影在全球的统治地位。

众所周知,任何故事都是技术的外化呈现。科技的发达使电影制作手段更加高科技化和多样化,呈现给观众的场面也更加丰富:《阿凡达》在中国掀起了3D与IMAX巨幕电影风潮,票房近2亿美元,唯美的画面使观众流连忘返,看过的人都惊叹片中仙境似的美景;派拉蒙公司的《碟中谍4》,最精彩的莫过于阿汤哥在迪拜的哈利法塔上演的飞檐走壁那一幕;漫威电影则通过"动作奇观、速度奇观、身体奇观、场面奇观"等奇观美学模式,创造了令人震撼的美学效果,回应了视听传播时代观众的凝视需求。

事实证明,好莱坞影片"热衷以制造视听奇观为能事,以猎取资本增殖为圭臬,以形塑新一代观众口味为导向,肆意渗入特技手段、工业编码和暴力元素,寻求用各种超能力的高概念/大制作取代实际生活,用更多感官刺激挑战叙事情理,使电影发生了从现实到悬置、从'叙事电影'向'景观电影'模式的突变。从此,高科技大片高举高打,日渐占据银幕主导位置。在这些电影里,玄幻奇观无所不在,光怪陆离无奇不有,超级英雄无所不能,生命的切身体验开始让位于视觉感官,肉体的刺激享受登堂入室替代了精神愉悦"②。正是依托高新技术产业与成熟资本市场的融合,美国电影提高了市场竞争力,创造了辉煌的业绩。

(五)围绕核心创意多次开发形成了独特的轮次收入模式

生活经验告诉我们,镜子本身是不会因为被人照而贬值的,多少人站在它面前它就显示多少人,它不会被人看坏。那么,企业能不能生产一种东西,不会因为人们的使用而贬值,甚至还会升值呢?企业能不能一次投入多次产出——即在不同的发展阶段,运用不同的产业发展模式对核心创意进行开发,从而为企业持续创造经济利益的收入实现形式——轮次收入模式呢?迪士尼的回答是肯定的。

迪士尼公司的核心创意是其创造的动画形象,其投入生产的米老鼠、白雪公主等动画片引起了轰动,人们给予它热烈的回报。通过发行拷贝和录像带,迪士尼赚取了第一轮收入,解决了成本回收问题,但这仅仅是它收入的一小部分,大头还在后面。之后,迪斯尼以动画中塑造的米老鼠、白雪公主等形象为基础进行再开发,做成各种产品、游戏、主题乐园、玩具,甚至是巡回演出的剧团,

①　梅峰.新技术和好莱坞的生意经[J].电影艺术,2000(4):115—116.
②　李建强.高科技时代电影娱乐价值意义的确认及其尺度[J].未来传播,2019,26(1):65—70.

这些项目的总收入比动画片要高得多。最后,通过授权的迪士尼商店和品牌产品,迪士尼赚取了第三轮收入。在轮次循环发展过程中,迪士尼介入的领域越来越广泛,其品牌的影响力也越来越强。

围绕核心创意,不同的企业也可以联合开发以创造行业价值,在这方面比较成功的例子是《哈利·波特》。众多企业参与开发和分享哈利·波特的创意,它们在图书、电影、游戏以及其它衍生产品方面都取得了令人瞩目的成绩。小说问世 10 周年之际(2007),《哈利·波特》一书已经被翻译成 64 种语言,前 6 部小说的全球总销量超过了 3.25 亿册。由时代华纳投拍的《哈利·波特》电影,前 5 部的票房累计 43 亿美元。游戏方面,Sony 公司的 PS2 自 2001 年就已开始与影片同步发行游戏软件,2007 年与《哈利·波特与凤凰社》同名的游戏首度在 Sony 的 PS2、PS3、任天堂的 Wi-Fi 上同步发行。①

由此可见,有人说法国人发明了"电影术",而美国人创造了"电影业",确非虚言。"美国是近代第一个将艺术和商业结合起来的国家,并且很务实地创造了'流行文化'这样一种观念。"美国"拥有极好的'做设计'和'讲故事'的能力并可以感动世界,其社会网络体系可以产生出各种非比寻常的'突发奇想'"②。

三、案例启示

(一)完备的电影工业体系确保了电影生产和管理的规范化、精细化和准确化

好莱坞的经验表明,高质量商业大片的生产依靠的是完备的工业体系,而并非个人创作的灵光闪现。经过长达百年的时间积累,美国电影的工业化程度,如创意孵化、制度设计、人才培养、市场运作等可谓炉火纯青。

创意是电影的灵魂和归宿,贯穿整个电影产业的全过程。电影产业的创意是大创意,绝不仅仅是过去理解的电影剧本创作环节的"idea",而是充盈着电影产业的全过程,包括剧本创作、团队组建、制片生产、发行放映、营销传播等。换句话说,电影工业,是科技水平、电影工具、管理方式、组织方式的系统性概念,并非仅仅指制造能力。③

美国电影通常实行制片人中心制。这是一种以制片人为核心,负责电影的筹备、制作、团队组建与管理、营销策略制定,通过系统的、科学的制作流程,使

---

① 邢华.文化创意产业价值链整合及其发展路径探析[J].经济管理,2009(2):37—41.

② [英]约翰·霍金斯.创意生态[M].林海,译.北京:北京联合出版公司,2011:34.

③ 饶曙光.电影工业离不开"大创意"[N].中国新闻出版广电报,2019-04-10(008).

影片的商业价值最大化的工作机制。该机制优势一是制片人更有利于投资方的利益,更能保证影片预算和拍摄进度的合理管控,并把导演从日常创作之外的事务中解放出来,保证其能更专心于创作;二是制片人可以从全局出发,制定统一的开发、制作、营销、发行、品牌延续的整体战略,保证整个项目顺利运作;三是制片人可以从观众的角度出发,确保更高的影片质量,更看重类型的确定性、演员组合的市场反应、影片元素的商业性,更强调视听感受,更注重故事的逻辑性和讲述的流畅性,以便获得更广泛的观众认可。①

美国电影工业从一开始就是市场化运作的,经由市场化历练和培育的工业巨头就成为这个行业秩序和标准的制定者。作为文化艺术产品,在美国的工业标准化下,电影管理、模式、流程提炼得更加规范化、精细化、准确化;流水线管理,细致分工合作,精准化营销,各司其职并行推进的工业化生产模式相当完备。美国电影人具有很强的契约精神,比如好莱坞的各大电影公司,拟定每年进入中国 30 多部美国电影,他们会先商定好,派拉蒙三部、时代华纳四部……到了第二年就把数额重新调整,这是市场化的计划。②

(二)产业价值链的关键整合助推企业竞争优势的转变和升级

产业价值链的整合是帮助企业实现竞争优势的转变和升级的有效工具。但是,这种整合并不意味着要在所有的产业和环节上全面铺开,更为可行的发展路径是在产业价值链中的关键点上进行重点突破,进而通过产业价值链各节点的互动带动整个产业的提升。③ 就美国电影而言,这种整合功效突出表现在以创意内容带动产业、以传播技术支持产业、以版权贸易整合产业发展等方面。

有学者认为,"电影从其诞生以来一直是一种跨文化现象,具有跨域'文化'的能力——即创作富有魅力的形式,这种形式易于接触,并以独立于观众的语言和文化特征的方式与其交流。"④例如漫威系列电影,已经不仅仅是备受全球大众追捧且有很高票房的电影,而是一种文化、一种形象和一种精神理念的品牌,在其强调个人奋斗、追求个人幸福等剧情背后潜藏着"自由、平等、博爱"的美国价值观和英雄崇拜意识,故而这些电影可以一直延续这一精神主线不断拍摄续集。

影院传播技术创新的一个重要标志就是宽银幕试验的不断成熟。1953 年,

---

① 陈亮."制片人中心制"电影流程管理在家具设计项目管理中的应用[D].长沙:中南林业科技大学,2018.

② 尹鸿,张卫,陈洪伟,张俊龙.提升中国电影竞争力:工业化能力·人才建设·本土化和"走出去"策略[J].当代电影,2017(6):4—14.

③ 邢华.文化创意产业价值链整合及其发展路径探析[J].经济管理,2009(2):37—41.

④ 张英进.多元中国:电影与文化论集[M].南京:南京大学出版社,2012:165.

20 世纪福克斯公司在拍摄宗教史诗片《圣袍》时最先开发出宽银幕技术的电影，将银幕宽高比从原先 1.33∶1 转换为 2.35∶1；1955 年，6 声道 70mm 电影（Todd-AO）技术在音乐剧《俄克拉荷马》中成功应用；60 年代，Super Panavision 宽银幕技术使用 Ultra Panavision 70 胶片投放出 2.75∶1 宽高比的画面，吸引了观众注意力。[①]

　　特许经营是指电影版权拥有者授权某一领域的商家生产基于该电影主题元素的商品。特许经营这一商业形式引入美国电影产业之后，逐渐成为好莱坞的一道独特景观。好莱坞充分利用特许经营权的商业潜力，通过重复成功影片的既有模式，不断推出相关系列影片，利用其中出现过的角色、场景及预先存在的粉丝基础规避风险，并借助消费者源自其中某部影片的溢出兴趣拓展市场。相关特许经营权情况行情参见表 2-1。

表 2-1　相关特许经营权情况行情[②]

排名	特许经营权	影片数量（部）	北美票房（亿美元）	全球票房（亿美元）	经营期限（年份）
1	漫威电影宇宙	30	85.45	225.90	2008—2022
2	星球大战	15	50.30	102.05	1977—2026
3	蜘蛛侠	10	27.15	72.27	2002—2019
4	复仇者联盟	4	26.19	77.67	2012—2019
5	DC 扩展宇宙	25	20.63	52.75	2013—2022
6	玩具总动员	5	13.17	30.54	1995—2019
7	狮子王	4	13.71	26.42	1994—2019
8	冰雪奇缘	3	8.55	26.00	2013—2019
9	小丑回魂	2	5.4	11.72	2017—2019

（三）构筑公共话语空间以强化影片的口碑效应

　　美国电影对人类共同命运话题的特别关注，为艺术题材的丰富多样创造了极大的自由空间，它不仅满足了价值观念多元化和细分化的市场需求，而且也确保了创意的繁荣，降低了产业风险。

---

①　钱志中.价值链的动态演进与美国电影产业的持续竞争优势[J].世界经济与政治论坛,2008,（6）:106—111.
①　钱志中.价值链的动态演进与美国电影产业的持续竞争优势[J].世界经济与政治论坛,2008,（6）:106—111.
②　潘源.2019 年美国电影产业发展报告[J].电影艺术,2020(2):49—57.

　　美国虽然是一个多民族聚居的国度,丰富性和多样性是美国文化的底色,但是,好莱坞电影凭借其巧妙的共情传播策略成功地跨越了各个民族之间的文化藩篱和联邦自治的各自为阵。这一奏效的技巧是:"一是突破某一民族、社区的文化、历史和现实经验,把某一民族具体经验提升为全民族共同经验,从而超越某一具体民族经验的局限性;二是摒弃某一具体民族狭隘的意识形态,迎合美国主流社会的意识形态,即美国所一再宣扬的自由、平等、幸福、享乐的价值观;三是摒弃某一具体社会阶层的欣赏趣味,迎合绝大部分社会阶层的欣赏趣味;四是移民社区渴望融于主流社会的潜意识心理,用融合的价值观取代分离的价值观。"[①]好莱坞电影曲隐的文化传播和娴熟的商业操作有机融合,使其形成了迥异于法国、英国、日本、印度等其他国家且具极高辨识度的风格特征。

　　好莱坞善于通过全球热议的文化热点和焦点强化影片的口碑效应,以多样性展现来吸引白人之外的非裔、亚裔观众群。《黑豹》是漫威第一部正式以黑人为主角、以非裔演员为主的超级英雄电影。影片将非洲传统文化、原始自然风光与村寨型摩天大楼、高精尖武器及装备组合在一起,给人带来了高新鲜度的视觉享受。种族、阶级、移民、对外援助难民、全球文化冲突等一系列政治及民生话题,大量涌入社交媒体,充满社会关联性,该片还未上映就引起各界热议,最终成为漫威影业预售票房最高的电影。在美国公映后,影片掀起观影狂潮,不断刷新票房纪录,与此同时,美国影评人、烂番茄等各大影评网站、美国《时代》周刊、《滚石》等各种杂志报纸也纷纷称赞,推动了口碑持续升红。[②]

　　人类的思想可以通过电影自由呼吸,人类也需要彼此的言语和信念,电影突显了我们彼此的联结。随着全球化时代的到来,许多美国影片或选取中国优美的自然风光作为背景,或在影片中融入更多的中国新元素,展现丰富多彩的异域风情,令观众感到新颖、惊奇,获得不一样的满足感:在《星战前传3》中有高科技虚化的桂林山水;在《阿凡达》中有张家界风光;在《碟中谍2》中有上海外滩风景;在《功夫熊猫2》中中国民乐《步步高》多次在影片中出现;在《纽约黑帮》中,观众见识了京剧的京鼓点配乐。[③] 这些光影交错的时空中所呈现的新东方主义意识,某种意义上是对席卷世界的全球化的一个重要回馈,至少从一个侧面打破了之前外国人累积下来的东方阐释和刻板印象。

①　何建平.好莱坞电影机制研究[M].上海:上海三联书店,2006:31.
②　储双月.2018年美国电影的社会实践价值与发展趋势[J].艺术评论,2019(4):121—131.
③　张慧,石春让.美国电影中的中国元素及其自主产权[J].电影评介,2018(24):69—71.

(四)深耕流媒体平台催生电影消费方式的悄然转变

随着互联网的发展,影视流媒体内容平台快速崛起,这进一步挑战了电影构成的基本概念,强烈冲击着传统影业格局,影响着观众的观影习惯。流媒体服务提供娱乐选择的量的增长,一方面影响人们到电影院看电影的频率,促使电影爱好者将钱花在购买或升级订阅服务而不是电影票上,另一方面也致使美国的传统制片厂通过并购重组壮大自身实力。各大院线纷纷通过硬件升级、技术更新、经典重映、影院直播、影游互动等手段吸引观众,凭借差异化特色经营模式与来自流媒体平台和其他家庭收看方式竞争。[①]

2019 年,美国流媒体巨头奈飞公司(Netflix)正式加入美国电影协会,其出品的影片囊括第 92 届奥斯卡金像奖的 24 项提名,成为奥斯卡奖历史上提名最多的流媒体服务商。奈飞依靠大数据算法以及"对消费者痴迷"的科学思维,运用科学的方法精准地了解用户类型偏好,理解并解决连用户自身都可能尚未察觉的需求,并以此做到及时推送节目。依据美国电影协会 2017 年的报告,以奈飞为首的流媒体在全美拥有 1.67 亿订户,同比上一年度大涨 44%。如今,奈飞已在全球超过 90 个国家落地,拥有超过 1.3 亿付费用户,其中美国用户 6100 万。[②]

亚马逊与奈飞的营销路线有所不同:一是奈飞倾向于寻求更广泛的受众,二是奈飞似乎不愿让电影院成为独家的放映窗口,努力在电影首映时在其网站上同天发布,但这一模式往往遭到院线方的拒绝。亚马逊更愿与制片人进行形式灵活的合作,可将其出品的一些项目先在影院公映,然后再在自己的平台推出,甚至将一些原创影片提供给其他视频订阅平台,其中包括 Hulu 和竞争对手奈飞。

2019 年 11 月 12 日,迪士尼推出 Disney+流媒体服务,并率先在美国、加拿大和荷兰上线。其资料库拥有 300 部电影和 7000 部电视节目,包括来自迪士尼金库、漫威电影宇宙、星球大战专营权以及工作室新近收购的福克斯的影片内容,这使其在拥挤的市场中成为具有吸引力的选择:以《星球大战》为例,它在"照片墙"(Instagram)页面拥有近 1200 万关注者,在"脸书"(Facebook)上的关注者接近 2000 万,在"推特"(Twitter)上的关注者超过 400 万。[③]

---

① 潘源.2019 年美国电影产业发展报告[J].电影艺术,2020(2):49—57.
② 彭侃.2018 年北美电影产业发展报告[J].电影艺术,2019(2):46—52.
③ 潘源.2019 年美国电影产业发展报告[J].电影艺术,2020(2):49—57.

(五)全球市场与媒体公司之间的联系正发展成为标准的操作规程

媒体巨头的规模和市场权利使其有可能同其他营销和零售组织结成独家战略联盟,以便交叉销售。1996 年,迪士尼公司与麦当劳签订了一份长达 10 年之久的协议,只允许这家快餐连锁店在全球范围内销售其产品。迪士尼可以利用麦当劳 18700 个分店提高其全球销售量,而麦当劳也可以利用迪士尼的行业声誉支持自己,从而控制世界每一个市场。百事可乐也曾签署了类似的促销协议,即 1996 年重新发行影片《星球大战》三部曲,百事可乐公司的全球资产包括百事可乐、Frito-Lay 快餐店、比萨小屋和 Taco Bell 都被指定参加促销活动。①

跨国化既是一种经济现象,也是一种文化现象。增强在海外市场的占有率一直是好莱坞的战略重点,近年来,除了邀请国外演员出演、去往海外取景地拍摄等传统策略外,好莱坞更着力加强在资本、发行和营销机制等方面的布局。2018 年,美国 AMC 院线首次进入沙特阿拉伯,在利雅得开办一家电影院,并计划到 2030 年在沙特全国开设 100 家电影院。瞄准高速增长的中国电影市场,好莱坞大制片厂纷纷加强与中国资本、中国电影公司的合作:华纳兄弟与华人文化合资成立旗舰影业,2018 年中美合拍的电影《巨齿鲨》成为迄今为止最成功的中美合拍片,全球总票房达 5.3 亿美元。② 2018 年,好莱坞六大公司加上狮门影业的海外票房达到 171.75 亿美元,占海外电影市场总票房的 57.63%,其中,迪士尼是好莱坞 2018 年海外市场表现最为突出的公司,其也在 2016—2018 年牢牢占据排行榜首位。

四、延伸阅读

美剧产销模式归纳与分析③

资料显示,美国把控了世界上 75% 的电视节目,每年向其它国家发行的电视节目总量时长达到 30 万个小时,许多第三世界国家播出的电视节目,直接来自美国的竟占到 60%～80%,以致电视台几乎变成了美国电视节目转播站④。这其中,卖得最多的则是美国电视剧。

至此,我们不难理解尼尔·波兹曼在《娱乐至死》中为何断言:"在民主制度

---

① 〔美〕爱德华·赫尔曼,罗伯特·麦克切斯尼.全球媒体:全球资本主义的新传教士[M].甄春亮,译.天津:天津人民出版社,2001:59.
② 彭侃.2018 年北美电影产业发展报告[J].电影艺术,2019(2):46—52.
③ 案例来源:王哲平,王子轩.美剧产销模式归纳与分析[J].视听界,2010(1):67—69.
④ 常悦.中国电视软实力还太"软"[J].青年记者,2009(3):35.

和相对自由的市场经济中,电视找到了作为一种技术可以充分发挥潜能的肥沃土地。其中一个结果就是,美国的电视节目在全世界供不应求。美国的电视节目之所以供不应求,并不是因为人们热爱美国,而是因为人们热爱美国的电视。"

(一)目标观众:类型化

与任何一种产品的市场一样,电视剧市场同样也由三要素决定,即人口(观众)、购买力(闲暇时间)和购买欲望(收视欲望)。"选择的或然率=报偿的保证÷费力的程度"①是美国传播学家威尔伯·施拉姆对受众选择大众传播媒介给出的一般测算公式。在这里,报偿的保证是指传播媒介满足受众需求的程度,费力的程度是指受众获得传播媒介所花费的代价,包括时间、精力、财力等耗费。从这一公式看,同等代价下,传播媒介满足受众需求的程度越高,被选择的概率就越高,这也启示我们:电视剧若要赢得高收视率,就必须尽最大可能地满足广大受众的需求,此外别无他途。

能否找准最大目标观众无疑是电视剧生产的关键。依据先进的市场统计学方法,美国根据受教育程度与收入状况、家庭生活圈、居住区域、种族与信仰、人口流动性等五大特征共 39 项细目,将其居民划分为 62 个生活方式不同的群体。显然,在此基础上再对受众进行全面、科学、定量的分析,针对目标观众的年龄结构、文化水准、教育程度、收视习惯,乃至消费能力、收入情况、生活习惯、心理状态等诸多信息进行研究,就可以根据目标观众的需求制作出适合他们的节目。

美国学者霍拉斯·纽卡姆认为,电视类型是流行艺术"模式化"的表现,但并不意味着电视就是粗劣的陈词滥调,相反,电视是复杂、变化的,反映了大众的情感和观念②。"电视必须跟人们的实际生活相联系,包括现实生活和想象中的生活;如果在电视中看不到我们自己的生活、愿望及梦想,那么电视对我们来说就毫无意义可言。电视必须反映社会现实,跟上时代的步伐;以描写各种冲突为主题的成功戏剧,也开始转向目前社会的争端及问题。"③

根据美国电视播出季多年的运作规律,其"理想观众群体"的主要范围是18~49 岁的成年观众,特别是都市女性。美国三大电视网甚至对目标观众的

---

① [美]施拉姆(W. Schramm),波特(W. E. Porter). 传播学概论[M]. 陈亮,等译. 北京:新华出版社,1984:114.

② 易前良. 美国"电视研究"的学科起源与发展[J]. 中国电视,2009(5):76—79.

③ [英]安德鲁·古德温,加里·惠内尔. 电视的真相[M]. 魏礼庆,王丽丽,译. 北京:中央编译出版社,2001:69—70.

年龄层次进行了细致划分,CBS、ABC 和 NBC 将其平均观众年龄分别定位在 52 岁、43 岁和 41 岁。受这些目标观众主导和诱惑,美国电视剧的分类既严谨,又不互相冲突,能充分满足各个阶层、各种欣赏口味。① 每种类型的电视剧都恰到好处地在细分的观众市场里忠实地扮演着自己的角色:喜剧带来笑声,犯罪剧带来悬念,幻想剧带来神思,肥皂剧带来感情缠绵和泪花。此外,美剧新亮点之一的女性电视剧所形塑的性格鲜明的女性谱系——自由独立的都市白领,遭遇迷失与压力的家庭主妇,事业、家庭并重的职场金领,现代都市版的"灰姑娘",被成长烦恼困扰的"公主",圣母式的护犊母亲,以及女同性恋等,已在美国本土掀起一轮又一轮的收视热潮,受到"艾美奖"与"金球奖"的屡屡褒奖,被电视批评界誉为女性剧"王朝"的来临。②

美国电视剧的传播特性与人的娱乐天性达到了最大程度的契合,给那些老弱病残以及在汽车旅馆里饱尝孤独寂寞的人带来了无尽的安慰和快乐,并使得娱乐在最大程度上实现了社会化。"通过电视,娱乐游戏更加社会化,成为现代人类生存的减压阀。"③

(二)商业投资:"好莱坞模式"

人类的一切经济活动就实质而言都是一种利益活动,而人类的一切利益活动又或多或少地伴随着不确定性。因此,风险在人们的日常生活中无处不在,无时不有。电视台理性地衡量和评判自身的经营状况和外部产业环境,确定自己的经营战略目标并进行相应的风险评估,从而有效地规避可以预见的风险,这是其发展过程中必须予以高度重视的环节。

一位好莱坞制片人承认,由于财务风险太高,拍电影意味着"既要有内容,又要风险小"。美国《剧艺报》曾对 164 部好莱坞发行的影片做过调查后得出结论:预算超过 6000 万美元的影片比低成本影片更能赢利。1996 年,在好莱坞发行的 417 部影片中,仅 13 部就约占票房总收入的 30%。主要生产厂在扩大出口量以满足需要的同时,它们也集中生产"巨型炸弹"。④

从理论上讲,巨额的投资可以购买最好的剧本,聘用最好的导演和大牌明星,构建豪华的演职人员阵容。为了剧情的精彩,美国人的投资可谓不惜血本。

---

① 杨晓民.观众主导 营销助力——美国电视剧播出季营运模式[J].新闻前哨,2007:44—45.

② 南华.性别政治与娱乐经济——2000 年后美国女性电视剧发展之路[J].当代电影,2008(12):101—104.

③ 朱羽君,殷乐.减压阀:电视娱乐节目——电视节目形态研究之一[J].现代传播(北京广播学院学报),2001(1):92—96.

④ [美]爱德华·赫尔曼,罗伯特·麦克切斯尼.全球媒体:全球资本主义的新传教士[M].甄春亮,译.天津:天津人民出版社,2001:46.

ABC 的科幻剧《迷失》创下一集 500 万美元的制作成本纪录；HBO 的历史剧《罗马》更是以一季 1 亿美元及跨 7 年拍摄的纪录令人咋舌；NBC 的医疗剧《急诊室的故事》每集的制作投入更是高达 1300 万美元，这已超过很多电影的预算。即便是一般的剧集，成本通常也在每集 200 万到 400 万美元左右，情景喜剧的成本约 100 万美元每集（半小时）。[①]

高昂的投资，有力地保障了电视剧的良好品质。无论是画面的清晰度，还是细节的精致度，无论是信息的丰富度，还是情节的紧张刺激度，今天的美剧都有着堪比美国大片的素质。[②]

有人说："美剧并非一块视觉文化的新大陆，但现在，它正以越来越考究的艺术品位，越来越奔放的自由创意，赶超好莱坞的大多数电影……美国最优秀的影视作品正在为我们打开一个鲜活的、具有创造力的窗口。"[③]难怪法国《电影手册》惊叹，在工业化的电影制造领域，美国电视剧的成就超越了好莱坞的大多数电影。

（三）节目生产：麦当劳化

美国当代著名社会学家乔治·里茨尔在《社会的麦当劳化——对变化中的当代社会生活特征的研究》一书中指出："麦当劳快餐店的经营方式典型地体现了现代社会的合理化进程。麦当劳快餐店的原则正在主导美国社会，也主导世界其余地方越来越多的部门。""各种迹象表明，麦当劳化已经成为一个无情的过程而横扫世界上那些无法渗透的机构和部门。麦当劳化为什么在全世界都无法抵御？原因在于它为消费者、工人，以及经理人员提供了效率、可计算性、可预测性和可控制性，而这些正是现代社会的合理化过程的真谛之所在。"

规范化、流程化的电视节目制作是当代电视工业化生产的最基本特征。大量的实证研究证明，在电视竞争日益激烈的情况下，流程化的工种设置和分配是欧美电视界通行而有效的做法，而且不同的节目形态要求有相应的流程化设置，它保证了节目能够符合特定受众的需求偏好。

美剧生产基本采用标准流水线来组织，一条经典的流水线一般包括这些"工序"：主笔设计情节——提纲作者编写提纲——对话作者撰写对白——总编剧汇成脚本——制作人和导演做前期筹备——前期拍摄——后期制作——发

---

① 陶楠.深度解析：美剧产业运作解密[EB/OL]. http://group. mtime. com/ustvseries/discussion/283998/.

② 陈晓倩.堪比大片的美剧[J].西部广播电视，2007，3(3)：77.

③ 张碧云.从社会符号学视角解读美剧字幕翻译[J]，延安职业技术学院学报，2010(2)：76—77＋85.

行播出。从生产周期来看也很有规律,甚至可以实行上班制,星期一读剧本,星期二改剧本,星期三排练,星期四修改,星期五实录,星期六剪辑,下一个星期的某个时候播出。[①]

科学的节目生产流程必须纳入与之相应的节目整体运行机制中,才能充分发挥其应有的效用。从宏观上讲,其是指影响节目生产与运行的人事、分配体制;从微观的角度来看,栏目组的用人策略、管理办法以及节目的质量控制及其规范等都属于整体运行机制的范畴。

电视剧的核心是编剧,剧本是第一位的。编剧根据时事变动、观众反馈,随时调整剧情,目的就是让观众把剧中人当成自己的朋友甚至家人来关心,由此把观众固定在屏幕前不愿离开。但美国电视剧的编剧往往不是单打独斗,而是团队作业,分纵向、横向好几个层次来创作剧本。不同的编剧分别负责不同的情节线索以及高潮部分的设置,然后再把每集的故事内容紧密地编织起来,分工合作的专业编剧团队使情节点、主线、辅线自然交替,让观众们毫无喘息机会,如《犯罪现场调查》的责任编剧就有 8 个,而整个编剧团队有 20 多人。"程序和制度"是美剧高产又高质的重要保证。[②]

(四)品牌营销:媒介多样化

当代传媒的景观以快速增长的服务、新技术的开发、国界的消逝以及节目内容的采购为特点。在这样的情势下,一切都日益被市场规则所统治。"在电视商业中,网络执行人和节目安排人员最关心的是维持和扩大产品的市场份额,在此过程中,他们能够增加广告收入。毕竟是这种利润冲动才能使这些节目进入到百姓家里,但为了能使利润增加,这种经济利益必须转化为我们际遇到的节目的文化传播。"[③]

一般来说,电视剧的盈利模式有四种:一轮播映权、二轮播映权、音响网络播映权和海外播映权。美国共有四大联播网——NBC、CBS、ABC、FOX 和两个小的联播网——WB 和 UPN。美国的大多数电视剧需要首先在每年的 9 月至第二年的 4 月的映季中,以每周固定时间播出一集的方式与观众见面,每个映季的播出量大约在 25 集上下。比较受欢迎的节目还会在 5 至 8 月的非映季期间,在同一"联播网"上重播一次。美国电视剧普遍采取了一种多级销售的模式,并且反复出售。

---

① 天津日报.美国电视剧成为宠儿,美剧何以火遍全球?〔EB/OL〕.http://zt.voc.com.cn/Topic/article/201205/201205081713459132.html.

② 袁超.美国电视剧的文本特征浅析〔J〕.声屏世界,2008(1):62—63.

③ 〔美〕隆·莱博.思考电视〔M〕.葛忠明,译.北京:中华书局,2005:126.

围绕电视剧行业的下游产品,美国电视台最常见的开发项目是与电视剧目有关的图书、服装、家居用品、电子游戏、卡通玩具、学习用品等。如获得多项美国电视剧艾美奖的《绝望主妇》,以其"新颖"的游戏方式摒弃了电视剧中关于性、谋杀等敏感情节,展示给"玩家"的剧情十分"健康"。设计者巧妙地借用了《大富翁》的游戏方式,以掷骰子为主的进行方式来推动玩家去寻找线索,玩家只有抢先到达才有可能得到线索揭开秘密,如果错失先机,就只有重新掷骰子再来。得到线索后并不代表得到答案,游戏设计了一个问题环节,猜中答案才能过关,即便对于熟悉剧集的玩家来说,要猜中答案也有一定的难度。①

以网络数字技术为基础的新媒体,不仅使声画传播手段更趋多样化,也给竞争激烈的电视剧产业带来了无限商机。NBC 的电视重放研究显示,美国电视观众正在经历从习惯性收视向新的选择的转变,"视频快餐"呈现了令人不可思议的全集收看的增长。NBC 网站上尽管白天也有一些短小的视频"快餐",但是它的大多数重放收看都安排在晚上,这种方式与电视收看相类似,但这并不意味着网上收看已取代了传统的电视收看。研究表明,网络视频导致了观众的骤增,网络视频的问世,不仅没有拆分观众,反而巩固了受欢迎节目的忠诚度。②

随着视频网站的兴起,版权问题往往成为制片商与网站纠纷的焦点。2008年3月,NBC 环球和新闻集团创立了一个视频网站,该集团旗下福克斯拥有大量电影、电视节目版权,因此该网站可以顺理成章地播放电视节目和完整版电影,并以插播广告作为收入来源。这种将网络播映权下放给视频网站,并分享广告收入的做法,既调和了制片商与网站之间的版权纠纷,又使制片方多了一种盈利途径,在扩大受众群体的同时,占据了更大的市场份额,提高了社会影响力,创造了潜在价值。

除了有线电视和卫星电视,播客、宽带视频、IP 地址、Slingbox 软件、手机视频、数码录影机(DVRs)、硬盘数字录像机(TIVO)、随选视讯(VOD)、YouTube等新型收视装置也成为收看电视剧的新宠。这些新的收视方式日益深刻地动摇甚至颠覆着传统的电视收看模式的统治③。

---

① 流水时光.紫藤道的秘密热播剧同名游戏《绝望的主妇》揭密[J].数字通信,2007(7):72—76.

② Einav G,Carey J. Is TV dead? Consumer behavior in the digital TV environment and beyond [M]//Television goes digital. New York:Springer,2009:115—129.

③ William F. Baker. The New World of American Media[R]. 2007 James L. Loper Lecture in Public Service Broadcasting. Posted November 12,2007. USC.

五、思考讨论

(一)关于电影分级制度

电影分级是为了避免政府审查而由行业建立起来的制度。争议始于 1922 年发生的"大胖"阿巴克尔丑闻:默片明星阿巴克尔被控在疯狂的酒会后谋杀了一名年轻女子,并经历了三次判决,前两次被判处绞刑,而第三次这位影星被无罪释放。这次丑闻震惊了好莱坞,并引起了国会的关注,其正在考虑通过电影审查的办法来对行业进行清理,以防止其他行业会以好莱坞为榜样堕落下去。

作为回应,电影行业成立一个行业小组,并通过监控电影制作过程保持其健康,使官方的审查变得没有必要。基督教长老会的长老、美国前邮政部部长威尔·海斯领导整个小组。行业授权海斯阻止任何电影上映,直到电影的制片人完全达到他的要求,而海斯要求电影消除任何性的暗示,包括说起给孩子喂奶和生孩子的痛苦。

1930 年制定的《电影制片法典》又称《海斯法典》,最终确定了海斯一直在工作当中试图制定的那些规则。《海斯法典》不仅对性作了限制,还不许有不尊重政府或放任罪犯不受处罚等场景。

当前的电影分级制度建立于 1968 年,它将审查内容变成了向观众特别是家长通知电影内容。该规范 1984 年进行了修订,并加入了 PC-13 级,之后在 1990 年将 X 级改成了 NC-17,因为它已经变成了对色情电影的广告。目前的分级如下。

NC-17:17 岁以下儿童不得观看;

R:限制 17 岁以下人士,除非有成人陪伴;

PC-13:建议对 13 岁以下的儿童提供家长指导;

PC:家长指导——可能对青春期前的儿童不适合;

C:适合普通观众和所有年轻层人士。

尽管有些电影工作者仍然将这些分级视为审查的一种形式,但这些分级(严格按自愿者原则实施)却因为执行力度不大,使得许多儿童能在没有成人陪伴的情况下就观看 R 级电影,故仍存有很大争议。① 在我国,电影审查不得不提起"中国电影审查委员会"(以下简称"电审会"),但凡想进入大陆院线的影片都必需经过电审会的审查并取得"龙标"——电影公映许可证方可进入院线公映。有观点认为,推动电影分级,目的无非是想拥有一个自由创作电影的环境,

---

① [美]乔治·罗德曼.认识媒体[M].邓建国,译.北京:世界图书出版公司,2010:226—227.

这可以让影片创意不再被条框束缚住手脚,就这一观点谈谈你的看法。

(二)关于影视产品供求双方市场地位的平等

拍电影是一个烧钱的行业,在这个行业中,一家公司的收支平衡只有在它新片上映取得足够的票房时,才能保持健康。今天一部好莱坞电影的平均制作和营销费用超过了9600万美元,许多大投资的影片所花的成本更是远高于平均水平。即使是在不错的年份,电影对于投资者来说,也不是一个利润很高的行业,一家电影制片公司的负责人曾估计电影行业的投资回报率大约在3%左右:因为大部分利润都被主要的几家电影公司拿走了,大多数电影投资人实际上都在亏钱。吸引投资者们不断进入这个领域的,是电影的魅力和偶尔能够赚大钱的那些大片。①

国外的利益分配关系一般是50∶25∶25,也即节目提供商拿50%利润,播出机构获得25%,还有25%是由流通市场获得,一般用于广告和发行。而我国电视业的收益分成则是倒挂,播出机构拿50%,内容提供商只能拿到25%,利润空间很小,这就迫使内容提供商在低成本、小制作的层面上投机。实际上,买方并没有真正地进入市场,这样必然导致市场信号失灵、市场机制不能有效地发挥作用。

2017年9月22日,中国广播电影电视社会组织联合会电视制片委员会、中国广播电影电视社会组织联合会演员委员会、中国电视剧制作产业协会、中国网络视听节目服务协会联合发布《关于电视剧网络剧制作成本配置比例的意见》,该意见要求各会员单位及影视制作机构把演员片酬限定在合理制作成本内,全部演员的总片酬不超过制作总成本的40%,其中,主要演员不超过总片酬的70%,其他演员不低于总片酬的30%。

中国现行的电影院线制以打破发行垄断为突破口建立了以影院为实体的"连锁店"经营模式来发行放映电影②,表面上"跨地域市场竞争"格局下潜藏的是寡头垄断的实质,造成了产品单一化和经营同质化。试从影视产品供求角度谈谈如何化解国产电影低迷、优质影片稀缺的现实挑战。

(三)关于创建新型组织形式

"新经济"的本质特征不仅是指高科技经济活动本身,而更大程度上是指发展高科技创新经济活动的"新的组织实践方式和组织生态",甚至包括新的思维方式和态度(如非正式关系网络、看不见的大学、新型组织实践形式和关系基础架构等)。再高精尖的前沿技术创新,如果延续传统的工业经济组织方法和组

---

① [美]乔治·罗德曼.认识媒体[M].邓建国,译.北京:世界图书出版公司,2010:204—205.
② 徐宏.论中国电影院线制改革背后的寡头垄断实质及其弊端[J].文化产业研究,2011(1):76—85.

织生态来推进,仍还是旧经济,算不上新经济。

洛杉矶在构建激励人们以及公司获得成功的新型组织形式和生态方面的确可圈可点,最具代表性的就是好莱坞。在电影娱乐产业竞争性更趋激烈的大背景下,好莱坞通过灵活建立网络关系的方法,使娱乐业成为基于项目的产业,以应对这些技术和市场变化。制片厂的雇员人数剧减,出现了很多独立供应商;这一产业的很多工作人员摇身一变,成为自由经纪人;产品也越来越富有创新性(卖座大片、电视、差异性细分市场、新的摄影技术和美学模式等)。好莱坞通过创新应对外部变化,在生产工作中使用新的组织形式,利用创意人才、企业和中介构成的强大网络,使得好莱坞集群非常繁荣,俨然是超越时代的新经济。[①]

好莱坞构建的新型组织形式和产业生态对我国电影产业发展有何启示,谈谈你的理解。

(四)关于产业集群风险的规避

近代以来的社会经济变化塑造出现代风险的基本景观:人类对社会生活和自然的干预范围和深度空前扩大,决策和行为成为风险的主要来源,人为风险超过自然风险成为风险结构的主导内容。现代企业制度下的产业集群在推动经济社会发展上扮演着重要的角色,起着不可替代的作用。尽管产业集群在地理位置上相对集中,又属于相同产业范畴,但集群内的企业关系却和企业集团内部企业不同,这些企业是各自独立存在的。洛杉矶电影产业集群在对抗、较量和相互渗透过程中积极规避产业风险,显得十分必要。

首先,有必要根据自身的战略目标与要求对企业进行改造,注意整合资源,塑造核心业务,加强对企业内部的统筹规划、引导调控,确立特色发展的原则,坚持文化标准,突出产业特色,提高产业水平,谨防一哄而上或产业结构的趋同化,促进资源合理配置和产业分工。

其次,有选择地建立和完善若干个集创意研发、产业孵化、产品交易、人才培训为一体的示范园区,为企业提供技术、信息、交易、展示平台,为产业规模化、集约化、专业化发展创造条件、奠定基础,提升产业的集中度和创新能力。

再次,优化政策配套措施,对符合规划的产业集群,在基础设施建设、土地使用、财政优惠、税金减免、税利返还、差别税率等方面给予充分的支持。

从具体案例入手(如横店),试述中国电影产业集群的演化机制与发展模式。

---

① 李显波.洛杉矶和旧金山的不同发展轨迹对上海的启示[J].科学发展,2019(11):21—27.

第三章 全球设计之都——米兰

一、案例描述

(一)"意大利制造":灵感与激情的代名词

在世人眼里,歌剧、时装、皮鞋、皮具、披萨饼、通心粉、意甲联赛、超级跑车……这一系列闻名于世的事物,俨然就是"意大利制造"的代名词,它充分反映了意大利人民对生活的热爱以及丰富的创作灵感与激情。难怪意大利著名作家和艺术评论家乌贝托•艾科(Umberto Eco)在谈到意大利设计时不无自豪地说:"如果说别的国家有一套设计理论,意大利则有一套设计哲学,或许是一套设计思想体系。"

在众多杰出的设计门类里,汽车造型设计作为意大利风格设计中的重要组成部分,更是被那些名震天下的汽车造型设计师演绎得炉火纯青,别具一格。作为汽车造型设计的圣地,意大利荟萃了世界上大部分专业设计室,是全世界造型设计工作者膜拜的神圣天堂。世界上许多名车的车身设计往往来自意大利设计师的灵光闪现:在欧洲十大畅销汽车中,有六款是意大利人设计的。"汽车造型设计是根据汽车整体设计的多方面要求来塑造最理想的车身形状,其目的是吸引和打动观众,使其产生拥有的欲望。汽车造型设计是外部和内部设计的总和,它不是对汽车的简单装饰,而是运用艺术的手法科学地表现汽车的功能、材料、工艺和结构特点。它虽然是车身设计的最初步骤,但却是决定产品命运的关键,汽车的造型已成为汽车产品竞争最有力的手段之一。"[①]从这段描绘汽车造型设计的文字中,可以清晰地感受到米兰设计师对造型设计的独特理解和艺术匠心。据报道,2003年至2009年,意大利的发明专利数量位居世界第二位,相当于全世界注册专利的14.8%。

---

① 李佳.意大利的汽车造型设计[J].汽车与安全,2003(8):31—34.

为了满足人民生活的需要,意大利设计和制造从20世纪40年代末仅服务于生产大量功能性产品,到20世纪50年代对"艺术的生产"的新需求,形成了设计引导型生产方式。在取得杰出成就的同时,意大利的设计和生产形成了良性循环,最终在20世纪70年代,通过在美国现代艺术博物馆等地展出呈现的新风貌,确立了意大利设计的世界性地位。"意大利制造"这一品牌的核心价值之一就是对传统的继承,提升审美品质,其核心价值体现于审美概念先行、手工艺传承、绝佳品质传递,精髓在于设计师和手工艺人的完美结合。它代表着一种设计角度、一种生产角度,有着自成一派的价值评价系统。在现代意大利的设计、艺术、时尚领域中,这套理念体系更体现在对细节的追求、对工艺的创新方面。在"意大利制造"中,起重要作用的设计师和工艺师傅,他们凭借着深厚的艺术史知识背景,在坚持传统工艺制造的同时,将这些传统融入现代,实现现代高级手工艺技术的工业化生产。在艺术设计教育教学中,同样贯穿着这一价值体系。①

(二)米兰:世界设计潮流的"风向标"

创意设计产业是通过融合各种高科技、创意、媒体的元素,对传统产业资源要素进行整合、提升、组合后形成的一种较为独特的产品、服务、商品运作模式。创意设计产业本质上是文化创意产业的一个分支,其产生和发展与创意城市的转型与发展密切相关。

米兰是意大利的第二大城市,以设计和足球享誉世界。米兰在设计界的地位举足轻重,被誉为"设计师"的摇篮。作为全球创意设计与时尚美学的大教堂,米兰是阿玛尼、范思哲、普拉达、杜嘉班纳、华伦天奴、茉思奇诺等半数以上时装大牌的大本营,这些大牌无疑是米兰时尚之都最强有力的佐证。在这里,国际创意与产业携手创造出最尖端、最独特的产品。

从最大的米兰国际展览中心,到世界闻名的米兰设计博物馆,从聚集在大型商业中心的奢侈品旗舰店,到散落在城市街区各式各样的小型设计展示区和名品店的陈列室,都有数不清、看不完的前沿设计展,而众多的场外设计馆和陈列室,则以米兰科莫大教堂、设计博物馆、名店街为中心,向周边辐射。各种新概念设计作品展、大型演讲、大牌新作品发布会高度集中在这个神秘的城市之中:全世界的建筑大师与设计大师都汇聚米兰,全世界的名牌企业与商业领袖都齐聚于此,这里无疑是设计师们的"朝圣之地"。米兰设计周七大展区包括:米兰大学、托尔托纳区、布雷拉区、米兰国际家具展、米兰三年展、文图拉·兰布

① 汲晓辉."意大利制造"印记下的艺术设计教育特点与优势[J].美术教育研究,2018(18):70—71.

拉特区与威尼斯门(中央区)。无论你是否混迹于设计圈,买杯创意饮品在这里逛上一个下午,对新鲜设计趋势也能略知一二。①

第58届米兰国际家具展推出了一个新的独立展——S. Project,致力于室内装饰与技术设计解决方案。该专题展以"多部门聚焦"为特征,在一个独立展览空间里亮相:展览不再仅仅限于家具与陈设品,而是汇集了产品、园艺、景观、雕塑等多个领域高品质厂商的作品,将以往传统的室内设计的范畴扩展到了"居住环境"的概念,从而展示出空间与产品领域全新的、交叉的设计理念。②

2017年1月27至30日由米兰国际展览公司举办的HOMI生活方式展,重点呈现了HOMI Smart智能空间,旨在表现和突出设计和技术越来越密切结合的具体实例,以及我们通过物品感受到并通过社交网络进行分享的美学心得,通过新趋势的多面性呈现个人家居和生活饰品的独特魅力。这种在线分享迷人物品,并通过网络寻找室内设计灵感和建议的流行方式,是当次展会活动安排的新主题之一。在HOMI展上,这些新"权威风格"所主导的理念和灵感将以主题展、主题空间、工坊和陈列的方式焕发生机,餐桌成为最主要的关注点,将独创性、美感和规则毫不突兀地融合在一个空间里,进而创造出更有意思的布置。服装配饰领域是另一个重点关注的部分,其中包括一个非常有意思的探索试验室的创意。

米兰Lainate的工业建筑群位于一块大面积绿地以及一个近期建成居民区的前方,整体改造包括建设新办公楼、仓库和货物装载区、新停车空间、内部绿地和输送货物空间。现有体量由一整个围墙围合,该围墙由一系列的双重装配结构的镀锌多孔板构成,多孔板上固定直径不同的玻璃圆盘,除了围起"山毛榉花园"、仓库和入口建筑物以外,这个"翼部"构成了一个长度超过200米的单一"胶状"建筑立面,新建筑立面将这座工业建筑群转化成飘逸的城市立面。米兰Lainate通过工厂翻新的创意设计,打造了一个独特的能源自给的机体景观。

(三)米兰创意设计范例举要

1. 米兰国际家具展

号称世界三大展览之一的米兰国际家具展(设计周),从1961年创办至今已有近60年的历史,它已逐渐演变成以米兰国际家具为中心、以家居产品设计为核心、米兰设计周为外围的全方位设计展。米兰设计周从商业、概念到学术

---

① 理想生活实验室.世界设计潮流的"风向标" 4月米兰全城皆设计[J].工业设计,2017(4):12—13.

② 周志.构筑生活、诠释时代、回应社会——2019米兰设计周巡礼[J].装饰,2019(7):40—51.

的不同侧面展现了当代设计最新潮流,分为三个层面:一是新米兰国际展览中心的家具展,它是一个标准的商业展,主要是以意大利品牌家具为主的国际家具商业展;二是散布在米兰城的各个品牌陈列室与名店街里面的展览,以及集中在米兰托尔托纳设计园区(ZONA TORTONA)的创意展,这些展览主要是以概念设计的展览形式出现,同时也兼顾商业展示与品牌传播;三是以米兰三年展中心博物馆为主的一些倾向于设计探索学术创意展。这三个层面共同构成了规模庞大的米兰设计周(共计约 400 多个不同的展览)。

进入 21 世纪后,米兰家具展已经全面突破了原有家具展的概念,从家具延伸到整个生活设计领域与城市建筑商业空间,意大利家具产业已经成功转型为"时尚创意产业＋设计密集产业"。意大利设计体系从产品设计扩展到品牌文化,从单一的家具到建筑室内空间,他们把产品设计、商业展示、创意产业和流行时尚很好地结合起来,全面提升"意大利制造"的附加值,从而形成意大利产业链中最关键的要素。①

米兰国际家具展在米兰主教座堂广场前,人们可以零距离与大自然和谐共存,体验一个情感和感官都将得以充分触动的奇妙之旅,并反思当代生活中可持续发展的可能性。它从学术史的角度再现了意大利设计始终追求形式美、功能美和情感美的理念,揭示了意大利设计和生产之间既相互交织又各自独立的运作方式。这种运作方式就像是一个充满活力的磁场,体现出意大利设计的核心竞争力,其不仅能够为不同艺术文化之间的交流和对话搭建起新的平台,而且还可以为当代设计的不断创新和经济社会的绿色发展提供借鉴。

2. 米兰世博会展馆

展示设计作为信息传播的一种形式,由传播者向受传者传递信息,其本质是信息的流动。信息的传播与流动必须借助媒介,而世界博览会则是人类推动生态文明的国际性思想驿站。从 2010 年中国上海的"城市,让生活更美好",到 2012 年韩国丽水的"生机勃勃的海洋和海岸",再到 2015 年意大利米兰的"滋养地球,生命之源",世博会聚焦的主题从自然环境走向人造环境,其关注的问题也越来越贴近日常生活。同时,世界博览会作为全球瞩目的重大媒介事件,受众群体覆盖了各个年龄段,其举办也是传播国家形象的一个有利契机:如何更好地向全世界展示自己,根据社会发展和人类发展的需求,利用合理的设计形

---

① 彭亮.“米兰”——从国际家具展到创意设计城——2010 米兰国际家具展设计趋势分析及对中国家具产业的启示[J].设计,2010(7):53—63.

式达到展览主旨输出的教育目的,成为世界博览会场馆设计的重点。[①]

在米兰世博会展馆设计中,设计师使用各种显性和隐性的信息载体来表达设计主题,传播设计信息,将公众熟悉的具象形态和元素进行抽象、提炼或变形处理,使之成为具有象征意义和典型意义的符号,继承和创新了意大利文化。斯福尔扎城堡(Castello Sforzesco)是米兰最重要的建筑之一,作为城市历史沧桑的象征,为了迎接与宣传米兰世博会,米兰市政府与米兰商会携手打造了城中世博计划,城堡北侧的世博之门(Expo Gate)及周边15800平方米的步行区成为该计划的关键:世博之门旨在向公众介绍米兰世博会,面向本地居民和各地游客开放,是一个宽敞明亮、氛围轻松的聚会、学习和分享的好地方。该灵感来自于先前博览会大门和当地的米兰大教堂,基于轻盈性、透明性和模块性的原则,最终衍化成阶梯式的三角形状的轻型框架结构。此项大胆新颖的设计源自传统却突破了传统,成为了米兰世博会的象征之一,为世人所赞叹。世博之门周边15800平方米的步行区,无论是与世博之门一脉相承的简洁并富有艺术感的街道家具设计,亦或是铺陈在斯福尔扎城堡至米兰大教堂街道两侧的世博参展国彩旗家具,都用现代的视角和设计语言打造了"和而不同"的米兰城市新形象,将现代设计融入传统环境,体现了米兰设计之都的水准。[②] 整体来看,无论是整个世博会背后的巨大产业推动力,还是设计与生活的无缝衔接,无论是对高新技术的精彩呈现,还是对社会伦理及地球环境的冷静反思,米兰世博会在规模扩大的同时,思考的疆域也在扩大,其留给世人的印象和思考都是十分深刻的。

3. 米兰时装周

意大利是老牌的纺织品服装生产大国和强国,而米兰时装周则是国际时装界备受瞩目的盛事之一——每年两次的米兰时装周让本来就有着极高人口密度的米兰成为人满为患、一房难求的世界焦点,如今的米兰时装周业已成为世界时装设计和消费潮流的"晴雨表"。

就国际时装秀而言,如果说纽约展示的是商业、伦敦展示的是胆色、巴黎展示的是梦想,那么米兰展示的则是技艺:艺术化的设计成就了米兰时装周,斑斓的色调结合品牌特有的严谨廓形,让时装呈现出艺术的质感。与此同时,经典老牌也不再高高在上,其也在探求一种新潮的生存方式,如何将品牌过去的历史沉淀"翻新",变得更有亲和力,是米兰时装周设计师正在做的事。时装周上,

① 吕玉贵.世界博览会场馆设计中教育理念的应用与分析[J].科学教育与博物馆,2019,5(2):163—167.
② 宋树德,林澄昀.意大利城市街道家具启示[J].绿色环保建材,2017(5):248.

古驰(Gucci)再也不是那个让人感到死板的大牌,作为开云集团(Kering)的商业引擎,它不再只是奢华,同样充满着青春活力,能够引领大众化的时尚风潮;设计师 Rodolfo Paglialunga 为了改变过度极简主义带来的"高冷"形象,尝试"亲和"极简的风格,搭配斜开衩裙装以增加性感。由于严格的准入机制,能在米兰时装周上发布的品牌几乎都是世界重量级和意大利本土的优秀品牌,它们所表现出的自信与强势,也为米兰时装周赢得了更多品牌的簇拥。

米兰时装周作为意大利时尚产业链中最引人瞩目的一个环节发挥着相当重要的作用,它把握时尚脉搏,既是品牌与设计传播的平台,又是展示米兰乃至意大利时尚话语权的一个重要窗口,在引导企业把握国际时尚潮流方面经验丰富。米兰常常以论坛和研讨的形式在生活文化的基础上研究流行色,然后在时装周上发布对不同季节的时装流行趋势的预测,米兰时装周的成功就在于其背后有一个非常强大的时尚产业体系——完备的产业链能够给链上各环节提供最好的发展机会。现代时尚产业,特别是以意大利为代表的服务型时尚产业,以设计为先导,构成了能够调动整个产业功能的体系:意大利服务型时尚产业中各环节、各部门之间按照社会分工配置资源、相互协同,完备产业链下的米兰时装周的成功可以说是水到渠成。

4."垂直森林"设计

垂直绿化是指利用植物材料沿建筑立面或其他构筑物表面攀附、固定、贴植、垂吊形成垂直面的绿化,其具有占地面积少、绿量大、覆盖速度快等优点。垂直绿化对改善人居环境、减少建筑能耗、减缓光污染、延长外墙使用寿命、提高城市居民幸福指数均具有显著的功效。

2014 年建成当年即获得世界高层建筑大奖的米兰"垂直森林",由米兰理工大学教授斯特法诺·博埃里(Stefano Boeri)设计。该项目从一开始就吸引了全世界的目光,其不但在米兰取得了成功,更以建筑生态探索影响了全世界,被认为是史无前例的高层建筑模式。米兰中央火车站附近,绝对地标建筑"垂直森林"看上去郁郁葱葱,这使得不那么完美的城市轮廓,因为"森林"的存在,多了一些生机勃勃。"上上下下的阳台错落有致,每一个阳台都被自然环抱着,整栋大楼种植的所有树木加起来相当于一个 2 公顷的森林,灌溉建筑的水来源于收集的雨水,灌溉系统依靠太阳能供电,每种植物都经过精心筛选,包括其种类以及自身的适应条件。"①

① 金乃玲,高建.以米兰垂直森林为例简析高层绿化的发展趋势[J].建筑与装饰,2018(5):138—139.

这组种满了花草树木的居住综合体建筑的革命性,并非在阳台上放置小灌木,而是沿总长 1700 米的阳台树池,近 800 棵 3~9 米的高大乔木种植于塔楼四周,该设计能保证塔楼中的每位居民至少拥有 2 棵树,整个项目共植入 21000 株植物,其中包括 4000 株灌木、15000 株攀爬植物及一些多年生植物。从社区尺度来看,"垂直森林"将重新引入数百种植物和生物,增加了区域多样性;从城市尺度上来看,传统的孤岛公园被一栋栋混凝土大楼截断,生物迁徙亦被阻止,"垂直森林"如同都市生态绿化体系中的连接点,帮助各个孤岛重建关联,并建立新的生态走廊,最终建立起一个生态多样性的城市,做到人与自然和谐相处。[①]

二、案例分析

米兰创意设计的名闻遐迩既有其独特的城市发展背景和资源禀赋,也有创意设计产业自身发展的普遍性规律和经验。

(一)历史悠久的城市文化传统

从更长远的未来看,最具活力的将不再是那些依靠房产市场吸引开发项目的城市,而是那些拥有广泛独特的文化资源,并能够依托这些资源创造新文化和新价值的城市。意大利作为一个历史悠久的城邦国家,在 2000 多年的城市发展历程中,积淀了深厚的市民文化传统。传统文化和历史街区是城市文脉所在,也是城市独特的品格,当今米兰的城市治理者们明确把依托文化、追求品质作为创意米兰坚定不移的发展愿景,活力、革新和行动成为创意米兰跨越时代的驱动力和创造力的源泉。

创意米兰是城市发展进入后工业化时期应对城市产业转型与空间更新过程中逐渐探索形成的一种新的城市发展模式。如今,全球城市之间的竞争越来越集中为创意经济的竞争,也即无形产品生产力的竞争,包括出版业、建筑、传媒、时尚、文化艺术、法律、金融等知识密集型产业和创意产业,这些共同构成了城市创新转型的新动力。创意城市建设不仅仅是产业和空间上的转型,还有深层的社会进化和人文变革:米兰历时近 30 年才从工业中心转变为创意城市,现已成为国际公认的设计之都,这其中熔铸了政府、社会等多方力量的不断探索和共同协作。[②] 以米兰时装周举办地的选址为例,它们通常都是极具历史象征

---

① 谭文浩,王婷.浅谈米兰垂直森林对中国城市发展生态意义[J].现代园艺,2017(3):95—96.

② 古颖.米兰创意城市建设的经验与规划借鉴[A].中国城市规划学会、杭州市人民政府.共享与品质——2018 中国城市规划年会论文集(02 城市更新)[C].中国城市规划学会、杭州市人民政府,2018:910—919.

意义的场地:2013 年秋冬米兰时装周除了时尚发布中心 Fashion Hub 之外,还包括历史圣地 SFORZESCO 城堡、CLERICI 宫、GIURECONSULTI 宫以及历史遗迹 CIRCOLO FILOLOGICO。时装周结束后,这些场地的国际知名度得到了迅速的提升。

创意米兰,意味着米兰这座名城的历史与现实、硬件与软件无不贯穿创意,也表征了这座名城的空间形态已成为世界文化创意及创意产业的集聚、交互平台,其名称意念已化为全球创意先锋的象征符号,创意米兰离不开活动于米兰的人、纷呈于米兰的活动、基础于全球经济竞争中良好的国家创新设计政策与制度支持。[①]

(二)丰裕多元的创意人才资源

弗洛里达认为,技术(Technology)、人才(Talent)、宽容(Tolerance)是一个城市创意产业发展不可或缺的要素。弗洛里达的 3T 理论启迪我们,创意设计是在人的活跃思维中迸发的,人是创意不竭的源泉,只有拥有丰裕的高素质创意设计人才,创意产业发展才能获得根本性的保证。

米兰不仅拥有着世界半数以上的著名时装品牌,还拥有全球时装设计师心向往之的高等教育殿堂。米兰境内有多所设计类的知名高校,如米兰大学、米兰理工大学、多莫斯设计学院、米兰工业设计学院等。米兰创意之都的杰出成就,离不开城市中的设计学院及其兴盛的设计活动:世界时尚界公认的最高学府马兰欧尼学院与本地区的服装企业紧密联系,是阿玛尼、范思哲、古驰、瓦伦蒂诺等意大利和世界顶级时装公司的合作单位;1982 年创建的多莫斯设计学院以工业创意过程研究和专业培训独树一帜;意大利本土杂志每年都会在米兰大学邀请全球著名的设计师、艺术家举办展览。众所周知,米兰高校的设计专业以重视实践、与行业企业紧密结合为特色,实验实践课程所占比重非常大,并且在学分要求上有明确规定,学校在实践教学过程中注重发挥科研特长,为行业企业开展社会调研、需求整理、概念设计等工作。丰富的时尚资源,普及的时尚态度,悠久的时尚历史,使得米兰这个国际化都市的血液里充盈着时尚的细胞。

在米兰至科莫市之间的地区也有众多的设计研发机构。米兰理工大学1994 年开设了意大利第一个工业设计本科班,来自科学界和企业界的专业讲师为意大利设计文化作出了奠基性贡献。今天,这一专业已成为培养天才设计师的摇篮,学生和教师的数量排在全国同类学院的首位,其每年向社会输送的设计师也是最多的:该校目前有在校生 4500 人,讲师 500 人,助教和研究人员 800

---

① 姜鸣.创意米兰[J].创意设计源,2011(3):2+1.

人,已有900多名毕业生在企业里担任专业设计师。[①] 米兰十分注重创意设计产业后备人才力量的培养,并将教育与产业相结合作为米兰推动创意产业发展的重要举措,这最终为米兰城市经济从传统产业逐渐蜕变为时尚产业打下了坚实基础。

(三)模块化的产业集群

设计家乔·蓬泰曾说:"在意大利艺术爱上了工业,而工业成为一种文化行为。"这句话精辟地概括了意大利企业设计体系的实质,即按照设计规模确认一套基本生产要素。研究资料也表明:"设计之都需符合如下几个特征:拥有相当规模的设计业;拥有以设计和现代建筑为主要元素的文化景观;拥有典型的城市设计;拥有前卫的设计流派;拥有设计人员和设计者团体;拥有各类专门的设计博览会、活动和设计展;为本土设计者和城市规划人员提供机会,使之能够利用当地的材料和各种城市自然条件的优势从事创作活动;拥有为设计领域的收藏家开办的市场;拥有根据详细的城市设计和发展规划建立起来的城市;拥有以设计作为主要推动力的创意型产业,如珠宝、家具、服装、室内装饰等。"[②]

规模化的产业聚合是优化资源配置、提高生产效率、创立产品品牌的重要条件之一。按照产业发展规律,制造或设计驱动型时尚都市一般会由政府主导或者市场自发形成专门的产业中心,尤其在设计创意以及高端制造环节上,存在着相当大量优势企业在国家或城市特定的产业中心集群发展。米兰时尚产业也存在着产业集群的特征,生产企业分布相对集中,具有很强的专业性和地域性,主要表现为:产品相似的企业多聚集在同一地区,形成类似模块化的地区分布模式,然后通过在工艺流程上的相互联系,形成一个完整的地区间合作系统。时尚业的发展壮大也离不开聚集区的规模效益,城市时尚消费中心在市场环境中不断巩固形成,按照功能和品牌提供不同的时尚消费服务,满足不同消费层次和不同消费动机的需求。米兰布局时尚消费中心最著名的时尚街区,莫过于位于传统城市中心的"黄金四边形"地区——几乎所有的意大利知名品牌都把旗舰店设在这个时尚集聚圈里。[③]

(四)自由畅通的信息传播平台

信息的自由传播不仅是人类的权利,也是创意设计的福祉。各种各样的媒体与创意设计产业密切合作,通过纵横交织的宣传渠道,不仅传播了创意设计

① 张建达.意大利文化创意产业的现状与发展(上)[N].中国文化报,2012-02-01(003).
② 张立群.世界设计之都建设与发展:经验与启示[J].全球化,2013(09):59—74+127.
③ 唐忆文,詹歆晔,蔡云,屠烜.国际时尚产业发展趋势及上海借鉴[J].上海文化,2013(4):66—72.

信息,而且提高了市场上信息流动的流量和质量,对创意设计的价值实现和产业发展提供了重要支持。换言之,创意城市的媒体平台为创意设计提供了充分"曝光效应"的窗口通道,社会大众藉此有可能获得丰富的创意设计灵感和创意产品资讯。

由政府出资或者由政府和民间共同出资设立能够提供孵化、培训、辅导、指导、展示、咨询、技术、信息、网络等多种服务的公共服务平台,是多数创意城市或设计之都建设的主要措施之一。米兰经济转型过程中产生了一系列的相关服务机构和协会,如商业协会、创意文化协会、电影协会、时尚设计孵化器、地区创新孵化器等,这些行业服务机构和协会起到组织行业交流、搭建企业联系平台、扶持初创企业等作用:米兰时尚设计孵化器是为了扶持时尚设计领域的青年设计师而成立,它每年都会举办青年时尚设计师选拔赛,为初创公司提供办公场所和生产设备,帮助联系零售商等;米兰也有地区性的协会,例如 Bovisa 地区更新过程中成立了 BaseB 创意孵化器,这是一个非营利性的文化协会,主要是为了推动 Bovisa 地区的文化和科技创新,其构建了一个联系高校、科研机构、创意产业和文化协会的,打通专家学者、艺术家和市民联系的沟通渠道;[①]设计伙伴(Design Partners)是创办于意大利米兰的第一家专攻整合设计策略与创新商业服务行销模式的学术研究群体,其致力于有创造力的沟通和非传统的媒体传播,特别是开发与整合米兰设计与制造资源,使米兰创意设计产业进入更加国际化的设计策略和资产营运层面。

米兰的会展业十分发达,以米兰国际家具展、米兰时装周、米兰世博会、米兰国际展览中心、米兰设计博物馆等展会活动或专业机构为载体,通过定期或不定期、特定主题或漫主题的展览展示活动,为世界各地的创意设计师提供交流展示平台,传播推广创意设计,汇聚艺术家和设计师等众多创意人员,同时也为当地吸引专业人才提供了便利。随着信息技术不断革新,信息平台和互联网日渐成为时尚消费的主战场:据统计,几乎所有的一线时尚品牌都建有自己的网站,而相对大众化的品牌则开始依托网络、手机、新媒体等平台进行营销和扩大影响力。

(五)多元交错的跨界融合

创意思维以新颖独特和有创造力的思维活动改变自身和受众对事物的既有认知,多元交错的跨界融合,本质上是一种求同存异,寻找差异化的事物中微

---

① 古颖.米兰创意城市建设的经验与规划借鉴[A].中国城市规划学会、杭州市人民政府.共享与品质——2018中国城市规划年会论文集(02城市更新)[C].中国城市规划学会、杭州市人民政府,2018:910—919.

妙的内在关联,即共同价值。随着现代产业结构的调整,全球化时代的产业跨界融合趋势愈加明显。时尚设计产业是高端制造业和现代服务业跨界融合后的高端产物,环节包括前期创意设计、中期制造、后期的销售与服务,各类产业领域和各种元素交错融合,每每引发新一轮时尚潮流。尤其在当下二、三产业发展融合大趋势下,时尚产业更将其主要价值从产品制造上转移至后续服务和品牌上。①

在米兰,人们除了感受到"跨界"的特质以外,还能领略米兰创意设计的多元——生活方式的多元、文化的多元和身份背景的多元:艺术家或文化人、成功的企业家或寻找契机的商人、享有盛名的设计大师或初出茅庐的设计师,在这里随处可见。第二次世界大战后,意大利经济复苏,现代工业生产快速发展,同期提出了"艺术地生产""用设计引导生产"等一系列理念和思想,意大利设计领域在经济发展带动下焕然一新。在快速的大生产过程中,各公司不断推出新产品,而这些新产品需要宣传推广,由此便带动了彼时意大利平面设计的繁荣和发展。著名设计大师布鲁诺·蒙古齐20岁即来到米兰,在奥东尼奥·博杰里工作室开始了他的职业设计生涯。蒙古齐此前所接受的瑞士平面设计,过于注重细节的完美,将原本视觉沟通的本质变成了对形式语言的强调,博杰里让他领悟到设计不该以审美为目的,应为真正解决问题而存在。在米兰工作期间,蒙古齐跟随博杰里创作了大量工业产品的平面设计作品,同时接触和认识了许多风格各异且在意大利颇有影响的平面设计师,瑞士的逻辑与结构性、意大利的诗性和自由论的圆融结合,赋予他的设计创作极大的思想启迪和艺术沾溉。日本著名设计家田中一光称赞说:"他的作品传达出那种已经整合入智识的清新之气与感人氛围,竟还时刻飘荡着可以吟诵的诗句,其间甚至还流露出一种尊贵的气质,令它显得不可亵玩。"②

三、延伸阅读

国外创意城市的实践与经验启示③

(一)创意城市的发展模式

美国学者帕克认为:"城市是一种心理状态,是各种礼俗和传统构成的整

① 唐忆文,詹歆晔,蔡云,屠烜.国际时尚产业发展趋势及上海借鉴[J].上海文化,2013(4):66—72.
② 沈菲.布鲁诺·蒙古齐的设计研究[D].杭州:中国美术学院,2013.
③ 案例来源:刘平.国外创意城市的实践与经验启示[J].社会科学,2010(11):26—34.

体。换言之,城市绝非简单的物质现象和简单的人工构筑物,城市已同其居民们的各种重要活动紧密地联系在一起,它是自然的产物,尤其是人类属性的产物。"①从"功能城市"到"文化城市"的转向,折射出历史传统和文化积淀在现代城市治理与个性特征形成中的突出作用。

简·雅各布斯在她 1984 年所著《城市与国民财富》一书中提出,国民经济发展的前提是要转变经济发展模式,实现创意城市经济体系。她所关注的"创意城市"是像意大利中部的波洛涅、弗伦岑那样的集聚了拥有众多富于创造性、技巧和高质量劳动者的专业化中小企业群的城市。这些中小企业的生产模式与工业化大生产模式完全不同,它们具有灵活性、高效率、适应性,拥有依靠创新和想象力进行经济的自我修正的能力,它们结成网络,依靠劳动者和工匠的高度熟练技术与灵敏感性生产出具有国际竞争力的个性商品——这种生产模式是继工业化大生产体系之后出现的又一种新的生产体系。因此,简·雅各布斯理解的创意城市就是拥有脱离大生产体系的灵活而富于创造性的"自由修正型"城市经济体系的城市。

国外创意城市已形成内生型和外生型两种发展模式。

有些城市天生具备创意土壤或创意氛围,在一定的环境条件下可能自然形成创意城市,其发展模式可以被归为内生型,即创意城市发展是其自然选择的结果。伦敦、纽约、巴黎、东京、柏林等这样一些国际性大都市以及像意大利波洛涅、弗伦岑那样的中小城市都是内生型创意城市的代表。

有些城市本身的创意氛围并不浓厚,但由于创意城市建设的巨大经济效益和社会效益以及城市重生的需要,促使其将创意城市建设作为工具,对城市进行创意的改造,这类城市的发展模式可以被归为外生型创意城市。已经加入"创意城市网络"被联合国教科文组织授予"设计之都"称号的布宜诺斯艾利斯、蒙特利尔、名古屋、神户等当属这种类型。外生型创意城市偏向于加入"创意城市网络"这样的国际性组织,谋求国际认可,提升城市知名度。

两种发展模式的划分并不是截然分离的,也没有孰优孰劣之分。通过创意城市建设让城市的经济、文化平衡发展,创造性地解决城市发展中不断面临的经济、社会、环境等问题,使城市获得可持续发展,市民的精神生活和物质生活质量都得到提高,这是创意城市发展的共同目标。②

---

① ［美］帕克(Park,R.E.),等.城市社会学[M].宋俊岭,等译.北京:华夏出版社,1987:1—2.
② 刘平.国外创意城市的实践与经验启示[J].社会科学,2010(11):26—34.

（二）创意城市的基本要素

可达性、相关性、经验性、连通性和多样性是《新城市活力：意大利创意城市》一书的关键词。该书没有沿用传统的类别、性质和重要性去划分城市，在城市激烈、分化、多级的演化过程中，存在两个共同之处：一是创意阶层的出现——有些城市已经将其作为与众不同的特征和发展资本；二是城市创意的作用——新"后福特时代"的发展资源和工具，能够应对疲软的经济环境和体验经济时代的竞争。

在创意城市发展过程中，文化、交流和合作成为新的竞争要素，这在意大利尤为突出。在意大利，文化是创意城市的基本要素，是根源于城市层叠的历史并使之延续发展的一种资源。意大利城市文化包括场地、民众、遗产以及市民认同，这构成了城市的"纤维结构"（Fibrous Structure），造就了抗衡常规全球化的独特个性。城市文化特性是城市的禀赋特色、优势资源、有待发挥的价值以及在历史进程中累积传承的声望。因此，文化资源不能局限于作为理解无形的历史、艺术或者教育培训的一种捷径，也不应满足于兼作产品发布与展览的临时之用，而应通过采取切实措施满足社区聚会的空间需求，巩固其文化服务和公共中心职能（剧场、音乐厅、媒体商店、考古公园、博物馆、画廊、讲堂和图书馆，以及咖啡馆和文化协会等）。

创意城市的第二个要素是交流，即能够实时通知、宣告和让城市居民参与进来，而各色非城市居民途经或进入城市，则成为城市与外界联系的纽带。城市始终是强大的交流工具，其交流功能是最有效的创意要素之一，通过转换，这种交流功能使社会环境提升成为可能，并能引导资源和创意工作者实现共同目标。此外，城市交流还能方便参与、巩固组群、减少冲突、促进战略形成和协作开展。

创意城市的第三个要素是合作，合作通常被看作一种积极的参与方式，一种审视城市大熔炉特性的新规划视角。在全球城市和多元文化城市中，人们已经不能满足于包容，换句话说，就是不再简单地接受与其他文化和民族的共存，因为这种包容没有改变城市活力流动受阻的现状。创意城市面临的挑战在于整合演变过程中出现差异时如何开展合作，以及在谋划未来时如何实现不同文化的协作。新生活方式在意大利城市中的出现和发展，引发了对城市中心和边缘地区的重塑，促使了多中心、多特性视角下角色的重新界定。创意城市不仅是开放的城市、多元文化共存的城市、多民族聚集的城市，还是一个能够运用多样特征勾勒新蓝图的城市：各种论坛将活跃起来，"毗邻空间"（Proximity Places）将用于公众讨论并谋划共同愿景，确定新的多元文化中心的所在。[①]

(三)创意城市的标志特征

现代城市能否成为"创意熔炉",很重要的一个方面取决于创意阶层的形成及数量规模,而城市的"丰裕、惬意及人性"对创意阶层的形成至关重要。换句话说,每个人都有自己的灵魂栖息之地,"生活质量,是与场所的环境条件,更多的是与某个场所的个人性、主观性有着密切相关的联系"[②]。创意阶层的崛起是判别创意城市的标志性特征。

一个文明社会的形成必须以无数文明个人的产生与存在为前提。现代社会不仅意味着人们在物质生活层面的丰富,更加要求精神生活层面的提升。约翰·蒙哥马利认为:"创意产业现在被理解为起源于个人创造力、才智和技能,基于思想性和知识性工作的创造和利用,从而创造财富的潜力行业。文化产业包含了创意产业,还延伸到包括表演艺术以及包括艺术画廊、博物馆和音乐厅在内的建筑设施。"值得注意的是:"创意阶层是由一批从事艺术、研究和科学等领域的人才组成的核心团队,还包括一个由法律、卫生、商业和金融等领域工作人士组成的外围,该阶层的定义源于其在工作中的创新能力和灵活性,呈现出外向性和国际化的倾向。创意阶层选择在人口多元化的城市(和城市内的城区)中生活、工作和消费,并接受各种思想和开放的心态,创意阶层的成员'积极寻找多元化的地方,并在评估社区的时候探寻它的特征标志'。"在弗罗里达看来,促进城市复兴以及经济繁荣的一个关键是"采纳地方文化政策来吸引、保留甚至是纵容流动的而且挑剔的'创意'阶层,而这一阶层的总体努力已经成为经济发展的主要推动力"。从相当意义上说,是"城市生活方式吸引了(世界主义的)创意阶层"[③]。

世界主义通常被理解为超越地缘政治和传统社会类别的方向和精神。对创意城市来说,世界主义的眼光和胸襟无疑有助于延揽和蓄积来自海内外的卓越创意人才,便于欣赏和参与文化的差异性和全球性,进而形成一个坚实的创意阶层。事实上,充满活力的国际化都市始终是吸引优秀的移民及其文化的。"一个适合创意生活与创意生产的小的生存环境,它关注作为经济活动主体的独立个体及其社会实践活动,探讨人与社会及环境之间的关系。""创意经济就

---

① 毛里齐奥·卡尔塔,胡敏.意大利创意城市:新景象与新项目[J].国际城市规划,2012,27(03):42—48+53.

② Landry(2002). unpublished contribution to an on-line open Democracy debate about aesthetics in planning[EB/OL]. http://www.opendemocracy. net /debates. html. 2003-03.

③ [英]黛博拉·史蒂文森.文化城市:全球视野的探究与未来[M].董亚平,何立民,译.上海:上海财经大学出版社,2018:11.

是这样一种以工业化为基础、以文化创意为引导、以高层次消费需求为依托,通过创新和创意为核心增长要素来带动相关产业发展、促进社会转型的新经济形态。"①创意经济的发展,也正是建基于创意阶层的累积和崛起的。

四、案例启示

(一)秉持"无设计不生活"的人本主义设计理念

虽然米兰是工业化高度发达的城市,但是意大利作为文艺复兴的发祥地,它对古典主义美学具有特殊的天赋,对设计的比例与尺度、色彩的鲜亮与黯淡、装饰的繁复与简约、线条的长与短、空间的虚与实等具有敏锐的感知力。以米兰市中心大大小小的时装门店的装修风格为例,从时装店的入口拱门到室内陈设的实木家具,从建筑立面厚重宽大的大理石到公共空间地面铺设的波西米亚风格地毯,一方面它们摒弃了过于复杂的肌理和装饰,简化了线条,另一方面又保留了材质、色彩的大致风貌,从简单到复杂、从局部到整体,都给人以精雕细刻、一丝不苟的印象,透过这一人文典雅的风格,让人强烈地感受到传统的历史积淀和深厚的文化底蕴。②

"无设计不生活"是意大利给人最深的印象。意大利设计师继承了文艺复兴以来西方的"人本主义"思想——为人而设计,为新的生活方式而设计。从通心粉到法拉利,从一把勺子到一座城市,以"建筑为中心"的设计体系,体现了意大利设计师从生活细节到宏观建筑的灵感创意,许多经典的家具名作也都是建筑设计师的杰作。如果说意大利是一个全球"设计王国",那米兰肯定是这个设计王国的"心脏"。

意大利的街道环境设计体现了当今设计潮流已从对功能性结果的满足转变为对生活环境的营造与生活体验的关注。在满足人们需求、尽量发挥使用功能的基础上,对街道环境的各种基本元素进行精致的设计与组合和适宜的设置,使其与城市环境相协调,从而打造出更优美、更科学、更富有人情味以及地域特征的街道环境,创造更加充满活力的城市空间,是现代城市的发展趋势。街道环境是构建城市空间与环境的重要因子,其不仅从自身的功能与外形上给予表现与呼应,而且在各类街道环境间亦有着共同的特性,从而对城市空间与环境进行有益的补充。③

---

① [英]约翰·霍金斯.创意生态:思考在这里是真正的职业[M].林海,译.北京:北京联合出版公司,2011:5
② 殷小溪.意大利米兰地区独立式时装店的建筑设计研究[D].西安:西安建筑科技大学,2018.
③ 宋树德,林澄昀.意大利城市街道家具启示[J].绿色环保建材,2017(5):248.

　　米兰国际家具展公司新任主席路堤（Luti）先生表示："市场的转型和当前经济不景气带来的挑战迫使我们必须要迅速回应客户的需求,作为展会的主办方,我们要准确预测日益全球化的市场趋势,在当下与往后继续掌握主动权。"2008年普利兹克建筑奖获得者让·努维尔（Jean Nouvel）认为,设计师应该最大限度地解放办公室环境,消除工作起居之间的隔阂。在他看来,"办公环境居室化"需要新材料、新技术去创造并实现真正实用、友好且环保的工作环境,现代建筑的意义在于摈弃克隆空间、封闭空间和无意义的重复。"再过三四十年,我们就会惊讶地发现,今天的办公室是多不适宜居住。"努维尔表示,"克隆形式、标准化和极权主义这些毫无欢乐可言的方式是永远不会让人习惯的。如果在住所里,或者在一个改建的大仓库里,我们的工作效率会变高"。努维尔认为,封闭的空间会妨碍交流的顺畅,人与人之间的情感交流受到限制,凝聚力自然就会下降。欢乐的前提是人员的融洽,通过环境改变工作氛围,也是米兰设计周项目探讨的一个方向。[①]

（二）创造属于自己的独特空间和"经久形式"

　　设计是一种有目的的创造活动。文化创意产品的视觉性、体验性和多元性特征,不是仅仅通过资本、技术就能够实现的,只有通过设计才能使各类创意得以实现。为了让市民充分认识到设计与其生活息息相关并有助于增加生活情趣,米兰以时尚设计为核心,制订了系列措施。

　　2010年米兰家具展中已经可以感受到越来越多的家具设计通过"五感设计"（Creative Emotional）来表现快乐、情绪、游戏、幽默、分享、沟通等情感因素,家具设计已不再只是关于美观和实用,而是要刺激人的"五感",让设计与人的感官全面接触、渗透。"五感"即视觉、听觉、嗅觉、触觉、味觉这五种基本感觉,这种分类也是根据人类自身的五种器官而来的,对应着眼睛、耳朵、鼻子、皮肤、舌头。家具是人类设计中与人体接触最多最密切的产品设计,消费者需要感受我们的设计,而途径则正好就是人类自身的感觉器官,也就是我们所说的"五感"。通过"五感设计",可让人感受到设计对人体的奇妙作用:心理上对设计作品本身之外的无意识的、细微的感觉,以及设计作品与周围环境的融合。"五感设计"正成为现代家具的主要设计元素,它让使用者能够感觉到生活在一种完全宽松的艺术化环境中,愉悦地享受生活与工作。[②]

---

　　① 徐风.让办公室变得像家一样 去米兰寻找最酷的家居概念[J].中国经济周刊,2013(15):80—81.

　　② 彭亮."再迎盛事"——从国际家具展到创意设计城——2010米兰国际家具展设计趋势分析及对中国家具产业的启示[J].家具与室内装饰,2010(6):52—57.

创意设计本质上就是创新。米兰设计师弗雷德里克·古里斯强调指出："我们不是'再设计',而是'再创造'。我们帮助我们的客户阐明他们的愿景,将其分解成几个步骤,然后我们将沿途的每一个障碍逐个击破。"在米兰市中心,一座 19 世纪的肥皂工厂内的阁楼被改造成一个家庭和专业设计办公室的混合体,一系列简单而又高效的设计解决方案使空间可以在眨眼之间从办公室切换到家庭,反之亦然,同时又不妨碍空间或充足的光线流动,非侵入性的干预措施消除了工业的粗糙边缘,但却保持了对工业遗产的忠诚。① 当代展示设计则注重对形式的探索,将展览的主要内容融入游戏娱乐之中,运用声、光、电等多媒体技术以及虚拟现实、增强现实、全息影像等高新技术,打造富有冲击力的效果,这使得空间的自由度大大提高,增加了可看性和吸引力,有助于激发观众的参观兴趣。

亨利·列斐伏尔指出："每一个社会(准确地说每一种生产方式及其特定的生产关系)都会创造出属于自己的独特空间。"② 无论是古老的罗马竞技场还是传统的米兰公寓,借助这些源于历史的"经久形式"和深层结构,我们仍然在经历着"过去",延续特定地域的生活方式和价值取向,抵达类型化的内在的精神与场所。诚如广州电视观光塔"小蛮腰"的设计师马克·海默尔(Mark Hemel)所言:"建筑本身不应该只是为了满足某种单一的功能而诞生,更多的是带着可被持续挖掘的价值融入人们的生活,影响人们对建筑的理解。人们在它周围(或里面)进行活动的时候,其实是把人们的记忆以及当地的文化注入到建筑物品本身。"

(三)融合开放与多样性的文化要素

创新诞生于各种文化、思想、人物的交流,多元文化的交流融合特别有助于引发创新,产生各种各样的创意。社会的开放多样性与创意能力之间有着密切的联系。简·雅各布斯(Jane Jacobs,1993)首次提出多样性和思想交流是重要的创新来源并在建构强大与富有活力的城市方面发挥着重要作用。理查德·弗洛里达(Richard Florida)提出,创意只能在以开放与多样性文化为特点的氛围之下才能得以繁荣。一些设计之都由于其地理位置、发展历史、学习传统、开放政策、对外来文化的包容等原因,形成了多种族、多民族以及多元文化共存、交流、融合的文化氛围,而这特别有利于引发创新、产生各种各样的创意设计。③

① Emma."再创造"而非"再设计"[J].设计,2018(16):28—35.

② [法]亨利·列斐伏尔.空间:社会产物与使用价值[M].王志弘,译.上海:上海教育出版社,2003:54.

③ 张立群.世界设计之都建设与发展:经验与启示[J].全球化,2013(9):59—74+127.

全球化和多元化作为 21 世纪的主旋律表现在各行各业的发展中。在此背景下,世界各国时装行业的交流越发频繁,时装的流行呈现出国际化趋势,时装表演的展示风格也更是如此:时装表演的秀场展示风格是围绕服装主题,在表演中通过运用各种手段创造表演氛围和表演情境的一种视觉展示方式,它试图营造一个富有感染力和艺术个性的表演氛围,以突出体现服装主题和设计师意图,传达出服装的风格特色。[①]

与具有悠久古都风范的罗马不同,米兰更多代表的是意大利的时尚与活力,历史和现代在这里恰如其分地交融在一起。米兰国立美术学院的历史文物保护课程鼓励将保护的概念与现代设计观念以及现代设计技术相结合,同时非常鼓励将传统的历史元素合理地运用到现代设计中。以 2011 年米兰 Premio Envie 设计竞赛为例,竞赛题目是对一个建筑内部庭院的改造,庭院面积 200 平方米左右,其中一位竞赛选手将中国古典山水画的意境用剪影的方式以灯光投射在现代建筑的墙面上,用中国传统的木作榫卯连接方式结合现代钢材料设计了庭院中的休憩凉亭,将东方古典意境延伸到了西方现代生活中,受到参赛者的好评。[②]

为了更好地融合开放与多样性的文化要素,意大利对外贸易委员会在意大利经济发展部的战略规划指导下,致力于促进意大利企业的国际化,加强意大利与其他国家经济贸易关系,在全球推广"意大利制造"的品牌理念,协助意大利企业和国外企业间的交流与合作。[③]

(四)展示数字技术释放的创意设计潜质

以互联网、物联网和桌面制造为代表的数字技术的发展,不仅推动设计创新活动的对象由物质向非物质发展,同时也带来了设计过程、运作方式和创新活动者构成的变化。数字技术的快速发展改变了全球文化从内容到形式的方方面面,通过与艺术、文化和创意设计产业结合,数字技术释放了个体的创意设计潜质,创建了一个超域的设计创新文化共同体。

在当代,数字技术对文化遗产领域,尤其是博物馆的影响已经十分普遍和深刻:一方面,博物馆依靠新技术来管理馆藏作品,另一方面,博物馆的展示空间受到了积极的推动,新媒体在展览空间中已经无所不在。以上两方面都是将数字媒体视作博物馆管理与展示呈现的手段,但更深刻的影响来自于对博物馆

① 庄梦丹.国际秀场的展示风格研究[D].北京:北京服装学院,2015.

② 顾蓓蓓."践行"在意大利历史文物保护基础教学中的培养——以米兰国立美术学院历史文物保护专业为例[J].中外建筑,2018(3):33—36.

③ 牛方,徐乐中."度"量米兰的时尚"三围"[J].中国纺织,2015(11):112—114.

展示形态的影响。数字技术对博物馆的展示空间产生了两种截然不同的影响：从建造的角度，数字技术让博物馆空间更丰富化；从展示的角度，数字技术使一部分展示内容虚拟化，与空间本体分离开来，让空间更纯粹化，突出了馆藏实物展品的表现力，让展示内容以中立的态度呈现出来。在当代诸多优秀的博物馆中，这两种倾向都有所存在。

弗拉米尼奥·贝尔托尼（Flaminio Bertoni）是 20 世纪意大利最著名的工业设计师之一。贝尔托尼博物馆实质上是一个著名工业设计师的设计及艺术作品的展示馆，在贝尔托尼的博物馆设计中，除了将数字技术作为具体的展示手段以外，还采用了依托数字技术让空间更简化的策略，将繁杂的展示内容以多媒体的形式呈现，而空间中则几乎只留下实物展品和框架性的展示内容，在空间层面去除冗余的信息，以强调空间对展品的衬托作用。①

米兰国际家具展正在变得日益虚拟化，把展馆搬到社交网络和互联网上——Blog、Facebook、Twitter、YouTube 和 Flickr 等。此外，米兰国际家具展还不断提升自身在 LinkedIn 上的专业形象，并将资料发布到分享高质量图片的视觉社交网站 Pinterest 上。米兰国际家具展最新的智能手机应用程序也可供下载，旨在为参展商和参观者提供更好的展览会体验（适用于 iPhone、iPad 和最流行的 Android 手机）。②

五、思考讨论

（一）设计准则如何面向未来进行动态调整

随着现代社会的快速发展，那些固有的设计准则正在潜移默化地发生着改变，究其原因，一是技术的快速发展为各种设计试验打开了全新的大门。设计发展到今天，各种软件制作技术使标志实现了从简单有机形、几何形到复杂随机形的演变，强大的矢量绘图软件几乎可以将人们脑海中能想象到的任何图形实现出来，当今设计师拥有的是大量先进而敏捷的工具，这极大拓展了设计师的想象空间和实现可能。交互式展示设计采用的多媒体技术、虚拟现实技术、网络技术不仅丰富了设计文化具象形态的展示方式，让展示效果得到增强，更丰富了人们获取信息的方式，激发了人们的探究欲望，实现了信息由现实向虚拟、由静态到动态、由单一媒体到多媒体、由单向传输向交互式传输的转变。

---

① 崔家华.“向自然学习”的当代博物馆展示空间——意大利贝尔托尼博物馆展示设计[J].设计，2018(15)：30—32.

② 健湘.创新是我们的座右铭——2013 米兰国际家具展速递[J].家具与室内装饰，2013(4)：90—93.

二是客户和受众的心态正在发生极大的变化。"简洁"这个原则正在"被挑战",这还不仅仅是来自于技术发展的因素,更多的是客户和受众的心态早已发生了变化。以往设计师常常会把责任推到客户的眼光狭窄上,但现在的客户已经看到了太多国外优秀的设计,整体的素养已大不同于以前,正如一位美食家未必擅长烧菜,却可以对每道菜品应达到什么样层次要求提出中肯的意见。"体验自然"是米兰国际家具展赋予该城市的一份礼物:一所无与伦比的实验室,其结合了设计学、工程学和植物学对家庭及城市的空间进行实验,通过对可持续自然资源的使用使其更加人性化。

三是品牌定位的策略发生了改变。一个常规观念是标志一旦设定,就不能经常性地改变它,否则就会影响到品牌的识别度、忠诚度和持久影响力,这就是所谓的"持久性"原则。然而每一次变化的目的是为了带给我们更新鲜的感受,标志不再是固定不变的,而是变得灵活而具有弹性,可以展现出它自身所具有的独特创造力,从而引发观者的兴趣和注意,传递出更为有力的信息。

四是设计师现代人文理念的提升。设计师设计的作品与他所身处的时代环境是密不可分的,随着设计师整体的现代理念的提升,必然会对现有的设计提出更多的思考。在保证信息功能得以传递的同时,设计师越来越期望摒弃传统固定的模式,制造出不同于过去传统的造型,传递内在的文化内涵变得越来越重要。[①]在世博会各国展馆的设计过程中,设计师结合想要表达的主题思想,将各国传统的建筑形式或风土人情进行艺术加工提炼与抽象简化,以具有既定含义的形态或图形、色彩作为基本要素进行展现,即便有失传统之形却不失传统之韵,这使各国传统文化在与现代技术、功能结合的基础上得到延续与发展,并使之成为能够满足信息传播需求的信息载体,最大限度地传播了设计信息。

对思考设计准则中的变与不变,谈谈你的理解。

(二)创意设计如何关注生活进行变革创新

生活是创意的源泉,创新源自于社会生活实践。意大利创意设计素来注重观念革新,或是以前所未有的方式展示一个主体的能力,为传统的东西注入新的意义、新的应用。历史上,奥利维蒂公司实现打字机的大量普及,菲拉格慕时装的 350 项专利令人难以望其项背,比亚乔轻型摩托车风靡全球……历史进入到后工业化时代,创新驱动如何化作一种深入人心的世界观?如何演变为适宜本土产业结构的新的经济增长动能?如何转化为公众满意的生活品质表达?这是各国设计师亟待解答的课题。

---

①　汪维山.对标志设计准则的反思[J].苏州工艺美术职业技术学院学报,2017(1):21—24.

米兰国际家具展公司（COSMIT）新任主席克劳迪奥·路提（Claudio Luti）先生认为："米兰国际家具展的成功关键在于它是创意和卓越的交汇点。为确保其领导者的地位，展览会不仅强调创新，展示新品，而且引起消费公众的激情，也使销售团队感到兴奋。所以，它等同于世界市场新品真真正正的预展。"为了鼓励创新，米兰在科研经费投入方面位居意大利第一，在整个欧洲排列第11位。米兰及伦巴第大区共有27000多家企业从事创新领域研究，占意大利总数的22％。意大利高新技术企业的员工有1/4在伦巴第大区，其中68％的员工都集中在米兰。在研发领域，米兰名列欧洲第六位，紧随伦敦、柏林、巴黎、斯德哥尔摩和剑桥之后。

"滋养米兰"是米兰理工大学设计系、美食科学大学和慢餐意大利推广的一个战略设计项目。该项目的创意源于这样一个实情，即尽管有南米兰农业园之称的大型"城市食品柜"的存在，米兰市区对高品质新鲜食品的需求还是远远超过实际有效生产数量。该项目的战略眼光集中在城市邻近园区所代表的共同利益上，通过消除农业食品链的中间环节，促进了城市消费与乡村生产之间的关系。该项目顺应了城市对新鲜高品质食品的需求，帮助园区生产找到了新的商业模式，其最终目的是要创建一个可持续的创新的都市农业区域模式。为了实现这一目标，项目的倡导者在米兰理工大学的设计师/研究者小组的带领下，倡议市民农民群体与设计师及食品专家群体开展合作，发起了项目实施框架的一系列设计举措。设计师使用场景构建的方法与注册的利益相关者展开讨论，让感兴趣的群组认同某个远景规划和一些方向，与感兴趣社区的交谈安排在一系列的情境工坊中，设计研究人员为此准备了专门设计的工具（如故事板、实物模型、情绪板、视频和草图）。从设计师的角色来看，所有这些项目都是小规模的系列举措所导致的大规模创新过程（地方性项目都是由较大的框架项目协调、整合和扩充的），所有这些项目都主要是设计驱动的方案，旨在触发、协调并扩充地方项目，从而产生更大规模的可持续改革。[①]

层出不穷的生活创意设计正不断地满足人类日益增长的物质和精神需求，同时影响和改变着我们的生活方式，创意设计为高品质生活方式创造更多可能。谈谈你对创意生活的理解。

---

① 埃齐奥·曼齐尼,辛向阳,孙志祥.创事：社会创新与设计[J].创意与设计,2017(3)：4—8.

第四章　世界动漫之都——东京

一、案例描述

(一)作为"全球性的文化创造都市"的东京

日本东京是世界最大的都市群,它由东京都、神奈川县、千叶县和埼玉县一都三县构成。统计数据显示,东京都的总人口超过 3300 万,人口密度为每平方公里 4684 人,GDP 总量已经突破 2 万亿美元。

"东京 2030 规划"以担负首都功能的整个都市圈区域为规划对象,专心致力于实现首都的再生,远景规划着眼于打造可以引领日本经济再度崛起的国际竞争力,成为有 3300 万人集聚的世界最大首都以及与一国经济实力相当的世界主导城市,依托都市魅力和产业实力,传播东京传统与现代相互交织的人文特色,建设具有人文性、活力性的城市。在建设创新性、智力性的城市过程中,东京将尖端科技与日本文化内在的独特感性、审美意识、游乐趣味相融合,创造 21 世纪的新价值。在人才延揽方面,东京充分发挥人才聚集地这一优势,倡导新型人才培养体系,提出建设"只要有意愿,人人都可挑战"的机会城市,培养孩子们担负未来的能力。[①]

由东京都、公益财团法人东京都历史文化财团与艺术文化团体、艺术非营利组织等合作创建的东京文化传播项目始于 2008 年,该项目旨在将深厚的文化底蕴和先进超级大都市的活力与多样性发挥到极致,创造与传播东京魅力,从而确立东京文化在全球的影响力,实现"全球性的文化创造都市——东京"在各项事业发展中发挥主导作用。东京文化传播项目有四大主题:一是节庆(festival),邀请国内外传统文化、喜剧、美术、音乐、影视等各领域的艺术家,举办各种国际艺术节,将日本传统表演艺术这一宝贵的文化资源传播至国内外;二是下一代(Kids/Youth),为了培养承担着未来希望的孩子与年轻下一代获得

---

① 陈维民,李光全.世界城市发展趋势和我国建设世界城市的意义[J].城市,2015(10):10—17.

丰富的感性和创造性,发展各类创造活动体验计划;三是艺术亮点(art point),"东京艺术点亮计划"通过艺术将人、城市与活动联系在一起,以创造和传播东京千姿百态的魅力;四是网络(networking),邀请国内外具有传播影响力的文化人士,强化国际文化的纽带,力争让东京成为文化创造的枢纽城市。[①]

东京在漫画、动漫、游戏产业领域的水平和实力居世界领导地位。哆啦A梦、蜡笔小新、樱桃小丸子、圣斗士星矢、聪明的一休、花仙子等一大批具有鲜活个性标识的动漫形象早已蜚声世界,深受广大动漫爱好者的喜爱,深刻影响了一代青少年儿童的成长。它们既是广泛传播日本文化的形象大使,更是日本出口贸易的拳头产品。一项权威调查报告表明,中国观众最喜爱的动漫形象前三位均来自日本,依次为:哆啦A梦(喜爱程度98%)、蜡笔小新(97%)、樱桃小丸子(92%)。

东京动漫书刊的"物美价廉"也是世人皆知。尽管东京是当今世界上物价最高的都市,一碗拉面约合50~100元人民币,一小瓶可乐约10~20元,但在东京的任何一家便利店或地铁、轻轨站的小卖部,只用10多元人民币的价格,就可以买到厚达200~300页的动漫周刊杂志。

(二)作为全球经济和要素流动组织节点的东京

弗里德曼(Friedman)在《世界城市假说》中指出:在全球化时代,评价一个城市的地位与作用,不在于人口规模的大小,而在于:一是参加国际经济社会活动的程度,二是调控和支配资本的能力。世界城市是全球经济的组织节点,组织并连接区域经济、国家经济形成全球经济。

东京作为较早进入世界城市体系的亚洲城市,更多担当的是发达国家要素流动的节点功能。在重视资本与创新要素的结合,引导并鼓励风险投资等资本市场的发展,为创新提供有效保障的同时,还重视建设高科技开发区、各类创新平台等创新空间载体,以形成创新活动的集聚优势,有效提升知识创新的空间承载能力。在谋求科技创新、文化创意形成新的增长驱动力方面,东京开始从争夺全球经济流量枢纽转向争夺创新优势,以实现从全球财富中心、资本中心向全球科技创新中心的转变。这一转变带动了全球经济从全球生产网络向全球创新网络升级,从而使东京转变为担当信息流动、知识流动和人才汇集枢纽节点的"国际创新中心城市"。[②]

区域间形成层次明晰的分工体系,使得东京都市圈的综合功能大于单个城

① 汪菲.网络嵌入视角下创意产业区演化机理研究[D].北京:对外经济贸易大学,2014:35.
② 陈维民,李光全.世界城市发展趋势和我国建设世界城市的意义[J].城市,2015(10):10—17.

市功能的简单叠加。在东京都市区集聚着大量的影响全球经济的产业,李约翰 (John Lie)研究发现,至 1990 年,越来越多的公司为了实现全球经济控制的功能选址东京大都市区:以金融业为例,全球 15 个最大的跨国银行——花旗银行、美国银行、瑞穗银行、摩根大通银行、汇丰银行、三井住友银行、法国农业信贷银行、三菱银行、日联银行、中国工商银行、中国银行、德意志银行、苏格兰皇家银行、美一银行、巴黎银行的总部都集聚在东京都市区。不仅如此,东京还与纽约、伦敦一起掌控着世界 1/3 的股票和 58% 的外汇市场份额。[①]

东京国际动漫节每年都会吸引大量全球顶级的动漫制作公司、玩具软件开发公司和机构纷至沓来。东京国际动漫节、日本动漫软件展、东京电玩展、东京玩具节、秋叶原娱乐节、手办模型展销节、C3 玩具模型展等动漫节庆活动更成了东京一道亮丽的风景。

(三)作为日本文化资源聚集地的东京

1.动画公司和从业人员

东京有着"动画之城"的美誉,日本动画制作公司有 440 家,359 家集中在东京,比例超过 80%。实际上,东京的动画公司 40% 又集中在东京的练马区和杉并区两个行政区,而日本主要动漫生产企业也约有 50 家集中在东京,其他的企业则是动漫产业链上的承包商。[②] 东京集聚了全日本 50% 以上的创意产业从业人员,其中动漫产业的 72%、信息服务业的 73%、音像制作业的 79%、游戏和软件业的 50%、出版业的 67%、时尚设计业的 47%、演艺业的 54% 从业人员均集聚于东京。[③]

2.行业协会

日本漫画家协会有 184 名会员,漫画家实际总数约达 4000 人,这些漫画家画的漫画书主要由小学馆、讲谈社、集英社、秋田书房、双叶社、少年画报、白泉社、LEED 社等 10 多家大型漫画出版社出版发行。日本动画行业一般由音像制品制造商、电视台、电影发行公司、动画制作公司以及玩具生产商共同组成制片委员会,它们是动画在不同媒体流通阶段的版权所有者。动画制作以日本动画协会 34 家正式会员企业为主体,参与制作的还有 300 多家制作公司;日本动画协会拥有包括制作者、编剧、动画家在内的 100 多名会员,日本音声制作者联盟拥有 68 家会员企业的动画音响制作者及 2000 名左右的配音演员,此外还包

① 石光宇.东京全球城市的形成及其功能考察[J].日本研究,2014(3):45—50.
② 日本贸易振兴机构.日本文化产业介绍报告(Japanese content industry),2007(3).
③ 厉无畏.建设创意城市与发展会展业[J].国际经贸探索,2012,28(8):4—11.

括后期制作公司等在内的其他参与主体。①

3. 专业奖项设置

第二次世界大战后动漫在东京快速发展,这一时期,行业组织逐步出现,1964 年日本漫画家协会成立,1972 年设立了"日本漫画家协会奖"。此外,一些出版社分别设立了"文艺春秋漫画奖""小学馆漫画奖""讲谈社漫画奖""读卖国际漫画奖"等,知名漫画家也推出了"手塚奖""藤子不二雄奖"等,这些机构和奖赏的推出进一步确立了动漫在日本社会、文化、经济中的地位。②

4. 图书出版

东京共有 4000 多家出版企业,动漫的主要出版商约有 200～300 家。其中,1/3 出版动漫杂志(截至 2003 年,动漫杂志约有 277 种),2/3 以上出版商出版平装版的动漫。东京国际书展是世界出版业界的重要盛事之一,创办于 1954 年,每两年举办一次,由日本政府外交部及财政部共同举办。与伦敦书展以版权贸易见长、博洛尼亚书展作为全球最大的儿童图书博览会、莱比锡书展侧重文学类图书、法兰克福书展是全世界最大的综合型书展相比,东京国际书展定位于综合性书展,主要以新书展示贩售及版权交易为主,作为通向日本图书市场的快捷通道,它受到世界各国出版人的重视。

5. 博物馆

博物馆是折射一个国家、地域、城市的历史文化、艺术审美、精神风貌的窗口,其对化育人文作用极大。杉并动画博物馆设有可以体验动漫原理的展区和直接体验动漫制作过程的互动展区以及不断加入新的动漫信息的"主题展";遍布东京的东京国立博物馆、东京国立科学博物馆、日本国立西洋美术馆、上野之森美术馆、东京艺术大学美术馆、东京都美术馆、东京森美术馆、现代美术馆、根津美术馆、江户东京博物馆、东京国立现代艺术博物馆、国立国会图书馆、箱根森雕塑美术馆、京都国立美术馆等馆藏,无不滋养着东京动漫产业的生长。

6. 高等院校

日本是世界高等教育强国。东京作为日本的政治、经济、文化、交通和教育中心,拥有 164 所大学,其教育资源是全日本最丰富的。日本位居前列的大学都在东京,如东京大学、早稻田大学、东京工业大学、庆应义塾大学、明治大学、东京农工大学、东京医科牙科大学、东京外国语大学、东京艺术大学、首都大学(东京)等。最负盛名的东京大学成立于 1872 年,作为日本近代史上第一所正

① 褚劲风.东京动漫产业集聚空间组织与空间优化研究[J].世界经济研究,2009(6):74—79＋89.
② 褚劲风.东京动漫产业集聚空间组织与空间优化研究[J].世界经济研究,2009(6):74—79＋89.

规的新制高等教育机构,其有着鲜明的欧洲大学特征。个性化、多样化、国际化和活性化的高等教育涵化了东京这座城市的开放创新意识,引领了日本的文化风尚。

7.金融和商务机构

东京是日本经济、商业、金融中心,也是日本最大的工业城市,全国主要的公司都聚集于此:资本在 50 亿日元以上的公司,90% 都集中在东京。千代田区、中央区和港区是东京都最核心的区域(CBD),国际金融机构办公面积占三区总量的 60% 左右,千代田区的丸之内更是东京金融业的集聚之地。此外,东京的主要商务区还包括新宿商务办公型副中心区和临海商务信息区,城内众多的商务机构为动漫产业发展提供了多元文化信息的交流机会,亦有利于生产商从中把握市场需求。

二、案例分析

(一)企业规模小型化

日本的动画制作公司多为中小企业,但是却能实现与迪士尼等巨头相抗衡的制作实力,占据全球六成以上的市场份额,依靠的就是由"分业化"所产生的既竞争又合作的企业网络,这也是日本的动画制作企业 90% 集中在东京、形成产业集群的主要原因。

日本动漫产业自诞生起就未曾出现某一家优势特别明显的现象。国内众多动漫生产公司并没有实际意义上的领头羊,许多企业都处于同一水平线,相互间竞争激烈。同时,由于日本是动漫产品消费大国,许多狂热的动漫消费者形成的动漫同人社团逐步走入动漫产业的生产领域,并演变为新兴的动画公司,加入原本就已十分激烈的行业竞争中。尽管这些公司自身力量薄弱,但由于对国内基层消费者喜好极度了解,从而使其产品能迅速占领市场,并带动老牌动漫企业迅速向国内市场定位转型,最终导致日本动漫产品过分依赖于国内市场而脱离了国际标准。一方面,日本这种平行发展的产业模式通过激烈竞争不断挖掘最吸引国内观众的动漫作品,最大限度满足了国内消费者的文化需要;但另一方面,由于这种产业模式过分依赖本土,导致作品对外发行时陷入国与国文化差异带来的文化冲突之中,不容易为别国所接纳。①

日本政府大力支持部分小型工作室的创立,特别是对大学生的动画工作室给予扶植。

---

① 王华宇.借鉴国外经验 发展动漫产业[J].特区实践与理论,2006(5):66—68.

漫画家用小规模的投资生产漫画,包括动漫期刊和玩具、文具、食品包装等在内与动漫相关的一切行业被开发成一个完整的产业链:以电视节目的广告收入作为动画创作的初始资金,以巨大的玩具利润投资电视台动漫节目的制作,再以新的动漫形象带动一轮轮衍生产品开发,真正使每个人满意,由此构成一个良性循环的产业结构,使得动漫业年营业额高达 80 亿~90 亿美元,成为国家收入的一部分。①

(二)主题内容叙事化

日本一直将自己视为在世界范围内的"文化资源大国",这种强烈的民族自豪感使得日本在发展动漫产业时特别强调民族性,同时又刻意寻求世界性的元素,将"本土化"与"国际化"相结合。在日本动漫中,有大量作品是取材于其他国家的,如《七龙珠》《西游记》取材于中国四大名著之一《西游记》;《不思议游戏》中的东方青龙、西方白虎、南方朱雀、北方玄武取材于中国古代"四方神灵",并由此虚构出一个红南国,讲述了一个异世界的不可思议故事;《圣传》《天空战记》中都引用了中国诸罗汉,如帝释天、迦楼罗、阿修罗、夜叉等;《天是红河岸》《尼罗河的女儿》源自古老而神秘的埃及;齐藤千穗的《花冠安琪儿》取材于文艺复兴时期的意大利;水木杏子的《小甜甜》则来自 20 世纪初的苏格兰。②

凭借"用好角色演好故事"的创作理念,采用亚洲传统章回小说的叙事手法,是日本动漫产业大获成功的关键因素。日本动漫之父手冢治虫创作的《铁臂阿童木》(又名《原子小金刚》),是日本第一部利用电影运镜手法制作的动画片。该片赋予机器人纯真、善良、勇敢、百折不挠的精神内涵,适时地契合了当时战后日本人急需精神重建、渴望摆脱外国势力干预的时代背景,故事流畅、剧情生动、风格简朴,确立了日本与欧美迥然不同的动漫风格。这种本土性的改造成功地回应了日本人习惯于阅读漫画静止画面的特点,情节的故事性和矛盾冲突的戏剧性是作品的主要看点。被誉为"日本漫画业巅峰之作"的作品《封神演义》,由漫画大师藤崎龙改编自中国同名神魔小说,他在刻划人物形象时设计了许多精彩有趣的细节,使得漫画中的人物形象显得血肉丰满、真实可信,更符合情节发展及人物性格自身的逻辑。

当然,日本动漫关注更多的是人的情感生活,令人难忘的形象有:以真实存在的历史人物为原型刻划的传统动漫形象"一休";介绍日本普通传统家庭生活并同时辅以日本的节气、风俗、地方风情等内容的"荣螺一家";表现日本自由式

---

① 王小环.日本动漫衍生产品的开发对我国的启示[J].编辑之友,2008(4):90—92.
② 顾江,阮南燕,周锦.文化产业:制度创新、审美衍生与文化战略[J].马克思主义美学研究,2009,12(2):77—92.

教育下竞争意识薄弱却真实直率、热爱生活的"樱桃小丸子";渲染日本悲情文化的"圣斗士";以战斗为己任的传统版日本武士"犬夜叉"和现代版侦探武士"柯南";梦想日本高科技成长、体现日本人天马行空想象力的"阿童木"与"哆啦A梦";表现普通家庭小孩子成长趣事以及乖巧与淘气两面性的"小新"等等。[①]

(三)产业组织集群化

动漫产业的高辐射性、高渗透力、高增值性以及集群组织方式自身的特点决定了动漫产业集聚主导的区域具有其他区域不可比拟的优势,比如更加具有伸展性的价值链和更广阔的价值空间。动漫产业群较之其他传统产业群对于价值链中的中下游企业显然具有更强的带动性:动漫创意的产生或实施,首先在动漫产业集群中进行渗透,然后在动漫产业的价值链中进行扩展,从而构建更加强大的价值实现空间。

东京动漫产业的集聚具有很强的历史性、地理接近性以及民族文化的根植性。例如,以日本六次《全国综合开发计划》为核心的LR(Land Readjustment)计划的推行,加快了东京练马区动漫产业集群的急剧扩张:各大项目的空间分布则有效促进了东京核心区与边缘区的互动与融合,文化、创意等信息的交流互通提速,为处于东京边缘区的练马区动漫产业集群的形成提供了前提条件。练马区地方产业发展部"商业与旅游"课2009年制定《练马区动漫产业集群激励方案》(*Stimulation Project for the Coexistent Animation Industry Cluster in Nerima*),从人文环境、生活环境、动漫人才培养机制以及高校毕业生岗前实习等方面为练马区动漫产业的发展提供优质的条件保障。同时,东京都十分重视对区域空间动漫氛围的营造,在知名漫画家的故居、交通站点、市民与旅客密集活动的区域,对动漫文化、产品进行大范围的宣传与推广,实现对动漫文化的普及。东京在东京中城(Tokyo Midtown)城市发展项目的实施过程中,既关注项目的整体定位,也注意对文化产品的细节刻画,成功塑造了全球知名的东京艺术形象。如今,东京练马区动漫产业区已发展成为日本乃至世界动漫产品的策源地,成为享誉全球的动漫产业集群。[②]

(四)制作技术数字化

新技术的发展是带动城市进步的关键,它对城市的发展具有重要的影响,在扩大城市版图、形成都市圈上发挥着重要作用。20世纪90年代,全球范围内兴起的知识经济和数字化浪潮为动漫产业发展带来前所未有的机遇。

---

① 姜滨,朴彦.日本动漫文化特征及其传播策略[J].艺术研究,2012(3):124—125.
② 吴威.创意产业与区域经济增长互动发展研究[D].长春:吉林大学,2014.

互联网技术的信息化、数字化特性使日本动漫产业走上了新型工业化的道路——生产从劳动密集型向资本、技术密集型方向升级。Flash 二维动画技术使动画制作的所有流程,包括原画、场景绘制、上色、配音、配乐等,都可以在计算机的虚拟环境中完成。三维动画技术不仅制作完成后可以反复使用,而且制作成本和制作时间都更为节约,方便了动漫产品快速投放市场。随着移动互联网兴起,日本动漫的传播和接受方式也悄然改变,网上发布、观看、传播、评论蔚成风气。《夜莺四重奏花之歌》《秘密结社鹰爪》等一大批日本动漫都是 Flash 技术运用的成果,IMAX 技术催生了 IMAX 影院,极大地丰富了动漫受众的观影体验,增强了临场感和视听刺激。3D 效果让观众能更加真实地观察画面细节,令观影过程无法思考从而彻底放松身心。在动画电影《苹果核战争》和《最终幻想》中,运动捕捉技术对演员表情和动作细致入微的捕捉,模糊了动画与电影的边界,萌生了"泛动画"的概念。CG 特效技术改变了动漫大师宫崎骏比较排斥数字技术的创作观念,他的《千与千寻》《哈尔的移动城堡》《幽灵公主》等作品就有大量 CG 的运用。Maya、3D MAX 等动画制作软件、初音未来数字音效技术以及弹幕视频网 Niconico 的推广和运用,进一步激发了动漫创作者的想象力和动漫爱好者的消费能力。[①] iOS、Android 系统的发明,又将动漫爱好者带入了一个快速分享的数字时代。

数字技术不仅创建了全新的科技设施、技术手段和传播交互方式,还导致了以创意 IP 开发与应用为核心的动漫产业的爆发式增长。2016 年,多喜爱公司启动"知名 IP 衍生品"运营服务商计划,选择与樱桃小丸子联合,在充分利用知名动漫 IP 开发衍生家纺、服装产品的基础上,公司有望成为 IP 授权运营服务商,掘金 IP 衍生品授权市场。发行量常年稳居世界动漫期刊首位的《周刊少年 Jump》坚持原创,围绕 IP 进行全产业链开发,已经积累和打造众多知名 IP,形成了以 IP 为核心,集动画片、电影、媒体、游戏、视频平台及社区、玩具、教育等为一体的泛娱乐生态系统。

(五)产业分工国际化

随着日本本土播放动漫作品电视台数量的快速增加,播出机构对动漫产品的需求量与日俱增。然而,由于国内生产成本的攀升,不少的日本动漫公司不得不考虑委托海外公司制作,或在海外建立生产基地,或与国外公司联合生产,其最初目光首先投向的是集中了大量劳动力且价格低廉的亚洲国家。蜚声国际的日本老牌动漫企业东映动画公司第一个吃螃蟹,对国际化产业分工先行先

---

① 毕悦.论日本动漫的受众拓展研究[D].南京:南京艺术学院,2018.

试:东映动画公司先是瞄准了邻国韩国,继而又与中国台湾、马来西亚、菲律宾、泰国等地区或国家的公司合作,均获成功。[①] 事实上,日本动漫产业上游的很多工作现已外迁到中国、印度加工,如在日本很受欢迎的《豆沙包》的初期制作就在上海完成。

谈及跨国公司在生产过程中如何有效地保证产品质量标准,在 2000 年GDC 上,《啪啦啪啦啪》的设计者松浦雅深有体会地报告了自己探寻如何克服不同文化之间的差异局限、设计出适应全球市场的游戏的亲身实践:为了使游戏动画角色的设计趋向中性化和国际化,人物设计努力体现一种独特的简约风格,类似于美国动画《南方公园》的人物设计。自 20 世纪中叶以来,日本动漫产品的累计产量占世界动漫产量的六成,全球有超过 100 个国家在其电视卫星转播中播出过日本的动漫产品。

三、案例启示

(一)深厚的社会基础:"全民动漫"

日本动漫的风靡绝非偶然,而是有着深刻的社会文化和审美心理方面的原因。日本国民十分喜爱漫画,漫画文化非常发达,据日本三菱研究所的调查,日本有 87％的人喜欢漫画,有 84％的人拥有与漫画人物形象相关的物品,故而日本有着"全民动漫"的称号。日本动漫跨越百年的发展,可以分为草创、初创、成长、过渡、繁荣和创新六个不同的历史阶段,先后涌现了下川凹夫、幸内纯一、手冢治虫、大藤信郎、宫崎骏、松木零士、河森正治、藤田淑子、师押井守、高屋奈月等代表人物。

日本人口仅是中国人口的 1/13,但漫画家却新人辈出、人才济济:前有漫画大师宫崎骏,后有超级新星押上美猫、水野十子,中间还有一大堆例如 Clamp、由贵香织里、吉住涉等广受欢迎的漫画家。他们的画风变化不一,但都是抱着"画漫画给大家看"的心理来画漫画,而不是"画给小孩子看",所以日本动漫的表达更接近人们的思维方式和行动方式,更有利于人的视觉和思想的统一与吸收,也更人性化,这其实就是日本动漫给人们留下深刻印象、动漫衍生产品易于开发的重要原因。在高速发展的社会,动漫具有一种心理宣泄功能,如《蜡笔小新》以调侃的方式触及性禁忌的话题而广受不同年龄的人喜爱。日本漫画的内容从童话故事、科幻、冒险、体育、卫生到政府文献、课外辅导资料等应有尽有,充分满足了不同类型读者的需求,其市场的细分程度之高和读者的范围之广是

---

① 马天艺.日本东映动画公司国际化经营问题研究[D].哈尔滨:黑龙江大学,2015.

世界罕见的。[①]

(二)成熟的产业链条：漫画连载—动画改编—游戏开发

日本动漫产业的成功，得益于其成熟的产业链。日本动漫产业链一般是：在杂志上连载漫画作品——选择读者反馈好的发行单行本——改编成动画片——根据漫画造型制造玩具、服装、日常用品等衍生产品——开发游戏。

1. 漫画化

日本的漫画一般都是先在杂志上连载，然后根据受欢迎的程度出单行本。漫画的发展繁荣是日本动漫产业成功的基础，用漫画在市场试水，成本低、风险小、周期短、受众广，不仅容易滋养众多漫画家进行原创性工作，而且可以根据漫画杂志的销量和读者的反馈意见来判断漫画作品的市场潜力，继而推进相关影视、玩具等衍生品的开发。漫画图书的出版发行不仅创造了经济价值，也推动了文化传播，成为与世界文化交流的一个途径，具有广泛综合的社会效益。尤其是作为漫画图书最大读者群的青少年，受漫画图书的影响较大。[②] 自 1984 年以来，日本漫画杂志每年发行量都高达十几亿册，占日本杂志总发行量的 30％以上，占杂志总码洋的 20％以上，这些杂志每年派生出漫画图书发行量也多达数亿册。[③]

2. 动画化

在日本动漫界，漫画作品被改编成电视动漫司空见惯，它被视为延伸产业链条、持续放大和开发漫画作品价值的重要之举。松本铃士主题为太空探险的剧场版动画《宇宙战舰大和号》，奠定了日本动漫黄金期的基础；大友克洋的剧场版动画《阿基拉》被译成多国文字风靡世界，开启了第二次动漫发烧友潮；青山刚昌的动画电影《名侦探柯南》成功地实现了赢家通吃，其勇敢灵动、人气极高的人物形象活跃于漫画连载书籍、电视版动漫、剧场版动漫作品之中；臼井仪人创作的漫画《蜡笔小新》被改编为动画片后，韩语版、汉语版等不同语言版本的小新相继问世，成为 80、90 后一代人的集体记忆。冠名工作室通常以原著改编、动画制作放映见长：颇具业界影响力的吉卜力工作室，其剧场版动画的重要收入来源便是票房收入，仅此一项，它就可以收回部分或全部成本，乃至实现盈利，从而为下一部作品的创作积累资金。据 2009 年日本动画协会统计，近年来日本电影票房冠军经常被吉卜力的动画电影夺得，2001 年《千与千寻》以 304 亿

---

① 王小环.日本动漫衍生产品的开发对我国的启示[J].编辑之友,2008(4):90—92.

② 袁瑞娟.日本漫画图书的出口优势及对中国的启示[J].对外经贸实务,2009(3):77—79.

③ 王小环.日本动漫衍生产品的开发对我国的启示[J].编辑之友,2008(4):90—92.

日元夺得冠军,2004 年《哈尔的移动城堡》以 200 亿日元夺得冠军,2008 年《悬崖上的金鱼姬》以 155 亿日元夺得冠军。[①]

3.游戏化

日本不仅动漫产业首屈一指,游戏产业也十分发达,动漫与游戏携手为日本动漫产业发展撬开了又一扇机会大门。据不完全统计,日本约有 353 名漫画家的作品被游戏化,相应的游戏产品有掌上游戏、游戏软件、在线游戏、手机游戏、街机游戏、体感游戏等形式。过去日本动漫游戏以掌上游戏为主要形式,以任天堂、索尼等公司开发的电子游戏机为载体,近些年,手机用户规模日益增长,游戏开发商主要生产适用于不同系统的游戏软件,不再发售专门的游戏机。以《名侦探柯南》为例,1996 年到 2014 年,同名游戏以任天堂、索尼开发的电子游戏机为载体的就有 28 款。[②]

(三)灵活的管理模式:制作委员会

从日本动画产业的发展历史来看,其商业模式的演变可分为三个时期:1945—1985 年为探索期,从单纯模仿美国模式转向探讨适合本国国情的新模式;1985—2003 年为发展期,确立了目前占主流地位的制作委员会模式;2003 年以后为变革期,开始针对制作委员会模式的一些弊端提出修正方案,引入有限责任合伙机制。日本动画商业模式的发展始终贯穿两条主线,即不断降低参与企业的经营风险,不断强化中小企业的分工与合作。这是其商业模式得以不断完善并走向成功的基础。[③]

日本动漫制作委员会是一个根据具体动画项目组建的负责项目投资、策划和管理的临时商业合作组织,它"由制作、出版、发行、衍生产品开发等各个领域的专业公司组成,按领域分工,制作机构只管制作,播出机构只负责播出,分工明确,既能共同分担风险,也能实现各自领域内资源利用的最大化"[④],与合资公司相比,它更具灵活性,项目结束后就解散。日本贸易振兴机构(JETRO)认为,这种多方参与又不失灵活性的模式在日本动画的不断成功中扮演着重要的角色。

(四)广大的世界市场:"动漫拯救了日本"

日本是动画生产和出口大国,动漫产业是日本第二大支柱产业,每年的动

①　卜彦芳,陈元元.以动养动:日本动漫企业运营模式探析——以虫制作公司和吉卜力工作室为例[J].现代传播(中国传媒大学学报),2010(9):92—94.

②　李芙蓉,李常庆.日本超人气动漫作品在中国传播的新特征[J].现代出版,2019(1):87—90.

③　韩明勇,张琲.浅析国内外动漫产业商业模式[J].特区经济,2010(3):95—97.

④　王小环.日本动漫衍生产品的开发对我国的启示[J].编辑之友,2008(4):90—92.

漫产品出口赚取的利润是其出口钢铁产品利润的 4 倍。日本动漫产业约占世界市场的 65％,游戏产业占世界市场的 1/3,日本一份报纸曾经发表了一篇题为《动漫拯救了日本》的报道,深刻地阐明了动漫产业在日本国民经济构成中所占有的独特而举足轻重的地位。

从 1918 年第一部在海外展映的影片《桃太郎》的拍摄到 80 年代宫崎骏创作的动画《风之谷》等在全世界的风靡,日本动漫从初创到繁盛经历了半个多世纪的时间。日本作为世界上最大的动漫制作和出口大国,其动漫出口率超过60％,按受众人群划分日本动漫可分为儿童动漫、少年、少女动漫、青年漫画、成年动漫等,无论哪一种动漫形式都深受读者的欢迎。

商业化是日本动漫产品的主要元素。据报道,日本仅在漫画业上每年的利润就在 6000 亿日元以上,在世界各地连连获奖的日本动画片《千与千寻》被认为是带动整个国际市场掀起一股日本动画片热潮的引爆点。针对动画片出口的利润来源,日本当局分析:"当动画片走红后,不仅能收到来自各地的电影电视放映版权费、影像制品的出版费,动画片中的人物还可以一一被商品化,制成各种玩具销往国外,而后者的收入最为可观。"早在 2003 年日本获得的动画片形象权收益高达 39 亿美元,占出口美国的日本动画片总收入的九成,而在日本所有的出版物中,漫画读物就占了 40％,平均每天就有 25本漫画单行本问世。[①]

尽管美国对进口影视产品管控严格,但是《美少女战士》(*Sailor Moon*)和《龙珠》(*Dragon Ball*)仍昂首挺进美国 50 个州电视连续剧剧场。根据日本贸易振兴会公布的数据,2003 年销往美国的日本动画片及其相关产品总收入是43 亿 5911 万美元,炙手可热的日本动漫产品在美国市场的销售收入每年可达50 亿美元。

随着产业结构的转型升级和劳动力与技术的梯度转移,日本开始把部分动漫产业公司或机构迁往中国、印度等国家,这些国家承接了大量的日本动漫产品的加工生产任务,成为日本动漫的海外产业基地。由此,日本不仅获得了丰厚的经济利润,而且还以走向世界的崭新姿态确立了日本动漫产业在世界市场的霸主地位。

为了更快更广地拓展海外动漫市场,2005 年,日本外务省决定利用"政府开发援助"中的 24 亿日元"文化无偿援助"资金,从动漫制作商手中购买动漫片播放版权,并将这些购来的动漫片无偿地提供给发展中国家的电视台播放,使不能花巨资购买播放权的发展中国家也能够播放日本的动漫片。政府的这一策

---

① 叶红.色情:毁了日本动漫?[J].观察与思考,2004(Z1):94—97.

略为日本动漫产品轻松进入海外市场创造了有利条件。[①]

(五)独特的品牌传播：东瀛文化的形象大使

本尼迪克特认为："日本人生性极其好斗而又非常温和；黩武而又爱美；倨傲自尊而又彬彬有礼；顽梗不化而又柔弱善变；驯服而又不愿受人摆布；忠贞而又易于叛变；勇敢而又怯懦；保守而又十分欢迎新的生活方式。"[②]日本文化性格中尚武与静美的矛盾双重性在其动漫作品中得到了充分的反映。

杉山知之在《繁盛日本》中指出：日本人一直在通过卡通形象来寻求精神上的和平，逃离残酷的现实。因此，日本的三维游戏动画风格大多追求一种唯美可爱的角色设计（眼睛大小占整个脸的 2/3，曲线夸张的角色形体）；采用漫画的设计语汇设计造型，通过大量的艺术加工和想象调整虚拟角色的构图、配色和轮廓，使角色造型达到极致；采用二维动画的设计语汇设计动作，建构假定性空间，避免不美观、不优雅的动作姿态，完成许多现实中不可能出现的人物动作。这种将（造型）绘画化和（动作）影视化结合起来的角色设计使日本的三维游戏动画独树一帜。[③] 卡通吉祥物 Hello Kitty 自 1974 年诞生之日起，就深受全球女性消费者喜爱：这只粉红色的漂亮小猫不仅是一个商品符号，同时兼具了时下俏丽可爱的年轻女性的象征，作为一个时尚偶像，她与她的猫家族通过周边产品开发和形象授权，成为世界知名度最高和含金量最高的艺术形象之一，成为日本的"镇国之宝"。

车田正美在经典动漫《圣斗士星矢》中塑造了一个出生于孤儿院的草根英雄星矢的形象，展示了儿童和青少年对生活在真实、神圣和永恒中的英雄的狂想与膜拜。激发起观众对星矢这个角色强烈情感共鸣的，是其不断以弱胜强、永不言败的英雄精神和正义终将战胜邪恶的卓绝历程。双子座圣斗士撒加是车田正美塑造的另一位具有双重人格的悲剧英雄，他既是一位不向命运低头、不屈从于神明亦正亦邪的"反抗者"形象，也是一位隐忍的、背负着巨大秘密和责任的"使命者"，其形象跳脱了英雄非高贵即神性的刻划窠臼，闪耀着人性的光辉。尾田荣一郎创作的《海贼王》则生动地反映了日本民族坚强不屈的武士道精神：路飞梦想成为征服大海的海贼王，佐罗意欲成为世界第一剑客，娜美要环游世界成为最优秀的航海士，乌索普矢志成为最好的狙击之王，他们的共同性格特征就是成为世界的强者。

---

① 林玉娴.日本动漫的全球扩散与日本文化输出战略[D].广州:暨南大学,2007.
② [美]鲁思·本尼迪克特.菊与刀[M].吕万和,熊达云,王智新,译.北京:商务印书馆,2009:2.
③ 汤凯青.三维游戏动画角色设计的研究和探索[D].上海:同济大学,2007.

四、延伸阅读

"全球化"背景下世界文化产业发展的新趋向[①]

(一)文化产业已成为一些发达国家国民经济与社会发展的支柱产业

全球经济一体化是当今世界经济发展最重要的变化之一。在全球经济一体化的态势中,各国经济在体制上进行新的改革,在结构上进行新的调整,在资源上进行新的配置,在秩序上进行新的结合,经济结构调整成为推动经济增长的根本动力。从资源配置角度而言,如果将产出效益低的部门中滞留的过剩的资源转移出去,充分满足产出效益高的部门对资源的需求,经济增长总量就会扩大。反之,如果单位资源产出效益低的部门占用资源过多,而产出效益高的部门得不到充分的资源供应,经济增长就达不到应有的速度,也即资源存在错配。为此,美国、英国、法国、德国甚至不惜修改法律,来促进电讯、有线电视、计算机、媒体、娱乐业之间的收购和合并。1998年,著名的摩根·斯坦利公司发表的一份全球投资报告,对11种产业建立有世界级竞争能力的大企业所需年限作了统计分析,发现大众传媒所需年限仅为8年,其收益远远快于医药、银行、电力、能源等其他产业。因其投资回收期短、市场空间大、利润丰厚等特点,文化产业一直受到社会资本的热切关注,并有可能引发新一轮的投资参与热潮。[②]

经济规律表明,世界经济的产业中心必将逐渐由有形的财物生产转向无形的服务性生产。21世纪的经济学将由文化和产业两部分组成,文化创造价值将成为引人注目的问题——这已成为国外学者的普遍共识。约翰·奈斯比特和帕特里夏·阿伯丁在《2000年大趋势》中预言:文化的经济意义将远远超过人们的预料,艺术既是文化财产,同时又是经济与源泉。投资艺术将对一个地方的整体经济产生影响,它有着乘数效益,艺术将使旅游业大受裨益,从而推动工业的发展,提高不动产的价值。我国专家预计,2050年以后,文化产业将超过信息产业和自动化、机器人、计算机辅助组织管理而占产业成分的70%~80%。文化产业需要的自然资源不多,主要依赖智慧创造,故而信息时代把经济增长的大部分份额给了文化产业,信息产业也正日益转化为负载着高知识、高文化的高技术产业。

---

① 案例来源:王哲平."全球化"背景下世界文化产业发展的新趋向[J].天府新论,2003(4):93—96.

② 张政.电视传播多维透视[M].北京:北京广播学院出版社,2001;31.

在许多发达国家,文化产业不仅是该国文化的基本形态之一,而且越来越成为强大的经济实体,创造出了可观的经济效益。今天的文化,已经实实在在成为社会生产力的重要部分,并成为一个国家综合国力的最直观最具体的反映,文化产业已发展成为一个生机无限的经济生长点,蕴藏着巨大的利润空间。据报载,现阶段世界文化市场的容量已经达到 1 兆 2000 亿美元,主要集中在电影、音乐唱片、动画片、电脑游戏等大众娱乐项目方面,各国也都在不遗余力地争夺这块市场。

美日英等国的文化产业已成为最大的产业,一个国际传媒公司的产值可相当于一个中等国家的 GDP。2003 年,美国 400 家最富有公司中,1/4 是文化企业,而资产在 100 万美元以上的 400 余家美国大众传播公司的总收入高达 1500 亿美元。2001 年,美国文化产品出口达 700 亿美元,已超过汽车与航天产品的出口。美国消费者用于娱乐中的电影、家庭电视、录制音乐等项目的国内市场总开支,在 1997 年达 350 亿美元(现价),2000 年约为 410 亿美元,2004 年则已近 500 亿美元。1997 年外国购买美国影片娱乐产品达 170 亿美元,一部好莱坞大片等于几十万辆汽车。美国印刷与出版业中的报纸、杂志、书籍与贸易宣传材料等销售额在 1999 年达到了 1840 亿美元,其中美国的图书市场为世界之最,每年出书 4 万种,年收入超过 50 亿美元。美国的音像业在国民经济中的位置从 1985 年的第 11 位跃居到 1994 年的第 6 位,成为仅次于飞机出口的第二大出口商品。

英国文化产业的平均发展速度是经济增长的两倍。从 20 世纪 70 年代中期开始,英国就取得了流行音乐喜剧市场的支配权,英国人把音乐喜剧变成了吸引游客前来旅游观光的表演项目和重要的出口资源。英国旅游业收入的 27% 直接来自文化艺术,文化产业在英国拥有 170 亿美元的产业规模,与汽车工业不相上下。《歌剧魅影》已经吸引了数以千万计的游客,收入超过了 15 亿英镑(约合 25 亿美元)。与此类似,瑞士巴塞尔专门建造了"幻影"剧场,德国波鸿有一个"星光快车",法兰克福有一个"落日林荫道",这些剧场都是为了吸引外地游客而建的,还附有自己的宾馆。

在日本,"伴随传媒工业的增长,文化部门不久将会发展成日本经济中最大的部门之一。由于艺术和文化构成了传媒节目的主要部分,传媒政策将在文化政策的发展方面发挥重要作用。文化的发展只是为了文化的看法,正在日益难以维持"①。诸如艺术、电影、电视节目、音乐、出版、茶道、插花、法语学校、闲暇、

---

① 联合国教科文组织.世界文化报告:文化的多样性、冲突与多元共存[M].北京:北京大学出版社,2000:136.

娱乐等文化的年营收在日本国内已达 18 万亿日元,加之文化符号促进商品买卖的收入,文化产业营收可达数十亿万日元。汽车制造业每年贩卖新型车的 4 万亿日元收入中,有一半属于出售"文化符号"的收入,另一半才属于销售汽车的纯收入。在日本,如果印上一个"G"字,原本价值 700 日元的女式布制提包可以卖到 70000 日元,增值 100 倍,这是因为"G"是表示由米开朗琪罗、罗西尼创造的意大利超级流行文化的符号。携带这种手提包的女性确信自己正在进行一种可与欧洲超一流阶层相媲美的消费行动,为了这种实践,她们情愿花费 70000 日元购买 700 日元的商品。类似地,一件 T 恤衫原本只卖 10 美元,但是印上迪士尼的图案,它就要卖到 40 美元一件。①

文化产业已成为一些发达国家国民经济与社会发展的支柱产业。在日本,娱乐业中电子游戏的年产值 1993 年就超过了汽车工业的年产值。在澳大利亚,文化产业的从业人员比例占全国劳动力市场的 10%,文化产业年产值近 200 亿澳元,约占国民生产总值的 2.5%,是澳大利亚第三产业中的支柱产业和主要出口行业。

(二)跨国文化产业集团将成为影响国际文化版图构成的重要力量

"全球化"是市场经济高度发展的必然结果。市场竞争和市场逐利行为打破了经济的国家和地域限制,把世界各国的国民经济日益连接成为一个整体的全球经济,营造了一个"无疆界的市场":全球资本的广泛自由流动,几乎脱离世界上任一国家政府的管制,国家对资本市场的控制力日渐薄弱;跨国公司的跨地区跨国度的大规模活动,随心所欲,尽施所能,主权国家政府的作用相形见绌;世界性的经济结构和产业结构调整带动了国际分工体系的重组,生产全球化、技术全球化、信息全球化、投资全球化、金融全球化、贸易全球化、销售全球化、消费全球化的趋势不可阻挡。在全球化竞争中,跨国文化产业集团既能根据国际市场的变化迅速调整结构,开发出新产品,又能在全球范围内对各种资源和经营能力实现优化组合。这些到处安家落户的跨国文化产业集团不可遏止地制造出一种新的世界文化,这也是当今一些跨国文化产业集团具有强大综合竞争优势的根本原因所在。"经济的全球化和文化的产业化加剧了文化交流的不平等,全球一体化的市场不可能期望会对弱势经济和强势经济产生对等的收益。世界上存在着一些强势的经济集团和文化产业集团,它们造成了并维持着在各国国内和各国之间不平等的发展。"②美国有线电视新闻网(CNN)独占

---

① [日]日下公人.新文化产业论[M].范作申,译.北京:东方出版社,1989:3.
② 关世杰.把握世界文化发展趋势 寻求中国文化发展对策[J].国际新闻界,2002(1):10—16.

全球 24 小时新闻广播领域 15 年之后,美国全国广播公司(CNBC)开始向欧洲和亚洲提供节目;英国广播公司(BBC)1995 年开办了全天候世界娱乐报道;德国之声、日本 NHK 也实现了全球电视广播。

20 世纪 90 年代世界经历了一场史无前例的全球媒体巨头之间的合并、收购浪潮。迪士尼买下 ABC,西屋买下 CBS,时代华纳收购 CNN,这就使得广播、影视、报纸、杂志、音像制品的所有权归总为一个个的综合性媒体巨人,全球性的"巨无霸"传媒公司也由此出现。当下,全球媒体市场是以集团形式呈现的。

第一集团由 10 来个规模庞大、纵向一体化的媒体集团构成,全部拥有全球分配网。全球最大的媒体公司——时代华纳 1989 年由时代集团和华纳通信集团合并而成,它在全世界拥有 4200 多家子公司,是世界上最大的电影院拥有商之一,在美国以外拥有大约 1000 家电影院,1997 年的销售额就已近 250 亿美元。2000 年 1 月,时代华纳公司又与世界上最大的网络服务公司——美国在线公司宣布合并,以建立一个强大的、具有综合性的因特网、大众传媒及文化娱乐优势的"巨型航空母舰式企业集团"——美国在线-时代-华纳集团公司。它所涉及的金额高达 3500 亿美元,同时控制着美国在线公司、时代公司、美国全国有线新闻电视网、华纳兄弟公司、美国计算机服务公司、沃纳音响集团、《人物》杂志、《财富》杂志、《娱乐周刊》和网景公司等在世界上有大影响的企业,新公司成立后每年的销售额高达 300 亿美元以上。一直在娱乐和动画两方面实力雄厚的迪士尼,在全球市场开拓上也运作顺利,1997 年销售额近 240 亿美元,20 世纪 90 年代初期,迪士尼将其发展重心从主题乐园及旅游业转到了电影及电视方面。贝塔斯曼 1996 年以近 150 亿美元的销售量位列全球第三,它建立在全球图书及音乐俱乐部网的基础上,31% 的收入来自于音乐及电视,33% 来自于图书出版,20% 来自于杂志及报纸,其余收入来自于一家全球印刷企业,其也正努力加强音乐的控制地位,以便占据世界第一。维亚康姆规模虽然较小,但它拥有 2 件主要武器——廉价电影节目和音乐电视(MTV),1997 年的收入超过130 亿美元,总经理雷特斯通的战略是要使维亚康姆成为全世界"第一位靠生产软件驱动设备发展的公司"。拥有世界各地 109 家日报、双周刊和 15 家周报的新闻集团(其中英国 40% 的报纸被其控股)1996 年的销售额约为 100 亿美元,位居世界第五,但其志向却是"拥有各类节目,新闻、体育、电影以及儿童表演,并通过通信卫星或电视台播送到美国、欧洲、亚洲和南美洲的千家万户"。美国电信公司在媒体行业中的独特地位已使其成为全球媒体中的一个中心角色,这对其他所有媒体巨头都有直接影响,公司的根基是作为美国有线新闻网的主要供货商并居于支配地位,1996 年公司收入约为 70 亿美元。第一集团的其他四家公司包括宝丽金(Philips 所有)、全球广播公司(通用电器所有)、环宇(Seagram 所有)和索尼。

第二集团由大约 36 家规模相当的媒体公司组成,它们的年销售额一般在 20 亿~100 亿美元之间。这些公司倾向于签订工作协议或者与一家或更多的第一集团公司巨头以及第二集团公司合作创办合资企业。媒体巨头的规模和市场权利使其也有可能同其他营销和零售组织结成独家战略联盟,以便交叉销售。

跨国公司组建大企业集团的目的远非企业资产和人员的集中归并,或者是同行业内部单位数的简单相加,更重要的是实行技术、市场、人才、经营和品牌等综合优势的互补,增强企业的整体竞争力。一些跨国集团还把新兴的信息网络优势与传统的影视制作、旅游娱乐等专业优势结合起来,实行文化资源的高效组合,打造传媒业的新经济神话。

(三)文化产业的数字化、网络化趋势正在给文化产业的存在形态和发展趋势带来革命性变化

文化产业是知识密集、信息密集、技术密集的领域,各种先进的高科技正与高文化整合成高新文化产业形态,数字化、网络化已成为必然发展趋势,许多发达国家都藉此壮大自身的文化产业。

20 世纪 90 年代,各种形式的数据向数字传送转换的步伐明显加快。经济实力因电子、通信、传媒业的革新而回升的美国,如今更是大力推动信息产业,其于 1997 年制订了实现数字电视的时间表,并在 WTO 中不断倡导"文化产品"的贸易自由化(文化产品已成为美国对外出口的第二大商品)。为了适应全球一体化的竞争,谋求数字化和卫星化的突破,1998 年,日本富士产经集团提出了"彻底数字化"口号,启动了数字化通信卫星广播,1999 年又启动了新的卫星数字广播站,开通了新的传播网络。它还以"国际巨型媒体"作为目标,积极谋求和澳大利亚传媒业巨头鲁伯特·默多克的媒体集团、新闻公司、索尼公司等一起组建一个巨大的数字卫星广播公司,向数字化国际媒体集团迈进。富士产经集团参股的日本广播公司(NHK)每天用 2 个卫星广播系统和 5 个卫星广播站、22 种语言(包括汉语)向全世界广播,年预算高达 50 亿美元。名列世界 500 强第 31 位的索尼公司同飞利浦公司和先锋公司结成数字视盘专利联盟,竭力抢占数字化视盘产业的上游技术,通过扩大推广,然后向从事数字视盘生产的其他公司收取专利费。1999 年,加拿大集中了一批优秀的未来学家和技术专家,制定了《未来计划蓝本》,明确提出加拿大要在 21 世纪全球文化竞争中抢占数字化技术的 12 个制高点。

先进的计算机已用于生产数字虚拟道具和虚拟演员,复杂的数字设备也用于生产电视节目或歌星的个人光碟,直接广播卫星(DBS)和 DVD 技术曾对娱乐业产生了巨大影响。"孟莱坞"的两位印度实业家和一位电影开发商利用卫星技术,开辟了 24 小时的数字频道,向世界各地播放"孟莱坞"的影片约 1000 部以上,覆盖世界 100 多个国家。美国动画片《恐龙》是一部充分运用现代数码技术进行制作的巨片,其利用电脑动画特技、数字影像复活了史前的动物:据有关资料介绍,制作该片的全部素材达 1 亿个文件,足足装了 7 万张光盘;软件组成员共编写了 7 万行代码,相当于一部 25 卷、每卷 468 页的百科全书;片中的狐猴,每一只身上植入了 200 万根毛发。《泰坦尼克号》导演詹姆斯·柯麦隆运用高科技数码合成和多种手段,细致逼真地重现了历史上泰坦尼克号的恢宏外观和船撞冰山沉入海底的触目惊心过程,制造了一种原生质的视觉效果,使人恍如身临其境,身历其难。《哈利·波特与密室》不俗的票房,亦得益于数字技术立下的大功。

事实表明,数字化将使影视艺术突破实景拍摄的局限,走向更加广阔的表现领域。数字化时代的电视技术最大的特点就是可以虚拟,目前较成熟的虚拟技术是虚拟演播室、虚拟主持人。虚拟技术的诞生,使影视艺术的纪实性特征受到挑战,也使电视节目的创新更加轻而易举:通过电脑做几个虚拟演播室,经常变换,就可以给人有几个演播室的感觉;同时,虚拟演播室的制作只需要人们的想象力,而不需要太多的人力、物力、财力等物质资源,这在加快节目创新的同时,也降低了电视节目的制作成本。

当影视节目逐渐融入网络电视,电视与计算机合为一体,传统的电影、电视节目的形式和长度都会发生变化,电影电视节目制作发行的费用也会大幅度降低。随着电影播放方式的变化,电影可以直接由卫星数字传输到用户终端,不用再为把电影发行到电影院而复制许多拷贝,节约了大量的人力物力。此外,制片厂可以创造出自己拥有的超真实数字电影明星,在电视屏幕上,这些"虚拟明星"看上去和真人毫无二致,如此制片厂就可以省去现在付给大牌明星们天文数字般的巨额片酬。因特网为每个人提供了以最低成本向全世界发布信息的机会,通信和制作技术的发展降低了影视市场资金方面的准入门槛,为世界各国文化产业走向国际舞台提供了条件。事实表明,文化产业正在与信息产业形成互动,文化为网络充实了内容,网络为文化穿越国际疆界提供了载体。

五、思考讨论

(一)日本动漫产品的价值观

来源于现实世界的动漫形象和文化符号反映的是一个国家的价值观及其

对世界的认识。现实中的日本动漫十分擅长通过动漫文化符号宣传日本的精神信仰、思想主张、生活方式和价值取向。

一是传播日本武士道精神。"武士道是武士在其职业上和日常生活中所必须遵守之道"①,也即"武士的训条",它是深植于日本文化土壤中开出的一株精神樱花。作为一种道德体系和强有力的支配力量,它已浸润和内化于日本国民的心灵深处,化作整个大和民族的集体无意识。日本动漫中的武士道精神展示,通常是赋予主人公对弱者的仁慈、对君主或领袖的忠诚、对理想信念的坚守和具有勇敢而坚韧的意志。此类题材的动漫作品在日本的报刊和荧屏上俯拾皆是,人们熟悉的有《八犬传》《七武士》《浪客剑心》《浪客行》《鬼眼狂刀》《银魂》《死神》《混沌武士》《圣斗士星矢》《火影忍者》《海贼王》等等。

二是宣传日本国家政策。生动活泼的角色形象和通俗晓白的人物语言使得蕴藏着日本文化价值观的动漫作品成为宣传日本国家政策的有利工具。战争动画《桃太郎海之神兵》以日本海军伞兵部队的活动为依托,意欲激发战争狂热,鼓吹军国主义思想;无论是深入伊拉克境内的日本自卫队队员"匹克鲁斯王子",还是侵略蓝星的"青蛙军曹",都是以可爱的人物形象、轻松搞笑的风格、有趣的故事情节来包藏其攻城掠地的军国主义企图。"虽然日本使用漫画的目的可以理解为是想向世界传达日本自卫队的友好形象,但结果却得到了更多的怀疑目光,因为这里面隐藏了日本要实现军事大国的野心。漫画人物已经成为日本美化军国主义的'秘密武器'。"②

三是美化日本国际形象。日本很早就认识到动漫文化在塑造和宣传国家形象方面的重要作用。为了改善第二次世界大战后给世人留下的"亚洲的侵略者"和"经济动物"的传统印象,日本一方面以和平温和的形象,通过动漫作品向世界展示日本文化的高雅魅力,另一方面加大对发展中国家的文化援助,免费向目的国捐赠日本动漫产品,增强各国对日本文化的兴趣和认同。在这些作品中,日本社会多半呈现出优美的自然环境、现代化的都市、整齐的街道、友善和睦的邻里关系、礼貌友爱的市民等,整个国家显得秩序井然、富裕文明、时尚现代,从而消解和淡化了日本现实社会的阴暗面。③

动漫首先是文化,其次才是产业,动漫产品能不能够打动人,价值观定位发挥着重要作用。动漫产业如何通过产品效用来映射社会主义核心价值观,进而

---

① [日]新渡户稻造.武士道[M].张俊彦,译.北京:商务印书馆,2009:14.

② 伊文.外媒批日本用漫画美化军国主义[N].环球时报,2007-02-25.

③ 李琼.美国、日本动漫产品全球渗透与中国动漫产业发展及文化安全研究[D].桂林:广西师范大学,2013.

影响受众的价值观,谈谈你的理解。

(二)日本动漫产品的版权保护

动漫产品凝聚着创作者的智慧和汗水,独创性强,附加值高,有效保护作者的创意劳动成果不被侵权盗版,是保证创意涌动、创新不竭的必要前提。

日本动漫产业有完善的版权法规,对动漫产品进行明确的版权界定和保护,通过专业的版权代理机构或者企业内部的版权代理部门进行严格的版权管理。版权管理可分为版权交易、版权开发、版权运营三个层次。版权交易就是原权利方通过许可和转让的方式获得收益的交易行为,这个有明确的法律保障和协议约定,如一个日本漫画家的版权收入包括出版社支付的原稿费、漫画单行本版税、动画和游戏改编的版权费、海外版权发行收入的分成和授权衍生品收入分成等。版权开发就是版权投资方获得授权后,开发出新的产品和服务并获得商业收益,漫画公司、动画公司、游戏公司、玩具商等都是版权开发的参与者。版权运营是指拥有多数版权资源的机构或平台,通过外部合作或者内部部门协作的方式,对版权内容进行多元开发和联合经营,实现版权价值的最大化,日本很多大型动画公司或娱乐传媒公司都有自己的版权运营事业部。[①]

虽然日本对于知识产权的保护有严格的规定,但是动漫产业毕竟不同于一般的产业,其中涉及面相当广泛。2001 年日本正式颁布施行的《文化艺术振兴基本法》,其内容主要是对于电影、漫画、动画片以及凡是通过电子器械形成的艺术进行保护与振兴,并对动漫的构思、创造、利用的促进加以保护。正因为有了这样一部全面保护与促进动漫产业的法律实行,才促成日本每年 3000 多亿日元的动漫产业的蓬勃发展。

动漫知识产权保护实质上就是保护动漫文化创意生产的氧气,否则创作者前期的大量投入将入不敷出,行业发展也将举步维艰。以动画片为例,其一分钟的制作成本少则几千元,多则数万元,仅仅通过电视台播出往往远远达不到收回成本甚至盈利的目的,只有打开知名度后依靠动漫下游的衍生品市场才能给动漫企业带来巨大收益。

试述动漫知识产权侵权的主要表现与治理思路。

(三)日本动漫产品的国际营销

"4P"营销理论创始人、美国密歇根大学教授杰罗姆·麦卡锡(Jerome McCarthy)认为,企业可以通过产品(Product)、价格(Price)、通路(Place)、促销(Promotion)四个可控的要素来适时调整企业的决策,以实现企业的战略目标。

---

① 金韶,黄翀.日本动漫产业的 IP 运营模式和经验启示[J].传媒,2018(24):53—56.

为了让广大消费者了解产品,国际促销是必不可少的。"4P"营销理论从供给者的角度研究了市场上的需求和供给的变化,为动漫产品的国际竞争力和影响力提升提供了思路。

东映动画(TOEI ANIMATION CO.,LTD.)是日本历史最久、规模最大的动画制作公司之一,公司先后聚集了手冢治虫、宫崎骏、杉村升、石森章太郎等一大批杰出的动漫大师,他们为东映带来了巨大的品牌声誉。东映有着多样化的国际营销渠道,作为朝日电视台的发起者和大股东,东映与朝日电视台的合作关系十分紧密,此外,东映还拥有全球卫星频道"Animax"等。中日建交初期,我国引进的首批动画电影就是东映的《龙子太郎》《天鹅湖》,之后又有《聪明的一休》《拇指姑娘》等。1978年,东映与美国的MARVEL签订授权协议,三年之内,东映与MARVEL可以互相使用两公司的原创角色形象创作作品,同时东映在 *MARVEL COMICS* 杂志上连载《蜘蛛侠》。20世纪90年代,着眼于未来亚洲市场的开拓,东映在香港设立了亚洲地区营业点。1993年,东映授权美国FOX公司拍摄《超级战队》,2004年在洛杉矶设立办事处以继续开拓美国市场。2009年东映在欧洲设立办事处,以拓展欧洲、中东、非洲的国际市场,东映还与北美著名的动漫发行商FUNimation签订协议,建立数字内容合作伙伴关系。此外,东映与国际服装零售商优衣库达成授权合作,强强联手,利用优衣库遍及法国、英国、俄罗斯等8个国家的连锁店,提高东映动漫产品的知名度、品牌度和可信度。[①]

请结合"4P"和"4C"营销理论,谈谈我国动漫产业走出去的策略。

---

① 刘嫦娥.日本动漫产业国际营销问题研究[D].哈尔滨:黑龙江大学,2014.

第五章 世界艺术之都——巴黎

一、案例描述

作为法国最大和最著名的城市,巴黎是举世闻名的浪漫之都,也是令人神往的艺术之殿堂:蓬皮杜国家艺术与文化中心拥有广泛的现代艺术收藏品;位于前火车站的奥赛博物馆展示了法国印象派、后印象派和新艺术派作品;世界著名的卢浮宫建于 12 世纪,拥有超过 40 万件艺术品,包括"胜利女神""蒙娜丽莎"和"维纳斯"。根据法国文化与遗产部统计,巴黎市区正式注册的博物馆多达 52 家,其中国家级博物馆 26 家,巴黎市级博物馆 14 家,其他类型 12 家,105.4 平方公里的城市拥有如此之多的博物馆,这让巴黎成为名副其实的"博物馆之都"。

巴黎所有名胜都是艺术景观。凯旋门、卢浮宫、埃菲尔铁塔、圣心堂,都是世界建筑史上的艺术极品,就连香榭大道橱窗里展示的流行服装、香水、醇酒,每一样也都是艺术珍品。如果说"寺庙前的树也见三分佛性",那么"巴黎街头的踏脚石都是艺术品"。若是雅好绘画雕刻的性情中人,就更不能错过巴黎——在这里随时可与达·芬奇、罗丹、梵高、塞尚、米勒等大师相遇。古埃及、古希腊、古罗马,古典主义与浪漫主义,立体派、野兽派、达达主义、表现主义、超现实主义……你能记得教科书中的内容,全都可以在巴黎找到实物真迹来印证。作为享誉世界的著名艺术之都,巴黎城洋溢着浓烈的艺术气息。

(一)法国艺术品产业概览

法国的艺术品业在全球具有举足轻重的地位。"18 世纪的法国便作为世界艺术品交易中心而存在,19 世纪后半叶诞生了在世界艺术史上具有颠覆意义的印象派画家,以及完全不同于官方艺术沙龙的销售中介——现代艺术品交易商。"[①]一直以来,法国都可谓世界艺术形式之都,无数种艺术形式在此发源,其也是孕育世界顶级艺术家的摇篮。

---

① 孙燕.法国印象派与现代艺术品交易商的兴起[J].美术教育研究,2012(21):52—53.

1.法国艺术品市场发展回顾

"'艺术是苦难者的呼号',也是'不苦难者'彰显地位的物质载体,更是部分'不苦难者'的一种敛财工具,从这一角度看,艺术可以成为产业。"[①]法国艺术品产业自诞生起便已是一个国际性市场,至今拥有300多年的发展历史。艺术品最早期与教堂紧密联系在一起:中世纪时,艺术品的流动实际上是对艺术品所进行的"搬家"——大多是被人们从教堂里抢夺后运回家中藏匿起来,但是这个流通尚不能被看作艺术品交易。文艺复兴时期,艺术品的流通才真正开始,欧洲各个皇室逐渐建立起皇家收藏,艺术品从此成为皇家的生意——在17世纪,真正的艺术品流通仅仅局限于法国社会的贵族阶层。在同一世纪,荷兰出现了真正的艺术品商业流通,从历史上看,艺术品市场则在18世纪的法国、荷兰和英国的交流市场上诞生:艺术品市场诸如复杂的买卖习惯和国际性的商人网络等各种特点,都在这一时期建立起来。

18世纪中期,由于巨大的艺术品成交量和成交额,强盛时期的法国首都巴黎于1768年成为世界艺术品交易市场中心。1789年法国大革命爆发,在大革命初期,资本家作为新一代的艺术品顾客使法国艺术品市场拥有了前所未有的经济活力,至19世纪,社会新贵族资本家形成了艺术品交易市场上的新兴购买力。艺术品商人不再满足于传统的"皇家型"艺术品交易,而是出现了像保罗·迪朗·卢埃尔这种致力于发展新型艺术的"发展派商人"——艺术品交易市场发生了质的转变,并在19世纪末期形成了当代交易市场的雏形。

今天的全球艺术品交易市场结构在20世纪的前30年间形成:现代和当代的艺术品交易份额稳定上升,并在第二次世界大战后逐步确定了其在交易市场上的首要位置。值得注意的是,法国在20世纪50年代仍保持着世界艺术品交易市场的中心位置,但第二次世界大战后全球艺术品交易市场的重心开始向美国这个新兴的大陆转移。纽约成为当今最大的艺术品交易市场,占据将近50%的全球交易份额;伦敦列居第二,占全球交易份额的20%~30%;巴黎和日内瓦则交替占据全球第三交易市场的位置,其交易份额为5%~10%。根据2004年全球拍卖行的排名显示,法国艺术品交易市场名列全球第三名,但其7.2%的市场份额远远落后于美国(46.3%)和英国(26.9%),同比2003年减少了2%,这也是当时几个艺术品交易市场大国唯一一个营业额下降的国家。法国艺术品交易市场的节节后退,主要表现在当代法国艺术家在全球拍卖会场上的成绩平

---

① 龚友国.中国艺术需要产业对接与文化自信[N].中国企业报,2012-05-29(032).

平；即使是在法国本土市场，他们的交易指数还是落后于英国人和意大利人。[①]

2. 法国艺术品产业结构

"在传统的艺术品市场中，艺术品产业链呈现出'生产－加工－销售－收藏－交易'的单一形式，使得艺术品市场始终局限在收藏者与艺术品创造者构建的小型圈子内。"[②]当人们谈到艺术品产业总会不知不觉地将这个产业范围直接缩小到拍卖行，但实际上，拍卖行只能算是整个艺术品产业里浮出水面的冰山一角，艺术家、画廊、估价拍卖师及拍卖公司才是这个产业的主要力量。

艺术家。从艺术家年龄分布来看，法国艺术家年龄集中于 40～49 岁；从艺术家性别比例来看，男性艺术家大大多于女性艺术家，不过后者在 20 多年来正在缓慢地拉近数量上的差距。与英美国家的版权法不同，法国法律以尊重艺术家的创作为基础，艺术家首先享有至高无上的精神权利——无论是艺术家本人还是其权利继承者都将不受时效约束地享有这一精神权利。

画廊。画廊作为艺术行业的一部分，是一种塑造人心的精神家园，其与阅读一样，是人们给自己营造的一个几乎可以逃避生活中一切愁苦的庇护所。[③]广义的画廊不只局限于绘画领域，也包括雕塑、摄影等其他艺术品领域。法国的画廊虽然有着浓厚的文化底蕴，但绝大多数在经济规模上还属小型公司：一家画廊经常是由一个老板和一名雇员所组成，超过五名雇员的画廊在法国已实属罕见。全球画廊现今的管理方式由法国画商保罗·迪朗·卢埃尔在 1880 年建立：画廊廊主选择一个或几个艺术家，与他们签订专有权条约；为他们举行个人作品展，尝试在市场上建立这些艺术家的创作地位；画廊同时在国外设分廊，与银行合作，拟定艺术家市场发展计划并向银行贷款。在法国，艺术家和画廊之间拥有绝对信任，他们甚至经常被视为一个整体，艺术家负责创作而画廊则像经纪人一样打理艺术家的生意：一家画廊经常是陪伴艺术家的整个艺术生涯，长期扶持艺术家，为艺术家创造各种各样的发展机会；廊主负责创造艺术家的市场指数，与艺术家一起商榷哪些作品推向市场，什么时候面市，又要通过什么渠道来上市……法国艺术家和画廊之间很少有书面合同，通常只建立在口头基础上，但这种口头协议大部分都被很好地遵守，就连条件极为严格的专有权合同，也常常仅在口头上达成，很少存在书面合同。

---

① 百度文库.法国艺术品产业[EB/OL]. https://wenku.baidu.com/view/6483c48305a1b0717fd5360cba1aa81144318fbc.html.

② 郭怡萱,蔡靖婧,钟军.金融在艺术品产业链中的功能初探[J].中国市场,2018(11):59—60.

③ 陆静.画廊业:无奈停摆,何以安身?[J].艺术市场,2020(4):22—25.

估价拍卖师及拍卖公司。艺术品市场存在着信息不对称、市场参与者有限理性和机会主义行为的问题,这导致了交易费用偏高和市场运行不畅的弊病,交易制度的设计就是为保障运行效率而存在。① 艺术品拍卖活动早在古罗马时期就已出现②,"艺术品拍卖行的行为,使艺术品市场有着透明性并在防伪中发挥着重要作用。"③法国的拍卖有司法拍卖和自愿拍卖两种,2000 年以前这两种拍卖均由司法估价拍卖师全权主持,但 2000 年 7 月 10 日颁布的法令取消了司法估价拍卖师的市场垄断。拍卖行的收入主要是通过收取拍卖佣金获得,但要成为一名估价拍卖师,则需满足极为严格的条件:法国艺术品交易市场赋予了司法估价拍卖师极重要的责任,要成为一名估价拍卖师,必须持有两个大学文凭,一个是法律文凭,另一个是历史或艺术学文凭,达到标准后,还要通过考试筛选进入一个估价拍卖师公司实习两年,之后再成功通过最后的资格考试,方能成为估价拍卖师。

3.法国艺术品产业购买力

"当一个国家的人均 GDP 达到 1000 美元至 2000 美元时,艺术品市场启动,而当人均 GDP 达到 8000 美元时,艺术品市场出现繁荣。"④如今,法国艺术品交易市场上的购买者已经不再是早期的贵族、大资本家,而是由家庭、公司、博物馆和国家四种类型买家所组成,其中公司和家庭是第一购买力。在法国,艺术收藏爱好虽已很普及,但购买艺术品的大部分家庭常常是一辈子"只动一次心",整体来看,大量购买的收藏家数量仍旧较少。公司的购买力主要集中于医生和律师行业中,原因在于他们有着在办公室摆放艺术品的习惯。博物馆是最热衷于拍卖市场的购买力量。法国政府购买艺术品是由文化部的造型艺术局代表政府出面,购买的艺术品主要是法国当代艺术品,主要通过当代艺术基金会在拍卖会上竞标和向艺术家直接定做两种方式来获得艺术品。

(二)法国艺术品交易市场的政府监管

欧美艺术管理体制基本可分为独立型和集中管理型两种,其中美国是行使独立自主权的代表型国家,法国则是属于后者。法国政府采用两层级集中管理制度,通过中央政府的文化传播部和重点机构在内的文化管理部门以及地方文化机构,实现了政府集中管理。文化传播部作为国家管理文化事务的行政机关,其职责主要是制定各种政策法规,编制各种艺术文化产业投入预算,以促进艺术文化的普及以及文化遗产的保护。

---

① 刘翔宇.中国当代艺术品交易机制研究[D].济南:山东大学,2012.
② 丁丁.论艺术品拍卖的起源与发展[J].艺术科技,2016,29(10):405—406+425—426.
③ 杨越.艺术品拍卖行的作用[J].美术观察,2004(4):101.
④ 董瑞.我国艺术品市场的发展与变化[N].中国文化报,2018-06-02(008).

法国文化传播部的名称从 1997 年重新开始使用至今,"传播"这一新增要素具有三个方面的含义:"一是历史进程中的文化继承,保护文化遗产;二是公民之间的文化平等,普及文化教育;三是世界范围内的文化推广,提高法国文化和思想在国际上的威望。"[1]法国文化传播部具有广泛的职权,由国家指定行政领导并接受统一分配经费,其直接控制着众多国有部门,参与各种文化机构的运作并支持和补贴众多文化组织。法国的中央直属博物馆和重点文化设施主要包括卢浮宫博物馆、国家图书中心、罗丹美术馆、奥赛博物馆、凡尔赛博物馆、蓬皮杜国家艺术与文化中心等,博物馆可以行使地方的监护权,包括经费的补贴、业务支持、馆长的任命等。文化传播部也向当地省级博物馆、档案馆、图书馆、电影博物馆、历史古迹等文化设施派出专业技术人员,通常这些人员有着更高水平的专业知识,可对国家的文化设施进行定期维护和科学管理,充分发挥技术在艺术文化管理中的作用。[2]

在资金支持上,无论是政府还是政府所管理的艺术机构,都可以获得财政资金支持。近年来,法国试图以市场为导向进行改革,通过税收立法鼓励企业加强对文化事业的赞助,努力拓展资金来源和渠道,出台了一系列法规,如《共同赞助法》《收入法》等。

(三)巴黎艺术品产业

海明威说:"如果你有幸在年经时到过巴黎,那么以后不管你到哪里去,它都会跟着你一生一世。巴黎就是一场流动的盛宴。"巴黎,这座古老又现代的城市,汇集了欧洲众多古建筑和艺术珍品,同样它也是现代文化艺术的时尚之都。卢浮宫、奥赛艺术馆、凡尔赛宫、协和广场、巴士底广场、荣军院、凯旋门、巴黎公社墙、巴黎圣母院、蓬皮杜现代艺术中心、圣心教堂、蒙马特高地、左岸咖啡馆、埃菲尔铁塔、塞纳河畔……无论是历史名胜古迹,还是现代艺术中心,都吸引了全世界的游客和艺术爱好者来此朝圣。[3]

巴黎文化的一大特性就是文化的多样性,而且巴黎文化的独立性也与这种文化多样性的追求一致。比如说,巴黎整个大区中有 1000 多家书店、300 多家影剧院,每年有 190 多个电影节日,还有 800 多家公共图书馆,以及 350 多家剧场和剧院,整个巴黎有 9% 的就业人口从事创意和与创意有关的行业和产业。

巴黎是欧洲艺术创新最活跃的地方,也是著名的印象派艺术发源地。世界

① 郑能.法国的软实力建设及其对我国文化建设的启示[J].中共浙江省委党校学报,2011,27(5):107—113.

② 孙胜南.我国艺术品交易市场政府监管问题研究[D].天津:天津财经大学,2017.

③ 韩女子.以艺术之名游巴黎[J].防灾博览,2014(6):78—85.

上最丰富最精彩的艺术品,就收藏在巴黎三大美术馆里,其作品涵盖了古代、近代、现代与当代艺术。卢浮宫位于塞纳河右岸,自 1204 年建成,作为法王宫殿,曾经入住过 50 位法国国王以及后来纵横欧洲的拿破仑。卢浮宫艺术馆在 1793 年正式对外开放,珍藏着 40 万件古典绘画和雕刻艺术精品——这些艺术品都是历代国王所购买收藏,还有些是拿破仑在战争中掠夺回来的。卢浮宫艺术馆最著名的镇馆三宝为雕塑作品"胜利女神""断臂的维纳斯"和达·芬奇的名作"蒙娜丽莎的微笑",每天开馆时间未到,著名华裔建筑大师贝聿铭设计的金字塔状入口处就排起了长龙。

由 1900 年巴黎奥尔赛火车站改造的奥赛美术馆,是 19、20 世纪印象派画家作品的天堂,主要收藏从 1848 年到 1914 年之间的绘画、雕塑、家具和摄影作品。蓬皮杜艺术中心这座兀立在巴黎古典建筑群里的"文化工厂",堪称一朵奇葩,和贝聿铭先生的设计类似,它见证了法国人对创新创造思维的宽容和接受度。这座以法国前总统蓬皮杜命名的艺术中心,位于巴黎拉丁区北部博堡大街,10 万平米的钢结构建筑里,分为工业设计中心、公共情报图书馆、现代艺术博物馆以及音乐与声乐研究中心四大部分。如果说卢浮宫博物馆代表着法兰西的古代文明,那么"国立蓬皮杜文化中心"便是现代巴黎的象征:顺着透明玻璃管道扶梯上到展厅,你将看到所有表现现代艺术不同流派、不同手法的造型艺术,囊括了立体派、抽象派、超现实主义派、结构派、概念艺术及流行艺术等各种流派的 2000 幅作品,视频、新媒体、混合材料装置、绘画、雕刻无所不有,许多作品颠覆了人们对传统艺术的审美观念。

实际上,在艺术的巴黎,艺术是无处不在的。大街、建筑、教堂、宫殿、桥梁上的绘画与雕刻,大大小小的画廊、美术馆,甚至曾经画家出没的蒙马特高地小丘广场,以及享誉百年的巴黎美院,都随处可见生活中的艺术存在。

二、案例分析

(一)艺术品产业特殊性

艺术品市场是一个非常迷人的世界,这是一个"贵族"市场,同时也是一个危机重重的投机市场。人们对艺术品市场潮流和艺术品行情的关注,很大程度上甚至超出了对市场内流通作品的关注。"艺术品具有较高的异质性特征,因此,艺术品投资除了面临一般投资风险之外,还具有自身独特属性带来的风险。"[①]拍卖方式对艺术品的最终交易额起到推波助澜的作用,通过各种宣传手段为拍卖营造

---

① 段晓旭,孟欣源.艺术品投资:风险与规避[J].人文天下,2020(3):44—51.

声势已是当今艺术品业运作中不可或缺的经营手段。艺术品市场里的投资者，与在股市里的投资人一样，都期盼着低买高卖从而获得巨大的经济收益，这在一定程度上导致艺术品市场变成了一个投机市场。艺术品产业是一种未能享受充分公共资助的文化产业，以法国为例，政府对艺术品产业的资助只占国家文化总预算的 1％～2％，远远低于演艺（约 20％）和历史建筑（约 15％）等领域，其经济扶持首先通过资助本国艺术教育来实现，其次是通过文化部造型艺术局名下的当代艺术基金会，代表国家扶持当代艺术家，购买收藏其艺术作品。[①]

1.三个市场和三种交易

艺术品市场内部被行家分成了"廉价艺术市场""古老艺术市场"和"当代艺术市场"三个分市场。首先是被戏称为"十几块钱油画"的"廉价艺术市场"，这一市场实际上并不能被看作一个真正的"艺术品市场"，其更类似于一种日常的生活用品市场：该市场内艺术品的美观装饰性凌驾在艺术性之上，因此价格较为低廉。"古老艺术市场"的审美和经济价值则比较稳定，尽管人类的审美观念和欣赏潮流经常会有所变化，但这一市场并不会受到太多的影响，因为"古老艺术品"和"古老艺术家"历经时间检验而得到世人的公认，只不过这个市场上主要的艺术品如今大多早已安家落户在全球各大博物馆之中。"当代艺术市场"最大的特点是审美和经济价值的波动性、不稳定性，这个市场的"当代"因素决定了它拥有着源源不断的供应，它是支撑当今全球艺术品产业的中心市场。

艺术品既可以在公开拍卖市场上获得，也可以通过画廊或中介人进行交易，交易形态随着金融及科技环境的变化呈现出多元的形态。"艺术品市场交易体系与结构中，除了传统的交易体系，如画廊业态、拍卖业态及博览会业态之外，还有自己比较有特色的创新体系，如艺术电商、平台＋艺术品交易模式的创新（最突出的就是文交所的实践）及平台＋艺术品资产的管理。当然，在中国艺术品市场交易体系中，还有一个非常具有特色的交易体系，那就是私下交易。"[②]

2.艺术品交易商的价值地位

艺术品交易商在艺术品产业中有着举足轻重的地位。与其他文化产业"买卖商人"的定位不同，艺术品交易商不仅要会鉴定艺术品，还需预知市场发展方向，同时还承担着投资艺术家并为其作宣传、造声势的职责。艺术品交易商不再只是为一桩艺术品交易买卖做第三方服务，从某种程度上说，其也在操纵着

① 李艳丽.中美艺术类网站网络营销对比分析[D].昆明：云南艺术学院，2010.
② 西沐.艺术品市场：从艺术品交易到艺术财富管理——以中国市场为观察中心[J].齐鲁艺苑，2020(3)：94—104.

艺术品市场的审美观——艺术品交易商基于自身的判断力和决策力在市场上斥资颠覆已有的审美传统并创造新的审美潮流。

艺术品作为一种"地位性商品",其经营上的收益往往集中于少数交易商手中,在全球美术、古董及装饰艺术市场交易商中,5%的交易商占据着75%的市场交易份额。[①]在如今的艺术品市场交易中,交易热点时常会受到一家全球公认的"明星"交易商的影响:"明星"艺术品交易商的购买会直接推动特定艺术家作品的升宠,而其对某位艺术家作品的清仓扬弃,则会对该艺术家的形象和经济来源造成直接打击。因此,在当代的艺术品交易过程中,作品艺术质量的决定性作用已不复往昔,艺术品商人在艺术品价值重估和艺术潮流发展引领上扮演着越来越重要的角色。

(二)法国文化产业繁荣的原因

文化资源是文化产业发展繁荣的重要基石,法国作为世界文化遗产大国,文化资源禀赋优异,加之政府对文化遗产保护与传承的高度重视,一系列的法律法规和政策措施都为法国文化产业在保护基础上的合理开发提供了先决条件。此外,民众对法国本国文化强烈的自豪感及保护意识,政府对文化产业发展的主导和递增投入及在文化普及上的不遗余力等因素,都是推动法国文化产业大发展的重要原因。不仅如此,法国还不断丰富本土文化元素,创新文化产业在数字化时代的运行机制,这些对提升法国文化产品在世界上的竞争力和影响力也都发挥着至关重要的作用。

1.政府主导,制度保障

"文化资助是弥补文化产品市场失灵、促进文化资源优化配置的重要手段,是文化事业发展的核心问题之一。法国灿烂的文化成就与其健全的文化资助体系不无关系。数百年来,法国始终把发展文化事业作为基本国策,国家大力投入,健全法律体系,全民积极参与,企业出钱出力,通过资助杠杆促进文化发展。"[②]法国政府坚持对文化资源进行保护,同时对文化产业也采取支持和鼓励的态度,这使得法国文化产业拥有了广阔的发展空间。为改变政府对文化事业单一且零散的支持,法国成立了文化与传播部,并重构了系统化的文化政策体系:《历史保护选区和不动产修复法》(1962年和1967年两次颁布)为历史文化资源的保护提供了有力法律保障;《文化宪章》(1974年)则为促进青年艺术家以

---

① 杨亚茹.艺术品交易背后的价值逻辑[J].商业观察,2017(5):24—25.

② 黄玉蓉,车达.法国文化资助制度运作特点及其对中国的启示[J].深圳大学学报(人文社会科学版),2015,32(5):110—115.

及当代艺术的突破性发展提供充分支持；此后陆续颁布的《博物馆财务法》（1978年）、《图书统一价格法》（1981年）、《电台和电视台法》（1986年）、《博物馆法》（2002年）、《遗产法典》（2004年）、《创造自由、建筑或遗产法》（2016年）等，共同促使法国形成了较为完备的文化法律支撑体系。[①]

　　与国家层面政策法律体系相呼应，地方政府（含大区政府、省政府和市政府）同样在文化产业发展中发挥着主导作用。自20世纪80年代开始，法国地方政府就已拥有相当程度的文化自主权，其与中央政府所施行的各种政策并不抵触，区域性文化发展与国家文化提升形成了互助合作关系——这也成为法国文化体系的特色。在文化事务上，各地方城市部门被赋予的职责越来越多，文化政策上的参与度也越来越高，其主要体现在三个方面：一是传统文化设施的翻新，二是创新现场文化活动，三是专为发展创意产业推出的文化设施与策略，而这些与法国都市发展、地方经济策略和新魅力区域的新形象打造等密切相关。[②]

　　2.财政支持，发挥市场主体作用

　　"所谓'兵马未动，粮草先行'，只有具备充足的文化预算才能保证文化行政机构和社会文化团体的正常运作，为各项文化政策的实施提供物质基础。"[③]法国历届政府虽然都重视文化事业的发展，但实际上文化领域的财政投入在国家预算中的比例早期也仅维持在0.5%左右，这远远不能满足政策实施的资金需求。为给文化发展提供充足的资金保障，法国政府的文化投资数额逐年增加，文化经费在国家经费预算中占比逐年提高，如今已稳定在1%左右。

　　每年对国家文化机构、文化团体给予固定补贴且额度逐年递增，法国的这一做法在西方国家也是不多见的。法国政府开展财政支持或赞助主要有三种方式：一是由中央政府对资助对象直接提供补助、赞助和奖金等；二是由地方财政对文化主体进行支持；三是通过减税等优惠政策提升市场主体发展动力。所有在法从事文化活动的民间协会或企业，均有资格申请政府财政支持，对文化市场主体而言，政府的财政支持对其发展具有十分重要的作用，因为即便是《费加罗报》这样的大报，如丧失政府补贴，也将面临关门停业。在法国文化产业发展上，企业的作用日渐显著：无论是在大型古文物的修复还是重大国际性文化

---

　　①　郭玉军，王岩.法国文化遗产保护立法的沿革、特点及对中国的启示[J].武大国际法评论，2020，4(1)：71—97.

　　②　刘杰，胡春凌.生生不息的文化活力——法国文化产业发展现状与趋势[J].世界文化，2017(4)：4—8.

　　③　王吉英.法国文化政策模式探究——以法国密特朗时期的文化政策为例[J].苏州科技学院学报（社会科学版），2014，31(1)：62—68.

交流活动中,都有法国企业活跃的身影。除此之外,中小文化企业还可以通过政府成立的担保机构和风险投资等渠道获得资金支持,实际上,即便是在经济危机时期,法国政府也能保证对文化产业持续不断的财政投入,这也使其成为"文化国家"的典型代表。

各类专业协会是除了政府和企业之外积极参与文化产业发展的组织,作为少数特殊群体利益的代表,其经费来源主要是会费、募捐和赞助等,也有少部分来自于地方政府的补贴。由于专业协会的非营利性质,其资金来源和用途通常都要接受财务及税务部门的审计。这些协会经常应邀参加全国性或地方性的公共文化活动,负责或参与组织和服务工作,并在号召志愿者参与上发挥着不可忽视的作用。

3.加强引导,鼓励国民参与高雅文化活动

公民文化修养的提高,既是一个国家和民族能否强盛的基础所在,也关涉到每个公民个体的生活质量。"没有好的文化修养的公民,生活是单调的,是纯粹物质的享受,领略不到精神享受的愉悦,不会达到人生的最高境界。"[①]在法国,音乐、美术、舞蹈等方面的文化素养是孩子教育中必不可少的内容,它已成为家长们的共识,可以说,法国人全身上下都散发着对文化的热情。法国作为一个经济发达国家,始终能将文化事业和文化教育与经济发展保持适应、同步与协调,这有力保障了法国文化产业的可持续发展。

为了引导公众更好地接触高雅文化、欣赏高雅文化,法国文化部门推行了"文化协调员"制度,设计了形式多样的参与性活动以介绍交响乐、歌剧、芭蕾舞等诸多门类的高雅艺术。在法国,剧院的票价定位都较为合理,对法国人而言,参加高雅文化活动并非是一种奢侈,因为相对于工资收入而言,一张歌剧票抑或舞剧票的价格算不上昂贵。例如,在巴黎歌剧院欣赏一出经典歌剧或芭蕾舞剧,票价一般在70~130欧元,而如果去普通剧院看上一台节目,则仅需5~60欧元,法国影院的电影票价也大抵在10欧元左右,月票、年票或学生票的价格则更低。法国文化产品票价便宜也并非是因为国家补贴,其更多的是价值规律在起作用:文化产品供给丰富,有竞争,价格自然就低。马尔罗就任法国文化部长后确立了"文化行动"的中心理念,其推行的"文化民主"实质就是要致力于文化普及,就这一点来看,法国文化市场的价格可以说是生动地呼应了"文化民

① 胡颖颖.推进公民道德建设和提高公民文化素养研究[J].佳木斯职业学院学报,2015(1):56+62.

主"精神。[1]

(三)以增强全球竞争力为目标的巴黎文化政策

"巴黎文化政策其实是法国新时代文化政策的一个缩影。其目的本质上是为恢复巴黎'艺术文化之都'的地位乃至让法国恢复'艺术文化'第一大国的地位。巴黎的文化政策也是城市为'软实力'添砖加瓦的一个具体体现,在 21 世纪,巴黎文化政策的核心依然是在保护自己核心历史文化的同时,不断加强'公共服务'的特性。"[2]巴黎市政府自 2001 年以来,每年发布《文化政策》作为文化行动纲领,有计划、有步骤地推动巴黎"全球文化与创意之都"的建设。2011 年,巴黎确立了"活力、民主和空间"三大战略(见表 5-1)。

表 5-1　《巴黎文化政策》行动战略

加强巴黎的文化活力	支持一切形式的艺术活动 帮助公众阅读/参与文化活动 影视艺术之都 公立博物馆和文化机构改革
让所有人都能进入文化资源	青年人的文化培训计划;资助残疾人进入文化 价格(门票)改革 数字化与文化民主 支持业余艺术家计划
艺术与文化活动更好地嵌入城市空间	文化遗产的保护与再利用(价值提升) 文化作为城市核心功能 地区间平等分配文化资源 巴黎文化创意空间的培育 道路/河道空间争夺;将公共空间还给文化艺术

经过 10 年的建设,巴黎市政府清晰地意识到:保护和利用好城市的历史文化遗产才是巴黎独一无二的资源,也是实现法国国家战略(参与全球竞争)的关键,同时也是巴黎区别于全球其他创意城市最为重要的特征。在巴黎参与全球城市竞争上,"活力、民主和空间"三大战略文化政策在三方面提供了支撑。[3]

---

① 陈丽娟,王大智.从介入文学到文化民主——法国作家安德烈·马尔罗与儒道思想关系探究[J].社科纵横,2016,31(10):144—147.
② 尹明明.巴黎文化政策初探[J].现代传播(中国传媒大学学报),2010(12):166—167.
③ 杨辰,周俭,弗朗索瓦丝·兰德.巴黎全球城市战略中的文化维度[J].国际城市规划,2015,30(4):24—28.

第一，"加强巴黎的文化活力"推动了巴黎文化产业的转型。传统工艺和奢侈品自古以来就是巴黎引以为豪的产业，也是包括高级服装、家具、香水、化妆品、皮革、红酒、美食等行业在内的城市悠久历史的一部分。这些知名品牌具有高附加值的经济特性，文化内涵丰富，属于法国传统文化产业。但是，巴黎市面对全球性的城市竞争，不得不开拓文化产业的新的优势领域。2001年以来，中央和地方政府每年从预算中对各种文化团体进行专项资助并建设各种文化场所，扩大对音乐、视觉、表演艺术、出版、印刷等文化领域的支持，鼓励创造新的艺术。2013年文化领域的投入已经占法国地方预算的45%，而巴黎的投入比例更高。经过近10年的努力，2011年法国全文化产业（11个子类）的产值达到746亿欧元（占全国总财富的2.8%），提供120万个工作岗位（占全国工作岗位的5%），2012年达到1045亿欧元，占全国总财富的3.2%，占欧盟28个国家文化产业总价值5359亿欧元的1/5。"经济发展的变革带来了文化创意产业的蓬勃发展，而文化创意产业的关键在于人才"[1]，截至2010年，巴黎集中了45%的全国文化产业工作岗位，岗位人数占巴黎总人口的3.5%，是全国水平（0.7%）的5倍。特别是在设计行业，全国55%的设计公司聚集在巴黎，提供了全国76%的创意设计工作岗位。毫无疑问，优质文化产品的背后是历史传统和激励创造的文化环境。

第二，"让所有人都能进入文化资源"降低了获得文化资源的门槛。"如果把文化艺术变成奢侈的东西，变成贵族化的东西，变得功利化、商业化，就失去了文化艺术的属性，就会让文化艺术丧失掉满足人们的精神需求、陶冶性灵、丰富心灵世界、培塑高洁灵魂、提高人生幸福感的作用。"[2]"让所有人都能进入文化资源"，有助于提高全体国民的素质，刺激文化产品的生产和消费。更重要的是，对于巴黎这样的移民城市，"文化民主"政策的受益者首先是来自发展中国家的低收入移民，文化资源的开放可以帮助他们更好地融入法国社会。同时，这些移民群体往往是地区文化的接班人，在享受巴黎文化的同时，他们为巴黎提供了多元文化，城市的宽容度也大幅提高——这也正是科技创新和文化创意产业形成的重要条件。数据显示，巴黎多元文化氛围和低成本文化消费吸引了众多国际留学生和青年艺术家，他们与本国文化精英一起成为未来城市创意阶层最重要的后备力量。因此，巴黎文化政策始终致力于通过文化内容的数字化和门票优惠等政策，为年轻人和业余艺术家提供更多的学习和交流机会。

---

[1]　陈佳靓.国内外城市文化创意人才培养探究——以伦敦和上海为例[J].教育现代化,2019,6(57):17—19.

[2]　杜浩.高票价,大众文化难以承受之重[N].人民日报海外版,2013-04-12(007).

第三，"艺术与文化活动更好地嵌入城市空间"，让城市空间更有魅力和吸引力。"城市中的公共艺术不仅能突出地显示城市的文化个性，还能满足生活在城市中人们的审美需要与精神需求。"①历史和文化需要物质空间，法国对遗产空间的认识和保护也日臻完善，这从1887年的历史纪念物（Monument Historique）到1930年的景观地（Site）、1962年的保护区（Secteur Sauvegarde）、1979年的建筑都市景观遗产保护区（ZPPAUP）上可见一斑。在巴黎市区，75%的建筑物建于1914年前，85%的建筑物建于1975年前，受保护的旧建筑物有3816座，法定保护区的面积达到全市用地的90%。在大巴黎地区，城市已建成区也被各种保护区所覆盖，且这一面积仍在扩大。保护区的扩大意味着历史性的建筑维修投入增加，巴黎市在2009—2014年，仅宗教建筑维修（96处）就投入了4800万欧元，2010年巴黎曾创下全市40处维修施工现场同时开工的记录——这对于建筑市场持续低迷的欧洲各国来说可谓大手笔。

三、案例启示

（一）法国文化产业发展经验

中法两国国情、经济发展水平和民族文化特点各不相同，文化产业发展方式和路径也必然不同，法国在积极发挥政府文化产业管理的枢纽作用等方面的经验具有一定启示价值。

首先，重视本土文化的特质和文化传统的保护，形成独特的文化魅力和国家形象。中国文化产业近年来发展较快，在保护文化遗产的前提下，还需进行适度、合理、科学的开发利用，同时，最大限度地调动各方面的积极性，共同参与文化中国建设，提高我国文化产业的国际竞争力。

其次，致力于高雅文化的普及。对高雅文化艺术进行宣传和普及，看起来像是纯粹的公益性文化事业，但实际上，公民文化素质的提高会间接地促进公民文化消费水平的提升，这无疑有助于文化市场的培育与开拓。②法国的低票价制度鼓励群众与高雅文化近距离接触，最大限度地降低了高雅艺术参与的门槛，值得借鉴。

最后，要十分注重文化创新。法国文化产业所具有的不竭活力，来源于其悠久的历史传统和长期的培养熏陶，也源于对创意文化的不懈追求。在文化产

---

① 吴萍.城市文化中公共艺术空间的拓展[J].包装工程,2015,36(6):17—20＋24.
② 刘杰,胡春凌.生生不息的文化活力——法国文化产业发展现状与趋势[J].世界文化,2017(4):4—8.

业发展自主创新的现实趋势下,我们应着眼于传承,立足实践,放眼世界,兼收并蓄,促进文化的交流、互鉴与融合。

(二)构建公共文化服务的启示

第一,公众是公共文化服务的"上帝",政府有责任和义务为弱势群体提供必要的公共文化活动。在法国,公共文化已经进入市民的日常生活,列入国家提供的公共产品。从经济角度看,公共文化活动的资金来源于政府拨款,但实际来源还是纳税人的税款。因此,市民应该享受免费的、高品质且受尊重的公共文化活动,公共文化建设也必须以全体人民的利益和诉求为旨归。魏征曾说:"与民同利,故天下虽竭而民不怨。""一个完美的文化服务供需关系离不开公民的反馈和意见,公民应该在这个互动过程中起着主体作用。"[①]在外界看来,巴黎市政府大兴土木的行为,不仅没有受到劳民伤财的质疑,反而广受各界舆论的理解和支持,其核心在于政府所思所为正是为公众营造快乐,自上而下的政府任务主导机制和自下而上的社会反馈机制在巴黎实现了良性对接。

第二,公众的文化需求是分层次和多元化的,必须通过文化产业的繁荣来促进公共文化生产。"丰富群众精神文化生活,需要不断优化公共文化供给。"[②]文化发展的多样化和服务目标的多样化导致需求的多样化,政府和公共文化服务提供者必须因地制宜,加强创新,不断完善公共文化产品,促进公共文化活动的繁荣。法国政府积极协调文化事业和文化产业之间的关系,培育"挖掘、开发、培育乡土文化和民间文化"的特色文化供给模式,并通过政府、企业和个人之间的良性合作促进社区文化的发展。发展文化事业,有必要激发企业和个人公共文化生产的巨大潜力,整合政府、协会、企业和个人资源形成公共文化服务的联合力量,借助微博博客平台、手机平台、电子阅读平台、在线视频平台,助推文化产业科技创新,提供多层次的公共文化产品,使它们不仅可以满足公众日益增长的文化需求,而且可以与优秀的传统文化进行良好的交流和对接。

第三,公共文化服务体系是一项系统的建设工程,是公共文化产品、服务和制度的集合。法国的公共文化服务系统形成了国家福利分配机制和"第三部门"自发分配机制。代表国家、社会或协会的法人或其他组织和志愿者,通过公共文化营销的途径向市民提供文化产品和服务。"财政投入是影响公共文化服务供给能力的一个决定性因素"[③],自从1959年文化部成立以来,法国实行了公

---

① 高静.公共文化服务需求表达机制缺陷及对策分析[J].经济师,2020(6):222—225.
② 吴丽云.优化供给 满足群众精神文化需求[N].中国旅游报,2020-05-29(003).
③ 蔡春霞.公共文化产品服务的现状调查——以北京市为例[J].北京印刷学院学报,2020,28(5):62—69.

共文化服务的"中央集权"模式,所有级别的政府都有公共文化预算:法国文化部为各种公共文化活动、文化基础建设和文化遗产保护提供资金,为文化企业制定减税和豁免方针,为文化事业协会出台补贴政策;区域文化局和地方政府则共同出资建设和扶持公共文化;各市、镇政府机关也在公共文化资金筹措上负有责任。同时,法国还建立了商业化的赞助体系与基金会制度,支持鼓励企业和个人向公共文化领域捐赠,建立各类非营利文化基金会,广泛动员社会力量来发展公共文化。对我国而言,公共文化服务体系还需要各级政府和非政府组织之间积极探索新的合作模式,实施有效的公共文化运行机制和管理机制,建立公共文化开发和税收补贴政策体系,增加公共文化基础服务设施的投资,提升承载社会主义核心价值的公共文化生产和服务水平,满足人们不断增长的文化需求。①

(三)发达国家文化中心城市建设经验

1.高度的文化自觉

"文化自觉是对本民族文化的起源、形成、演变、特质和发展趋势的理性把握,对本民族文化与其他民族文化关系的理性把握。"②一个城市的文化自觉与其历史、经济和社会发展所处的阶段都存在着十分密切的关系。巴黎、伦敦、纽约、东京等在内的诸多文化名城,尽管城市发展背景各有不同,成长路径也不能一概而论,但作为世界知名的文化中心城市,这些城市都对自身文化优势保持高度的清醒,对城市文化发展也都有着强烈的责任意识。

一是紧密结合城市特色,反映城市特质。纽约在经济中心和移民中心基础上发展成为美国的文化中心,而其高度的文化自觉实际上也源自于这两大中心特质的推动。高度发达的经济一方面对纽约文化繁荣提出了相应要求,另一方面也为城市文化的发展夯实了物质基础。同时,为了保持美国经济中心的地位,纽约不得不提供与之相适应的文化设施、文化环境和文化产业,极力吸引和凝聚强大的文化产业群体。纽约城市文化还具有最基本、最丰富的移民文化特质,其最主要的体现就是文化的多元性。仅以宗教为例,纽约市有礼拜堂、教堂和庙宇以及各色宗教建筑3600多座,大约有50%的纽约人信仰罗马天主教,23%左右的纽约人信仰基督新教,26%左右的纽约人信仰犹太教,另有3%的纽约人信仰其他教派或者没有宗教信仰。正是基于对经济中心、移民中心城市特

---

① 吴泓,张震.法国借鉴及中国公共文化服务体系构建路径——从法国音乐节和巴黎沙滩节说起[J].现代经济探讨,2012(9):84—87.

② 李宗桂.文化自觉与文化发展[J].中山大学学报(社会科学版),2004(6):161—165＋266.

质的深刻理解和把握,纽约人才对自身文化归属和需求有了更清晰的认知,从而使纽约在全美乃至全球文化中心的建设上形成了高度的文化自觉,并逐渐培养了纽约海纳百川的文化胸襟、勇于创新的文化意识和自强不息的文化品格,塑造了纽约城市独特的文化品格。[①]

二是经济发展对文化发展的倒逼。纽约的经济结构在第二次世界大战后发生了很大的结构性调整,制造业的急速衰落使得纽约传统经济地位朝不保夕。为应对这一严峻挑战,纽约自 20 世纪 70 年代开始,将包括文化产业等在内的第三产业列为城市产业发展重点,把大力发展文化产业作为实现经济结构调整的战略对策。由此往后,纽约的第三产业便逐步发展成为纽约的第一大产业。"文化产业具有文化行为的产业化以及文化价值实现的市场化等特征"[②],与纽约不谋而合,伦敦的文化产业发展在很大程度上也源于城市经济的转型需要。第二次工业革命带来经济快速发展和人民生活水平显著提高的同时,英国政府开始意识到工业发展所面临的资源约束和环境污染是城市发展过程中亟需解决的难题,特别是经历了对泰晤士河的污染治理和"雾都"别称的深刻反思后,英国政府最终下定决心将文化创意产业发展作为实现经济复兴的重要路径。正是在这一背景下,伦敦市政府将创意产业纳入核心产业来经营,闻名的"创意伦敦"概念也应运而生。

三是政府在文化自觉上发挥主导作用。"从国内外的经验来看,本地文化创意产业的快速发展,首先就要求各地政府明确文化创意产业的战略地位。"[③]在文化艺术发展问题上,法国是政府主导体制的积极推动者。作为世界公认的历史遗存保护和文化立市的典范,巴黎有着"西方文明之都"的称号,整个城市犹如一座天然博物馆和艺术圣殿。为应对第二次世界大战后美国崛起伴生的英语国家对法国文化传统和产品的渗透、侵蚀和挑战,戴高乐政府在 1959 年组建了法国有史以来第一个文化部,并阐明了国家的文化政策:"使最大多数法国人都能接触全人类的、首先是法国的文化精髓;使法国的文化遗存拥有最为广泛的民众基础;促进文化艺术的创作和艺术园地的繁荣。"在财政政策上,法国政府通过对文化及相关产业提供各种形式的补贴或赞助予以支持——这一文化政策是法国历史上首个正式的、后来也成为法国历届政府始终坚持的文化基本国策。在纽约取代巴黎占据世界文化中心的背景下,法国以强势立场迎战文

---

① 唐莹莹,赵宗.发达国家文化中心城市建设的经验及对北京的启示[J].北京联合大学学报(人文社会科学版),2014,12(2):19—25.

② 李昕烨,罗紫初.文化市场体系对文化产业发展的支持机制与机理研究[J].湖北民族学院学报(哲学社会科学版),2016,34(2):91—93+107.

③ 蔡荣生,王勇.国内外发展文化创意产业的政策研究[J].中国软科学,2009(8):77—84.

化侵蚀,面对全球性的"文化入侵"威胁,巴黎人制定了法国化的文化发展战略:即对公众文化设施不足充分弥补的同时,大力挖掘自身丰富且独特的文化遗产魅力,并赋予其在新世纪的活力。

2.宽松的文化环境

"城市建设是一个历史范畴,任何一座城市在塑造自己的文化环境时,都应该继承历史、立足当代、展望未来,都需要在自己城市文化的基础上进行再创造,只有这样才能使城市形象特色脱颖而出……城市文化的宏观取向,要符合当代城市规划建设的先进思想和规范,要体现所在地区的文化精神。"①世界文化中心城市普遍具有的另一个特征就是宽松的文化环境,而创造、保护这样一种宽松的城市文化环境往往离不开政府的努力。

以纽约为例,其文化艺术业保持长盛不衰的活力,与纽约城市宽松且优惠的文化扶持政策分不开。在对文化艺术的管理上,美国采取了一种松散、间接的方式:美国并未设立一个全面、综合统一管辖文化事业的政府部门,文化事务的诸多问题主要交由国家人文艺术基金会来处理,而基金会也并不是文化政策的制定机构,其主要是通过资助行为、在有限的范围内引导和服务文化艺术服务机构的发展。管理方式上,推行极为宽松的政策是纽约市对营利与非营利文化机构管理的共同点。其中,非营利文化机构政策管理核心就是实行免税,营利文化机构政策管理则是制定包括财政优惠政策等在内的政策法规来实现。通过财政、税收和信贷优惠政策,纽约市有效改善了城市文化产业的经济环境,通过减轻文化市场主体的经济负担,最终实现了文化产业的良性发展。

与纽约相类似,巴黎也营造了较为宽松的文化发展环境,其主要体现在:一是对全球文化人才的兼容并包。市区面积仅 105 平方公里的巴黎,其以特殊巧妙的方法在这片狭小的空间中吸引了全球文化精英——包括法国的"外省青年"以及来自世界各地的"有志之士",营造了一个得天独厚的"世界文化场"和"世界文化之都"。二是对世界多样文化的求同存异。巴黎的管理者对"巴漂"十分宽容,其深谙"水至清则无鱼"的道理,一方面,对异己文化现象并不武断压制,另一方面,从政策和资金等多方面扶持文化认同,和而不同,润物无声,对世界文化的兼收并蓄让巴黎文化潜移默化地不断进化和提升。三是"非正式制度"营造的有效载体。早在 19 世纪末,为数众多的杂志构成了当时巴黎的文化基础,而各种报告会则是巴黎文化形成的另一个重要机制,正是这些自发形成的沙龙、报告会和随现代技术而生的杂志共同形成的"非正式制度"营造了特殊

---

① 　张锦秋.城市文化环境的营造[J].规划师,2005(1):73—75.

的文化空间,成就了巴黎"文化之都"的美誉。与此同时,尽管在政策制定和经费投入上法国政府出手果断,但其并不干涉文化产业自身的市场运作,更不影响艺术创作,这给创作者以极大的自由空间。

3. 严肃的文化法制

"通过文化法治建设实现文化行为、文化关系和文化发展的规范化是推进文化建设的不二选择。"①巴黎、纽约、伦敦、东京作为现代法治国家的文化中心城市,均十分重视文化法制建设,通过营造良好的法律环境,为城市文化建设保驾护航。

一是系统制定文化发展相关法律法规。以纽约为例,早在 1965 年美国国会就通过了大萧条后首部支持文化艺术发展的法律——《国家艺术及人文事业基金法》。此外,合同法、版权法、劳动法中的诸多法律条文也在不同侧面为文化产业发展提供了保护。时至今日,美国业已建立起以《商标法》《专利法》和《反不正当竞争法》等为核心的一整套知识产权法律体系,这对美国文化产业崛起与发展起到了积极的保护和促进作用。在日本,政府以法律实施文化市场调控已经机制化,《振兴文化艺术基本法》《有关振兴文化艺术的基本方针》等政策法规的出台,使日本文化产业发展的制度环境更加完善。日本于 1970 年制定的《著作权法》是最具代表性的法律,该法差不多两年修订 1 次,前后修订数十次,在维护著作权人利益,适应数字化、网络化的国际环境挑战和促进国家文化产业健康有序发展上发挥了重要作用。

二是通过法律制度实施文化遗产保护。以法律制度来实现文化遗产与文化传统的保护,是世界各国文化建设中又一共同做法。英国政府早在 1882 年就颁布施行了《古迹保护法》,自此开启了英国历史文化遗产法律保护制度的先河,如今,数十种相关法令、条款对全英建筑、保护区和自然环境乃至人类生存环境进行着规范保护。法国政府对文物采用了全面而严格的保护政策,巴黎的《城市规划和保护法》可谓世界上最严格、最全面和最完善的城市法律之一。"法国的历史文化遗产保护体系的建立并不是一蹴而就的,甚至于对于保护观念的确立也是经过了长期的呼吁和论争,人们对于保护的对象、范围、方式等的完善经过了漫长的一个多世纪的努力。正是因为如此长期的执著,人们才得以仍然能够亲身体会到具有强烈的民族个性和历史情感的法国。"②

---

① 肖金明.文化法的定位、原则与体系[J].法学论坛,2012,27(1):26—35.

② 邵甬,阮仪三.关于历史文化遗产保护的法制建设——法国历史文化遗产保护制度发展的启示[J].城市规划汇刊,2002(3):57—60＋65—80.

4. 成熟的文化市场

"现代文化市场体系是由文化消费需求市场、文化生产要素市场、文化产品市场组成,三者相互独立、相互依存、相互制约。"①作为发达的市场经济城市,巴黎、纽约、伦敦、东京的文化市场都相当成熟,这既体现在市场孕育、传媒发展、文化传播、设施保障等表象要素上,更展现在市场认知、政企关系、文化自信等多个层面。

文化建设不等同于文化产业发展,而文化产业发展也不仅是搞搞演出、办办展览,城市的文化产业发展必须着眼于"大文化",形成规模效应和连锁效应,方能实现文化的产业化和产业的文化化。以东京为例,其在发展传统的广播影视、体育、展览、演出等文化产业基础上,充分结合民族特点,培育出拉动经济增长、展现和输出日本民族文化的动漫产业,其对文化市场核心要素的深刻理解和把握,使东京以动漫为代表的文化产业具有了全球影响力。

在政府与市场的关系上,美国倡导"无为"和"零管制"的自由经济,为文化产业发展营造了宽松自由的竞争环境,不仅如此,联邦政府还为文化产业发展提供各类软硬件支持。日本则通过企业、政府及研究机构的合作形成了"产、官、学"的产业发展模式,政府负责政策支持,研究机构负责决策信息支持,企业借势充分发展。对于伦敦而言,文化传播组织和部门的发展并不依赖于大伦敦政府的赞助——它们的资金更多地来自国家彩票收入以及其他公共基金。

从奥运会筹备到比赛过程中的"小插曲"——组委会组织协调出了问题,如果说这流露出来的是伦敦这座城市的"漫不经心",那么,在"漫不经心"背后,则有着一份令人羡慕的、超然的文化自信。"美国构建了文化'教育－产业－传播'三位一体文化建设模式,价值观教育是美国文化自信的关键。英国构建了文化'国家战略－价值观教育－产业政策'三位一体文化建设格局,将国家战略视为坚持文化自信的顶层设计。日本构建了文化'政府－产业－交流'三位一体文化建设框架,将对外交流视为文化自信的互动路径。美国、英国和日本等发达国家在增强文化自信方面的做法有诸多相似之处。例如,高度重视文化自信的制度基础建设、高度重视文化自信载体基础建设、高度重视文化自信外延载体建设。"②

5. 主打的文化品牌

文化品牌作为一种传播力、竞争力、生产力和发展力,其是城市品牌的重要

---

① 祁述裕,孙博,孙凤毅.论文化市场[J].福建论坛(人文社会科学版),2015(2):51—58.
② 姜国峰.美国、英国和日本文化自信的经验比较[J].新丝路,2020(8):254—255.

构成,也是文化产业品牌化的结果。"文化品牌究其实质,是文化的经济价值与精神价值的双重凝聚。城市文化品牌,不仅是城市历史文化和特色资源的产物,而且也是城市的无形资产和更宝贵的财富。它不仅可以提高城市的知名度、美誉度,增强这座城市的影响力和竞争力,而且还可以提高市民对城市的归属感、自豪感,增强这座城市的凝聚力和向心力。建设文化品牌是提升城市文化影响力的关键所在,是打造品牌城市、提升城市形象、推动城市发展的重要途径。"①

纵观全球文化中心城市,无不拥有着独特鲜明的文化特色与文化品牌,其已深深植入公众的印象当中:一谈起百老汇,人们就会联想起纽约;一说及动漫,东京就会被想起;一聊起艺术,巴黎就会浮现眼前;一论及创意,伦敦则又会跃入脑海。美国学者弗莱姆在其《符号的战争:全球广告、娱乐与媒介研究》一书中指出了文化内容的符号本质,并敏锐地观察到文化创意领域的战争正在不断上演:好莱坞巨片横扫全球电影市场,日本动漫作品行销全世界,韩国网络游戏以及影视剧风头正劲,等。"要想在这场'符号的战争'中赢得先机,除了国家的政策支持、资金投入和人才培养等生产要素层面的建设以外,必须加强文化产业品牌战略建设,因为品牌将在这场无形的国际战争中起主导作用。从某种意义上说,文化内容符号之间的竞争也是一场品牌符号之间的竞争,必须加强文化产业品牌战略建设,因为品牌将在这场无形的国际战争中起主导作用。"②

6. 市民的文化共享

市民是文化的主体,文化的本质是共享。没有市民参与的文化,不可能成为真正具有生命力的文化。世界各国自 20 世纪 70 年代以来就十分重视城市文化问题,加强公民文化建设,已成为提升城市凝聚力和加快城市经济社会发展的重要措施。"实现'文化共享',要以经济发展促文化共享,增强文化共享的能力;要以文化繁荣促文化共享,提升文化共享意愿;要以完善机制促文化共享,保障文化共享条件。"③

"法国通过优化配置公共文化生产的各种资源,有效实现了文化产业与文化事业的互动整合,激发了政府、企业、个人公共文化生产的巨大潜力,充分满足了公众的精神文化需求。"④在巴黎,文化早已不再是被围墙和收费窗口层层

---

① 余晓曼.城市文化软实力的内涵及构成要素[J].当代传播,2011(2):83—85.
② 梁明洪.论中国文化产业品牌战略[J].西南民族大学学报(人文社科版),2007(8):113—115.
③ 王永友,史君.“文化共享”理念的理论演进与实践逻辑[J].南京社会科学,2016(1):149—156.
④ 吴泓,张震.法国借鉴及中国公共文化服务体系构建路径——从法国音乐节和巴黎沙滩节说起[J].现代经济探讨,2012(9):84—87.

包围的堡垒。自 2009 年起,巴黎大部分文化场所(含卢浮宫、蓬皮杜艺术中心和凡尔赛宫等)都免费向全日制的欧盟国家学生开放,这些最高端的博物馆尚且如此,最平民化的图书馆及其他文化场所自然是纷纷效仿。巴黎市政图书馆虽是散落在各个社区的公共图书馆,但这些社区图书馆藏书量有的甚至超过某些大学图书馆,其同样是面向所有公众开放,人们只要免费办理一张借阅卡,就能方便且免费地外借最多 5 本图书。

四、延伸阅读

艺术品业发展的中心城市与多元动力模式[①]

在全球艺术品产业的发展中,有一个重要的规律,即"城市中心、高端掌控、多元模式、实力竞争",特别是一批艺术品中心城市发挥了关键性作用。它们既是吸引大量艺术投资和培育艺术家的基地,又是以艺术品会展和交流推介艺术品新锐的舞台,更是推动艺术品流通和交易的平台。

(一)纽约模式:全球金融中心+工商业大都市+多元大熔炉

纽约市是全球艺术品产业的第一重镇,2014 年纽约的艺术品公开销售总额达 46.8 亿美元,占据了美国艺术品公开销售市场的 50% 以上,也占据了全球艺术品公开销售额的 1/5。2014 年有超过 2 万件艺术品在纽约拍出,其中 83 件的价格超过了 1000 万美元。纽约充分利用金融中心的优势,推动艺术品产业向投资型和金融型发展。国际金融中心是指能够提供最便捷的国际融资服务、最有效的国际支付清算系统、最活跃的国际金融交易场所的中心城市。纽约不但有第五大道上的"博物馆一英里",集聚了古根海姆艺术博物馆、大都会博物馆等一批顶级艺术品展馆,也有 SOHO 等非主流的艺术创作集聚区,更有苏富比拍卖行和所罗门·古根海姆基金会。前者在 2010—2013 年创造了 81 亿美元的拍卖业绩,具有了类金融的特点;而后者把艺术博物馆发展成兼有展览、投资、交易功能的综合实体,展示了金融资本推动艺术品产业的活力。

(二)伦敦模式:中央活动区+文化财富管理中心+创意集聚区

伦敦是全球最早倡导创意产业的城市,而它的艺术品产业集聚在伦敦中央活动区(Central Activity Zone,CAZ),CAZ 是一个重要的理念和实践创新,由 2000 年到 2004 年编制的"大伦敦空间发展战略"规划提出。它沿泰晤士河蜿蜒

---

① 阅读材料参见:花建.中国艺术品产业的发展战略——迈向"十三五"的国际视野和中国路径[J].上海财经大学学报,2015,17(5):57—70.

约 13 公里,建设用地 8.5 平方公里,集聚 150 多万人。CAZ 不但是伦敦金融城和大批跨国公司总部所在地,也汇聚了著名艺术机构如大英博物馆、泰特现代艺术馆等,汇聚了来自世界各地的大量优秀艺术品,更与皇家艺术学院、著名剧院、文化遗产公园等相映成趣,成为活跃的文化艺术和金融商贸集聚区。根据专业财富管理咨询公司 Scorpio Partnership 估算,有超过 300 家资产在 1 亿英镑以上的超级富豪在伦敦开设了理财机构,进行全球资产包括古典艺术、现代艺术品、古董、证券、债权、不动产、珠宝等的投资和管理,形成全球文化资产管理中心。

(三)巴塞尔模式:顶级艺术展＋吸引财富人群＋全球画廊网络

巴塞尔是瑞士第四大城市,与德国和法国交界,面积约 37 平方公里,常住人口不足 20 万,是个类似日内瓦的国际化城市。瑞士从 19 世纪初以来就是著名的中立国,建立了稳固的银行和交易体系。巴塞尔拥有在国际金融方面举足轻重的国际结算银行(BIS/BIZ),每年举行影响巨大的国际样品展示会。依托这些有利条件,巴塞尔形成了独特的艺术品产业模式,而巴塞尔艺术展则是它的王牌,至今已经举办 46 届,成为全球画廊和艺术品投资人关注的风向标。2014 年的巴塞尔艺术展吸引了来自 34 个国家的 285 家国际顶尖画廊参展,并且巧妙地把高雅艺术和奢侈品营销结合起来。巴塞尔艺术节成功地进行了品牌推广活动,2002 年派生出迈阿密海滩的巴塞尔艺术节,同年派生出香港巴塞尔艺术节,使巴塞尔艺术展的品牌也成为一个财富来源。

(四)东京模式:中高端收藏＋城市新复兴＋东方生态时空

东京在"城市复兴新政策"的引导下,于 2004 年全面建成了六本木新城(Roppongi Hills),建筑面积 80 万平方米,耗资 25 亿美元,既是体现 21 世纪文化理想的新地标,又是高端艺术场馆的汇聚中心。这里不但是金融、保险和诸多跨国公司总部所在地,而且集中了三座具有国际影响的艺术殿堂:以现代艺术为主题的森美术馆(Mori Art Center),由时装设计师三宅一生基金会资助的21_21 艺术博物馆(21_21 Design Sight),以及由设计师黑川纪章设计的国立新美术馆(The National Art Center)。具有日本园林风格的六本木中庭与三大美术馆相映成趣,演绎着大都会的艺术畅想曲,把基于商业、金融、时尚、奢侈品等汇聚过来的大量资金流和人流,融入艺术品产业的领域,为现代城市人和财富家庭参与艺术创造了良好的条件。

(五)圣达菲模式:多元文化遗产＋艺术旅游＋西部风情体验

圣达菲作为美国新墨西哥州的首府,开创了西部小城艺术旅游的另一种模式,成为美国第四大艺术品交易中心。该城位于浩瀚的沙漠之中,历史上是印第安人的家园和西班牙、英国殖民者的据点,也曾经是墨西哥领土的一部分。

它把传承多元的文化遗产与艺术品开发结合起来,拓展到艺术旅游和生活美学体验的领域。在著名的大峡谷大道两侧,集中了近百家印第安民居风格的美术品商店、艺术博物馆、艺术咖啡馆、音乐花店和中小型创意企业。圣达菲被联合国教科文组织认定为"创意城市——手工艺和民间艺术之都",发展出一个完整的艺术品产业—多元文化—创意旅游生态系统,形成强烈的艺术体验感染力,每年吸引了大量的海内外游客。

五、思考讨论

(一)文化创意产业的价值取向

　　世界各国大力发展文化产业的背后,无不自觉或不自觉地隐蕴着其基本的价值遵循。美国文化产业以"经济利益至上的全球渗透性霸权"为价值诉求,而英国、日本和韩国文化产业的价值取向则可归类为"传统而外溢"。与英、美、日、韩不同,法国和加拿大的文化产业价值观是"传统而内敛"的,即其基本面上是传统守成的,但在外界环境新生变故以致对传统形成冲击影响时,向内收敛则是其显著特点、鲜明特色。相比较而言,法国这一价值取向固有其维护国家文化传统的积极意义,然也亟需回应当今时代潮流,思考不同文化间的交融与竞争,从而为本国文化产业发展开创出新的道路。[1]

　　中国文化产业发展至今,取得巨大成绩的同时,也明显遭遇了较为严峻的体制约束与观念约束的障碍。究其根本,很大程度上在于价值取向的差异——我国文化产业缘起与发展与发达国家文化产业兴盛间存在着价值取向的差异。发达国家文化产业大多起源于人文主义思潮洗礼下的、人性合理需求的满足,对人性特征的无止境探寻、对人类未来美好精神世界的求索与憧憬是它们关注之所在,其重视产业创造对市场需求的满足,重视如何最大程度上赢得世界民众的认可,在资源开发上突出传承与弘扬全人类优秀的文化资源。如果站在全人类文化事业发展的高度,反思我们国家的文化产业发展理念、目标、动力以及模式,丰富和完善文化产业价值体系,可使我们的文化产业成为真正可持续的朝阳产业。[2]

　　社会价值取向在很大程度上决定着文化的产业需求,引导着产业利益相关者的价值判断,左右着未来文化产业发展的走向,对一个国家的文化产业地位和全球影响力都有着重要影响。与此同时,文化产业本身的内容、形式和品质

---

① 谢传仓,李正园.传统而内敛:法国文化产业的价值取向[J].贵州社会科学,2016(11):44—50.
② 王国华.文化产业发展与社会价值取向[J].北京联合大学学报(人文社会科学版),2015,13(2):31—37+116.

也具有极大的反作用力，直接影响着社会价值取向的变化。

结合我国文化产业发展在产业理念、价值取向、产业模式以及运营方式等方面与发达国家之间的差异，试述你对中国文化创意产业价值取向的认识和理解。

(二)艺术与科技的融合创新

互联网＋艺术品日渐成为中国艺术品产业强国建设的新增长点。以往艺术品产业一般被划分为三大门类：一是在地生产，包括艺术品创作和印刷等；二是在场生产，包括艺术展览和销售等；三是在线生产，包括艺术品网络传播等。随着大数据、移动互联网、云计算等信息技术的普及，尤其是虚拟3D技术以及线上线下浏览方式的广泛应用，上述三大门类如今已被整合成为一个互通互联的系统，这无论是对艺术品价值生成与流通，还是对艺术品信息海量开发和使用，抑或是对艺术品大众化欣赏和消费，都给予了极大的方便。例如，作为我国第一次实现全场景、虚拟浏览的博物馆网站，中华艺术宫数字艺术博物馆将高精度的图像、大数据容量以及全场景虚拟浏览三大体验要素充分整合，打造了一个生动的数字艺术博物馆。与此同时，国内外艺术爱好者也越来越多地突破空间限制，在互联网络上体验各类艺术品，并踊跃参与艺术品的远程交易：2014年3月，在佳士得拍卖行首次举办的中国工艺品在线拍卖会上，57件德化瓷"网拍"出近30万美元的价格；2014年5月，淘宝网与北京保利合作推出了"傅抱石家族书画作品"专场拍卖，成交率高达95.08％，其中更是有31件作品以超过起拍价10倍以上价格成交，北京保利也成为我国首个登陆淘宝网的线下拍卖机构。与中国艺术品市场发展并无二致，发达国家的跨国公司也纷纷"触网"艺术，如谷歌"艺术计划"、亚马逊艺术画廊等都是竞相开发数字化艺术服务的典型代表。[①]

在艺术品产业强国建设上，艺术和科技的融合与创新是否值得大力推动？法兰克福学派阿多诺(Theodor Adorno)与霍克海默(Max Horkheimer)在《启蒙的辩证法》中指出："文化产品在工厂中凭借现代科学技术手段，以标准化、规格化的方式被大量生产出来，并通过电影、电视、广播、报纸、杂志等大众传媒传递给消费者，最终使文化不再扮演激发否定意识的角色，反而成为统治者营造满足现状的社会控制工具。"[②]其理论逻辑认为："在西方通常把文化分为：市场化的精英文化、中产阶级文化、下层文化。但大众文化成为了那些最好的、最

---

① 花建. 中国艺术品产业的发展战略——迈向"十三五"的国际视野和中国路径[J]. 上海财经大学学报，2015,17(5):57—70.

② Horkheimer M, Adorno T W, Noeri G. Dialectic of enlightenment[M]. Palo Alto: Stanford University Press,2002.

流行的唯一的市场。从这一方面来看,媒体的不断兼并导致文化被垄断在一些少数跨国集团手中,由他们掌控产品的生产和分配。这样一来,文化不仅仅是社会大众的思想、行为的精神表现,同时它也深刻地影响着社会的塑造和改造。文化产业宣称服务于消费者,但隐含的意思是会使他们的需要被同质化,并掌控了消费者的愿望。这种逻辑的结果是,大众化的产品形成了大众化的市场,但使社会的特性逐渐消失;消费者的独特的品味也逐渐消失。"①

　　阿多诺从哲学角度对艺术的社会批判功用展开了阐述,在其看来,文化产业原本为工具理性的代表,但复制让艺术与文化的个性和纯度消失,这将导致艺术变成千篇一律的东西,而文化产业也将不再有工具理性而成为异化公众的工具。可见,阿多诺对文化产业的大众化倾向并不抱有肯定的态度,其理论实际上是要打破此种垄断,把大众从这种文化的垄断中解救出来。

　　结合上述材料,谈谈你对文化与科技关系的理解。

(三)艺术品产业发展模式创新

　　中国艺术品产业发展模式进入了创新活跃期,形成了特色鲜明的八大创新取向。一是基于特色资源的模式创新取向,该模式关注"三名",即紧紧围绕"名人、名品、名牌"来进行资源整合,着力推动特色资源聚集、产业聚集。二是基于互联网＋的模式创新取向,也即依托综合性服务平台,采用互联网机制,建构包含艺术品生产、交易、消费和服务等在内产业发展体系。三是基于泛IP驱动的模式创新取向,这种模式基于泛IP的授权并进行发展和衍生。四是基于传统＋当代设计的模式创新取向,该模式将非遗、民间艺术等传统要素与当代设计相融合,形成时尚化的当代社会与生活产品,也为传统艺术增添了活力。五是金融化的模式创新取向,其主要基于对艺术品的资源化、金融化、资产化和证券化(大众化)的平台构建。六是全球产业链配置的模式创新取向,该模式紧紧抓住全球艺术品产业产业链整合重塑机遇,发展与其相适应的艺术品产业。七是跨界融合的模式创新取向,基于文化＋、艺术＋实现产业跨界融合引领。八是科技导向的模式创新取向,该模式立足于艺术品产业科技与相关产业业态的融合与发展,尤其关注以互联网为主导的技术对产业结构的重塑。②

　　结合你所在城市艺术品市场发展现状,谈谈你对上述模式应用的理解。

(四)艺术品拍卖方式选择

　　艺术品拍卖方式主要有三种。第一种是传统方式即价格上行式拍卖。这

---

① 黄辉.巴黎文化产业的现状、特征与发展空间[J].城市观察,2009(3):28—37.
② 西沐.中国艺术品产业需重塑发展模式[N].美术报,2017-02-11(019).

一方式的程序是潜在的买主事先看货,然后在拍卖现场由艺术品拍卖师先报出起拍价,再由许多竞买人连续提高出价争购,直到没有人再出高价时,就接受此最高价格成交。第二种是荷兰式拍卖,即价格下行式拍卖。这一拍卖方式的程序与传统方式拍卖正好相反,拍卖师事先喊出拍品最高价,逐步降低,直到拍卖现场的顾主中有人接受时为止。荷兰式拍卖有时会因价格降得过低而中止拍卖,或因始终没有顾主接受而被迫撤回拍品。第三种是密封投标式或称招标式拍卖。拍卖行事先公布某批艺术品的估价,然后由竞买人将密封投标单寄交拍卖行,由后者选择出价最高者(若有多个最高者则选择最先者)达成交易。

此外还有一些在艺术品拍卖中不常用的拍卖方式。例如双方报价式拍卖,这是指买卖双方均参加竞争方式的报价,通过卖方拍卖师由高向低报价和买方竞买人由低向高报价,逐渐达成一致而促成交易。这种方式的特点在于通过买卖双方期望值的调整和接受力的平衡实现最大限度的交易量,并显示大致的供需状况。又如"法国式拍卖",这一拍卖方式至 1992 年开始有所改变,在此之前则是法国艺术品拍卖的主要方式。"法国式拍卖"的系统制度是拿破仑时代制定的,已有近两个世纪的历史。它基本上是传统方式拍卖,但是有自己一些封闭性的规定,从而显得与众不同。这些不同主要体现在三个方面:一是它不允许其他国家的竞买人在法国参加竞拍,以保护法国境内的艺术品,避免其流失出境;二是它规定不同地区有各自所属的拍卖评价人,不可跨越地区司职;三是它规定只有司法部才有评价人任命权。这一拍卖系统制度曾是世界上最严格的拍卖制度之一,但为了与欧洲其他国家标准相统一,同时与国际艺术市场接轨,自 1992 年起法国艺术品市场宣告开放。

上述艺术品拍卖方式,以传统方式最为通行,但有时也会发生不同方式交叉使用的情况。例如,拍品从起拍价开拍就无人响应,在投售人主动要求的情况下,也可以改换为从起拍价开始逐步降价再拍。随着互联网时代的到来,一种新型的艺术品拍卖方式——网上拍卖迅速兴起。美国人奥米德亚早在 1995 年就推出了 eBAY 拍卖网站,一经推出成交额逐年飙升,其网售拍品就包括艺术品,eBAY 之后也发展成为世界知名的互联网拍卖平台。"嘉德在线"于 2000 年 6 月 18 日宣告成立,这也是中国大陆第一家专业艺术品拍卖网站。同年 11 月 19 日,徐悲鸿大师的油画名作《愚公移山》由台湾一位买家以 250 万元人民币在"嘉德在线"竞拍成功,至此完成了中国大陆第一宗大型网上艺术品交易。①

结合实际谈谈上述拍卖方法的具体适用和应用。

---

① 陈燕.世纪之交的中国艺术产业[D].福州:福建师范大学,2007.

第六章 欧洲软件之都——都柏林

一、案例描述

爱尔兰西濒大西洋,东北与英国的北爱尔兰接壤,东隔爱尔兰海与英国相望,是一个面积只有 70282 平方公里、人口不足 500 万的小岛国。作为世界经济发展速度最快的国家之一,爱尔兰赢得了"欧洲小虎"的美誉。首都都柏林素有欧洲硅谷之称,全球前十位的软件企业和美国前十位的 IT 企业聚集于此,为当地计算机行业的发展提供了优渥的土壤。爱尔兰的信息通信技术(Information Communication Technology,简称 ICT)在全球占据重要地位:全球信息通信技术排名前十的企业均在爱尔兰设立分支机构,而美国在欧洲的信息通信技术投资的 70% 也集中在该国。[①] 至本世纪初,软件出口业已成为爱尔兰最为重要的国民经济支柱之一,爱尔兰也成为世人瞩目的欧洲软件之都和软件王国。

(一)爱尔兰软件信息服务业发展历程

从欧洲市场来看,计算机的软件配套可以说几乎都由爱尔兰所提供,而若以全球视角审视,全球软件业和服务外包产业在当地的繁荣和发展则成就了近年爱尔兰经济的辉煌成就。在爱尔兰,包括电子、计算机等在内的高新科技产业已发展成为国民支柱产业,特别是软件业,更是爱尔兰优势产业的龙头,为其赢得了"软件王国""新的硅谷""欧洲软件之都"和"欧洲高科技中心"等诸多美誉。整体来看,爱尔兰软件和信息服务产业主要历经了四个阶段。[②]

1970—1985 年是爱尔兰软件和信息服务产业发展起步阶段。爱尔兰传统上是一个农牧国家,经济相对落后,属于典型的内向型经济,但自 20 世纪 70 年代开始,爱尔兰工业化进程加速,各种新兴产业蓬勃兴起,越来越多的外资和外

---

① 韩祥芝.爱尔兰信息通信技术产业发展概况及问题分析[J].现代商贸工业,2019,40(24):43—44.
② 梁剑.论爱尔兰软件信息服务业发展历程[J].科技管理研究,2010,30(5):179—181+173.

国公司开始进入爱尔兰本土。与此相伴的是计算机系统的引入,也正是在此阶段,爱尔兰自然形成了一个围绕计算机产业的新兴服务和需求市场。当时,爱尔兰以自身语言优势和地理优势吸引了包括美国软件企业在内的海外软件企业,主要开展进驻企业产品的本土化服务以及面向本地客户的直接服务。至70年代中期,首批爱尔兰本土软件开发和服务公司顺利诞生,其主要面向本土为不同行业领域提供计算机技术支持服务。实际上,行业发展初期爱尔兰尚未将信息产业视作经济核心支柱产业予以发展,但政府还是敏锐地意识到未来计算机技术的重要性,于是开始通过公立大学设立相关专业和学院等形式培养、储备信息技术人才,并制定了《国际服务业鼓励计划》(1981年)。反观今日爱尔兰软件产业的巨大成功,不得不说一个极其重要的原因就是其拥有大批高素质的专业人才。

1985—1995年是爱尔兰软件和信息服务产业初步发展阶段。随着信息技术对各领域的广泛应用,信息通信产业在20世纪80年代中期进入了一个持续增长区间,爱尔兰政府也正是在这一时期将信息通信技术、新型材料技术和生物技术列为国家未来发展的三大战略重点领域。至80年代末,爱尔兰开展了大量科研工作,来自欧盟相关研究计划和基金项目的经费资助发挥了重要作用,以欧盟结构资金为代表的科研经费资助最高时可以占到爱尔兰GDP的6％。在一系列政策的支持和鼓励下,新兴的软件和信息服务公司在爱尔兰国内开始涌现,受益于独特的地理位置及语言文化环境优势,爱尔兰成为了国外跨国软件公司,尤其是美国软件公司进军欧洲的桥头堡——基本上所有美国大型软件公司均在爱尔兰设立了独立的生产基地或办事机构。在国外先进公司的带动和影响下,爱尔兰本国也开始萌生了诸如阿道贝(Adobe)等在内的规模化软件公司,它们着力于外来跨国公司忽略的服务领域,通过有针对性地开发产品取得了不错的发展。

1996—2004年是爱尔兰软件和信息服务产业高速发展阶段。自1996年以来,面对全球化的信息科技浪潮,爱尔兰通过制定优惠的税收政策以吸引外国资本前来投资开办新企业,由于经营成本上的竞争优势,加上高技能和富有弹性的劳动力市场,众多跨国软件公司和大量外国资本、社会资金和风险资本纷纷进入爱尔兰软件产业——爱尔兰国内软件公司数量从1995年的390多家迅速增至2000年的780多家。IBM、MOTOROLA、LOTUS和INTEL等公司都在爱尔兰设立欧盟总部,世界前十大软件公司中有七家开设了软件生产基地或研发中心。经过近10年的持续发展,爱尔兰顺利成为欧洲的软件之都,吸引着全球软件人才纷纷加盟:仅2000年,近5万人移居爱尔兰,其中来自英国一国就达7000多人,这为爱尔兰带来了技术、资金和活力,推动了爱尔兰的科技创新与产业提升。

2004 年后是爱尔兰软件和信息服务产业调整与再发展阶段。2005 年,爱尔兰的经济增长速度虽有所放缓,从之前年份的 8% 以上回落至 4% 左右,但其仍旧显著高于欧盟国家 1.3% 的平均增速,除基础设施投资拉动的增长外,以软件和信息服务产业为代表的电子信息产业持续发展是主要动力。到 2007 年,爱尔兰步入了全球人均 GDP 最高的国家行列,3.68 万美元的人均 GDP 已超越美国,爱尔兰国家发展迎来辉煌时刻。在这之后,受到欧洲经济发展明显减速和以色列、印度等软件出口加工国家崛起的因素影响,爱尔兰的信息产业发展也受到了较大的冲击。[①]

(二)爱尔兰信息通信产业发展优势

第一,作为连接北美地区与欧洲大陆的纽带,爱尔兰拥有优越的地理条件与人文优势。爱尔兰是欧元区仅有的两个官方语言是英语的国家之一(另一个是英国),其被不少海外公司特别是美国公司视为进军欧洲市场的"桥头堡",这也是包括 Facebook、Google、Twitter、Intel、IBM、Microsoft 等在内的软件和信息服务巨头欧洲总部设置于此或设立研发机构的原因所在,当然美国企业对爱尔兰大量投资的另一个重要原因是历史上许多爱尔兰人曾移民美国,这也能解释哪怕在 2010 年欧债危机时为何美国投资爱尔兰的热情丝毫未减。统计资料显示,2008—2012 年,美国公司在爱尔兰的投资总额超过此前 58 年的总和,达到 1295 亿美元。

第二,爱尔兰拥有相当有竞争力的财税政策,税收制度开放透明。爱尔兰的企业所得税为 12.5%,同期欧洲友邻英、法、德的公司所得税率分别为 19%、33% 和 29.79%,相较而言,爱尔兰的财税政策非常具有优势。低税收让爱尔兰获得了对外资的持续吸引力,而与全球主要经济体签订互利互惠的双边税务协定,这为爱尔兰成为欧洲或者国际业务的绝佳平台提供了更强力的支持。不仅如此,爱尔兰政府还对符合条件的企业给予 25% 研发费用可用于抵扣企业所得税的创新激励,该政策被认为是尤其利好于 ICT 产业企业。

第三,ICT 等知识密集型产业产生集群效应,有效拉动了爱尔兰的经济增长。知识型产业聚集效应不仅吸引了大量快速成长的新兴企业,同时也进一步带动了爱尔兰原有行业企业的发展。"在爱尔兰投资的跨国企业正在不断反哺当地行业发展,如 Google 正通过人才共享,与学校合作开设培训等方式为当地处于起步阶段的企业提供资源和技术上的扶持,戴尔公司也即将在爱尔兰启动创业者中心,为中小型企业在融资和专业技术等领域提供指导帮助,以上措施

---

① 刘北辰.探析印度的 IT 产业[J].中外企业文化,2015(8):36—37.

都会进一步增强爱尔兰 ICT 产业在全球领域的竞争力。"①

(三)服务外包的都柏林模式

爱尔兰历史上曾于 19 世纪暴发过著名的"爱尔兰大饥荒",这也是其被欧洲富国戏称为"欧洲乡村"和发达国家中的"第三世界"的原因。至 20 世纪 70 年代,爱尔兰人敏锐地觉察到国际 IT 服务外包或许是千载难逢的一次发展机遇,于是利用与欧洲大陆的地缘优势积极承接主要来自欧洲的国际 IT 服务外包服务,爱尔兰 IT 服务业之后便异军突起,一度(2001 年前)成为国际 IT 服务外包的全球最大承接地。昔日的"欧洲乡村"如今已成为欧洲 IT 服务业最为发达的地方,拥有着"IT 服务王国""有活力的高技术国家""欧洲高科技中心"的美誉,而首都都柏林则被称作"欧洲硅谷""欧洲 IT 服务之都"。

发展到 2005 年,爱尔兰 IT 服务公司突破 1000 家,首都都柏林是其主要集聚地,700 多家相关企业聚集于此。与其他城市相比,都柏林在为 IT 服务企业服务上提供了更为优厚的发展环境:首先是技术力量集中,众多爱尔兰大学坐落于此;其次是人口集中,都柏林生活着爱尔兰 1/3 的人口;然后是接近重要客户,都柏林也是许多欧洲国际公司总部的落户地;最后,都柏林各种商业活动较为集中,也为产业发展提供了良好的支撑。都柏林地理上靠近欧洲大陆,这一地缘优势让欧洲成为其主攻的主体市场,而这恰恰也是国际 IT 公司不约而同在此设立地区乃至全球总部的一个重要原因。2005 年,都柏林承接了 35% 的对欧洲市场 IT 服务,其中仅来自英国一个国家的占比即高达 27%,而在美国市场,都柏林对美国 IT 服务外包的承接额也达到了 33% 的份额。②

爱尔兰软件服务外包产业模式是一种生产本地化的典型模式。爱尔兰根据欧洲不同市场多种语言的差异化需要,以打造大型跨国软件公司的欧化版本产品加工基地为定位,紧密结合国际市场实际需求进行研发,大力承接中间件产品业务,广泛接受以软件工程和各类项目为主的外包代工订单,实现非自有品牌软件产品与服务的出口,形成了自身富有特色的发展模式。

软件的"本地化"业务是爱尔兰的主攻方向,其针对指定国家和语言市场将现有软件进行客户化,主要工作是文本翻译,但也可能涉及字体格式、数据格式等多方面的改变,此外还有软件在特殊文化方面的调整。软件产业"本地化"业务发展模式即生产本地化模式,爱尔兰软件产业的成功,就在于其利用自身独特的地缘与文化优势,巧妙抓住了软件产业国际分工链条中的特定环节,深度参与国

---

① 韩祥芝.爱尔兰信息通信技术产业发展概况及问题分析[J].现代商贸工业,2019,40(24):43—44.

② 于晓东.服务外包业产业集群聚集机制的理论与实证研究[D].沈阳:东北大学,2013.

际分工并打造了竞争优势。现今,爱尔兰早已成为全球大型软件公司进军欧洲市场的核心门户和重要集散地,同时也是世界最大的软件本地化供应基地。

爱尔兰软件产业的系统化服务,提供从手册、包装到制作等在内的全方位服务,并与美国等国的有关机构联合成立风险基金。其发展历经了三个阶段:第一阶段,吸引跨国软件公司入驻爱尔兰,利用本地人才进行软件本地化服务;第二阶段,本地化公司将跨国公司软件翻译成欧洲不同语种版本,继而逐步扩展为全球其他主要语言版本;第三阶段,本国公司不断发展壮大,同时进一步吸引全球知名软件公司投资和集聚,如微软公司就在爱尔兰设立了规模化的软件本地化中心以及销售机构。[①] 爱尔兰软件产业从本地化服务起步,如今已发展成为具有较强软件综合研发能力的国家,"特别在几个重要的软件领域,如客户管理系统、无线通信、多媒体网络教学培训、网络安全、金融银行软件、软件工具、网络工具及应用、嵌入式实时系统软件等方面有着较强的实力,处于国际先进地位"[②]。

(四)都柏林的软件园区建设

爱尔兰的软件园区多属正常的商业投资,由地产开发商自行投资,以其良好的环境和设施招徕软件公司前来入住。但具体到各园区的情况又有所不同,有的软件园区是租用或购买办公生产厂房设施,也有的是单独设计并量身定作的。爱尔兰主要软件园区基本都集中在首都都柏林,在国内其他大城市虽然也有一些,但数量较少规模也有限。[③]

在都柏林,主要的软件园区有城西商业园区(CITYWEST BUSINESS CAMPUS)、南郡商业园(SOUTH COUNTY BUSINESS PARK)、东点商业园(EAST POINT)、布兰特镇园区(BRANCHARDS TOWN)、剑镇园区(SWORDS)和数字媒体园。占地 360 英亩的城西商业园区位于都柏林西南,由 Davy Hickey 公司投资开发,主要集聚了数据中心、虚拟存储类产业企业,爱尔兰国家数字园就设在该园内,8 个国家包括 Colgate、Xilinx、TDK、Palmolive、Nortel、Aventis Pharma、SAP、AOL Netscape 等在内的 80 多家大型跨国公司云集于此,爱尔兰电信公司前两强 Eircom 与 Esat 以及爱尔兰主要报纸《独立报》也在此设厂。南郡商业园位于都柏林城南部,园内聚集有著名的 Siemens、Microsoft、Ericsson、Panasonic、LG、Sony、Philips 等公司。东点商业园园区内有 CISCO、Oracle、AOL、Sun Microsystem 等公司。布兰特镇园区内有 LUCENT、SYNOPSYS

---

① 于兴伟.爱尔兰服务外包的发展及对中国的启示[D].天津:天津财经大学,2010.
② 徐兴锋.印度、爱尔兰软件产业扶持政策及其对我国的启示[J].国际贸易,2007(5):30—37.
③ 曾婧婧.爱尔兰软件产业发展要素及其支撑体系研究[D].武汉:华中科技大学,2008.

等公司。剑镇园区主要有 MOTOROLA 等公司。数字媒体园位于市中心的原吉尼斯酒厂区,作为政府着力打造的新园区,目前已有 MIT 欧洲多媒体实验室等单位进驻。在此之外,其他一些如 IBM、DELL 等公司都有自己单独的场地,它们并不归属于大的园区。①

二、案例分析

(一)软件产业的特点

1.软件产业是典型的技术密集型的高智力产业

"软件产业是高附加值的智力密集型产业,软件企业的竞争力不依赖于任何的自然资源,而主要依赖于人力资源——开发人员、软件市场人员和企业管理人员等。"②软件产品是程序员思考、编写代码等智力劳动的成果,是人类大脑创造性思维活动的结晶。软件产业的主要投入包括人力资源投入和技术研发投入,其中技术研发投入的大部分也是智力劳动。

2.软件产业具有高风险、高回报的特征

软件企业的人员多为年轻技术人员,流动较为频繁,而软件企业核心技术研发人员的流失往往会导致企业核心技术的流失。此外,软件市场风险也比较大,软件产品复制成本极低,一项软件产品往往能够被大量复制。当一项软件产品广泛应用时,软件企业能获得巨大的收益,但软件产品的盗版也同样是轻而易举的,大量的盗版软件压缩了正版软件产品的销售额和利润,这也成为软件产业高风险的因素之一。根据非营利组织商业软件联盟(Business Software Alliance,BSA)的统计,2011 年全球软件产业因盗版而遭受的损失高达 634.56 亿美元。"盗版在发展中国家中一直居高不下,虽然在发展初期这种行为的确产生过一些'积极'的作用,但是从长期来看,不利于软件市场的正常发展,而且也阻碍了许多外国投资者的投资行为。"③

3.软件产业具有国际化特征

软件产业涉及产业资源、市场要素、企业组织和技术标准,技术、观念、产品等都在世界范围内流通。没有哪个产业的国际化程度和范围像软件产业这样

---

① 中华人民共和国驻爱尔兰大使馆经济商务参赞处.爱尔兰软件产业发展状况[EB/OL]. http://ie.mofcom.gov.cn/article/ztdy/200211/20021100046974.shtml.
② 袁红清,钟昌标.世界软件产业发展的特点和地理构成[J].世界地理研究,2000(2):61—66.
③ 韩静.政府在产业发展中的作用探析——对印度软件产业兴起的思考[J].产业与科技论坛,2008(1):255—256.

深刻、广阔。当前,软件设计生产流水线化、软件工程项目外包化都日益盛行,软件复用和软件构件技术是新一代软件开发的主流方向,互联网的广泛应用使得大型软件的分布式开发也更为普遍,软件产品的国际化程度日益提高。如今,软件产业已经广泛地渗透到第一、第二、第三产业,成为其他产业技术升级的助推器,涉及技术提升和创新改造活动的任何一个领域,越来越多的行业开始依靠软件运行。

(二)爱尔兰软件产业成功的因素[①]

爱尔兰 2008 年已成为世界排名第一的软件出口大国,在小范围的国土上却集中了为数众多的大规模软件产业,可以说,爱尔兰的软件产业集群效应非常显著。爱尔兰软件产业集群是世界上成长最快的软件产业集群,其成功的因素主要有以下几点。

政府采取积极的产业扶持政策和发展战略。爱尔兰政府多年将国家财政预算支出向软件产业倾斜,并把软件产业确立为经济发展的重点战略领域。政府还实行了财政补贴以及税率优惠等政策,鼓励跨国软件公司到爱尔兰进行投资和研发。1981 年开始,爱尔兰政府允许制造或服务贸易企业享受 10% 的公司税税率。在市场准入方面,爱尔兰政府对进口外国软件没有任何限制,大量外国投资流入爱尔兰,目前落户爱尔兰的跨国公司达 110 多家,其中包括 5 家排名世界十强的软件公司和 7 家排名欧洲十强的打包软件厂商。

优质的技术人力资源。20 世纪 50 年代起,爱尔兰政府制定"教育优先"的发展战略。爱尔兰的公共教育开支占国民收入比重在发达国家中居第二位,高达 14%,其良好的教育体系为发展软件产业奠定了坚实基础。[②] 爱尔兰政府还制定了侨民回国创业的优惠政策,20 世纪 90 年代,许多在美国事业有成的爱尔兰人回国创业,他们带来了资金、新技术和科学管理模式。爱尔兰的教育投资和侨民回国创业政策为软件产业发展提供了优质的人力资源。

跨国公司带动本土企业发展。到 20 世纪 90 年代,爱尔兰成为引进外资最多的欧洲国家,百余家外国软件公司涌入爱尔兰。微软、甲骨文、英特尔等国际一流的软件公司、计算机公司都在爱尔兰建立了他们的欧洲运营中心和研发中心。全球排名前十位的软件公司都在爱尔兰设有分支机构。这些跨国公司的进入,不仅成为本土公司的主要客户,而且成为本土软件公司的孵化器——原跨国公司的员工创办了超过 30% 的爱尔兰本土软件公司。

① 陈峰.海西软件产业集群发展战略研究[D].福州:福州大学,2014.
② 李辉.爱尔兰服务外包产业发展的经验[J].全球化,2014(4):87—96+134.

设立产业基金及风险基金。爱尔兰于 1991 年便成立了"国家软件发展指导委员会"以促进软件产业发展,政府还成立了专门机构即爱尔兰科技基金会(SFI),管理规模为 4 亿美元的基金,专门用于扶持基础的软件和信息技术研究工作;1998—2002 年的"欧盟技术研究与开发第五框架计划研发基金"总额达149.6 亿美元;在 2000—2006 年的国家发展计划中,"研究、技术与创新基金"投资规模也达到 24.77 亿欧元。在风险投资方面,截至 2008 年底,爱尔兰政府成立的种子和风险资金总额约为 3.2 亿欧元,其中软件产业资金约为 1.6 亿欧元,占总额的 49.29%,无论是在投资总额还是项目总数上,软件产业都占有较大比重。

(三)爱尔兰与印度软件产业竞争力比较

在软件服务外包产业发展过程中,爱尔兰与印度两国都适时地抓住了历史机遇,依靠地缘优势有针对性地开发了国际市场。两个国家都十分重视通信和网络等基础设施的建设,以印度为例,虽然其国内整体基础设施建设水平相对落后,但其为高新技术产业园区提供了最优质的基础设施服务。两国还依据自身发展的业务类型,建立了合乎本国国情的人才培养模式,通过校企联合,达成了教育与业务相互推动共同升级的良好互动状态。在产业发展过程中,优惠的产业发展政策、高效的政府服务以及充分发挥作用的行业协会为服务外包的发展提供了坚实的保障。爱尔兰与印度的发展经验均表明,要提高服务外包产业的相对竞争力,就必须建立产业发展所必备的良好基础,并根据历史机遇与本国国情制定相适宜的产业发展模式。

表 6-2　爱尔兰与印度承接国际服务外包竞争力比较分析[①]

要素	爱尔兰	印度
生产要素	欧洲地缘优势 总体基础设施水平及园区基础设施建设均十分发达 人力成本有优势但上涨迅速 服务业从业人员年均增 2.9% 教育支出约占 GDP 的 5.7% 人才培养注重工程实践、自主学习校企联合	与美国有时差优势 总体基础设施水平较差,但园区基础设施建设发达 人力成本有优势 IT-BPO 从业人员年均增 20.7% 教育支出约占 GDP 的 3.6% 人才培养重视数学和逻辑思维、复合生产力、沟通能力

① 柴渊哲.承接国际服务外包竞争力比较研究[D].大连:东北财经大学,2012.

要素	爱尔兰	印度
需求要素	需求市场以欧洲为主 业务需求以高端业务为主	需求市场以美国为主 逐步由低端和中端业务需求向高端需求过度
相关与支持性产业	相对印度,相关与支持性产业规模较大,但增长率较低	相对爱尔兰,相关与支持性产业规模较小,但增长率较高
公司战略、企业机构及同业竞争	外资企业带动本土企业发展	严格的管理与控制;科学的激励机制;产业集聚
政府因素分析	政策倾斜,税收优惠,鼓励研发 高效的政府服务部门 行业协会	更优惠的税收与政策 较高效的政府服务部门 行业协会
机遇	解决美国"本地化"问题,是欧洲市场的"桥头堡"	充分利用信息技术革命带来的发展机遇

(四)爱尔兰软件产业发展的问题

对爱尔兰以信息技术产业为代表的经济高速增长,国外投资和跨国公司在相当大程度上发挥了重要作用,但这一发展模式到达一定阶段后,由于国土面积较小、人力资源有限等原因,增长将面临不可持续的挑战。事实也是如此,爱尔兰所倚靠的经济高速发展动力优势正在衰弱,并引发了一些新的问题,这制约了爱尔兰经济的进一步发展:第一,爱尔兰的人力成本优势随着人均收入的大幅度提高而不复存在,这也严重影响了软件加工产业的发展——低成本、高素质劳动力资源是爱尔兰在 20 世纪通信技术产业发展中获得竞争优势并不断壮大的重要因素,但随着人力资本价格的上升,爱尔兰人力资源这一传统竞争优势将面临持续挑战;第二,爱尔兰人口数量有限,截至 2018 年末,爱尔兰全国人口不足 500 万,人力资源总量有限,大规模扩张软件产业存在着后备力量不足的掣肘;第三,爱尔兰软件产业的发展结构单一,其极度依赖于出口市场,国内自身市场规模很小。

爱尔兰在 2004 年以前已基本形成了纯粹的外向型软件产业发展格局,其行业结构表现为两种形态:外资软件和信息服务公司清一色是跨国公司面向欧洲和全球的软件封装基地,而内资软件和信息服务公司则基本上是为前者提供配套服务。这种产业格局直接导致了爱尔兰在软件和信息服务产业上的创新能力不足与自主知识产权率低的问题,但在软件与信息服务产业中,创新才是企业发展的本源,只有不断占领行业新高地企业方能获得持久发展动力,于是这就形成了爱尔兰 ICT 产业发展中的逻辑冲突。在新的市场环境下,自主知识产权既是企业最好的护身符,也是国家产业升级的核心助力,面对劳动力成本优势的削弱,只有通过创新攀升、占领产业链的更高端,ICT 产业才能获得新的竞争优势和发展生机。[①] 然而,严峻的现实是,爱尔兰的自主创新能力与尖端国家还存在着较为明显的差距:2016 年 WEF 发布的 ICT 产业全球报告中,爱尔兰在创新能力上排名仅列第 17 位,与头部国家美国、瑞士和以色列差距显著。不仅如此,就创新能力而言,爱尔兰甚至还受到了东南亚国家马来西亚以及中东国家卡塔尔的挑战。[②]

(五)爱尔兰软件产业转型升级

爱尔兰政府和企业界基于 ICT 产业发展所面临的新挑战,积极开展对策思考,谋求保障行业稳定增长的实现路径。首先,针对本国人力资源成本高企、简单软件代码加工竞争力缺失的问题,爱尔兰政府结合本国人才素质较高、最贴近用户需求以及身处最终用户市场等优势,鼓励 ICT 企业进行产业升级,主动放弃包括代码编制、测试以及单纯数据处理等业务在内的、附加值较低的产业领域,着重发展用户需求分析、系统分析、软件总体设计等技术含量高、附加值高的产业领域。其次,充分利用诸如爱尔兰软件协会(ISA)等在内的行业协会和政府组织力量,开展产业发展模式创新:"鼓励企业与印度等人力成本低廉的国家加强全面的合作,形成软件加工的上游(用户需求分析、软件总体设计等)在爱尔兰,中游(代码编制、软件功能测试)在印度,下游(产品包装和培训、用户售后服务)回到爱尔兰的模式,发挥自身特点,提高整体产业的竞争力。"

爱尔兰政府鲜明地觉察到,21 世纪的信息技术产业发展将面临着巨大变革——由投资推动的增长转变为拥有核心竞争力的知识推动型增长。于是,针对本国在核心技术上的不足,爱尔兰开始着力扶持一批具有前瞻性和核心创造力的自有品牌软件企业,以提高爱尔兰 ICT 产业的核心竞争力。在政府和企业的共同努力下,21 世纪以来爱尔兰逐渐摆脱单纯的服务提供模式,一大批拥有自主知识产权和具有较高附加值的软件和服务产品开始涌现,例如电信运营使用的数据挖掘(Data Mining)、中间件(Midware)Iona Technologies 系列产品和手机语音技术服务的 Mobile Tornado 系列产品、客户关系(CRM)系统 Norkom

---

① 韩祥芝.爱尔兰信息通信技术产业发展概况及问题分析[J].现代商贸工业,2019,40(24):43—44.

② 张志彤,张远馨.论中美贸易摩擦的成因及对策[J].现代商贸工业,2019,40(24):44—45.

Technologies 系列产品、互联网移动接入的 Changing World 系列产品、音频和视频会议的 Avaya 系列产品等等。这些具有核心知识产权和竞争力的企业和产品如今已在相关领域发挥较强影响力，成为爱尔兰 ICT 产业未来深入发展的希望和支柱。[①]

三、案例启示[②]

软件产业是国务院面向 21 世纪加快培育和发展的七个战略性新兴产业之一，是知识经济的典型代表产业，是信息社会的核心。作为一种无污染、微能耗、高科技的产业，软件产业能快速发展，形成规模效应，有力地助推国民经济增长，而且能促进各行业的信息化，有力地促进国民经济高效运作。因此，在推动经济发展、改善人民生活、促进社会进步、保障国家安全等多方面，软件产业都起着极其重要的作用。

从世界先进软件产业集群的发展经验来看，首先是要重视政府的作用，发挥政府的作用。在软件产业集群发展的初始阶段，政府有必要在增大基础建设、增大财政投入、减免税收等方面采取直接有效措施或积极通过法规政策进行引导，为软件产业集群大力做好各项保障工作。在软件产业集群的形成阶段，政府应当主动了解集群在运行过程中产生的各种急需解决的问题，努力发挥政府调度及协调各种资源的能力，支持软件产业集群健康有序地发展壮大。其次，为满足软件企业对各种专业技术人才的需求，应建立多形式、多层次、全方位的软件技术教育模式。此外，还需形成流水线式的软件产业服务链。专业投资机构、软件孵化器、会计和律师事务所等机构能将创业项目的风险度一步步降低下来，实现项目在产业化和商业化上的成功，因此，软件企业的发展也离不开各种中介机构的支持。

软件和信息服务产业是爱尔兰服务外包领域的成功典范。实际上，爱尔兰对于发展服务外包的相关政策支持手段、企业组织形式、人力资源等一系列产业模式环节和战略手段，对中国发展服务外包战略有很大的启示和借鉴意义。

（一）发挥优势延伸产业链条

1.充分依托制造业基础大力发展生产性服务外包

爱尔兰软件和信息服务产业的发展，离不开其在承接服务外包中对自身区位、劳动力、产业等方面优势的充分利用和深度挖掘。发展和承接国际服务外

---

① 梁剑.论爱尔兰软件信息服务业发展历程[J].科技管理研究,2010,30(5):179—181+173.
② 于兴伟.爱尔兰服务外包的发展及对中国的启示[D].天津:天津财经大学,2010.

包一方面既顺应了全球经济发展的大趋势,另一方面,其也符合中国在世界经济和产业分工格局中所扮演的角色。有目共睹的是,承接包括ICT产业在内的国际服务外包与中国已建立的制造业优势将相得益彰,成为推动我国国民经济长期、均衡和可持续发展的双引擎。在已有的制造业基础上,积极从制造业外包向服务外包发展,从较高起点承接各类国际服务外包,将有利于扩大我国服务业的外资利用。[①]

2.依托区域特色建立服务外包集聚区

制造业产业集群优势为我国承接包括ICT产业在内的国际服务外包奠定了良好的发展基础和实践平台,基于产业关联效应及社会网络效应形成的产业集聚区,具有资源共享、知识溢出、服务网络系统以及品牌效应等优势特征,这些客观上都为服务外包的发展营造了一个良好的产业生态环境。点状的集聚区基于产业链或创新链有机相连、彼此相通,这将使集聚地的服务外包效能进一步提升和放大。[②]

(二)加快和完善市场发展战略

1.加快服务业升级换代与结构进化

为适应世界服务业信息化、现代化和全球化的新趋势,应着力推动服务业的产业升级。从新一轮国际产业转移的特征来看,国际服务外包和外国服务业直接投资成为发展的两个主要趋势。因此,应把承接国际服务外包和吸引服务业外资有机结合起来,密切关注出口导向性外商直接投资,着力推动我国服务业升级换代,实现服务业的结构优化和进化,从而为我国服务外包贸易发展提供坚强后盾。

2.巩固扩大原有市场并积极开拓新兴市场

当前我国承接的服务外包主要以来自日本、韩国的低端数据输入等业务为主,产业利润率较低,承接高利润率的欧美服务外包刚刚起步,而攻占服务外包产业链头部市场(上游市场)则有待兴起。根据国际数据公司的统计,北美、西欧、日本未来仍将是全球服务外包转移方市场的主要来源,其转移的服务外包总量可占全球总量的95%左右。因此,我们一方面要继续巩固日、韩服务外包市场,另一方面,还应积极拓展欧美服务外包市场,鼓励有规模优势、品牌优势和出口前景的软件企业探索"走出去"战略,通过在境外设立研开、市场营销和服务机构,加大服务的广度和力度,进一步提升产业的全球竞争力。

① 于兴伟.爱尔兰服务外包的发展及对中国的启示[D].天津:天津财经大学,2010.
② 何骏.中国发展服务外包的模式研究[J].求索,2008(6):1—4.

(三)建立完善的人才培养体系

1.培养高技能复合型外包专业人才

"我国软件服务外包企业在对于人才的需求中本应呈现出与传统产业相同的金字塔形结构,但现阶段却呈现出由于高端人才和低端人才稀缺而中级技术人员充足导致的'橄榄型'结构,高、中、低三个层次的专业人才都呈现出供不应求的状态。"①发展和承接国际服务外包业务,必须突破制约产业发展的人才瓶颈问题,着力服务外包产业高级人才的培育。首先,要发挥高等院校和中等职业技术学校在学历及技能人才培养上的优势,同时鼓励产教之间的联合与合作,在高校建立面向市场的"服务外包人才培养基地",培养掌握理论、善于操作的高素质从业人才,实现产教融合与互相促进。其次,要创新和完善非学历性质的人才培训,学习海外先进的服务外包人才培训模式,建立起包括专业技能、行业知识、语言和项目管理能力等在内的服务外包行业人才认证体系。

2.引进国际化的中高级服务外包管理人才

在加强国内服务外包专门人才培养之外,还应充分利用国际市场已存的优秀人力资源,大力引进国际化的中高级管理人才,从而为我国服务外包业提供更强大的国际化人才支撑。一方面,可以通过政策制定、人才环境优化和宣传推广等手段,积极吸引海外高级人才加盟。另一方面,还可以通过完善创业制度、建立创业基金以及设立服务外包企业博士后工作站等多种形式,有针对性地吸引具有海外企业经营管理和投资经验的中高级人才,同时,还可以通过为留学回国人员创办服务外包企业提供条件和配套服务,促进具备专业技能的研发人员回国成就事业。②

(四)进一步完善法律及政策环境

1.加强知识产权保护体系建设

与制造业外包相比较,国际服务外包对知识产权表现出较大的依赖性,欧美发包商对接包国的商务、法律和管理水平的国际规范都有着较高的要求,而在知识产权保护上则尤为关注。因此,加强知识产权保护体系建设,消除国际发包商对我国知识产权保护、数据隐私等方面的顾虑,实际上就是为大规模承

---

① 邬少飞,吕涛,刘军,姚峰,汤剑琴.软件服务外包人才培养模式研究[J].计算机产品与流通,2019(11):233.

② 孔舰.软件外包理论分析与实证研究[D].北京:中国人民大学,2008.

接国际服务外包业务营造良好的环境。在知识产权保护的基础上,我们还应该强化现代企业诚信制度的建设。

2.营造良好的政策扶持环境

为促进服务外包产业的快速成长,应扩大各项优惠政策措施在现代服务外包行业的覆盖面,同时可针对行业特点分类制定优惠政策,通过政策倾斜来有效引导技术、资金等生产要素向服务外包行业流动,最终为服务外包业创造一个良好的发展环境。[①] 具体而言,首先可以对服务外包产业给予更多的财政政策支持,减税、补贴和项目化资助都是有效的路径;其次,还应大力完善服务外包企业投融资条件,促进投资的便利化;最后,要做好促进服务外包产业发展的相关服务工作,不断提高服务质量和规范化的管理水平,如加强在标准、认证、测试等诸多产业化关键环节上的服务和引导工作,支持和帮助软件企业完善软件开发过程管理和质量保障体系等。

(五)创建国际化的服务外包沟通与交流平台

1.建立国家级服务外包行业协会

由于我国服务外包产业仍然处于发展的初级阶段,在缺乏品牌化个体服务外包企业的情况下,如何让服务外包发包国首选我们作为服务承接国极其重要。与印度相比,我国一方面缺乏服务外包领域的领军企业和品牌,另一方面,也缺乏国家级服务外包行业协会以展示形象、表达诉求和参与竞争。在爱尔兰,软件协会由200多个海外公司和本土公司共同组成,其代表了绝大多数爱尔兰软件开发商的共同利益。为提升国家服务外包的整体竞争力,建立一个国家级的服务外包企业协会,通过打造"联合舰队"来提升国际竞争力,形成承接国际服务外包的"航空母舰",有着显著价值。"行业协会的主要使命包括制定行业标准,提高服务质量;提供质保、测试、知识保护、研发、统计以及项目管理等公共服务;提升宣传效果,促进企业、市场、利益相关者之间的信息沟通与交流,通过制定行业发展项目,积极拓展服务承接的途径,做好公众、企业与政府之间的沟通媒介。"[②]

2.加强"中国外包"的品牌建设

"我国还需要深入地对国际服务外包对象进行研究,从服务外包发包国家的文化和价值观以及企业核心等方面进行研究,为我国更好地进行精准的市场

---

① 郭春春.黑龙江省沿边开放带发展服务外包业存在的问题及对策[J].黑龙江对外经贸,2010(12):9—10.

② 于超.中国服务外包发展战略浅析[J].现代商业,2019(22):85—87.

定位于市场接包服务打下坚实的理论基础。"①"中国外包"要在明确服务外包领域的价值定位的基础上实施品牌战略,首先,政府应进一步完善国际服务外包公共服务平台建设,加强宣传,让全球外包客户了解我国的优势、能力及优惠政策等信息;其次,在中国服务外包网站基础上构建国际服务外包业务国家级交易平台,打造"中国服务"品牌;再次,可以建立健全相关中介组织,为国际服务外包企业提供包括法律咨询、市场调研、信息及管理等在内的多方面服务;最后,打造"具有全球号召力"标志性案例,巧借示范效应推动与全球知名跨国企业的合作,促进服务外包产业的"请进来"和"走出去"。

3．积极推进企业质量认证标准国际化

国际上通行的管理产品质量的有效方法是质量认证,但"开展国际资质认证的实践也说明,我国在服务外包领域的标准化中居于被动从属地位,突出表现为产业发展的经济效益有待提高"②。与爱尔兰相比,我国服务外包企业特别是软件服务外包企业已经通过国际质量认证的非常稀少,这严重影响了国际服务外包发包商对我国承接服务项目的质量信用和技术水平的评价。就此而言,加大包括 ISO 等在内各类国际化质量标准的认证力度,推动企业质量认证标准国际化,这对我国服务外包企业建立起适应国际化竞争的管理规则并在竞争中远离先发劣势大有裨益。

四、延伸阅读

印度、爱尔兰软件产业发展模式对我国的启示③

软件产业是信息产业的核心和灵魂,它以高附加值、高技术水平的特点,渗透到国民经济和社会生活的各个方面,可以说软件产业将是决定未来国家竞争力的战略性先导产业。因此,发展和扶持软件产业,是一个国家提高国家竞争力的重要途径,也是参与全球化竞争所必须占领的战略制高点。近期,世界银行把印度和爱尔兰、以色列、新加坡、菲律宾、中国、匈牙利、墨西哥等 7 个竞争对手作了比较后指出:在提供软件和服务方面,印度居这些国家榜首,爱尔兰、以色列、新加坡紧随其后,国际软件产业的发展不仅给发达国家(如欧美一些国

---

① 张微微,李雨瑭.国际服务外包发展趋势与中国服务外包业竞争力[J].农家参谋,2017(20):223+229.

② 李西林.新时期中国服务外包如何转型升级[N].上海证券报,2017-10-20(008).

③ 案例来源:王凤丽.印度、爱尔兰软件产业发展模式对我国的启示[J].内蒙古财经学院学报,2008(3):10-12.

家)带来了机会,也为发展中国家带来了机会(如印度和爱尔兰)。这些国家的软件产业已经形成了相当的规模,并形成了适合本国的发展模式。与软件产业发展较快的其他国家相比,我国目前尚未形成明确清晰的软件产业发展目标和发展模式。因此,对同样身为发展中国家的印度和爱尔兰的软件产业发展模式进行研究,对我国软件产业的发展必有借鉴。

(一)印度与爱尔兰软件产业的竞争优势

研究软件产业的国家模式,首先要研究这个国家软件产业的竞争优势,因为竞争优势决定了产业的发展模式。软件产业的竞争优势主要来源于产业所需的生产要素、国内市场的需求条件、企业的战略和相关的政府产业支持政策。

1.印度软件产业的竞争优势

由于国内需求有限,印度的软件及服务企业将国际市场作为自己的目标。凭借国家政策的全力扶持、高素质、低成本的人力资源优势,采用国际通用的最高级软件开发标准,以及在出口导向战略基础上的战略转型,印度软件与 IT 外包产业出口获得飞速发展。在 1996—1998 年间,印度软件与 IT 外包产业出口额第三次翻番,达到 26 亿美元。通过三次翻番,印度在国际软件市场上奠定了自己的基础和知名度,成为公认的软件与 IT 外包产业大国,产品出口到全球 100 多个国家和地区,其中 60% 以上出口到美国,在英语国家市场上占有重要位置。进入 21 世纪,印度软件出口业务走向高端,印度软件企业在国际上已经建立品牌知名度,得到国外客户特别是欧美客户的认可,全球 500 强企业中有 200 多家企业采用印度的软件。印度软件产业竞争优势主要表现在以下方面。

(1)生产要素:人才数量多,人才结构优,外部资金雄厚,基础设施齐全,高校处于世界一流地位,知识产权、专利数、培训机构都处于世界一流地位;

(2)需求条件:国内需求不旺盛,主要依靠出口;

(3)企业战略:主要集中于企业和行业应用软件,做外包软件的开发,企业竞争能力强,管理能力强,引入期权薪酬机制,和美国企业保持密切的联系,处于软件产业链的中游;

(4)政府政策:在税收、贷款、人才培训和教育等方面为软件产业提供政策支持;设立软件发展局,成立国家软件技术中心,专门对世界软件产业的发展方向、软件的前沿技术进行跟踪研究。

2.爱尔兰软件产业的竞争优势

由于本国人口少、传统产业规模有限、市场需求也有限,爱尔兰较早地把软件产业发展的目光瞄准了国外市场,软件产品以出口为主,根据本国软件人才资源的不同特点,发展中间件产品,接受外包代工订单(以软件工程、项目为主),主攻非品牌软件出口。同时,根据欧洲市场20多种不同语言的实际需要,爱尔兰将自己定位为美国软件公司产品欧洲化版本的加工基地。吸引跨国软件公司和国际知名学府在国内建立研发和分支机构,实现国外软件产品本地化。爱尔兰软件产业的另一个竞争优势为研究机构、大学同企业紧密衔接,使软件研发成果得以迅速转化。国家科技园是企业与教育科研机构、企业与企业之间密切联系的纽带,是科研成果转化的中介,如爱尔兰国家科技园拥有上百家开发机构和高技术企业,已成该园14所科技院校的科研成果转化基地。爱尔兰软件产业竞争优势主要表现在以下方面。

(1)生产要素:人才数量少,人才结构一般,主要集中在高端知识型人才,外部资金雄厚,基础设施齐全,高校处于世界一流地位,知识产权、专利数、培训机构都处于世界一般地位,国家科技园是科研成果转化的基地;

(2)需求条件:国内需求不旺盛,主要依靠出口;

(3)企业战略:主要是转口贸易加中高端技术小型软件开发,成为美国公司进入欧洲市场的门户和集散地,强调面向国际化的软件产品的系统化服务,提供从手册、包装到CD-ROM的制作等全方位的服务,将美国成功的商业软件欧洲化,处于软件产业链的中游;

(4)政府政策:得益于国家财政预算支出连年向该产业倾斜,采取措施鼓励外国软件公司到爱尔兰从事研究开发,实行税率优惠和政府补贴。

(二)印度和爱尔兰的软件发展模式

印度的软件产业模式为主要出口服务。这种模式针对的市场主要是国际市场,出口其软件服务,我们也称这种模式为软件外包服务模式。在这种模式中,大量的开发工作是在合作委托方的国家进行,即发展中国家的软件开发者前往委托国与用户共同工作。但是,在软件业务外包中发展中国家承担的大多是低端的、低附加值的编程和检测等工作,而高端的、高附加值的分析、设计等工作往往由发达国家软件人员自己完成。

爱尔兰的软件产业模式主要是出口软件产品。这种模式将国外软件产品本地化,其出口的产品主要是中间件产品,这种模式我们也称之为生产本地化模式。爱尔兰本土软件公司具备更成熟的业务模式,它们所从事的业务包括技术支持和业务咨询及全套的软件开发和测试,倾向于更先进的软件开发业务模式,也就是价值链的上游。但通过上面的分析可以看出,这两种模式的共同点是印度、爱尔兰模式为纯出口型模式,这是十分具有吸引力的发展模式,并由于印度、爱尔兰的成功变得神秘。

在印度模式中存在的最大问题就是可能会导致"出口飞地"（在发达国家建立"根据地"，即软件公司）的形式，所以发展中国家的技术、开发人员的技能往往不能回流到其母国。也正是由于这种流出和流入的不成比例，使发展中国家企图提高软件业价值链中的地位的努力举步维艰，由此可以看到发展中国家在出口型发展模式中所牺牲的机会成本。大量的软件精英有组织地服务于外国公司，为发达国家的经济服务，在带来外汇收入的同时，也牺牲了提高本国软件竞争力和创新能力的部分努力。

（三）我国软件产业发展模式的选择

目前我国软件产业并没有明确的模式，表现出来的特点是我国的软件产品主要是满足国内市场，国际市场较小，我们大体可以称之为"以满足国内市场和发展应用软件产品为主"的产业发展模式。这种模式使我国在软件的技术创新能力方面优于印度，但是软件企业的起点较低，无论是企业管理还是技术开发均不能与国际接轨。印度、爱尔兰的软件产业模式结合了国家的特点取得了成功，我国的软件产业发展模式虽然不能简单地照搬印度、爱尔兰等国家的发展模式，但是可以借鉴两个国家的成功之处，找出适合我国软件产业的发展模式。结合前面的分析，可提出我国软件产业发展模式的三种假想。

1. 外包服务与应用产品相结合，积极开拓国际市场

开拓国际市场，一是积极争取软件外包（印度模式）；二是支持好的软件产品出口（爱尔兰模式），特别是利用我国在应用软件生产上的优势，加快应用软件的出口。我国从事软件开发的成本较低，具有丰富的后备软件技术人才，具有大力发展软件外包的优势。印度、爱尔兰等国家正是抓住了这个机遇，成为第一批软件大国。因而，现实的发展途径是紧紧抓住全球软件产业梯次转移的重大机遇，积极承接国际服务和软件外包转移，特别是基于合作研发的软件外包，在承接国外软件外包中，提高软件企业的研发水平和技术创新能力，实行研发本地化，避免出现"出口飞地"的现象，同时在国际竞争中站稳脚跟，在全球软件产业分工中明确定位，并在此基础上逐步实现关键产品和核心技术的突破，逐步做强。

2. 依托已建的软件园发展软件产业集群模式

经过多年的发展，我国的软件园已取得一定成就，出现了一些优秀的软件园。但就我国软件园建设的总体发展来看，当前国内多数软件园还主要充当"房东"角色，软件园主要还只是表现为一个"物理"意义上的"开发园区"的角色，离真正的"软件产业集群"还有相当的距离。软件园管理者应将软件园超越"房东"这个层次，借鉴爱尔兰软件园的成功之处，实现从"开发物理园区"到"软件产业集群"的转变，以软件园模式推动我国软件产业的发展。

3.寻求适合我国国情的软件产业混合模式

我国国情的多元发展复合创新之路决定了我国的软件产业发展模式也应该选择混合模式。混合发展模式为既推动产品的出口，又注重软件技术的研发，实施内需拉动和整机带动战略，在占领国内市场的同时积极开拓国际市场；既基于国内软件市场，又面向国际市场，融合印度、爱尔兰模式的特色，形成一条软硬结合、内外兼顾的具有中国特色的软件产业发展道路。

五、思考讨论

(一)承接国际软件服务外包的机遇与挑战

一国的发展优势很大程度上决定着该国的发展潜力，也是该国制定发展规划的重要依据。机遇与优势是相辅相成的关系，优势在本质上是一个国家把握机遇的能力，它是一国把握住机遇的基础和前提条件。如果面对机遇缺乏内在优势，缺乏承接机遇的能力，也只能让机遇擦肩而过。面对外包或离岸业务有待全面开发的市场，我国企业有着人才、语言、文化、时区等方面的独特优势，北京、上海、深圳、大连、杭州等几个主要城市已形成了区域外包中心。

经过40多年的改革开放，我国经济发展取得了巨大成就，国民经济实现了年均的高增长，树立了良好的国际形象和声望。我国持续的经济高速增长奠定了良好的宏观经济环境，在这方面印度是无法比拟的。尽管自2015年以来印度经济增长速度较快，但总体来看，我国的投资环境更为理想，税收政策更为稳定、透明，并在规则允许的范围内给予一定的优惠。我国巨大的国内市场和经济发展潜力，使得众多跨国公司选择中国作为其战略离岸外包地点，计划未来进一步开拓中国市场。

相对完善的制造业基础有利于发展服务外包。承接国际服务外包一方面可以直接承接跨国公司的战略化转移，同时也可以有效延长制造业的产业链条——向制造业跨国公司有针对性地提供相关商务服务。在过去的几十年中，我国抓住了全球制造业转移以及制造环节外包的历史性机遇，并已发展成为全球制造业中心之一。因此，基于已有制造业基础，我国可根据跨国公司在经济全球化和信息化条件下新的战略动向和商务模式以及从制造业外包到服务外包的发展趋势，满足这些企业的商务需求，从而也实现产业链条的延长。这不仅可以提高我国利用外资的质量和水平，也可以作为扩大服务业利用外资高起点承接服务外包的切入点。①

---

① 于兴伟.爱尔兰服务外包的发展及对中国的启示[D].天津：天津财经大学，2010.

任何产业在发展过程中都会形成自身的优势与劣势,并且面对着外部环境实时变化带来的各种机遇与挑战。一国的产业发展要想在全球脱颖而出,就必须善于利用这些外部条件来扬长避短,趋利避害。结合我国政策、市场、人才等资源现状,谈谈我国在承接国际软件服务外包市场上的竞争优势与策略。

(二)软件产业发展模式选择与优化

一个国家或地区应该选择何种发展模式,以及如何选择,这既是一个亟需解决的现实问题,同时也是一个需要深入思考的理论问题。产业发展模式的选择既要与产业发展现状和规律相匹配,也要符合国家的战略目标,其需要着重考虑目标市场、产品结构、技术结构以及产业调控方式等各种构成要素的状态。产业发展模式可在产业生命周期理论、产业优势理论和国际产业分工理论这三个理论指导下选择。

产业生命周期理论认为,创新和需求是影响产业生命周期的重要因素,市场结构、厂商数目和产品创新能力等是产业在不同生命阶段表现的主要特征。产业优势理论认为,构成产业环境的因素决定了产业的竞争优势,这些环境要素包括生产要素条件、市场需求条件、支撑产业条件和市场结构四个核心要素,另外还有两个不可忽略的要素——政府和机会。国际产业分工理论则认为,影响产业发展模式选择的主要因素有自然资源、社会经济水平、劳动力等传统要素以及信息、技术、人才、创新机制、组织技能等知识要素。

目标市场、产业结构、技术结构和产业调控方式是软件产业发展模式的构成要素,按各种构成要素状态不同可将软件产业发展模式进行四个维度的分类:依据目标市场分类,基于软件出口额占比状况可以分为出口主导型、内需主导型以及内需与出口结合型,前者主要国家有以色列、印度和爱尔兰等,后者主要有美国、德国、英国和法国,日本则是典型的内需主导型国家;依据产品结构分类,基于软件产品和服务所占比例可以分为产品和服务综合发展型和软件服务主导型两种,前者主要国家有日本、美国、英国、法国、德国和以色列,后者代表性国家主要有印度和爱尔兰;依据技术结构分类,基于技术的领域性和通用性可以分为全面推进型、重点领域发展型和生产环节发展型,前者代表性国家有美国,第二种类型主要国家有德国、日本、法国、英国和以色列,后者主要有印度和爱尔兰;按产业调控方式分类,基于政府与市场作用可以分为完全市场化型、以市场为主型和市场与计划相结合型,前者代表性国家是美国,第二种类型的国家主要有法国、英国、德国,后者代表性国家有日本、爱尔兰、印度和以色列。[①]

① 葛永娇.软件产业发展模式驱动因素分析研究[D].西安:西安电子科技大学,2008.

在事物的发展演进中,内因与外因缺一不可——事物的发展结果由内因和外因共同作用。产业发展模式同样是由内部和外部的诸多影响因素共同决定,市场需求条件、生产要素条件、市场结构以及企业的实力等构成产业内部的影响因素,而外部影响因素则由相关产业因素以及社会经济等其它多种因素组成。不同的产业发展模式间内部和外部的影响因素也可能各有不同,即便是相同的影响因素其组成成分和作用结果也可能存在一定差异,产业发展模式内外因素之间通常还是相互作用且相互影响的。

请结合我国社会与经济因素、相关产业因素、产业内部因素和产业发展目标等产业发展模式的影响因素,谈谈你对我国软件产业发展模式选择与优化的认识。

(三)软件产业发展中的自主创新

创新是一个民族进步的灵魂,世界各国都在努力地提高自己的创新能力,提升自己的竞争力,以便使自己在未来的世界竞争中立于不败之地。一些通过软件服务获得大量出口收入的国家只能称得上是软件大国,而并非软件强国,如印度发展软件产业的模式主要是充分发挥比较优势,以软件出口带动产业发展,它的弱点也非常突出,主要就是创新能力不足,这和它所处的产业发展进程和模式有关。

美国是软件产品和技术的创新地,是软件领域的创新源泉,它不仅是软件大国,还是软件强国。美国发展软件产业的核心在于技术创新,以技术领先、甚至技术垄断称霸于软件市场。我国的整体发展水平要明显高于印度,国内市场大有潜力。在满足国内市场这方面来说,我们则应该向美国学习,积极创新,而在开拓国际市场方面,则应该努力学习印度的一些成功做法:印度在综合国力、国内基础设施、人财物等方面不如我国,但通过政策倾斜、国家扶持、人才培养等方面的努力,其软件产业也能发展到令世界瞩目的水平。

谈谈你如何理解软件产业发展中创新的价值,并结合实际案例分析如何发挥我国的比较优势,通过政策、人才、技术、投融资机制等方面的不断完善和改进,从而促进我国软件产业的可持续发展。

第七章　国际会展之都——汉诺威

一、案例描述

就规模和水平而言,欧洲在会展历史上一直处于领先的地位。欧洲会展最早源于希腊的集市,但现代专业展览会则起源于德国。始于 1165 年的德国莱比锡博览会号称世界上最古老的博览会,其在 1894 年由传统的集市转身为样品博览会,成为展览史上第一个具有现代概念的展览会,也是现代贸易展览会和博览会的前身。[①]

(一)德国会展概览

百余年来,德国会展业在全球独领风骚,享有"世界展览王国"的美誉:拥有 26 个大型会展中心,全球八大展览中心有 4 个位于德国,世界领先的专业性贸易展会约有 2/3 在德国举办,每年吸引约 18 万参展商和 1000 万参观者前往,外国参展商和观众的比例分别为 60% 和 30%,德国展览帝国的地位无人能及。根据上海会展研究院(SMI)编制并发布的新版会展蓝皮书《中外会展业动态评估研究报告 2016》,德国在全球会展国力排名中稳居第一;全球十强组展商中,德国占据 5 席;世界会展城市 57 强中,德国 10 个城市入围。《进出口经理人》杂志发布的《2018 年世界商展 100 大排行榜》,排名前 3 的都是德国展览,排名前 10 中有 4 个是德国展览,总共有 51 个德国展览上榜,占据排行榜的过半席位,世界头号展览大国的地位强势凸显。根据德国经济展览和博览会委员会(AUMA)公布的《2017 年全球展览公司收入榜单》,全球年综合收入超过 1 亿欧元的展览公司共有 34 家,其中有 8 家在德国,其中排名前 10 中有法兰克福、杜塞尔多夫、科隆、汉诺威和慕尼黑等 5 家德国展览公司,收入分别为 6.691 亿欧元、3.67 亿欧元、3.579 亿欧元、3.564 亿欧元和 3.326 亿欧元。2017 年德国

---

① 　刘筱柳. 会展经济论[D]. 成都:四川大学,2008.

会展公司总收入达到 37 亿欧元,预计 2018 年将达到 38 亿~39 亿欧元。[①]

(二)国际会展之都兴起

德国是国际会展业的龙头,而汉诺威则是大家公认的国际会展之都。从地理位置来看,汉诺威濒临中德运河,位于中德山地和北德平原的相交处,又处于北欧到意大利、巴黎到莫斯科的十字路口,其为当地会展业发展提供了十分重要的地缘条件。

在第二次世界大战结束两年后的 1947 年 8 月 17 日至 9 月 7 日,第一届"汉诺威出口商品博览会"在汉诺威原来一家钢铁厂的 5 个车间内举办。博览会上展示了德国战后生产的可出口的产品,这些配以官方"德国制造"标签的产品给参观者以深刻的印象。21 天的博览会共吸引了来自 53 个国家的 736000 名参观者,在 3 万平方米的场地内,1300 家参展商与买家签订了 1934 项出口合同,总价值达 316 万美元。第一届汉诺威出口商品博览会的成功举办,成为德国经济未来希望和信念的象征。就这样,汉诺威不仅取代了莱比锡作为德国展览之都的地位,在未来的日子中,汉诺威博览会更成为德国经济的奇迹。

1948 年汉诺威展览公司接通了首条直通美国纽约的电话线。1950 年第一家国外参展商参加了汉诺威博览会这个德国工业展。1961 年"汉诺威出口商品博览会"正式更名为"汉诺威博览会",此展很快成为世界著名的技术与工业大展。20 世纪 80 年代,汉诺威博览会衍生出信息与技术等多个领域的国际著名的专业展。2000 世界博览会在汉诺威举办,为汉诺威展览中心带来 1600 万德国马克用于更新改造的新投资,从此汉诺威这个德国小城的名字便被视为成功博览会的代名词。

(三)汉诺威会展业发展环境

汉诺威拥有全球规模最大的展览场馆——汉诺威展览中心,其室内展览面积达到 49.8 万平方米,室外展览面积超过 5.8 万平方米,拥有 27 个展馆和 35 个多功能厅的会议中心,可容纳 26000 家参展商和 230 万名观众,会展场馆及辅助配套设施完备。除了十分完善的展会硬件设施外,汉诺威会展业还在软件服务上下足功夫,如为参展商和观众提供丰富的出展和观展资料信息,主要内容既包括展会历届状况回顾,也包括欧洲和全球会展行业发展趋势及动态的介绍,同时还涉及参展费用、酒店优惠、装修费用、奖励旅游等。汉诺威拥有发达的机械、汽车、电子产品等制造业,第三产业从业人口占城市总人口的 2/3 以上,这也为其会展业发展奠定了良好的经济基础。经过长期的积累与发展,汉

---

① 刘大成.德国会展经济发展经验的启示[N].四川日报,2018-10-12(008).

诺威会展产业已经十分成熟、高度发达,各级政府、参展商、观众、展览公司、行业协会之间已经形成了一整套多方协调配合机制,构建了新闻媒体合作、会展专业人才教育培训、国际交流等外部力量功能完备、相互支持、核心突出的世界超一流会展产业体系。①

(四)汉诺威著名会展项目

在最新的《2018年世界商展100大排行榜》中,汉诺威拥有两个世界前三商展项目、五个世界前二十商展项目和1/10的世界百强商展品牌。汉诺威工业博览会是汉诺威众多品牌展览中的佼佼者,这一始创于1947年的盛会每年举办一届,已成功举办72届,是全球展出规模最大、技术含量最高的综合型工业技术贸易展,被业界看作世界经济与未来潮流的风向标、技术交流的平台和发明与创新的论坛,也被公认为是链接全球工业设计、加工制造、技术应用和国际贸易的最为重要的平台之一。② 发展至今,汉诺威博览会已经成为全球工业贸易领域的旗舰展、世界工业贸易的"晴雨表",成为全球会展业的成功典范。在2017年的汉诺威工业博览会上,共有来自70多个国家的6551家参展商,其中61.6%来自德国以外的国家,同时还有来自40多个国家的3000多名记者,5天内发生商务交流560万次,参与的决策者超过14万,观众数达22.5万人次。其中,中国参展商的数目有1300家,中国展区净面积为22000平方米,中国观众数达9000人次。2018年4月23日,德国总理默克尔再度莅临汉诺威国际展览中心,与墨西哥总统培尼亚一同为2018汉诺威工业博览会揭幕,该届展会吸引了来自全球75个国家约6000余家展商参与,观众逾22.5万人,其中超过7.5万人来自德国以外国家。

1985年,"巨无霸"型的汉诺威工业博览会发展迎来新的转机,这一变化主要是信息、通信及办公室自动化展(CeBIT)面临重新规划并独立出来的迫切性:相较于1970年,1985年的CeBIT展会中IT展商数量达到1300家,数量增长了2倍,但仍有870家企业由于展区规模限制未能参展;当届展会展出总面积达到130600平方米,展出规模增长了2.5倍;观众数量也跃升到293000,增长近5倍。而从汉诺威工业博览会整体数据来看,近7000家展商和超800000名观众的超大规模也使得当届展会的接待能力逼近极限。

1986年,CeBIT开始从汉诺威工业博览会这一母展中分离出来,其也立刻成为世界上规模最大的ICT国际顶级盛会,它不仅全面展示了数字IT、家庭

① 姚恒美.国际会展业发展动态[J].竞争情报,2012(1):32—40.
② 周宜群.中国国际工业博览会服务营销策略研究[D].南宁:广西大学,2018.

及办公通信解决方案领域的创新成果,更被视作展览行业的旗舰以及新风尚的开创者。实际上,将 CeBIT 作为独立展会项目从汉诺威工业博览会中剥离出来引起了很大的争议:自脱离决定公布开始,赞成和反对各方针锋相对,激烈争论一度持续到 1986 年第一届 CeBIT 召开前夕。赞成者的观点是,CeBIT 独立后可以大大扩大展出面积,并进一步提高基础设施建设和利用效率,反对者则并不认同,他们认为独立出来的 CeBIT 一旦没有整个工业背景(Industry Background)作为依托,就会丧失其原有的强大号召力和全球影响力。因此,在首届 CeBIT 开幕前,无论是汉诺威展览公司还是展商抑或观众,他们的内心是既充满期待,但又夹杂着不安和焦虑。1986 年 3 月 12 日,当第一届独立的 CeBIT 迎来 2142 家展商和 334400 名观众在 200000 平方米的展出面积上展示最新产品、系统和服务时,所有的一切担心都烟消云散。[①]

2018 年,为期 5 天的 CeBIT 展会共吸引了来自 70 多个国家和地区的 3000 多家企业展示新的信息通信技术、产品和解决方案,并吸引了来自德国、中国、美国、印度、土耳其、韩国、日本等国家和地区超过 210000 名专业观众,其中专业观众占比 90% 以上,再一次巩固了其作为世界领先 IT 与数字化盛会的地位。

2018 年 11 月 28 日,德国汉诺威展览公司取消了 2019 年 CeBIT,已成功举办 33 届的 CeBIT 又被重新合并到汉诺威工业博览会之中。

(五)汉诺威展览公司

可以说,汉诺威会展业的蓬勃发展与汉诺威展览公司多年的成功经营息息相关。从 1947 年首届汉诺威工业博览会成功举办至今,汉诺威展览公司也成长为世界前十强的知名展览公司。如今,在汉诺威举办的所有展会均由汉诺威展览公司负责协调和筹备,其每年平均承办国际展会达 20 多个,几乎每月都有 1～2 个大型展览,其中最著名的就是每年春季举办的工业博览会和信息、通信及办公自动化博览会[②]。此外,汉诺威展览公司还致力于新兴国家和经济增长较快地区的海外市场开拓:一方面,海外市场开拓旨在吸引德国及欧洲以外的大量厂商来汉诺威参展,这也是 20 世纪 90 年代以来汉诺威两大展会能够保持 40% 以上海外厂商比例的原因;另一方面,就是海外建设新场馆并将成熟展览进行海外延伸、复制,如在 2000 年其和另外两家德国展览公司共同与上海浦东土地发展控股公司合作兴建了新上海国际博览中心,而其著名的信息、通信及办公自动化博览会如今也成功创办了亚洲版、美洲版等诸多延伸版本。[③]

---

① 百度百科. CeBIT[EB/OL]. https://baike.baidu.com/item/CeBIT.
② 2019 年起两个展会重新合并为汉诺威工业博览会.
③ 胡德江. 山东省文化企业集群化发展战略研究[D]. 济南:山东大学,2013.

历史的机遇令汉诺威成为会展之都。战后德国经济的崛起是汉诺威成功的强大基础,2000 年世界博览会的举行,又为汉诺威注入了新的活力。如今,汉诺威会展业每年仅展览创利就以数百亿美元计,会展活动不仅直接促进了汉诺威的城市重建,重塑了当地的出口贸易,更让汉诺威牢牢把握住世界经济发展脉络,并在第一时间体察到市场新动向,从而不断调整自身经济结构,成为联系全世界技术领域和商业领域的链接和纽带,从而助推了德国经济走向世界前列。

二、案例分析

(一)会展与会展产业

会展是指有计划有组织地按照特定主题和程序进行的一次性或临时性的集体和平活动。[①] 狭义上指的是会议和展览,广义上指的是会议、展览、节事活动、大型体育赛事、大型活动、特殊活动等。也有学者和业界人士进一步提出了"大会展"的概念,如陈泽炎先生指出,除了广义会展所包括的展览、会议、节庆、奖励旅游以外,"大会展"的范围应扩至 12 项,即"会、展、演(会议、展览、广场演艺),节、赛、馆(节庆、赛事、文化所馆),奖、训、观(奖励旅游、培训、产业观光),公、传、园(公关、传播、主题公园)"。

会展产业是现代新兴产业,从国际上来看,会展产业的表述不统一,所指范围也没有统一。有的用 MICE Industry,有的用 Meeting Industry,有的用 MEEC Industry,还有的用 Events Industry,联合国经济和社会事务部统计司颁布的《所有经济活动的国际标准产业分类》中把会展产业称作 Organization of conventions and trade shows。从产业经济学的角度来看,会展产业是指按照规模经济与范围经济要求集成起来的、从事会议、展览、博览会、节庆活动、奖励旅游、赛事活动等文化产品生产与服务的企业、非政府组织和政府监管部门等组织群体。英国学者 Glenn Bowdin 等认为,会展产业(Events Industry)包括:会展活动的主办机构、会展运营管理公司、会展产业的供应商、场馆单位、行业协会、外部监管机构、出版机构等。印度学者 Ashutosh Chaturvedi 认为,会展产业(Events Industry)所涉及的产业活动包括:商务活动、公司活动、展览会、展销会、娱乐活动、音乐表演活动、节庆活动、政府活动、运动赛事、工作会议、营销促销活动、学术会议、社会文化活动、产品发布会等。Razaq Raj 等认为,会展活动包括宗教活动、文化活动、音乐活动、赛事活动、个人私人活动、政治政府活

---

① 杨琪. 会展与会展产业[EB/OL]. https://mp.weixin.qq.com/s/H13iOLw0zuFQSj27AW-OSw.

动、商务活动、公司活动、特殊活动、休闲活动、节庆活动等。整体而言,会展产业活动具有很强的集聚性、联动性、广谱性、传播性和创新性等特点。

(二)现代会展业形成和发展的条件

现代会展业的形成受到一定条件的影响和制约。国际会展业的持续、健康、稳定的发展,与全球各个国家,乃至会展城市的政治、经济、社会文化、科学技术等宏观条件,以及展会城市的区位优势、基础设施、城市环境等微观条件是密不可分的。[①]

1.现代会展业形成的宏观条件

(1)国际环境

任何一个经济体系都不可能独立于外部世界而存在,会展业同样是在国际政治、经济环境影响下而形成的一种新兴产业。首先,会展业的形成和发展离不开国际政治环境的影响,国际上会展业发达的国家和地区不仅经济发达、开放性强、全球化程度高,更有国内及周边的政局稳定、社会平稳;其次,会展业的形成和发展离不开国际经济环境的影响,多元化的世界经济格局业已形成,将商品展示交易和经济合作融为一体的会展业迅速发展起来,世界三大经济增长中心也逐渐成为世界会展业发达的重要区域。

(2)经济条件

现代会展产业的形成是社会生产力和市场经济发展到一定阶段的产物,是资金、技术、人力资源等经济要素流动发展的必然结果。生产力高度发展,可移动要素跨区域、跨国界成为可能,交易成本与流动费用低廉,是会展产业形成的基本经济条件。首先,经济制度应处于稳定状态,经济资源的闲置与浪费、市场要素配置困难都不利于现代会展业的形成与发展;其次,市场应成为国家资源配置的主要手段,只有市场成为资源配置的主要手段,才能真正推动会展业形成、发展和壮大,才能让会展业在社会交换领域内发挥出巨大作用;最后,社会经济实力和总体规模的提高也有助于会展业发展,国民经济的快速发展,居民收入水平的较快提高,消费水平与层次不断提升,这都有利于服务业和信息业等会展业的支撑行业的发展,并形成良性的行业互动机制。

(3)政治法律条件

政治法律条件是保障会展业顺利发展的重要支撑。政治安定、政府行政效率高、政令贯彻严明,政府对会展业的税收、补助、信贷、支持开发、调控与引导等手段,都直接影响着会展业的发展——高效合理的法律法规体系对会展业从

---

① 陈楠.会展业概论[M].北京:北京大学出版社,2014:11—16.

业人员的合法权益能起到有效保护并能保障经济运行秩序等。中央和地方各级政府通过制定发展规划为会展业发展保驾护航，与此同时，管理机构、会展法律体系和行业协会的设立也是不可或缺的——这一系统在调整发展失衡、打破地方保护主义、提供发展支持条件上将发挥重要作用。①

(4)社会文化条件

稳定的社会秩序以及开放、包容、创新的文化传统是会展业形成和发展不可缺少的条件。社会文化是人类自身发展和历史演进的产物，每一个固步自封、不求创新的文化体系都难以成为会展业形成和发展的沃土。首先，只有社会文化体系具备开放性和包容性，才能为展现各种风格与不同文化传统的会展活动举办及其产业化提供有力的文化支撑；其次，创新、进步的社会文化体系对会展业发展也极为重要，墨守成规的文化传统意味着鲜活创造力和生命力的丧失，这对推动会展业这一"注意力经济"毫无疑问会产生阻滞效应；最后，相对稳定、有序的社会文化体系，能为会展产业的形成和发展创造良好的生存与发展环境，从而助力会展经济迈向产业化发展的康庄大道。

(5)科学技术条件

随着电子信息技术的飞速发展和能够覆盖全球的高智能互联网络的出现，越来越多的具有高科技含量的产品纷纷问世，这客观上要求与之相适应的新型市场形式、交易形式的出现和创新。对新经济的介绍、应用环境的分析和相关技术的探讨、展示和培训日渐成为会展经济的重要内容，而利用新技术手段进行运营和操作的会展产业与会展经济活动也日益兴盛。显而易见，举办会展活动离不开相应的技术支持，如果没有一定科学技术水平和条件的支撑，就不可能举办那些技术性高、专业性强的会展活动（如举办网络展览），可以说，离开科技的会展业其进步发展将无从谈起。

2.现代会展业形成的微观条件

(1)优越的区位条件

会展城市的区位优势是该市会展业迅速发展的重要条件，其主要包括地理区位、经济区位和交通区位。经济区位方面，主要体现在会展城市内部要素的集聚上；地理区位方面，其是指会展举办地在全球、全国或某个区域范围内地理空间上的位置，这主要体现在举办城市的地理位置、所在地的气候特点及地形地貌等；交通区位方面，会展城市的区位优势主要体现在交通便捷程度上，便利的交通条件是会展活动得以开展和实现的前提条件，也是一个城市会展产业得

---

① 黄玉妹.我国现代会展业的功能研究[D].福州:福建师范大学,2011.

以形成和发展的基本条件。

(2)完善的基础设施

会展产业表现为极大的基础设施依赖性。如果没有较为完备的基础设施条件，一些大型的体育活动(如奥运会、世界杯足球赛)和一些大型博览会、交易会(如世博会、世园会等)根本不可能举办。如果没有较为便捷的交通手段和通信手段，要成功举办系列大型国际会议，是难以想象的。如果基础设施不健全、不发达，将会严重制约会展产业的形成与发展。

会展城市的基础设施一是包括与整个城市有关的基础设施条件，也被称为城市基础设施。城市基础设施包括文教卫生、社会科学等在内的社会性基础设施，以及道路、桥梁、水源、供暖、住宿、餐饮、娱乐等经济性的基础设施。通常情况下，基础设施的供给规模和服务质量是决定该城市会展产业形成和发展的必备条件，两者更是正相关关系。另一方面，与会展产业相关的基础设施条件也即产业基础设施对会展产业发展更是具有直接关联，其为会展活动的举行提供了物理空间。如果经济发达的城市无法提供合适的会展场地和会议场所，就无法提升会展的接待水平及该城市的会展目的地形象，也就难以发展成为会展胜地。此外，会展活动与物流、通信、信息、海关、金融等社会经济组织系统具有高度关联，如除了正常的住宿、餐饮与娱乐等城市基础设施之外，会展活动与旅游活动的结合(即会展旅游)，还需要会展城市具有良好的旅游资源、游览设施、休闲场所与购物环境等。会展基础设施是城市发展会展业的重要物质基础，也是会展业纵深发展的坚强后盾。

(3)良好的城市环境

会展业与城市发展具有显著的互动效应，良好的城市生态环境、历史文化环境、人文环境和公共环境对地方会展业的发展表现出积极的促进作用。一座城市是否具备发展会展经济的良好条件，还可以从生态环境、旅游资源等视角进行分析。休闲娱乐、饮食业和旅游业的发展状况如何，社会治安环境和公共卫生是否良好，有无历史文化资源的积淀，所在城市对文化教育是否重视，人口素质处在怎样的水准等，都是影响会展业形成和发展的环境要素。[①]

城市的生态环境、社会文化环境、治安环境等因素都是其能否成为著名国际会展城市的重要影响因素，世界上成功的会展城市无一不具有完善的公共设施、丰富多样的休闲娱乐项目、良好的社会治安、高素质的市民和独特的民族文

---

① 上海国际经济贸易研究所课题组.完善上海展览业发展的环境研究[A].中国会展经济研究会. 2006 首届中国会展经济研究会学术年会论文集[C].2006：58—71.

化,这些也从一个侧面反映出一个城市的国际化程度和文明程度。[1]

(三)汉诺威打造国际会展之都经验[2]

1. 产业政策支持

汉诺威会展业的发达与政府的高度重视和支持分不开。首先是政策投入,政府在税收、招商引资及土地使用等多方面对会展业给予了一系列鼓励措施和优惠政策;其次是经济投入,政府投入资金参与场馆建设,以减轻投资商的投资压力,此外在土地投入、展览公司的投资等方面,政府也是积极有为。汉诺威展览中心和德国许多展览中心一样,都是政府占有一定的股份,但政府不直接参与经营,而是委托专业展览公司运营管理。德国大型展览公司大多具有政府背景,政府在促进展览业发展上支持力度很大:以汉诺威展览公司为例,其两大股东——下萨克森州政府和汉诺威市政府,就分别持有其 49.83% 的股权。[3] 在政府的大力支持下,汉诺威展览公司日渐发展壮大,进而带动了整个城市会展业的蓬勃兴起。此外,政府还积极支持本土企业到海外参展,帮助德国企业拓展国外市场,在政府的资助、指导和协调下,包括汉诺威在内的德国展览公司每年组织约 5000 家德国公司参加国外 200 多个专业展览会,以开拓亚洲、北美洲、南美洲和东欧等海外经济增长地区的业务。[4]

2. 行业管理有序

德国展览行业已建立起完善的管理机制,在首都柏林设有国家级的展览管理机构——德国经济展览和博览会委员会(AUMA),以代表参展商、观众以及展览组织者三方利益,具有唯一性、全国性和权威性的组织特点。汉诺威的展览行业接受德国经济展览和博览会委员会的统一管理,因此,AUMA 肩负极强的协调、监督和管理职责。[5]

概括而言,汉诺威的展览行业管理有以下 5 个基本特点。

(1)市场化经营

所有的展会不由政府包揽,均采用公司经营的运作模式,实行市场化经营,由企业自主经营。政府在会展业发展中的主要任务是制定市场规则、进行场馆

① 王昆仑. 基于城市品牌的会展经济及其战略应用研究[D]. 天津:南开大学,2008.

② 毕加展览. 我们该向汉诺威展览学些什么[EB/OL]. http://www.bijiasso.com/ZL_1643_1643. html.

③ 李小琪. 厦门市政府会展业政策研究[D]. 厦门:厦门大学,2011.

④ 李丽娜. 政府营销在城市会展发展中的作用分析[D]. 长春:吉林财经大学,2007.

⑤ 高文知. 德国会展业发展原因探究[J]. 北京电力高等专科学校学报:社会科学版,2011,28(18):257—258.

建设和提供必要的经费支持,虽然在会展公司里持有较大股份、在会展项目上仍负有调节任务,但涉及具体的展会项目,还主要是交由企业负责运作,实行自主经营、自负盈亏,实现会展业的优胜劣汰。

(2)专业化定位

根据不同产品种类和行业的特点,细化展会行业分类,举办不同种类的展览会,满足不同参展商和专业观众的需求,打造了地区独具特色的会展品牌。例如,汉诺威信息技术展和柏林消费电子展虽为同一行业类别展会,但观众群也有明显区分,前者以采购商等专业客户为主,后者则以终端消费者为主要对象。同时,会展机构也逐步演变得更加专业化,越来越多的行业协会把隶属自己的展会全部或部分交给专业展览公司去运作与经营,由此也形成了一批在国际上有竞争力的专业会展公司。此外,会展人员也更具专业化,所有会展公司都是专业人才济济的地方,他们业务精通,视野开阔,为会展业的发展提供了坚实的人才保障。

(3)品牌化营销

德国会展近年来逐渐迈向了推介品牌化的道路。展会现场,每个参展产品都是由组织者与各个联合会、协会、参展商、参观者等协调、评鉴和筛选后推出,并根据市场需求的变化及时做出更新调整。以每年春天的工业博览会为例,70多届的展会打造出了一大批闻名遐迩的国际品牌。而每年春季在汉诺威举办的 CeBIT,更像一个巨大的磁场,吸引着全世界近百个国家的参展商和观众,全面展示了数字 IT、家庭及办公通信解决方案领域的创新前沿。[1]

(4)国际化运作

汉诺威会展机构一方面注重发挥地缘、场所优势,通过国际招商,吸引更多具备举办国际性行业展会实力的外国机构到德国展示现代科技成果。另一方面,其也十分注重国际交流合作,积极参与国际会展行业竞争,既有直接在国外主办会展,又有派驻人员协办会展,还有被聘指导会展项目。[2]

(5)多元化运营

德国会展公司一般都实行多元化运营,除了"主业"办展以外,它们还充分利用场馆、人才以及环境资源,经常性举办各类节日庆典、文艺表演、体育比赛等社会活动,在提升展馆利用率和公司效益的同时进一步促进了相关产业的发展,形成齐头并进、相互促进、共生发展的良好格局。以汉诺威展览中

① 吴越.法兰克福:屡次到访的理由是什么[N].解放日报,2018-11-05(18).
② 章淑芳,郑丹丹,王敏杰.发达国家会展业智慧化发展特征与模式探析[J].管理观察,2016(5):74—77.

心为例,其不仅常态化举办各类行业展会,还定期不定期地举办各类大型节事活动。

3. 设施服务完善

汉诺威展览中心作为全球最大的展览中心,拥有 49.8 万平方米室内场馆、27 个馆和一个拥有 35 个功能厅的会议中心。该会议中心拥有近百年历史的市政大厅及古老的圆顶厅以及宴会厅,技术装备上处于世界最先进的水平,且与现代化的多功能厅毗邻直连。展览中心交通设施十分便利,电车、专用火车和四通八达的通行道路,快捷连通了机场、中心火车站等交通枢纽,本地和外来客商均可方便到达展览场馆。对于自驾的参展商和观众,会展中心设计的多个停车场一次性可供 4 万辆车停放,充分满足了客商的出行需求。

汉诺威地区公共服务非常完善。在展馆交通设施上,汉诺威不仅拥有设施完善、欧洲最大的两个专用客运火车站,还有服务于展会的专用货运站——货运站具备装卸大件重型货物的能力且有多条支线直通展厅。此外,两条地铁线路连接着飞机场和火车站,客商可乘坐地铁方便地直达博览中心北面入口。不仅如此,汉诺威会展中心还有专为大型展会提供的直升机平台,各路客商甚至可以乘坐直升机抵达展馆。汉诺威区位价值显著的一个重要原因,就是其在欧洲交通网中占据着枢纽位置:乘坐德国铁路的城际特快列车可从汉诺威直达德国所有重要地区;汉诺威机场拥有超 100 条的直航航线;德国最长的人工河道中部运河联系起汉诺威与欧洲大陆最重要的海港及内河港口。

高效的物流网络也是汉诺威会展活动最重要的基础保障之一。据弗劳恩霍夫研究所调研结果显示,汉诺威地区是德国最具活力的物流中心之一,其重要性不仅跨越地区,而且在国际上举足轻重。汉诺威拥有 4 个港口,是北德最大的内陆港,汉诺威机场则是德国第二大连接东欧与法兰克福的机场。良好的宏观框架、完备的基础设施、合理的成本和得天独厚的地理位置,令汉诺威成为投资者的首选。

根据 Welcome to Hannover 网站提供的数据,汉诺威地区拥有 700 多家酒店,其中五星级 6 家,四星级 141 家。其酒店风格和规模多样化,参展商和游客可以根据自身的需求,选择性价比最合适的住所。

4. 教育科研保障

汉诺威十分重视会展专业人才的培养、选拔和引进,大专院校设有会展专业,系统传授会展理论。其会展教育整体上属于定向培养,采取的是与组展商合作的"双元制"人才培养模式,即学生大都来自各个会展公司,经过学习和培训后再回到原公司工作。同时,会展教育十分注重实践性环节的作用,将生产劳动与教学训练相结合,突出培养学生的实践能力。[①]

政府每年对各类会展业培训班也会给予资助。德国 AUMA 等创建了一套系统完整的会展专业人才培养计划和内容,通过课堂学习、工作实践、参与协会活动等多种方式,更新思想观念,明确运行规律,把握工作流程,提高工作效率。经考试合格后,受训人可以获得相应的资格证书。严格、系统的人才培训为德国会展业的健康、可持续发展奠定了坚实的智力支撑和人才保障,使其在全球会展业始终占有绝对的竞争优势。

5.营销推广得力

汉诺威的崛起离不开会展业的贡献,也正因如此,在产业定位上,汉诺威把会展业作为城市的主题和特色,以"博览会城"作为汉诺威城市的品牌特色,将"创意,绿色,文化"奉为汉诺威的城市精神。在汉诺威火车站的站台上,悬挂着印有城市口号的大标牌,可以说,在这个城市随处都可以深切体会到博览的气氛。汉诺威政府还将"博览会带动城市发展"确立为城市发展战略,专门成立了城市营销公司,以推广其城市文化和城市精神。具体操作上,包括创造城市认同、提高城市知名度、吸引投资者、增强旅游业吸引力等都是城市营销公司的主要职责。借用汉诺威媒体对城市的自我评价——汉诺威会展业是世界最响亮的城市品牌,的确名副其实。

在做好整体定位的同时,汉诺威极为注重展会品牌的建设。名牌产品上市前,首先得经过专业博览会的技术鉴定、质量检验以及安全评估这道关口,如发现不合格、不达标甚至不够先进的问题,都将不准予专利权登记,也不能上市销售。以汉诺威全球计算机及电子通信产品博览会为例,其展示的数千种产品几乎都是新近研制发明的,聚集了世界各地的专家前来鉴赏交易,畅销的展品将自此名扬天下。名牌产品在现场实物展示的同时,很多时候还要安排网上的虚拟展示,旨在吸引更多的评判和交易,这同时也是品牌产品推介和宣扬的延续。

三、案例启示

(一)政府扶持下的经营市场化

一位土耳其诗人曾经说过这么一句话,人的一生有两样东西是不会忘怀

[①]　王春雷,冯翔.活动管理背景下的国内会展教育发展对策研究[A].教育部工商管理教学指导委员会旅游学科专业组.2009'中国旅游高等教育国际化高峰论坛 国际化:旅游高等教育的机遇与挑战论文集[C].2009:247—257.

的,一个是母亲的面孔,一个是城市的面孔。会展业是汉诺威崛起的重要依靠,为此政府确立了"博览会带动城市发展"的发展战略,为了扶持会展业的发展,汉诺威政府甚至成立了一个城市营销公司,专门推销城市文化、城市精神,以吸引和赢得投资者,创造城市认同,提高城市的知名度和吸引力。

汉诺威会展业是世界最响亮的城市品牌。从具体操作上看,德国的会展场所大多由地方政府投资兴建,政府控股,会展公司和其他经济组织参股,实行公司化管理。会展公司既是会展中心的持股者,又是经营者,还是管理者。政府主要任务是幕后规划、政策支持和宏观指导,其并不参与会展公司和会展项目的利润分成,仅从会展及相关行业不断增加的税收中获得收益,且其中大多数盈利仍用于投资会展业的再发展。每逢举办重大国际性会展活动,政府上层要员都会参加开幕庆典,此外,政府有关部门也经常调查研究,及时反馈情况并对相关法规予以修订完善,有效协调和解决会展业发展中遇到的各种问题。德国经济展览与博览会委员会(AUMA)作为政府与会展企业间的中介机构,负责本国大型国际博览会的信息传递、咨询宣传、推介安排和协调服务等事宜,并在维护会展业参与各方的利益上提供坚强的依靠。在具体展会项目运营上,政府则是简政放权,除了制定市场规则、兴建会展场馆和提供经费支持外,其并不干扰项目的市场化运营,在会展业的发展中扮演了"护航者"的角色。

(二)以产业为支撑的发展模式

德国在打造国际会展系列中心城市过程中,采取的另一重要策略就是基于城市产业基础打造具有行业影响力的大型国际品牌展会。这些城市并不盲目追求每年举办展会的数量,而是将关注聚焦在展会的规模和质量上。实际上,德国主办或承办各类展会的专业会展机构数量并不多,在全国建有会展场馆的70个城市中,成立的专业会展公司大约仅有100家,这也就是说,每个城市平均只有1~2家的专业会展公司。值得关注的是,正是这些会展中心城市中为数不多的专业会展公司打造了一批世界级的品牌展会。深入分析可以看到,这些公司在打造大型国际品牌展会的时候,都有一个高度相似的行为特征——非常重视会展与城市产业的结合。以汉诺威为例,作为典型的工业高度发达的城市,其在制造业上的优势尤为突出,城市的电子工业技术先进,74%的人口从事第三产业,这些都为其打造国际一流的品牌展会提供了坚实的产业支撑,汉诺威通信与信息技术博览会(CeBIT)、汉诺威工业博览会(HANNOVER MESSE)和汉诺威世界汽车及车载装备展(IAA Nutzfahrzeuge)等莫不如是。[①]

---

① 王春才.德国会展中心城市的发展路径与策略研究[J].江苏商论,2010(1):56—58.

　　会展活动的终极目标是产业发展,在会展业发展过程中,要注重主题产业的发展,而不是仅关注会展活动本身的发展。会展业自身发展对城市发展很重要,其具有经济拉动效应,能够带动相关服务产业的发展,但必须清醒地认识到,会展项目之所以能够发展壮大,更多的是因为有产业在背后支持。在会展业发展进程中,是先有产业会展,后有会展产业,会展活动的职责和使命是促进主题产业做好、做大、做强,因此,必须要立足推动产业发展的战略来谋划会展产业,而不是仅仅聚焦于会展活动本身的发展,否则只能是只见树木、不见森林。对政府而言,在重视会展业发展的前提下,不能只把精力用在单个活动、单个项目的指挥谋划上,而是要重点思忖相关产业发展环境的营造,对当地优势产业进行宏观规划,出台产业发展政策,最后再通过相应的会展平台来推动这一产业的发展。政府要做好对产业会展的政策扶持,包括产业政策、财政政策,通过这些政策,培育市场,教育市场,打造会展品牌,推动产业发展。[①]

四、延伸阅读

德国会展业"长盛不衰"的七大优势[②]

(一)历史与区位优势

　　首先,历史优势使德国会展业颇具厚重的"积淀"感。若按现代会展业标志——德国莱比锡样品博览会(1894 年)来计算,世界会展业至今只有 120 多年,即便从被后人视为世界展览会历史上里程碑的英国"万国工业博览会"(1851 年)算起,也就 160 多年,而德国会展业却可追溯到 13 世纪,至今有 800 多年的悠久历史,其也常被称为"国际会展业的大哥大"。德国之所以能成为"展览王国",与德国在历史上的多年积累密不可分。其次,重要的区位地缘优势凸显德国会展业的发展契机与影响力。德国经济对整个欧洲具有很强的辐射作用,"德国制造"享誉全世界,德国展会是企业在会展业寻找位置和发现行业发展趋势的重要窗口,因而,其魅力让欧洲乃至全世界会展业界慕名而来,满意而归。

(二)管理体制优势

　　德国会展业采取市场主导和政府培育相结合的管理模式,政府、企业、行业

---

　　① 储祥银.会展活动的终极目标是产业发展[EB/OL]. http://www.sohu.com/a/790267_115562.

　　② 案例来源:张晓明,徐丽莎.论德国会展业"长盛不衰"的七大优势[J].未来与发展,2016,40(5):27—33.

协会各归其位、各司其职,体制优势明显,运作机制相对顺畅。德国政府注重展览投资,积极扶持城市会展业发展。因而,德国主要会展场馆基本上由政府投资兴建,交通等基本配套也由政府完成。政府一般持有主要会展公司的较大股份,会展公司和经济组织采取参股形式。场馆主要以租赁或委托经营的方式,由大型会展公司负责经营。政府不参与公司利润分成,仅从税收中获得效益,且多数用于会展的再投资,这减轻了投资方的资金压力,对国有资产增值保值及会展公司迅速完成原始积累很有好处。展览公司既是展览中心的管理者,又是多个大型展会的拥有者与实施者。此外,政府从事制定政策、经费扶持和会展推广,每年都制定"官方出国参展计划(AMP)",政府每年给予参展公司的财政资助达数千万欧元。

在政府指导下,德国会展界有被称之为"德国会展行业协会"的"德国经济展览和博览会委员会"(Association of the German Trade Fair Industry,德语缩写为 AUMA),其主要负责大型国际博览会的信息传递、推介安排、咨询宣传、数据统计、行业研究和有关协调服务事宜,维护会展行业经营中的各方利益(如争取政府资金等)。AUMA 在展会精准定位、有效避免重复办展和多头办展等方面产生了积极影响。此外,除了世界级权威认证组织国际展览协会(UFI)外,德国还有一个隶属于 AUMA 的权威审计机构——德国会展数据自愿审计认证组织(Society for Voluntary Control of Fair and Exhibition Statistics,德语简称 FKM),对德国展览会运作的规范化也起到了一定作用。

(三)场馆设施优势

德国会展场馆的规划优势体现在三方面:城市分布规划、内部结构设计规划、配套设施的规划。在德国,几乎所有城市都有展览中心,但主题与特色相对分明。尽管会展城市多,会展公司和会展中心也多,但整体不显凌乱,几乎没有重复办展、多头办展,这是政府有效规划、城市建设协同配套的结果。德国会展中心在内部结构设计上很有特色,在设计上考虑了多种大小规模的不同展会。此外,德国会展场馆综合性强,配套服务周全,展览、会议与洽谈等"浑然一体",主要活动能有效衔接,住宿、餐饮、咨询、物流等方面都有齐备的服务场所与相关设施,适应各类个性化要求,场馆交通出行方式便捷。

(四)国际拓展优势

一方面,德国积极开展国际性招商,以高质量展会吸引国外企业到德国办展。德国展览公司的国际战略意识始于 20 世纪 60 年代,之后会展业的全球化推广业绩明显并迅速形成优势。在每年的德国国际性展会上,50%的参展商和 20%~25%的观众来自国外,专业博览会中的国外专业观众比例更高达 30%。

另一方面,德国积极组织国内公司开展"全球办展",在世界营造"展会,德国制造"的鲜明形象。2011年以来德国每年在海外举办展会大约250场左右。德国会展公司在国外建立了至少420多个办事处。以细腻服务著称的杜塞尔多夫展会公司的66个办事机构分布在世界上108个国家和地区,还建立了13家子公司或合资公司。

(五)法律体系优势

在德国,不允许参展商提前撤展,参展样品也不允许现场出售或在展会上被"SALE"(打折)处理。之所以参展商有统一行为,和德国完善的会展法规直接相关。目前,德国在会展业已形成较完整的法律体系,其中包括《公司法》《公共安全法》《产品安全法》《商标保护法》和《知识产权法》等,对会展业的市场准入制度、展台管理、展品管理、知识产权保护、会展评估及会展税收等都作出了明确规定,对行业自律具有重要意义。在执法方面,会展业也明显体现了德国管理"严谨、严格、严肃"的基本特征。

(六)优质服务优势

首先,德国会展业在服务上体现内容优势。慕尼黑、法兰克福等重要会展城市都善于在"硬件""软件"两个层面提供服务,使参展商与观众深感"贴心"。比如,德国会展场馆建设与配套设施在服务客户上处处体现"以人为本"。展览场馆中的服务区域比例一般为1:1或1:1.5。其次,德国会展业在服务上体现"精细化"。德国会展业不再满足于基本服务,而从展会生命力角度更多实现参展商的利益,主动为国外参展商提供展台形象设计、参展产品宣传等服务,且通过严谨的科学方法对会展市场发展的主要数据进行收集、整理、分析与研究,并及时提供给参展商与观众。

(七)生态环保优势

德国会展业注重环保生态,在场馆设计、材料选取、配套设施及展品选择上越来越突出节能、环保、绿色、生态等特色,其展会几乎无一例外地主打环保节能和健康的标识及品牌。慕尼黑新展览中心是世界上最先进的展览中心之一,设计者在工程中贯穿了环境责任感,特别注重水、光线、绿化等元素,对场馆可能造成的环境影响进行了深入研究。场馆总面积的17%为绿地所覆盖,展厅有世界上最大的屋顶太阳能装置,展馆10%的能源由此而来,也使其成为世界上第一个拥有太阳能系统的贸易中心。

五、思考讨论

(一)政府主导型与市场主导型之辩

会展业因其巨大的政治、经济和社会效益而被世界各国政府高度重视,其快速发展强有力地带动了住宿、餐饮、交通、旅游等相关服务业的协同发展。政府主导型会展发展模式支持者认为,政府出手培育一些有国际影响力的展览会,其对会展及相关产业的发展具有引领和带动效应,政府主导的展览会在促进精神文明建设、城市经济建设以及和谐社会构建等多方面具有不可估量的作用。[①] 但是,针对政府主导型展会的质疑之声一直不断,批评者认为,这直接导致了政府在展会市场中不仅充当了"运动员"而且扮演了"裁判员"的角色,这严重扰乱了市场本身内在的发展规律,影响了会展业的健康、可持续发展。市场主导型支持者认为,许多发达国家会展业的成功归功于"市场主导",在中国,会展业高水平发展地区也是市场化程度高的地区,通常以上海为典型代表。

请你结合汉诺威及德国会展业发展的经验和启示,谈谈对这一问题的认识。

注:政府主导型展会中的"主导",可以指由政府主办或参与主办、政府承办或参与承办、政府协办或参与协办,而市场主导型展会是指充分发挥市场主体的作用,在市场机制下,使会展资源要素得到合理流动和配置,以提高展会的竞争力。

(二)会展场馆投资热与低出租率之困

"基础设施的建设和完善是会展业得以发展的基本前提,而会展业对城市经济的影响之一就是与建设会展场馆、完善交通和酒店住宿条件之间建立一种循环因果关系,即会展业的发展必然会促使一座城市建设相应的配套设施,而相应的配套设施的完善也可能会为会展业发展壮大提供动力。"[②]

展览场馆的兴建会带动地方会展经济的发展,但会展经济所溢出的经济和社会效益,包括交通、购物、娱乐等方面的增值收入,很多是展览场馆经营主体本身得不到的。政府可以通过税收的增长享受到会展经济带来的经济效益,这里就涉及经济学中的外部性问题,也正因如此,建设和经营展览馆这种"赔本的买卖"多半是由政府来做的。"场馆建设热"(简称"建馆热")成为 21 世纪初以来中国会展业发展的一个鲜明特征。近些年,我国几乎每个省会城市和其他大中城市甚至县域城市都在新建、扩建、改造展览馆,掀起了一轮又一轮的建设热潮,场馆规模和投资金额越来越大。相比国外场馆建设实用为先的内在要求,

① 吴花,秦荣廷.政府主导型展会发展的现状及对策分析[J].现代经济信息,2018(4):62—63.
② 许忠伟,严泽美.会展业对地区经济影响的研究述评[J].旅游论坛,2016,9(6):1—9.

我国地方政府在场馆建设中往往倾注了"标志性情结",追"大"崇"最"。

在"建馆热"背后,有数据显示,目前我国的室内展览面积已经超过了办展面积比我们大得多的德国,新建展览馆的运作几乎鲜有盈利,就区域布局来说,也形成了严重的资源浪费局面。《2018 中国会展产业年度报告》显示,全国场馆平均出租率仅为百分之二十几,相较德国近 50% 的整体出租率来说,差距巨大。在国际上,场馆出租率平均值的下限为 15%,即展览场馆出租率如低于 15%,表明展览场馆的利用水平低下,而 50% 的展馆出租率,则被公认为较好水平。现实情况是,我国目前四成以上的场馆出租率在 10% 以下。

请你根据上述材料,分析政府"建馆热"背后的动因并谈谈如何提升场馆出租率。

(三)县域会展经济发展的机遇与挑战

改革开放以来,中国会展业从小到大,行业经济效益逐步攀升,成为国民经济新的增长点,创造了良好的经济和社会效益。然而,在会展经济蓬勃发展的同时,其趋势也逐渐偏向了少数几个大城市:北京、上海、广州、深圳等为数不多的大城市竞相举办全国性乃至世界性的展览会,占据着展会市场的大份额。那么,是否小城市就与会展经济无缘呢?

中外会展业发展的事实证明,中小城市在会展业大发展的时代亦大有可为。德国汉诺威以世界会展之都著称,在全球会展业久负盛名,世界上两个最大的博览会均由汉诺威举办,但实际上,汉诺威仅仅是一个面积 203 平方公里、人口 51 万的小城。在国内,会展业的新星城市义乌,虽为小小的县级城市,但其不仅以全球最大的日用消费品采购基地著称,时至今日,其已发展成为世界小商品新技术新产品展示的最大平台;亚洲论坛的举办地博鳌,从一个鲜为人知的琼海小渔村实现了亚洲论坛永久性会址的华丽转变,同样创造了一个神话般的会展奇迹。汉诺威、义乌、博鳌三城尽管在发展会展经济过程中,有着不尽相同的特点和经历,但不可否认的是,它们都是小城市的代表,规模小,人口少,可供支配的资源也较为有限,但最终会展经济在这三座小城市成长为优势产业,成为地方经济新的增长点,其用实践证明了小城市可以办大会展。

以浙江为例,义乌、永康、海宁等为代表的县域特色会展城市迅速崛起令人瞩目,我国首个县域会展经济研究专业机构也于 2012 年 5 月在浙江应运而生,未来中小城市如何借助会展产业发展的东风,助力地方经济发展,值得期待。

请你结合现代会展业形成和发展的条件来分析县域会展经济的发展前景,并结合具体案例(如浙江桐乡乌镇)提出县域会展经济的发展对策。

第八章　世界旅游之都——开罗

一、案例描述

"从未见过开罗的人,就等于没有见过世界的人。"《一千零一夜》中如是说。开罗是一座极富吸引力的文明古都,作为埃及首都及最大城市,同时也是非洲及阿拉伯世界最大城市,其横跨尼罗河,为整个中东地区的政治、经济、文化和交通中心。作为世界上最古老的城市之一,也是当今世界上少有的遭受战争破坏最少的古城,开罗经历代王朝和政府不断修建和扩建,保有五千年连续不断的历史,最终形成今天这个古今并存、互相辉映的大都市。

著名作家威廉姆 1614 年曾这样描写开罗:一个小世界,伟大的开罗,它是地球上最令人神往和最伟大的城市,它是我们这个大千世界的微缩景观。亨利·亚当斯 1898 年则如此形容开罗——据我所知没有任何一个地方像开罗那样既多姿多彩又永恒不朽。作为一座国际著名旅游城市,今天的开罗展现在我们面前的不仅有古老的金字塔、历史悠久的基督教堂、高耸入云的清真寺宣礼塔、静静流淌的尼罗河,还有鳞次栉比的现代建筑、喧嚣的街市和埃及人悠闲的生活。①

(一)埃及旅游业概览

曾有专家对中东国家的经济形态进行了总结:有些国家如沙特,有油没水;有些国家如埃及,有水没油;有些国家如叙利亚和约旦,无油也缺水。这一总结可谓形象生动,对埃及来说,虽然缺乏石油,但依靠阿斯旺水坝以及棉花种植,这个国家的经济发展还是获得了一些支持。然而,随着大坝工程造成的沿河流域可耕地土质肥力持续下降这一负面效果的显现,埃及的农业日渐萎缩,其经

---

① 埃及驻华使馆旅游处. 开罗——世界之母的风采[EB/OL]. http://blog. sina. com. cn/s/blog_59507fcc0100mcge. html.

济越来越依赖于旅游业。[1]

旅游业是埃及无可争议的支柱产业,并且已发展成为埃及首要外汇收入来源。旅游业每年都为当地提供了众多就业机会,并且带动了一系列相关产业的同步发展,在埃及国民经济的增长上发挥了重要作用。作为四大文明古国之一,埃及有着极为丰富的旅游资源:开罗近郊屹立了4500年的大金字塔令世人心驰神往;南部众多神庙有着深厚的文化沉积,古老的历史和令人咋舌称奇的建筑,让游人流连忘返;红海之滨、西奈半岛南端的沙姆沙伊赫展现出现代休闲度假的独特魅力,吸引着无数游客。

穆巴拉克下台后的几届埃及政府,都把复苏旅游业作为主要任务。旅游业在埃及国内生产总值的占比达12%,对外汇储备贡献超过14%。为了吸引外国游客,埃及尝试了很多创意,包括推广热气球旅游项目等。埃及旅游部门之前预计,埃及2015年接待了大约1000万游客,其中俄罗斯和英国游客共计约占40%。作为中东重要的旅游大国,埃及拥有较为良好的旅游基础设施。以占埃及旅游80%份额的海滨旅游配套为例,在西奈南部和红海共设有52个旅游中心,建有20万间宾馆客房,这一数字占到埃及全国宾馆客房总数的80%。在海滨旅游这一旅游类型之外,娱乐游、医疗康复游等新兴业态的旅游在埃及也得到特别重视,在此基础上,埃及旅游提出了一个宏伟的目标——2020年实现300亿美元的旅游收入和3000万人次的入境游客接待。[2]

(二)埃及旅游业的发展举措

有着7000年历史文明的埃及,其旅游业依托的是丰富的自然资源和深厚的文化底蕴。古埃及的法老陵墓金字塔、卢克索的神庙和方尖碑、国王谷的木乃伊、科普特教堂、古罗马剧场、伊斯兰清真寺、萨拉丁古城堡和许许多多各具特色的博物馆,不仅吸引着全世界考古学家和科学家的目光,也是普通旅游者心驰神往的地方。长期以来,旅游业一直是埃及国民经济的传统支柱产业之一,约占其全国外汇总收入的1/4。

为了应对全球化的挑战,埃及采取多种措施,充分利用、整合原有的以历史古迹为主的旅游资源,并积极开发新的旅游景点和旅游品种,提高旅游服务质量,逐年加大对旅游业的投入力度,增加旅馆饭店的接待能力,增加航空和地面交通的运载能力,改扩建机场、道路、饭店,使这个本来就在世界上享有盛誉的古老国度的旅游业努力排除国际国内不利因素的影响,重新焕发了活力。

---

[1] 刘滢.埃及旅游业又迎"寒冬"[N].工人日报,2015-11-10(008).
[2] 刘晖.埃及旅游业,飘摇中的"热气球"[J].世界知识,2013(7):50—51.

1. 加大旅游宣传力度

埃及是一个东西方文明集聚的国度,古迹旅游是埃及旅游的传统项目。古代法老时期、科普特时期、希腊罗马时期和伊斯兰时期的名胜古迹遍及全国各地,令游客流连忘返。古迹旅游的客源主要来自欧洲、美国、日本、东南亚等地。埃及旅游业一度受地区局势影响而遭受巨大损失,为了扭转这一局面,埃及旅游部大力开展旅游宣传工作,加强旅游市场的营销策划,并于 2002 年 2 月成立了便利旅游技术委员会,推出多种便利旅游项目,简化游客出入境手续。这一系列措施的实施,无不指向尽快重振旅游业在埃及国民经济中的支柱地位。

为了遏制游客数量下滑的趋势,埃及在世界各地大力开展旅游宣传活动,如参加在西班牙、意大利、德国、瑞典、俄罗斯、瑞士等国各大城市举办的旅游交易展览会。埃及还主动在国内承办各种大型国际会议,并走出去举办古埃及文物展,以此来展示自己的能力和形象。埃及以地中海交易所的名义,主办了地中海国际女实业家大会、国际旅游证券交易所会议、意大利旅游公司和旅游代理总联盟会议、拉丁美洲各国旅游公司和组织联盟会议,承办了法国产品展览会、德国技术展览会等有影响的国际展会,广揽天下客源。这些展会不但取得了良好的宣传效果和经济效益,还进一步加强了埃及与各国的政治互信和经贸合作关系,加强了世界不同民族文化的交流,加强了各国人民之间的了解,最大化地减少了国际国内不利因素对埃及旅游业造成的冲击。

2. 大力开展特色旅游

2004 年埃及民航和旅游业发展会议就已提出:要进一步开发、改造埃及西北部沿海地区旅游设施,增建 1 万套四星级酒店客房,把该地区改造成为具有吸引力的长年旅游胜地;扩大、改造开罗、沙姆沙伊赫、卢克索、马特鲁等机场,使其能够在 5 年内运用现代化技术设备,提高通关和安检能力,并提出把机场建设成为对外开放展示的窗口和大型综合性超市。会议同时指出,埃及要在传统的文物古迹旅游外,更好地利用自己得天独厚的自然资源开办各种特色旅游,如海滨游、健身游、教育游、节庆游、会展游等适合各种需求和群体的旅游项目。

埃及拥有近 3000 公里的海岸线。它东临红海,亚喀巴湾和苏伊士湾犹如两只巨大的胳臂拥抱着西奈半岛,那里有沙姆沙伊赫、萨法杰等著名的旅游城市,还有穆罕默德角、圣凯瑟琳等自然保护区。埃及北濒地中海,那里有亚历山大、马特鲁、阿里什、塞得港等避暑胜地。这些地区气候宜人、风景秀丽、海水清澈、沙滩柔软,并富有五颜六色的珊瑚礁和珍稀鱼类、贝类,适宜开展游泳、冲浪、赛艇、垂钓、潜水等旅游项目,是埃及得天独厚的自然旅游资源。

　　埃及西北部地中海沿岸马特鲁地区,原来开发的旅游度假村已不适应当下旅游业的发展。埃及与德国一家大型国际旅游企业开展了合作,由该公司投资6亿美元兴建四星级酒店,以此来提升埃及西北部沿海旅游业的级别和利用率。埃及有许多体育俱乐部,如半岛马术俱乐部、高尔夫俱乐部、射击俱乐部、国民俱乐部、札马里克俱乐部、沙姆沙伊赫海上俱乐部等等。此外,埃及还组织沙漠探险、登山等健身旅游项目,温泉浴、矿泉浴、黑泥浴等疗养旅游项目,这些旅游项目迎合了游客返璞归真、崇尚自然的心理,吸引了一大批游客前来尽情享受大自然赠予的乐趣。

　　为了吸引国内外游客,埃及在很多旅游度假村开设教育旅游项目,教授电脑、速写、健美操等速成知识,一方面迎合了游客利用度假间隙学习知识的心理,也使旅游增加了新的意义和亮点。

　　组织各种节庆旅游是吸引游客、推销产品的一大创举,也是游客喜闻乐见的形式。近年来,埃及推出国际、国内和地区性的"歌唱节、音乐节、雕塑节、电影节、戏剧节、艺术节、革命节、宗教节、读书节、购物节、香料节"等名目繁多的节庆旅游项目,这既调动了商家的积极性,又展示了艺术家的才华,也使游客各尽其兴,同时收到了良好的经济效益,可谓一举多得。埃及是非洲的大国,是阿拉伯伊斯兰国家中有着重要影响力的国家,举办各种展览和国际会议是埃及旅游收入的重要来源之一。它既宣传了埃及,又为与会参展商提供了一个互相交往的机会,使他们更加了解埃及,愿意与埃及合作并利用埃及在非洲和阿拉伯伊斯兰世界的国际地位开拓市场。埃及每年都要举办国际、国内各种大型会议和展览数十个。仅从埃及一年一度的开罗国际图书博览会便可以反映出埃及在举办展览方面的规模状况及取得的成就和效益:2019年第50届开罗国际书展有来自35个国家和地区的749家出版社参加,其中包括579家埃及出版社和170家国外出版社,除图书展销外,本届书展还举办了丰富多彩的文化交流活动,包括8个以写作、戏剧和艺术等为主题的工作坊,吸引了2800多位诗人、作家、文艺批评家和艺术家参与。始于1969年一年一度的开罗国际书展,已经发展成为全球最大的国际书展之一,在书展期间还举办各种主题的研讨会、座谈会,邀请著名文学家、思想家与广大青年共同关注埃及的未来,这不仅是提高民族素质的一种极好方法,也为埃及的旅游业带来了新商机。[①]

---

　　① 梁雅卿.埃及旅游业的发展与展望[A].北京外国语大学阿拉伯语系.当代阿拉伯问题研究——"当代阿拉伯问题"国际研讨会论文集[C].2005:9.

(三)埃及旅游业应对恐怖事件

"早在1997年11月17日,埃及卢克索著名旅游景点哈特谢普苏特神庙入口处,6名恐怖分子突然使用自动步枪向游客疯狂扫射,造成60余名外国游客和埃及人当场被打死。惨案发生后,埃及旅游业几乎立即陷入停顿状态。埃及政府为了挽回国家声誉,继续招徕游客,设立了多达3万人的旅游警察队伍。如今埃及的旅游警察为了保护游客已经尽其所能:所有旅游地均重兵把守,甚至有急救车备勤,车内各种急救药品和医疗器械齐全。"[1]

旅游安全是旅游业发展的基石。"没有安全,就没有旅游",这是无数旅游实践经验和教训的高度总结。埃及旅游业虽时常受到恐怖事件的袭扰,但与全球旅游业相比较,埃及旅游业的发展仍可谓独领风骚。对各国游客而言,埃及仍是中东地区首选的旅游目的地,其游客数量约占该地区总数的五分之一,应该说成绩的取得与埃及政府的积极应对是分不开的。[2]

1.及时准确地发布安全信息

突发危机事件或灾难后,埃及政府能做到及时公布准确的信息,通过让公众知晓事件进展情况,消除公众的恐慌性情绪,促进社会秩序稳定、信心凝聚和合力形成。在暴恐事件发生之后,政府会对事件的损害程度、发生原委以及救援措施通过电视、媒体等方式进行公开,竭尽全力挽回国家及旅游业形象,消除旅游者顾虑,提振消费信心与动力,最大化地减少负面事件对旅游业的冲击和影响。

2.加强反恐确保社会安全稳定

自2011年穆巴拉克迫于国内动乱的压力下台以来,埃及政局有所动荡。1981年和1992年颁布的《紧急状态法》与《反恐法》,为埃及反恐提供了有力的法律保障。为保障旅游活动的安全进行,一旦发生恐怖袭击,埃及政府一般会通过加派警察和严格安检等形式确保游客安全,同时还会派员护送旅游团队,最大化地确保游客的安全。此外,埃及政府积极推动地区及国际反恐合作,通过召开高级别"国际反恐大会"、签署《国际反恐协定》等形式汇聚全球反恐智慧和反恐力量,从而形成对恐怖主义的震慑。

3.稳定汇率以确保国家金融安全

严重恐怖事件可能导致金融市场的紧急关闭,而这将引发金融市场中大量

① 千里岩.埃及恐怖活动加剧,警方应对困难重重[J].现代世界警察,2018(8):4—5.
② 刘晶.恐怖主义对埃及旅游业的影响及政府的应对措施[J].内蒙古民族大学学报(社会科学版),2011,37(3):69—72.

流动资金的暂时瘫痪,甚至造成货币贬值,严重影响国家金融稳定。无论是针对金融系统定向策划的还是传统恐怖事件引发的金融恐怖主义,其都具有策动者广泛、影响力巨大等特征。[①] 埃及政府在恐怖事件出现之后,着重维护埃镑与美元的汇率稳定,确保金融市场稳定,这在经济和金融层面为埃及旅游业在非常态下发展奠定了基础。

4.采取灵活机动的市场激励政策

旅游业的发展离不开政府的宏观调控与政策支持,面对危机时尤为如此。"9·11"恐怖事件导致赴埃旅游人数急剧下降,为使旅游业尽快走出低迷,埃及政府于 2002 年制定实施了旅游消费刺激规划并取得了巨大成功。2003 年,埃及旅游财政预算经批准增至 80 亿埃镑,这大大增强了其在中东地区旅游市场上的竞争力。不仅如此,价格政策也是埃及政府有效降低来埃费用、加快旅游业复苏的常规选项,与欧洲及阿拉伯海湾国家相比较,埃及旅游业在价格上非常具有竞争力。以住宿为例,旅游旺季在埃及首都开罗等大城市 70~150 美元就能入住一晚三星或四星级酒店,而同期入住中东旅游胜地迪拜的酒店费用则可能要翻倍,达 240~500 美元/晚。为方便经济不够宽裕的各国游客赴埃及旅游,埃及还有不少价格在 30~50 美元之间的中小经济型旅馆能提供住宿服务。从门票价格来看,即便是历经数次提价,埃及旅游景点的票价整体来说还是比较低的:外国游客仅需花费不到 10 美元(50 埃镑)便能一览金字塔景区的奇妙,观看狮身人面像前的夜间声光表演也只需 60 埃镑;埃及国家博物馆的门票也很亲民,每人仅 50 埃镑,学生还能享受半价。实际上,为了鼓励国内民众出游,埃及景区对本国公民的门票价格普遍低至 2 埃镑。

5.加大旅游推介进行策略化营销

为扭转恐怖袭击对旅游业的不利影响,埃及旅游部门不断加码旅游营销,仅 2001 年,埃及政府用于旅游广告宣传的投资就达 53 亿埃镑,在重点客源国的旅游推介和宣传推广上更是不遗余力。首先,针对客源国市场举办形式多样的促销活动。仅 2002 年,埃及就参加了 8 次国际性的旅游促销展会,而地区性旅游展览参与总数达 129 个。举办诸如卢克索国际马拉松赛、红海国际钓鱼比赛、沙姆沙伊赫桥牌比赛等在内的各种旅游节庆,以吸引更多的旅游者。实际上,埃及旅游部门面向全球主要旅游市场(英国和爱尔兰、德国、法国、意大利、奥地利、瑞士、东欧、西班牙以及阿拉伯地区),以及有较大潜力的市场(英联邦国家、俄罗斯以及日本)都常态化开展旅游促销活动。

---

① 裴睿.金融恐怖主义与我国的应对措施[J].经营与管理,2019(9):7—12.

其次,旅游使者和网上推介齐头并进。为拓展海外旅游市场潜力,埃及在驻外大使馆专门派驻了旅游参赞,负责海外目的地国的旅游促销和具体旅游事务协调。如今,中国也成为埃及重要的海外客源地国家,因此埃及驻华使馆同样也派驻有旅游参赞。除了借助这些旅游使者的力量外,进入网络时代以来,埃及还积极探索互联网营销推介,推出了七种语言的旅游信息综合门户网站。

最后,在旅游宣传策略上采用"脱敏式营销"。一个现存的事实是,许多客源国市场的游客通常会把恐怖主义和埃及紧密联系在一起,而海滨目的地与埃及恐怖事件的关联往往被忽略,这也就是说,人们对埃及的关注往往被有意无意地吸引到恐怖袭击事件上,而对埃及海滨旅游目的地的关注则源于大量美好的旅游信息。正因如此,埃及政府在对外旅游宣传时通常是竭力描述旅游方式与旅游效果,却绝口不提埃及——广告中抹去了所有与埃及有关的图文信息,从而有效避免海外旅游者将埃及恐怖事件与这些海滨旅游目的地关联在一起,让游客感受不到任何旅游目的地安全上的威胁,最大化地消除了游客决策中的不安因素。

(四)蓬勃发展的开罗旅游业

作为埃及的首都,开罗横跨尼罗河,气魄雄伟,风貌壮观,是整个中东地区的政治、经济和商业中心。该城市为埃及和阿拉伯世界最大的城市,也是世界上最古老的城市之一,更是埃及最受欢迎和最具特色的旅游城市。开罗街道上川流不息的车辆,大大小小清真寺的拱顶,鳞次栉比的高大建筑,纵横交错,气势非凡,还有那白帆点点、飘若玉带的大河,荡漾入海,不舍昼夜。开罗是世界文化古都,西亚及北非地区文化中心,历史古迹和风景名胜众多,其中开罗古城被列为世界文化遗产,著名的清真寺、浴池、喷泉和狭窄弯曲的街道等备受欢迎。游客可参观开罗歌剧院、开罗解放广场、开罗死亡之城、埃及博物馆、开罗塔、汗·哈利里市场等知名旅游景地。[①]

为了大力发展旅游业,开罗采取了一系列行之有效的措施。考虑到当下休闲旅游在国际旅游市场中占比日益显著的这一特点,其在继续发展好具备优势的文化古迹旅游之外,大力开发包括会议、娱乐、体育保健、奖励和宗教等在内的多种形式的旅游新业态;在五星级酒店餐厅增设东方舞和法老芭蕾舞表演等文娱节目,邀请西班牙、美国、巴西的歌唱家和舞蹈家前来演出,并以此为卖点招徕游客;作为埃及的首都,开罗是个重要的国际会议中心,其有关部门十分注重交流信息,以薄利多收的手段不断扩大会议旅游;开罗旅游部门还特设专门

---

① 欣欣旅游网. 开罗[EB/OL]. https://abroad.cncn.com/sight-28012.

机构与全球同行、国际托拉斯及各大公司进行联络,推行奖励旅游。[1] 此外,开罗旅游部门还积极增辟新的旅游点,以吸引更多的游客,同时积极引进外资,提供优厚条件,鼓励兴建酒店和其他旅游配套设施,使开罗的旅游业呈现出快速发展态势。

二、案例分析

作为一个文明古国,埃及有着 7000 年的悠久历史和光辉灿烂的文化遗产,神秘的金字塔、法老古墓和木乃伊,闻名遐迩的狮身人面像还有恢宏的卢克索神庙等文物古迹让埃及成为当今世界为数不多的可让"时光倒流"的旅游胜地。埃及风景秀丽,迷人的尼罗河是世界第二大河,亚历山大城被誉为"地中海新娘",阿斯旺大坝则更是举世闻名的旅游胜地。埃及地理位置优越,交通网四通八达,海滩金色诱人,珊瑚多姿多彩,红海游览景点五色斑斓,得天独厚的旅游资源加之热情好客的人民,为埃及旅游业发展提供了有利支撑,旅游业也不负众望成为国家经济的支柱产业。

近 10 年来,埃及旅游业取得了突飞猛进式的发展,其在旅游机构健全、旅游设施完善、工作人员素质提高、服务改进等诸多方面都取得了显著成绩,并逐步积累和形成了一整套发展旅游业的经验、制度和方法。[2]

(一)因地制宜,拓展产品

旅游业的蓬勃发展不仅为埃及增加了国家收入,成为仅次于石油业的国家经济支柱产业,而且有效推动了埃及政府部门工作效率的提升——旅游业发展离不开内政、通信、交通、住宿、卫生和新闻等多部门的通力合作与密切配合,同时解决了埃及国内数十万人的就业问题,缓解了失业带来的社会矛盾。无论是神奇雄伟的金字塔、石棺窟还是壮观的古城堡、神庙,这些闻名于世的埃及古迹景点让无数游客驻足瞻仰。实际上,埃及旅游部门并不是简单地依赖景点门票这一单一旅游收入来源,其还因地制宜地拓展旅游产品,努力扩大游客来源:尼罗河泛舟夜游已成为热门的保留项目,"水晶船""法老船"等数十艘游船每晚光顾的游客络绎不绝,吃特色饭菜,听本土音乐,看民族舞蹈,观赏两岸流光溢彩,令游客流连忘返;长长的海岸线为潜水、游泳、冲浪提供了良好条件,阳光、沙滩、海水则又是皮肤病游客理想的疗养所,滨海旅游成为埃及旅游业强劲增长的又一个亮点;无垠的沙漠成为探险旅游者向往的好去处,而大金字塔下的国

---

① 宋淑运.蓬勃发展的埃及旅游业[J].阿拉伯世界,1991(2):70.
② 周家高.埃及旅游业何以得到蓬勃发展[J].环渤海经济瞭望,2001(5):41—42.

际壁球公开赛则让运动员和游客有了非比寻常的体验……即便人们旅游兴致各有不同,但无论男女老少,埃及总有一款"对味"的旅游活动可供挑选。

(二)注重创新,特色发展

在传统文化古迹旅游发展基础上,埃及还坚持不断创新,大力发展会议会展、体育保健、休闲娱乐以及奖励、宗教、生态等特色旅游业态。以生态旅游为例,埃及建设了 21 个自然保护区,总面积占其国土面积 8.5%,这些保护区各具特色的环境体系为旅游开发提供了可能——生态建设实质上也是为生态旅游作资源储备。除自然保护区外,埃及还将 19 个地区列为保护区,至 2017 年,埃及 15% 的国土面积受到保护:位于红海省的欧尔巴保护区,森林茂密,埃及蜥鳄、刺猬、鸵鸟、羚羊和海龟在此栖息;贝尼苏维夫省的塞努尔熔岩洞保护区拥有 6000 万年的历史,山石壮观,地质构造独特;开罗省的迈阿迪石林保护区大约有 3500 万年的历史,由矾土、砂石和化石木等所构成,巨大树干化石沉积而成厚度达 70~100 米的"石林",地质构造之罕见堪称世界独一无二;尼罗河诸岛更是天然的保护区,流经的 16 个省 144 个岛屿占地 155 平方公里,生态旅游条件同样是得天独厚。

(三)扩大宣传,广纳客源

埃及旅游部门十分重视旅游宣传工作,尤其是针对重点客源国的宣传更是不遗余力,国内外各种媒介工具都被用来推介埃及的旅游景点和各类接待设施。埃及还常借客源国的国家国庆日机会整版地刊登旅游文章,以宣传为旅游广开门路。为了广纳客源,埃及在景点、住宿、交通等多方面发力,吸引主要客源国市场游客:埃及把红海和地中海沿岸地区确定为优先发展的旅游点,并通过不断增辟新的旅游点吸引游客前来;埃及提供优惠条件,积极引进外资新建旅馆和其他旅游设施,这一措施使红海旅游点游客接待能力突破百万;考虑游客对航空运输的需求,埃及在阿斯旺、卢克索等旅游胜地建设新的国际机场,并赞助旅游包机,为欧美重点客源地市场游客能方便、快捷、经济地直接往返于上述各地提供了多样化选择。

(四)加强治安,改进服务

埃及国内政治局势和复杂的地缘、宗教因素交织在一起,这使其对国家安全稳定问题尤为重视。为严厉打击在埃及境内袭击国外游客的恐怖行为,埃及内政部除了在旅游区布置充足的防御警力,还为旅游团车队指派武装警察护行。金融部门则通过稳定埃镑对美元等主要货币的汇率来控制通货膨胀率,这些措施对稳定和吸引游客起到了十分积极的作用。近年来,埃及旅游部门则更加重视旅游服务和管理,服务欠佳的单位不仅可能被新闻媒体曝光,情节严重的甚至可能被吊销营业执照。政府还从政策和资金上支持、鼓励旅游接待单位新建、更新和完善设施，并有计划地对古迹进行修缮和养护，在旅游开发的同时做好资源和环境保护，那些有古老历史的地区都能得到政府划拨的专项经费予以重点保护。

三、案例启示

(一)以人为本理念与个性化服务

埃及旅游部门提倡以人为本的理念，大力宣传埃及旅游产品和服务。埃及旅游部于 2018 年下半年提出"从人到人"的口号，希望全体埃及人行动起来，通过自己的行为展现埃及安全稳定、丰富多彩的形象，打消游客的消费顾虑。该部门接连邀请文化及体育界名人前来埃及旅游，用口碑传播的方式进一步延伸和拓展旅游推广渠道：当年年底，埃及邀请了 10 名美国社交媒体名人来埃及著名景点游玩，主办方通过活动与社交媒体平台互动的形式展现埃及的独特魅力和旅游吸引力，取得了良好的宣传效应。[①] 这一创新做法，与我国有些城市的旅游推广方法不谋而合，如杭州在 2017 年推出的"温度体验官杭州行"活动。

埃及十分注重提供个性化的旅游服务，并以多种特色主题旅游产品促进行业发展。以埃及著名的旅游城市胡尔加达为例，其于 2018 年 11 月 16 日揭幕了非洲首个体育旅游度假区：该旅游度假区总共耗资 4 亿埃镑（约 2000 万美元），旨在为优秀运动员的培养提供专业设施和服务，其有望成为非洲体育旅游的发展样本。在开罗，政府宣布将在市中心和周边区域改造 23 幢 18—19 世纪建筑风格为主的建筑，并基于此修建 1.2 万平方米的步行街区，打造一座"开放式博物馆"，以满足国内外游客深入了解埃及历史的需求。此外，国际会议如今也成为埃及旅游业发展的新"名片"，众多国际性会议、论坛在开罗接连举行，在开创地方旅游新业态的同时，也为开罗和埃及的旅游业推广、城市及国家形象的宣传作出了积极贡献。

(二)旅游开发与文化遗产保护和谐共生

作为拥有数千年文明史的四大文明古国之一，埃及可谓露天博物馆。悠久的历史和丰富的遗存一方面意味着埃及与生俱来的一些优势，其对游客有着天然的吸引力，文物与自然遗产为埃及旅游业发展创造了许多可能，但另一方面这也意味着，无论是对埃及国家还是居民而言，更好地保护这一珍贵遗产并更

---

① 吴丹妮. 综述：埃及多管齐下重振旅游业[EB/OL]. http://www.xinhuanet.com/travel/2018-11/22/c_1123749103.htm.

多地与世界人民共享遗产也是责无旁贷的。为实现旅游发展和遗产保护的有机融合,该国政府多方开源、积极筹措保护资金,把凝聚人类数千年灿烂文明的文物古迹传给了子孙后代。

1.政府十分注重遗产保护投入

努比亚遗址、伊斯兰开罗、孟菲斯及其墓地、阿布米奈遗址、圣凯瑟琳教堂和古城底比斯及其墓地都是被联合国教科文组织列入《世界遗产名录》的珍贵遗产,埃及政府作出规定,各景点90%的门票收入需上缴国家,而文物考古及保护的费用则由国家予以返还,其内在逻辑非常清晰:旅游是埃及重要的支柱性产业,而文物古迹资源则是发展这一产业的基础和依托。

2.设立专门机构保护文化遗产

自1859年开始,埃及政府就设置了隶属于公共事务部的"文物服务局",开展文化遗产的保护工作,后其主管领导机构历经多次变化,但从1960年开始,文物服务局成为埃及文化部的重要部分,并于1970年正式更名为"埃及文物局"。到了1994年,埃及文物局升格成为最高文物委员会(Supreme Council of Antiquities),其主席由现任文化部长兼任。埃及最高文物委员会负责保护文物、制定相关文物保护的条令,并对埃及境内的考古发掘工作进行监督,下设"史前、古代埃及及希腊—罗马部、伊斯兰及科普特部、博物馆部、技术服务部和资金规划部"五个不同职能部门,这些部门拥有1983年117号法令所赋予的埃及文物保护司法权。①

3.创新文化遗产保护的方式方法

一是寻求全球合作与协作。努比亚遗址的保护就是全球合作保护文化遗产的典范。20世纪60年代,埃及政府计划兴建阿斯旺大坝,这一修建在尼罗河上游的大型水利工程将导致已有数千年历史的宗教建筑艺术——努比亚古代遗址不复存在。联合国教科文组织应埃及请求向世界各国发出了拯救呼吁,51个国家随即作出了协助回应。从1960年至1980年,努比亚遗址迁移共耗资3亿美元,各国专家进行了40多次大规模的挽救古迹活动,24国考古学者进行了实地勘察,22座庙宇均被精确拆移及组装复原。二是未雨绸缪提前规划保护。"世界遗产"的桂冠为埃及历史古迹带来知名度的同时,更为其创造了每年40亿美元的旅游外汇收入,但也相应引发了文物遭到人为破坏的风险。以吉萨金字塔群为例,其距开罗西南约10公里,参观者众多,在其中,作为世界上现存规模最大的巨石建筑、胡夫金字塔有着4500多年历史,旅游开放对金字塔主体的

---

① 尚继媛.埃及政府文化遗产保护举措[J].文物工作,2002(8):41—42.

花岗岩及石灰岩均造成了不同程度的破坏。为保护吉萨金字塔群这一文物遗产,埃及政府未雨绸缪,多方面齐抓共管,不断完善景区的治理,其主要做法有:采取游客人数限制措施;成立专门的文物修缮小组,定期清洁金字塔塔体,对照明及通风设备开展维修和保养;景区四周结合地势修建围墙,并安装专业检查设备;景区内修建电动无轨列车线路;安排人员在景区进行保护巡视等。

4.重视专业人才培养和公众教育

埃及全国约有6000名古迹工作人员,但高素质文物保护专业人才短缺仍旧是一个软肋。统计数据显示,埃及每年发生文物资源侵害案件达数千起,其中因工作人员履职不到位造成的占据相当一部分。为此,埃及文物部门专门成立了一所培养考古挖掘、古迹维修人才的学校,并在其中选派优秀学员赴海外深造。此外,文物工作者协会也正在筹建,后期协会成员可享受包括政府津贴和公费医疗保险等在内的优待。埃及在文物保护的公众教育上也在积极探索,"从娃娃抓起"就是其公众遗产保护意识培养的重要组成:由瑞士银行给予资金支持,教育部、国家博物馆和民间组织共同创办的儿童文物知识培训班,如今已有逾千名儿童毕业,在埃及社会产生了良好的反响。[①]

（三）大规模旅游开发与旅游环境保护

埃及旅游业体系和配套服务仍欠完善,乱收小费现象严重,小商贩纠缠不休,景点配套设施落后等无不是令人头疼的大问题,除此之外,埃及治安隐患也是人们心头的忧虑之一。[②] 近些年来,环境问题越来越引起埃及政府的高度重视,如何促进环境与经济的互动可持续发展也日渐成为国家的发展目标。整体来看,埃及环境政策的核心是通过政府引导、集体和个人主动参与的形式实现自然环境资源的管理和保护,并在可持续发展前提下收获利益,其主要采取的措施有颁布法律、设置管理机构和建立自然保护区等。总体而言,所有这些环境措施都与旅游业的发展紧密相连,其保证了旅游业的健康可持续发展。埃及政府在旅游开发同时所采用的环境保护措施主要有以下几点。[③]

第一,在意识上高度重视环境保护,这从国家立法及相关管理机构的设置可见一斑。

---

① 纳赛尔·阿伯戴-阿尔.文化遗产保护与旅游开发和谐共生机制研究[A].江苏省旅游学会.旅游学研究(第二辑)——文化遗产保护与旅游发展国际研讨会论文集[C].江苏省旅游学会:东南大学学报(自然科学版),2006:5.

② 陈聪.埃及旅游业沉疴待治[N].中华工商时报,2012-10-23(004).

③ 李萍萍.埃及的旅游环境影响、环保举措及启示[J].和田师范专科学校学报,2009,28(3):26—27.

第二，在环境保护上投入大量资金，资金用途主要包括改善和观测空气计划、尼罗河保护计划、固体废弃物清理和废渣管理计划等。

第三，积极引进国外资金和先进技术，充分运用境外资金、技术、人才和管理经验，有效发展本国环境保护事业。

第四，实施全面的环境质量管理，这对于埃及这个发展中国家而言显得尤为难得。

第五，重视公民的环境教育，通过传媒、学校等多种渠道对环境保护的重要性开展宣传，全社会树立了良好的环境意识，在青少年的环境教育上更是开展了扎实的工作。

四、延伸阅读

金字塔旅游开发和营销理念的启示[①]

旅游业作为一项朝阳产业一直伴随着激烈的竞争。随着我国加入世界贸易组织（WTO），我国旅游业面临着更大的机遇和挑战，我们应以临战的姿态主动搏击世界旅游市场，在竞争中谋生存，求发展。市场的生存方式就是不断推出适应消费者需求的新产品。因而，把握市场脉搏、科学预测市场态势是旅游开发和经营成功的关键。市场预测和新产品构思的方法有多种，如经验公式、主观预测法、演化趋势外推法、计量经济模型、国家比较法等等。众所周知，中国和埃及同是具有悠久历史、灿烂文化和丰厚的人文旅游资源的东方文明古国，拥有金字塔、长城、秦兵马俑等"世界奇观"和许多有丰富文化内涵的旅游资源。长期以来，金字塔景区总是游人如织，声誉不衰，埃及旅游管理当局的市场开发经验、科学管理和对产品的文化"包装"方法及其营销理念值得我们学习、借鉴。

（一）"金字塔之谜"——产品的文化"包装"策略

在埃及尼罗河下游的吉萨和萨卡拉一带矗立着大大小小70多座金字塔，最宏伟的当数第四王朝的法老胡夫的金字塔。这座金字塔高146.5米，塔基每边长230米，绕金字塔一周约1000米。据统计，当年建筑这座金字塔用了平均2.5吨重的巨石共230万块。如果将这些石料凿碎铺成一条一尺宽的路，可以绕地球一周。这座金字塔不仅外观庄严、雄伟，而且内部结构严密、复杂：用石块叠架而成的坡状隧道和回廊连通三重墓室，塔面所用石头都经细工磨平，缝隙密合，不施泥灰，虽薄刃不能入。

---

① 案例来源：马雪萍.金字塔旅游开发和营销理念的启示[J].旅游科学，2000(3)：25—28＋46.

在距今 5000 年前还处于金石并用时代的古埃及人是怎样创造出如此奇观的？对此有许多传说与推测，以致形成金字塔建造之谜。神奇的金字塔不仅吸引着各地的旅游者，也成了各学科的科学家苦苦研究的对象。

按照 2000 多年前西方的"历史学之父"希罗多德的说法，这一巨大的工程动用了全国的人力、物力，工地上经常有 10 万人在监工的皮鞭下从事繁重的劳动。简陋的工具，超强度的劳动，只消 3 个月就使人精疲力尽，然后再换 10 万人来，就这样足足用了 30 年大金字塔才得以建成。但是，近年来人们对此说不断提出质疑和挑战：建造如此宏伟复杂的金字塔需要丰富的天文学、数学、物理学等多学科的知识，这在当时的条件下显然是难以想象的。有人推断金字塔是"外星人"所造，他们具有比当时的地球人高得多的发展水平，他们不仅拥有像现代的运输和起重机械，而且有激光测距仪和电子计算机等，金字塔并不是法老的陵墓而是外星人在星际航行时留下的"里程碑"而已。也有学者认为，金字塔与 10500 年前在地球上看到的猎户星座有某种联系，它也许是古代因神秘原因消失的某个文明的杰作。

为解开金字塔建造之谜，1978 年日本的一些历史学家在金字塔现场做了一次饶有趣味的历史模拟研究——即在模仿当时具体条件的情况下使历史"重演"。他们按两千多年前希罗多德所描述的方法，雇佣大量当地人以原始、简陋、笨重的工具，克服了重重困难最终建成一座金字塔。这是用 5445 块重约 2吨的石块建成的高 11 米的小金字塔，仅有其身后的胡夫金字塔的 1/14。这次模拟研究揭开了金字塔建造之谜及一些相关的技术问题，得出了金字塔是古代埃及劳动人民的创造和希罗多德的记载基本可信的结论。

20 世纪 90 年代以来，人们对金字塔的研究依然有着浓厚的兴趣。法国一位化学家大卫·杜维斯对取自金字塔上的几块小石头的化验研究表明，这些石头是由石灰石和贝壳混合而成的，在有的石头中还发现了头发，由此他推断建筑金字塔的石头是人工用混凝土浇铸而成的。金字塔内出现的许多奇异现象，也引起人们极大的兴趣：将几枚锈蚀斑斑的金属硬币置于塔内，一个多月后硬币竟会变得光灿灿的；将牛奶、瓜果、蔬菜放在塔内，其不会变质、腐烂，水分也不会蒸发；有的医学家发现在金字塔内还可以治疗头痛、失眠以至某些皮肤疾患……

这许许多多的不解之谜赋予金字塔一种神奇的色彩，也吸引不同学科的专家参与个中奥秘的探寻。从希罗多德以后研究金字塔的著述就层出不穷，近年来几乎年年都有许多种《金字塔之谜》类的专著问世。在文学艺术、绘画雕塑、旅游纪念品中，雄伟的金字塔不断"亮相"，在影视中它也频频"过电"，甚至世界著名赌城——美国拉斯维加斯一座大型饭店的外观也是金字塔式的，从而为其营造了一种古朴神秘、扑朔迷离的氛围,激发了观光者的好奇心和探索欲。金字塔现象原本是一种文化积淀,现今对它从不同学科角度、不同层面进行研究和诠释,就是对金字塔进行文化"再造"工程。金字塔由此有了多姿多彩的诱人"服饰",并具有了深厚的文化内涵,其对现代人而言不再是那么遥远,而变得易于"阅读"、易于理解,从而使金字塔更具知名度、更具魅力和更加诱人。

(二)发展配套景观

即使是顶级旅游景观,也需要有其他景观与之匹配以形成一种互补式组合。这样的旅游环境可以给旅游者提供多种选择,使旅游者有一个好心境,提升其旅游知觉,强化其对景点文化底蕴的理解并能刺激旅游消费。在吉萨的绿洲、沙浪中除了上述大金字塔外,还有两座风格各异的金字塔,是胡夫之后的法老哈弗拉和孟考拉的陵墓。哈弗拉的金字塔虽不及大金字塔那样气势恢宏,但匍匐在其前的集人的智慧与狮子的勇猛于一身的狮身人面像却是一件不朽的巨型艺术雕塑。它是用整块巨石雕凿而成的,高 22 米,长 57 米,头戴皇冠,扇形的"奈姆斯"巾直垂耳边,前额上的"圣蛇"浮雕仿佛随时会喷出毒液,它的面部(据说是按哈弗拉法老的尊容雕出的)总是闪现着一丝神秘、狡黠的微笑。关于这一世界上最大、最古老的狮身人面像(古希腊人称"斯芬克斯")有许多动人的传说,其也是历史和文化的积淀,不断张扬和挖掘这些文化内涵,可以赋予金字塔景区流动的活力和永恒的魅力。

在大金字塔附近还有一座形似巨大石舫的太阳船博物馆。古埃及人深受"灵魂不灭"的宗教观念影响,法老们之所以不遗余力地建造金字塔,是为了保存躯体,一旦有一天灵魂附体便可死而复生。据传说,在法老死而复生的过程中还有一个重要的"道具"——太阳船,它将法老的棺椁运载至金字塔,然后法老还要乘它随灵魂上天。但这样的太阳船在哪里?四五千年来,天上、人间渺无其踪影。20 世纪 50 年代初,考古学家在大金字塔以南一个密封的石窖内发现了 1240 块大小形状不同的杉木板。经过 25 年的探讨研究,终于将其拼装成一艘长 43 米、高 6 米、可载重 50 吨的大船,这证实了长期以来关于太阳船的似乎荒诞不经的传说。此后,在该遗址处建成了造型奇特的博物馆,底层是原发掘的坑穴,上两层分别是实物和图片资料。这艘与大金字塔同时代的太阳船其设计之巧妙、结构之复杂、造型之精美,不仅使络绎不绝的游客赞叹不已,也吸引了不同学科的研究者,因为这提供了研究古埃及造船工艺、信仰与民俗、礼仪、祭祀的线索。

与金字塔配套、互补的旅游吸引物远不止这些。由于吉萨就在开罗近郊,开罗周围许许多多希腊、罗马、阿拉伯、奥斯曼时期的古建筑、清真寺、博物馆以及风格迥异的饭店等不仅成为突显金字塔的背景和陪衬,也是与其争奇斗艳的著名旅游景点;沙漠中的艺术石雕给大漠带来勃勃生机;用石头垒成的度假村餐厅,外型美观,内部设施精良;还有极富阿拉伯风情的经营金银铜器、纺织品、地毯、琥珀、香料等精美民族工艺品的市场,也使旅游者流连忘返。这些旅游吸引物满足了旅游者对食、宿、行、游、购、娱的多层次需求,也为金字塔这一著名品牌增色不少。

(三)灵活的经营手段、多元化的旅游产品

随着旅游消费更加生活化、大众化,不同年龄层次的人逐渐进入旅游市场,形成更注重个性、参与、自助的消费模式。旅游者不再满足于单纯地观赏,更多地追求丰富的人生阅历并希望通过亲身参加一些活动来加深对不同类型文化的理解或促进不同文化间的交流。因而要求旅游产品具有多种功能,能融观赏性、参与性、知识性和趣味性于一体。这种需求成了引导现代旅游消费的潮流,而旅游产品的多元属性便成为其吸引力的标志。

埃及旅游管理部门允许不同学科的专家学者及一些充满好奇心的人到金字塔内做某些研究或实验,这种参与过程不仅其乐无穷,而且可以加深对金字塔的科学认识。如果对现代交通工具的污染、噪声和事故频发感到厌倦和担忧,你可以骑骆驼完成金字塔之旅或沙漠漫游,这样你会获得一种闲情逸致和轻松愉悦的好心境,还可以加深对当地风土人情的了解。如果你有兴趣,还可以在相当"原始的"条件下以古老、简陋的工具学习制造纸莎草纸,然后再"照猫画虎"写上几个象形文字或临摹一幅古代绘画,这将是弥足珍贵的旅游纪念品。这种纸莎草纸有非常悠久的历史,它曾是埃及象形文字、文学、绘画、宗教典籍、法律条文以及科学成就的载体,其考古和学术价值就如同中国的甲骨文、金文和商周青铜器一样。再如,了解古代木乃伊的制作方法并参与模拟复制以及参与"金字塔与飞碟之谜"的专项旅游等等,都是融观览性、参与性、知识性和趣味性于一体的旅游体验。

对像金字塔这样的旅游"拳头产品",埃及人并不以单一的门票经营为满足。对于一些特殊的游客他们还实施金字塔"租借"计划,允许他们在交纳相当数量租金后在苍茫的夜晚进入金字塔完成其神秘的"精神之旅"。这些灵魂论的忠诚信徒把金字塔当作上帝的"杰作",他们到此不为破解金字塔建造之谜,不为反思历史的沧桑、发思古之幽情,只为与上帝"对话"。他们按神秘的礼仪施以涂油礼后小心翼翼地进入千年古墓,据说在"打坐入定后"黑暗的墓室里会闪烁依稀可见的华光并能"感应"到从遥远地方传来的神秘声音……近年来,受此种宗教朝觐目的驱动的旅游者有日益增多的趋势。

（四）当代科技手段为旅游产品增色

为扩大金字塔的知名度和吸引更多的回头客及潜在的旅游者,埃及旅游管理当局推出多样化的旅游促销手段。他们不遗余力地宣传"金字塔之谜"的神奇、浪漫和情趣,不仅出版的书刊不计其数,还推出大量音像、影视资料和电子光盘。入夜,金字塔景区更是人声鼎沸,当代高科技手段装备的特殊灯光和音响效果,使人仿佛坠入时光隧道……一阵古乐过后神秘的狮身人面像会突然"开口"讲话,它以洪钟般雄浑的语调向人们诉说自身的经历、历史的沧桑。这种刻意制造出来的特殊环境氛围,使人感到荡气回肠,难以忘怀。游客每每回顾此番有趣的旅游经历便会逢人说项、津津乐道,这在不经意间参与了金字塔的旅游促销。

所谓"金字塔与飞碟之谜"专项旅游也是借用当代影视手段和声、光、电效果,精心制造出的一幕外星人与地球人交往、沟通的场景。在文物的保护修复方面高科技手段更是大显神通:在埃及国家博物馆、太阳船博物馆以及其他珍藏着埃及古代文明经典的博物馆内,都有先进的安全技术防范系统、楼宇自动化管理系统、电化教育系统、业务信息网络计算机管理系统和文物保护研究系统等高科技设施。由电脑控制的自动扩放录音讲解、扩放录像、电脑咨询等先进设备,可以满足来自不同国家、地区、不同年龄、不同知识层次的旅游者的需求。

埃及民谚说:"人们怕时间,时间却怕金字塔。"代表着古代文明灿烂成就的金字塔位居古代世界著名的"七大奇观"之首,也是其中唯一完整地保留至今的一个。它经受了历史长河的洗礼,带给了全世界永恒的神秘和惊叹。然而当下由于自然的侵蚀、环境污染及人为的破坏,金字塔和狮身人面像或将不再是稳定、永恒、雄伟、壮美的标志,埃及文物保护当局和联合国教科文组织已决定投入重金与世界科学家携手利用现代高科技手段寻觅有效的保护措施。而传媒对保护金字塔工作每一进展情况的多方位宣传、报导,实际上都吸引了世人的注意,产生了很大的轰动效应。

在埃及古老的金字塔下,曾进行了一次举世瞩目的考古发掘活动。美国一家电视台向全球进行了现场直播,至少有6亿以上观众"跨时空地参与了"这场考古发掘活动。新闻媒体也不甘寂寞,频频聚焦,竞相报道。观众对这次考古发掘活动倾注了异乎寻常的热情和期盼,这可能与有关世纪之交会解开金字塔之谜的预言有关。然而,曲折幽深的皇后金字塔被打开后却唱了一出"空城计",从不知名的古墓中得到的历时4200年仍保存完好的木乃伊也留给人们更多的疑问。令人失望的是既未发现预言中的金字塔建筑蓝图,也未能破解5000

年前文明之谜。这是世界电视史上首次卫星直播重大考古发掘过程,其意义已完全超出了单纯的考古发掘,其中不乏浓重的商业炒作意味。这样的"炒作"对学术界而言显得雷声大雨点小,不免使人感到遗憾或失望,但其"效益"无疑表现在了旅游业方面:它使金字塔、狮身人面像、木乃伊以及关于法老的种种传说给人们留下极其难忘的印象,激发了人们的好奇心、探索欲和新一轮的旅游需求。

埃及旅游业界同行的成功经验给我们以多方面的启示,一套行之有效的创新机制是其旅游经营成功的致胜"法宝"。这种创新机制的核心,首先是观念的更新。即打破传统观念的束缚,树立大文化、大旅游的意识,对旅游业的发展已进入文化创意的新时代有清醒的认识。其次是旅游产品开发和营销策略上的更新。旅游市场的激烈竞争,加速了产品更新换代的周期,这就要求,一方面要通过高科技、高投入的手段,开发出高起点、高品位的新产品投入市场,另一方面也要依据自身的资源特点和市场需求指向,对现有的资源和产品进行深加工和文化"包装",变单一的观光型产品为结构完善、内容丰富的多元化产品,使旅游者获得参与、求知、精神享受和审美情趣方面的满足。消费时代,商家的策划具有非凡的意义,每一个成功的营销背后都有一个精明的、极富创意的"点子"支撑——也即看准时尚(需求指向)制造的"卖点",它能使渐趋"老化"的产品起死回生或超凡脱俗。例如,埃及人的"点子"就在于想方设法用足金字塔——世界奇观这个金字招牌,将它作为一个取之不尽的创意源并依据市场趋势不断完善、更新,不断提高其科技和文化含量,使金字塔这一古老品牌永保特色和活力,永保市场占有。显而易见,高水平的创意会给旅游业注入勃勃生机,带来高效益和高附加值。再次,旅游经营者要积极引导并力争驾驭市场潮流。当代旅游者追求新奇、刺激,对独具特色的产品情有独钟。旅游产品的特色根基于文化,越是有文化内涵的旅游产品或项目越有生命力,旅游经营者既要了解市场、适应市场,又要善于捕捉机遇,积极引导旅游消费潮流。引导市场的前提是敢为人先,以崭新的文化创意实现旅游产品的民族性、独特性、现代性和辐射性。

五、思考讨论

(一)西班牙旅游业发展模式的启示

西班牙拥有在世界上地位很高的旅游事业,有着旅游王国的美誉。西班牙有众多的历史文化古迹,这里还有独特的民俗节日和丰富多彩的民间歌舞文化,在自然旅游资源的基础上开发文化产业是西班牙旅游业的突出特点。西班牙政府早在 20 世纪 90 年代就已经意识到,仅仅凭借阳光沙滩的优势是难以在的旅游市场中占据优势的。因此,西班牙一直都在发展多样化的旅游产品,尤其是对文化旅游产品的开发。西班牙拥有的世界文化遗产数量仅仅次于意大利,其也充分地利用了自己的这一优势。西班牙众多的博物馆、美术馆、教堂和古城都是吸引游客眼球的重点,另外,西班牙的斗牛、弗拉门戈舞和各种各样的民间节日和活动也是西班牙旅游的重要组成部分,而西班牙的特色饮食无疑也是西班牙最具吸引力的特色文化之一。截至2019年,西班牙世界遗产共有48项,在数量上位居世界第3位,不同城市有的有保持完好的自然美景,有的拥有众多的历史文化古迹和富有浓郁地方特色的建筑物,当然也有的城市有着饱含吸引力的各色生活方式。总之,每一个城市都有它的动人之处,这也就是它们为什么能够博得大家的眼球并成功发展旅游业的重要原因。

西班牙旅游业另一值得称道的是其旅游营销——在整体营销策略基础上制定差异化的营销策略。西班牙一方面强调的是整体性的营销策略,另一方面,它又针对不同特点制定了差异化的营销策略。具体说来,针对欧洲这个成熟的市场,西班牙营销的重点就是大力地宣扬阳光和沙滩产品的作用,这一效果对德国的游客显得尤为重要,这也确保了德国游客的稳定增长。对于新兴的东欧市场,西班牙运用的也是阳光和沙滩的政策,该政策也取得了很好的效果。对于远程的美国市场,西班牙营销的重点就是强化西班牙的文化旅游,调整好旅游的质量和价格,并且加强了旅游的安全性,如此便提高了西班牙世界文化遗产城市的知名度和市场占有率。除了上述提及的两大重要战略,西班牙还采取了很多其他的措施来实现西班牙旅游大国的目标。例如,西班牙在不同的时期分别提出了针对性很强的口号来加强宣传,此外他们还在网络和电视中不断地加强宣传,而正是这些构成了西班牙旅游发展模式。

从旅游经济学的角度来划分,埃及同属"西班牙式旅游发展模式"。旅游业是该国的四大支柱产业之一,其主要特点是:旅游资源丰富,具备发展旅游业的先天条件;地理位置好,临近主要客源国;政府高度重视旅游业发展,人民从旅游业发展中得到实惠等。[①]

结合你所在城市旅游业发展实际,谈谈西班牙旅游业发展模式的启示。

(二)政府对旅游危机事件的应急管理

自2003年以来我国旅游业遭遇非典、地震、金融危机、新冠肺炎疫情等外部危机事件的影响和冲击,旅游及相关行业均遭受打击,负面影响的显现使得人们更加关注旅游危机。旅游业对于促进国家和地区发展发挥着重要作用,其

---

① 王梅.悠久的历史 古老的文化——埃及印象与见闻[J].地理教育,2009(2):76—77.

也得到越来越多的重视和支持,然而基于其遭受危机事件所表现出的敏感性、波动性和脆弱性,政府加强旅游危机事件的有效管理因此也变得越来越迫切。

对我国政府而言,加快旅游业的发展,首先要加强旅游应急管理。现阶段,国内外旅游活动开展得如火如荼,但影响旅游安全的公共事件不断增多,加之自然突发事件呈现出不断上升的发展趋势,在这一环境变化下,旅游作为人员流动性较大的常态化活动,其遭受突发事故的影响将不断扩大。也正是因为旅游活动具有跨地区、开放度高、流动性大、综合性较强的特点,从而导致了各级政府旅游安全应急管理工作更加复杂化,工作难度也日渐加大。随着社会发展速度不断加快,旅游业势头正猛,旅游应急管理对政府执政能力提出了更高的要求,也逐步发展成为政府的基础性监管工作。[①]

结合国外旅游危机事件应急管理的相关经验,试述提升我国旅游危机事件应急管理水平的对策。

(三)文旅融合发展的文化阐释与旅游实践

文化是旅游的灵魂,旅游是文化的载体。推动文化与旅游的融合发展既是国家的重大决策部署,也是推动文化与旅游产业提质增效、转型升级的重要途径。文化与旅游自古以来就是密不可分的,自"读万卷书,行万里路"的悠久历史传统,至"身体和灵魂总有一个要在路上"的现代生活追求,随着国家文化和旅游部的新设组建,诗与远方众望所归地走在了一起,这也标志着文化和旅游开启了融合发展的全新时代。文旅融合发展抓住了文化与旅游内在的紧密联系,顺应了文化与旅游产业融合演变的产业规律,这对推动我国文化产业与旅游产业的高质量发展具有十分重要的意义。[②]

文旅融合发展是一个以文化带旅游、以旅游促文化的过程,是促进文化与旅游产业协同发展的重要实现路径。实际上,文化可为旅游产业发展提供源泉动力和丰富资源,而旅游业本身也是一种综合性的社会文化活动,两者交织互动,难以分割。文旅融合发展应在中国特色文化旅游产业体系打造前提下,秉承时代性、民族性、人民性的原则,树立全域融合理念,推动和强化资源、技术和区域融合,探索和实施跨界融合,最终实现文化产业和旅游产业的提质增效、转型升级和高质量协同发展。

推动文化与旅游融合发展,基于自然与人文资源锻造文化旅游项目,为人们提供民俗文化、生产生活方式等多种形式的体验式文化旅游服务,让游客在

---

① 王玉莹.地方政府对旅游危机事件的应急管理研究[D].沈阳:沈阳师范大学,2019.
② 李华伟.文化和旅游融合的国际经验启示[J].洛阳师范学院学报,2019,38(7):18—21+32.

感受美好的自然与社会风景中不断陶冶情操,这不仅更好地满足了人们在文化旅游这一美好生活消费上日渐增长的需要,更能给文化旅游地和文化旅游经营者带来可持续的经济及社会效益。进一步挖掘与利用文化旅游的价值,为传统旅游业的转型升级与可持续发展带来新的活力和生命力,这对新型文化旅游产业体系构建和文化旅游产业转型发展都有十分重要的作用。[①]

　　我国在文化和旅游融合上,目前还存在着特色化不足、差异化不明显、融合发展水平不高的问题,请你结合文化和旅游融合的国际经验谈谈推动我国文化和旅游融合的对策。

---

① 黄永林.文旅融合发展的文化阐释与旅游实践[J].人民论坛·学术前沿,2019(11):16—23.

第九章　全球电竞之都——首尔

一、案例描述

天堂、剑灵、跑跑卡丁车、劲舞团、泡泡堂……人们轻易就能列举出一系列来自韩国的经典游戏。自 20 世纪 70 年代起,韩国游戏产业进入了启蒙期,后历经了国外游戏产品引入、外国游戏产品本土化、国产游戏公司设立及国产游戏开发等不同阶段,从国产单机游戏开发再到游戏开发的网络化、国际化,韩国游戏产业一步步走上了世界顶峰。在国家政策大力支持、游戏企业不断努力和国民接受认可的基础上,韩国游戏产业在短期内从日本、美国、欧洲等发达国家主导的全球游戏产业格局中脱颖而出。[①]

(一)全球游戏业发展现状

全球游戏产业在经历了 35 年的发展之后,于 2007 年(iPhone 推出)业务额增长到 350 亿美元,而到了 2018 年,全球游戏收入总计达到了 1379 亿美元(见图 9-1)。智能手机的兴起是加速游戏市场收入增长的一个关键点,但也仅仅是众多因素之一。如今,游戏不仅赋予了人们积极参与的能力,而且允许玩家以任何方式享受他们对游戏的热情。从当前发展来看,亚太地区是最大的游戏玩家基地,占全球游戏市场的 52%,而北美仍然是第二大地区,占全球游戏市场的 23%。[②]

随着全球互联网的发展以及电脑、智能手机、平板电脑等电子设备的更新换代,网络游戏载体和类型不断丰富,游戏品质不断提高,各细分游戏类型均有庞大的受众群体,全球游戏市场迅速崛起,市场规模逐步扩大。从游戏类型来看,近年来全球移动游戏产业发展迅猛,已成为最大的游戏细分市场,移动游戏用户的游戏习惯已经形成。2017 年,在全球游戏市场构成上,手机游戏位居榜

---

① 刘义星.韩国游戏产业凭什么火[J].宁波经济(财经观点),2019(3):51—52.
② 数据来源于 Newzoo:2018 Global Games Market Report.

图 9-1　2012—2018 年全球游戏行业市场规模统计及增长情况

＊数据来源于 Newzoo，作者绘制．

首，占比高达 46％，PC 游戏市场占比为 27％，主机游戏占比为 27％。

伴随着游戏产业在全球范围内的迅速扩张，关注电子竞技的人也变得密集起来。当下，电子竞技正呈现出指数级增长的趋势，游戏直播、游戏资讯以及游戏赛事等游戏周边也迅速铺展开来。根据德勤会计师事务所（Deloitte）2018 年发布的报告显示，到 2020 年，全球电竞行业的收入预计将突破 15 亿美元大关，电竞爱好者的人数将增加到 6 亿人。电竞行业的财力指数正成倍地增长，未来它的价值将与法甲持平，也相当于 NBA 价值的 1/3 左右。

（二）韩国游戏及电竞业

由于受到 1997 年亚洲经济危机的冲击，韩国 1998 年 GDP 增长出现了－5.8％的倒退，国家货币韩元也大幅贬值 50％，股市更是暴跌 70％以上。在这次教训下，韩国意识到以出口为主的经济产业结构有着严重的问题，其受全球经济大环境变化的影响过大。为了调整产业结构，韩国将电影电视产业、游戏动漫产业视为转型的方向，大力扶持其发展。彼时正值《星际争霸》发行，这款游戏因此成了大量韩国失业人员消遣的工具而流行起来，得益于此款游戏的人气，相关的比赛节目也有着相当高的收视率。

2015 年，市场调查公司 IHS Technology 公布了一组报告，数据显示当年全球游戏产业规模将达到 920 亿美元，这一数字甚至超过了电影产业（620 亿美元）和音乐产业（180 亿美元）的总和，游戏已经成为全球规模最大的娱乐市场，并正赶超半导体产业。作为 IT 技术强国，韩国拥有良好的信息通信产业环境，其游戏产业自 21 世纪初便开始得以迅速发展。从世界范围来看，韩国占全世界游戏产值的 6.2％，约是日本的 1/2，但如果仅以 PC 端的数据来看，韩国在全球的占有率为 12.15％，位居世界第三，而移动游戏占有率为 9.5％，位居世界第四。总体而言,经过多年发展,韩国游戏业产值已超过汽车制造业,跻身国民经济的三大支柱产业之一,在韩国整体经济中占据着较为重要的位置。[①]

从出口角度来看,根据韩国 2018 年游戏产业报告显示,其游戏产业全年出口额较 2017 年增加 80%,创下了 6 兆 6980 亿韩元的纪录(约合 60 亿美元)。这其中,中国市场的贡献超过 60%,对比 2017 年占比增加 23%,而其他国家同比下降,顺序依次是占比 12.6% 的东南亚地区、占比 12.2% 的日本、占比 6.6% 的北美以及占比 3.8% 的欧洲。按平台分类的出口规模来看,手机游戏最多,根据韩国数据研究公司 Mobile Index 发布的 2018 韩国年度游戏报告,2018 年韩国手游市场规模为 36.5 亿美元(约合人民币 245 亿元),其中 TOP10 手游年收入就占整体市场收入的 49.2%,集中化效应明显。

再看电竞产业,及至 2004 年,该产业在韩国创造了约 40 亿美元的年产值,这也意味着其相关产业链的价值已经超越了韩国的汽车行业。如今,电竞已经发展成了韩国一项重要的产业,优秀的电竞选手甚至可以享受免服兵役这种顶级明星也享受不到的待遇,韩国人民甚至将《星际争霸》与围棋、足球等竞技项目并称为三大国技。

(三)首尔的电竞产业

如外界所预料的一样,2016 年结束的《英雄联盟》S6 世界总决赛上,韩国战队占据了四强中的三个席位,强势的垄断地位全球无人可及。在韩国文体部宣布大力扶持釜山市的电竞产业之前(2019 年),实际上大部分韩国的电竞产业都聚集在首尔发展。首尔集结了数量众多的电竞俱乐部,自 2018 年英雄联盟等电竞项目被选为亚运会的表演项目后,首尔及韩国各地企业对电竞产业投资的势头便呈现出持续提升态势。从数据来看,韩国 2018 年的电竞产业产值约为 1 万亿韩元,而到 2021 年时韩国电竞产业市场预计可达到 1.87 万亿韩元。毋庸讳言,在韩国,无论是官方还是企业对于电竞产业前景无不十分看好。

2005 年,首尔龙山电竞馆落成,这也是韩国建造的首个电竞馆。随着电竞与游戏参与人数的不断增加,政府意识到电竞场馆或要再次升级。2015 年,韩国政府出资 1400 万美元兴建了有史以来规模最大的电竞馆,旨在推动韩国游戏与电竞产业进一步持续发展。这一新建的电竞馆可以容纳 1000 人以上,其中包含了主舞台的 800 个座位,以及副舞台的 200 个座位。截至 2018 年底,首

---

① 孙勤燕,刘才金.韩国电子竞技发展的特点及其对我国的启示[J].体育科技文献通报,2020,28(6):120—121+124.

尔已建成综合性电竞场馆 9 个。

韩国是一个"全民电竞"的国家,上至耄耋老人,下至黄口小儿,都对电竞文化有着热情。在首尔,除了享誉全球的电竞赛事,业余电竞赛事也是广受喜爱。"总统杯"(KEG)就是一项全国性质的业余电竞赛事,从名字中便可嗅出韩国参政领导人对于电竞的支持:这一赛事在赛制上颇有一些全运会的味道——从韩国的十六个州选拔出各个项目的选手参赛,但项目只从韩国本土游戏中选取,原则上任何人都可以报名参加,其可算是一场真正意义上的全民电竞运动。与"总统杯"(KEG)的狂欢相比,KesSPA Cup 则显得稍有准入门槛一些,这是一项非职业选手与职业选手可以一起参加的赛事,且往往更加有趣。

依靠国家政策支持的韩国大型媒体企业,也纷纷致力于将电竞从幕后搬上荧屏,组织各种职业联赛。1999 年初,OnGameNet(简称 OGN)更以独立专业游戏电视台的媒体形象成立,之后随着市场的不断成熟,MBCGame、ITV、GhemTV 等也相继开始了职业联赛的转播。

"新职业的产生源于社会的需求。社会需求产生了变化,职业也自然而然随之变化……而人工智能技术员、电子竞技运营师、工业机器人系统操作员这些新职业的诞生,意味着社会上对上述职业有着庞大的需求,同时又要求从事该职业的人员具有更高的知识、技能水平。"[①]在首尔,还有世界上第一家专业的电竞培训学院,其愿景就是成为学生与职业队伍间的桥梁。通过与其他电竞队伍的联系及合作,他们能让优秀玩家接受测试并进入到职业队伍,教导他们如何成为一名职业玩家。

(四)韩国电子竞技协会(KeSPA)

为支持电竞产业发展,韩国政府于 1998 年在首尔成立了韩国电子竞技协会(KeSPA),其隶属于韩国旅游文化观光局,专门负责管理电子竞技活动。韩国电子竞技协会虽然仅是一家民间团体,但由于其对本国电竞产业发展产生的重要影响,以致会长人选还需由政府出面选定。韩国电子竞技协会负责管理 20 多个电子竞技项目,包括《星际争霸》(StarCraft)、《星际争霸 2》(StarCraft2)、《DOTA2》、《英雄联盟》(League of Legends)等多款游戏,SK、三星、大韩航空的战队也均由其管理。韩国电子竞技协会致力于向全世界推广电子竞技运动,并使其得以正规化、市场化发展,同时,其也一直致力于亚洲电子竞技体育化事业,筹备申请电子竞技作为奥运会比赛常规项目。

作为韩国唯一具有政府背景支持的电竞行业协会,韩国电子竞技协会充当

---

① 杨仑.新职业来了,教育培训得跟上[N].科技日报,2019-04-11(008).

着行业管理者的角色,它不但要管理电竞战队和俱乐部,更承担着为电竞产业发掘和培养新人的重任。以《英雄联盟》为例,协会与拳头公司直接合作,从非职业到职业,已经构建了一条系统完善的赛事链。目前,该协会登记在册的职业选手逾160余人,非职业选手则高达4000余名,他们中大部分都是主攻《英雄联盟》项目,其中职业选手的平均年龄在20岁左右。

(五)韩国电竞产业发展政策

为了加强产业发展监管,韩国政府于1999年制定了《唱片、录像物及游戏物相关法律》,对游戏行业及产品进行了界定,并明确了游戏等级审核制度。2003年,韩国政府开始了首期游戏产业振兴中长期规划制订,旨在提升电竞的社会认知与认同度、强化韩国的电竞核心竞争力。2006年,韩国国会出台了全球首部游戏产业专门法律——《游戏产业振兴相关法律》。在一系列政策和法规保障基础上,韩国电竞产业获得了迅速发展。①

2018年,韩国政府宣布,将投入5000亿韩元(约30.6亿元人民币)用于扶持文化内容产业,其中电竞内容将会成为韩国旅游产业的一大重要部分。至2022年,政府会将重心放在文化内容产业的人才、资源和基建上。

在具体措施上,韩国文化体育观光部预计于未来4年内,将在首尔地区以外建设8个综合性电竞场馆,并在2022年前达成五个目标:

1. 规划100片电竞俱乐部专属用地;
2. 推动当地居民举办业余级电竞赛事;
3. 打造地区性电子竞技活动设施;
4. 在体育馆周边设立电竞周边商店;
5. 打造电子游戏体验馆以及体育旅游直播中心。

此外,为了推广VR、AR技术的研发及相关人才培育,韩国政府亦将投入260亿韩元(约合1.6亿元人民币),其中也包括了Fusion 5G技术的运用。同时,韩国未来还将创造更多的商业模式,推广内容服务以及360°VR直播等内容。不仅如此,未来电竞内容将会成为韩国旅游产业的一大重要部分,其将利用电竞相关活动,如职业选手粉丝见面会、电竞馆游览等各方优势来进行旅游推广,藉此吸引海外各国游客,激活各地旅游产业发展。

---

① 金轲,王昕.大力发展文化产业的产业政策研究——以电竞产业为例[J].经济研究参考,2017(56):58—64.

二、案例分析

(一)游戏产业的生命周期

严格说来,世间万物都有其生命周期。生命周期理论,实际上是用来衡量事物发展的不同过程,熟练掌握和使用生命周期理论,一方面可以让我们知道事物发展所必须经历的阶段,另一方面也可以针对不同的阶段采取不同的措施以获取最大的收益,甚至可以想办法延长生命周期中的某些阶段。

游戏生命周期实际上是产品生命周期理论(PLC)的应用。一款游戏的市场寿命,也就是指一款游戏投放市场到最终退出市场的整个过程。一款游戏进入市场后便开始了其生命周期的引入期,之后其也要经历成长、成熟和衰退三个生命周期阶段(如图 9-2 所示)。对不同游戏而言,各个阶段的时长也并不相同,也正是这种差异,体现出不同游戏产品的竞争能力与盈利能力。游戏产品的生命周期理论揭示了游戏从诞生到消亡的市场规律,而"市场内已有的消费者数量能否承接新的厂商、市场当中的消费者数量是否会不断增加从而给企业提供源源不断的销售收入也由市场的生命周期所决定"[1]。

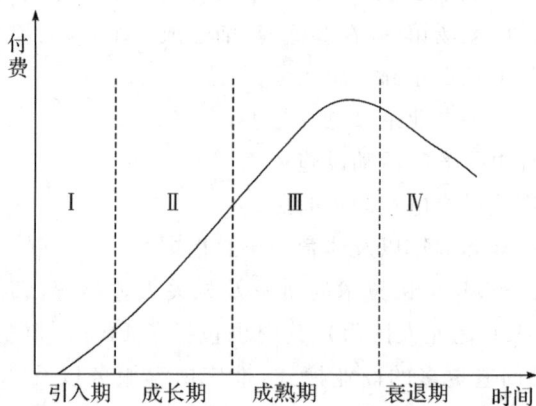

图 9-2　游戏产品的生命周期

1. 引入期

新游戏一旦投放市场,就进入了引入期。此时玩家对游戏还不是很了解,也没什么口碑,注册的玩家人数相对较少。为了提高游戏对玩家的吸引力,游戏厂商常常不得不大力进行广告投入。此阶段由于游戏名气不高,广告费用

① 金泰勋.韩国游戏企业进军中国市场的策略研究[D].哈尔滨:哈尔滨工业大学,2018.

大,商家获利很少,甚至有可能亏本。此阶段运营的主要目的是提高产品的知名度及注册数以尽可能打开市场。

2.成长期

在引入期基础上,游戏产品吸引到足够数量的付费玩家之后,其将进入成长期。这时候玩家逐渐接受了游戏的玩法,游戏的活跃度加大,充值次数和金额不断增加。此时注册人数增长很快,广告成本下降,商家获利开始不断增加,其它竞争者(运营平台)看到有利可图,也将加入竞争队伍。本阶段运营的主要目的是最大限度地占有游戏市场,压缩同类竞争者的生存空间。

3.成熟期

指游戏注册人数逐渐趋于稳定,玩家每天活跃和付费也逐渐趋于稳定。随着广告投入的增加,注册人数逐渐趋于饱和。由于竞争的进一步加剧,导致广告费用增加,注册成本将有所增加,但利润的增加并不明显。这个阶段运营的主要目的应该是赚取最多的利润、获取最大的市场占有率以及维护玩家的忠诚度。

4.衰退期

衰退期是指游戏产品所进入的淘汰阶段。随着玩游戏时长的增长,用户逐渐会对游戏失去兴趣;或者在玩游戏的过程中产生了很多负面情绪,导致玩家逐渐离开了游戏;抑或是市面上出现了更流行更好玩的新游戏;又或是游戏玩家在从众心理驱动下跟随周边玩家转向了其他产品,不一而足。就目前市场状况而言,一款端游的平均生命周期就是 3～5 年,对于页游来说,很多游戏的生命周期也就是 3～5 个月。一旦进入衰退期,运营的目的应该是减少支出,尽量增加利润回收。

(二)韩国游戏企业的竞争优势

韩国游戏产业从 1997 年起步,经过多年的发展,如今的韩国游戏产业已跻身世界前列。韩国游戏出口已占文化产品出口额的 45%,是韩国最具代表性的文化出口商品。韩国游戏活跃在全球 80 多个国家,全球约有 4 亿人都在玩韩国游戏。截至 2008 年,韩国拥有 1500 家游戏企业,其中制作网络游戏的企业占 40%,制作手机游戏的企业占 30%。在韩国,游戏与电视、电影一起被称为国民三大休闲娱乐产业。韩国电子竞技伴随着网络游戏不断发展,经过 10 年的发展历程,2008 年已有 11 家职业电竞组织,其中 8 家组织借助电视向国内外转播电子竞技比赛。[1]

---

① 马运朋,孙海英.中韩游戏产业发展对比研究[J].网络财富,2009(7):188—189.

1.韩国游戏企业具有技术人才优势

韩国游戏产业最早可追溯至 20 世纪 80 年代,长期的发展积淀让韩国游戏产业的人才储备越发雄厚。韩国行业企业对游戏研发人才的高度重视加上政府在游戏产业发展上的倾力支持和引导,促进了韩国游戏产业政产学研协同的研发体系发展。截至 2017 年,韩国游戏制作方面的专业人才已逾 5 万名,占韩国游戏产业从业人员总数的 56%。与此同时,韩国许多院校也在源源不断地给行业企业提供游戏研发、运营和管理人才,专业与游戏产业相关的在校生数量近来也呈现出显著的上升趋势。在韩国,70% 的游戏产业就业人员具有本科及以上学历,这从一定程度上显示出韩国游戏产业所具有的巨大人才优势。

2.韩国游戏企业拥有规模的本土市场

无论是领土面积还是总人口,韩国实际上并不占有明显优势,但是在政府的大力支持和行业的多年深耕下,韩国培育了巨大的游戏本土市场,其规模甚至可比肩中国游戏市场。而如果以人均游戏消费支出或人均游戏销售额来计算,韩国游戏产业则在全球都具有十分显著的优势,这也就是说,在韩国游戏企业产品出口之前,其投资成本通过本土市场就能基本收回,甚至获得盈利。这些游戏产品在投资已经收回且不用担心沉没成本风险的前提下进入海外市场,使其拥有了更加灵活和无压力的定价策略和渠道选择。还值得关注的一点是,本土市场上的销售除了带来丰厚的利润回报,相关企业还可以通过国内市场进行产品检验、调整和革新,本土顾客的互动反馈让韩国游戏产品在出海前就已大大提升了自身的完备程度。

3.韩国游戏企业具有品牌优势

作为电子游戏的诞生地,西方电竞自 20 世纪 90 年代初《雷神之锤》《沙丘2000》等游戏开始萌芽,而真正拉开电子竞技发展大幕的则是韩国的《星际争霸》游戏。"韩国电子竞技品牌的创立则是首先获得了政策背书,而后在媒体大力推广以及赛事的举办中不断挖掘品牌价值,积淀品牌文化,提升品牌力,以此完成品牌的创建。"[①]以《暗黑破坏神》《传奇》为例,它们不仅在韩国消费者心目中有着广泛的品牌认知,现实是,整整一代中国青少年都受到了这些游戏产品的深度影响,韩国游戏企业在中国市场同样有着超高的品牌知名度和品牌影响力。相对于腾讯、网易等中国游戏企业推出的游戏产品,"在电子竞技中,韩国和欧美的赛事更是占据着压倒性的优势"[②]。

---

① 王炳淇.我国电子竞技品牌创建研究[D].长沙:湖南师范大学,2018.
② 梁钦.中国电子竞技亟需品牌突破[J].每周电脑报,2006(18):10—11.

(三)韩国电竞产业发展模式

电子竞技(Electronic Sports),简称电竞,就是达到"竞技"层面的电子游戏比赛活动,是玩家利用电子设备(电脑端、移动端)作为运动器械所展开的人与人之间的智力对抗运动。脱胎于电子游戏,电竞在经历了"不务正业"的阶段之后,终于在移动技术快速发展、资本流入的支持下,逐渐转型,成为商机满满的新兴产业。

韩国开始扶持电竞产业发展,以《星际争霸》为开端,逐步形成了目前成熟的电竞产业模式,电竞业也由此在亚洲崛起。概括而言,韩国电竞产业是"比赛＋电视台＋职业联盟"三位一体的先进模式。首先,将电竞比赛从网吧引入正规赛场。随后,成立世界上第一个游戏电视台OnGameNet,并在差不多同一时间建立起国家级电竞协会——韩国电子竞技联盟(KeSPA),在俱乐部、选手、赛事主办方三方之间进行沟通和协调,在以严格的条例规范电竞选秀模式联赛体系、帮助政府监督的同时,保证多方的商业利益。由此,韩国便具备了一套以电视台为传播核心的赛事体系,搭起了一套基本的产业发展框架。电竞赛事作为行业产品,通过电视平台,拥有了推广渠道和商业变现能力,并由 KeSPA 进行规范监督,让每个链条都可以环环相扣,稳定发展,再加上韩国政府的支持,大韩航空、三星、现代这样的大型企业纷纷出资赞助,在广泛的群众基础上,加之完备的商业模式,这让韩国电子竞技从一开始就进入了一个良性循环的状态。此外,韩国政府同样重视正确引导青少年,主要通过基本政策扶持、游戏分级、内容和时间的限制和管控等手段,如此一来,韩国游戏行业便呈现出更加规范和健康的发展态势。[①]

(四)电竞产业盈利模式与专业化发展

电竞已形成巨大的产业链,涉及游戏开发商、比赛主办方、电玩俱乐部、直播平台等。在全球电竞收入中,77％来源于直接的赞助和广告以及非直接的媒体版权、内容授权等(如图 9-3 所示)。其中,媒体版权增长最快,同比上升72％,这主要得益于网络直播平台的高速发展。此外,消费者的门票花费及周边消费合计 9600 万美元,尚有很大上升空间。根据主流线上电竞服务平台Twitch 的用户数据分析,电竞消费者主要年龄分布在16～24 岁,专业电竞比赛观众中,占比最大的是18～24 岁人群。随着电竞一代长大成为社会消费主力,还有电竞观众基数的扩大,电竞将成为品牌打入年轻市场的不二宣传渠道,有越来越多的品牌开始弃用明星,改用电竞选手作为产品代言人,如韩国电信就

---

① 张芷盈.电竞:当"玩物"不再"丧志"[J].中外玩具制造,2018(10):20—22.

曾邀请电竞选手 Faker 为其代言。

2018全球电竞营收渠道分布

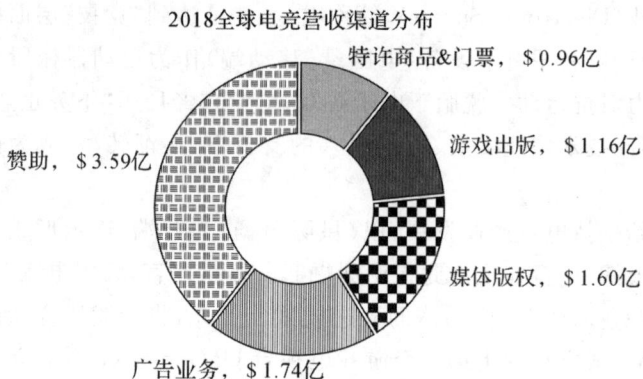

图 9-3　2018 全球电竞营收渠道分布

＊数据来源于 Newzoo，作者绘制．

电竞是一个"游戏＋互联网＋体育运动"三大流行文化结合的共同产物，也是一个在收视率上已经超越 NBA、在收入上也有机会超越 NBA 的内容产业。业内人士预计，电竞行业将会在未来的 3～5 年全面专业化，并在 5～10 年内发展成熟，而这一预测比起外界的期望来得更为谨慎。决定电竞产业发展速度的，主要有以下几个因素：是否能以新 IP 和新形式吸引更多的新粉；移动电竞的发展；授权结构、团队的盈利等。按照目前的发展趋势，到 2020 年，电竞产业规模将达到 14 亿美元，这将给玩具等周边产业带来巨大商机。

三、案例启示[①]

（一）电竞产业链及其经济价值

围绕着电竞赛事，如今的电竞产业已逐渐发展成为一个由游戏内容提供商、电竞俱乐部、直播平台、节目制作方、营销媒体、赛事赞助商以及用户观众构成的庞大产业，其产业链涉及赛事制作、平台直播和游戏周边等诸多关联领域（如图 9-4 所示）。

电竞产业对经济发展有着积极的促进作用，其主要体现在如下几个方面：第一，电竞可带动整个游戏产业的转型升级和收益提升，包括电竞游戏收入、电竞赛事收入（包括门票、赞助、周边等）和电竞衍生收入（包括直播平台和俱乐

---

① 金轲，王昕.大力发展文化产业的产业政策研究——以电竞产业为例［J］.经济研究参考，2017（56）：58—64.

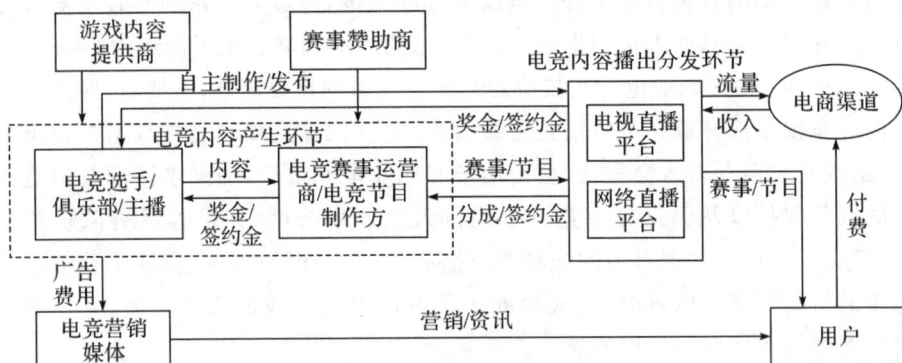

图 9-4　中国电子竞技产业链地图

* 资料来源:易观智库.2015 中国电子竞技产业专题研究报告.

部);第二,电竞可带动产业链上相关服务的增长,随着电竞赛事选手和观众人数的日益增多,包括餐饮、酒店、通信、交通等在内的服务产业也将从中受益;第三,电竞对解决青年群体就业有直接促进作用,以电竞俱乐部为例,其对电竞选手、电竞教练、数据分析师还有俱乐部运维工作人员等都有着巨大的需求,而赛事举办、赛事解说和媒体直播等也能提供众多的会展、传媒等就业岗位。

(二)电竞产业发展中的政策支持

韩国是最早出台鼓励政策支持电竞产业发展的国家,同时也是获得电竞国际赛事冠军最多的国家,其产业发力早、成长速度快、发展水平高,在制约电竞产业发展的一些重要问题上都作出了有力探索,如行业协会组建、电竞战队运营、电竞选手职业生涯保障、俱乐部投资回报、政策监管等诸多方面。①

1.政府主导下的产业转型

韩国电竞产业的发展,离不开韩国政府主导产业转型的大背景。1998 年,金大中政府提出文化立国战略,自此产业结构开始调整,文化产业的快速增长日渐成为国家经济结构转型升级的重要推动力,而驱动文化产业快速增长的主要动力之一,正是游戏产业的发展。

2.以职业电竞协会为主导

韩国职业电子竞技协会(KeSPA)获得韩国三个部委的共同批准,成为韩国具有官方背景的电竞行业组织。其以"巩固电竞作为合法体育项目"的初衷,通

---

① 金轲,王昕.大力发展文化产业的产业政策研究——以电竞产业为例[J].经济研究参考,2017(56):58—64.

过对电竞运动的宣传营造了韩国全国电竞的氛围,通过对一系列年轻电竞人才的发掘和对电竞从业人员的保护,对韩国电竞产业发展产生了深远的影响。

2013年,韩国职业电子竞技协会开展了一系列重要改革,主要有:对所有活跃的电竞俱乐部开放会员申请且免缴会费,电竞比赛直播权可授权给加盟电视台,游戏开发商获得入会资格,会费用于非职业电竞推广,加强本国职业电竞选手的权益保护以及为退役电竞选手提供人生规划帮助(如推荐优秀队员读大学)等。正是这一系列有力的配套改革措施,令众多俱乐部、电竞选手和准电竞选手的后顾之忧得以解决,其成功助推了韩国电竞产业的飞跃发展,并一举解决了羁绊行业发展的历史痼疾。

3. 以大型赞助企业为支撑

在解决俱乐部投资与收益不协调的问题上,韩国电竞产业找到了新的盈利模式。以三星集团、SK Telecom(韩国排名第一的移动通信运营商)为代表的大型电竞赞助企业对俱乐部进行冠名投资,参与俱乐部运营,为电竞选手匹配到优秀的教练,提供先进的训练设施,同时为选手创造较高的收入,最终,这些投资随着战队成绩的上升绽放出巨大的广告效应,不仅提升了企业的知名度,更为公司带来业绩回报,从而在产业内实现了良性互动。

4. 政府立法与行政监管

为加强电竞产业的监管,1999—2006年,韩国政府先后制定并出台了《唱片、录像物及游戏物相关法律》《游戏产业振兴中长期计划》和《游戏产业振兴相关法律》,在游戏等级审核、产业核心竞争力打造、公众教育等多方面做出了卓有成效的工作。值得一提的是,韩国电竞产业政策始终保持了稳定性,其持续的鼓励与支持使得电竞产业得以迅速发展。除了立法外,政府也采取了行政监管的手段预防电竞产业走向极端化:如安排游戏文化财团专门设立游戏痴迷诊疗中心、推行游戏素养政策(2008年)、开展绿色游戏运动(2009年)等,都在力图使韩国的电竞产业发展始终处于平稳可控的节奏之中。

(三)韩国电竞产业发展经验借鉴

韩国电竞产业发展显而易见的经验,就是政府的支持与保护对电竞产业发展具有极其重要的作用。对处于产业转型的国家而言,发展电竞产业需要政府积极制定有效的产业政策并形成一定的实现范式,同时对电竞产业及相关产业链进行精准扶持,以加速本国的产业结构调整和优化升级。

1. 组建规范的行业协会

韩国电竞产业的成功很大程度上有赖于韩国电子竞技协会(KeSPA)这一

具有政府背景的协会的得力支持。因此,在电竞产业建立起官方的行业协会组织,制定和完善各方广泛接受的自律准则,是促进电竞产业发展的必须之举。行业协会除可承担战队注册、管理、转会和赛事监督等工作外,还应作为整个行业发展的代表,就从业环境的改善开展努力,如保障战队选手合法权益、帮助退役选手再教育/再就业、助力电竞俱乐部提升成绩等,最终实现带动整个产业的发展。

2.鼓励各方对电竞产业进行投资

电竞产业的可持续发展离不开资本的流入。"政府要为电子竞技赛事创造宽松的投资环境,如降低市场准入门槛,放宽融资政策,给予电子竞技企业贷款优惠,吸引社会资本参与,为电竞企业提供多渠道的融资服务。"①这种投资既可以是对赛事的赞助投资,也可以是对赛事直播渠道的投资,还可以是对俱乐部的投资。从运作逻辑上看,赛事投资主要是为获取广告效应,直播投资主要是通过打赏付费盈利,而对俱乐部的投资,则主要是谋求粉丝经济。

3.多方联合大力培养电竞专业人才

人才是电竞赛事效益与质量保障的核心要素。电竞赛事是由参与各方各司其职、紧密协作、科学衔接、高效执行的活动形式,无论是直接参与电竞赛事的裁判员、教练员和运动员,还是从事电竞赛事组织和管理的专业人员,他们都直接影响着电竞赛事的发展水平。"作为一个市场规模已超百亿元的产业,电竞产业的发展为上下游创造了广泛的就业机会,其中既包括诸如选手、教练、数据分析师在内的产业核心人才,同时也包括联盟俱乐部运营人才、解说、裁判等从业人员。"②在电竞人才培养上,首先要消除人们对于电子竞技运动的偏见,再通过高校、协会和企业共同参与,使电子竞技朝正规化和职业化的方向发展。③此外,为电竞人才在升学考试中提供竞争选项、退役电竞选手保送进入大学甚至延期服兵役等人才政策措施,也是韩国电竞产业发展过程中积累的有益经验。④

4.打造富有竞争力的电竞品牌

品牌化经营将是电竞赛事的必经之路。对从属于游戏产业的电子竞技产

---

① 崔佳琦,王松,邢金明.我国电子竞技赛事运作发展研究[J].河北体育学院学报,2019,33(5):40—44.

② 焦钰涵.一个价值17亿美元全球产业 看全球电竞行业人才缺口[J].求贤,2019(12):40—43.

③ 肖龙.我国电竞行业发展现状及前景分析[J].内蒙古科技与经济,2018(12):50—52.

④ 兑浩建.中国电子竞技运动的发展模式研究——基于中韩对比的视角[J].四川体育科学,2020,39(1):13—17+22.

业而言,赛事品牌形象极为关键,电竞产业的发展逻辑一般都是:通过赛事品牌驱动游戏产品、俱乐部、明星选手乃至周边、外设、直播等电竞产业链上下游业务相关产品、人物和企业的品牌形象提升;依托电竞赛事这一核心平台,实施品牌化经营路径,实现电竞与游戏产品、俱乐部、外设品牌及明星品牌的相互促进与相互发展。在电子竞技品牌打造过程中,要注重精神价值和文化内涵的挖掘,从品牌原创力、传播力和营销力三个方面入手,积极开展文化营销战略。电子竞技品牌化运营中还要加强产业互动,与包括游戏开发商与运营商、电信运营商、赞助企业、媒体、培训机构、网吧、体育等在内的多方共同发展,打造电竞品牌生态链。

5. 以立法和行政手段加强监管

电竞产业的发展,也不能回避监管问题。一方面,游戏的泛滥可能导致青少年的沉迷,另一方面,一些电竞俱乐部、直播平台为电竞选手提供的天价合同可能带来就业市场的波动,影响人们的就业决策。随着电竞产业的扩张,场馆的重复投资建设问题也日渐浮现。因此,要从法律和行政两方面来加强对电竞产业的监管:通过立法和技术手段限制未成年人玩游戏的时间,用行政手段建立官方的救助中心以帮助沉迷游戏的人重回生活,同时,也要加强对电竞俱乐部的监管,防止行业过热可能带来的问题。电竞产业作为文化产业中的新兴部门,具有一定程度的代表性——新兴的文化产业往往有与之前行业不同的发展轨迹,所以直接地干预并不一定符合行业发展的规律。以顶层设计为核心,以后期参与为支撑,以加强监管为重点,是电竞产业政策支持的主要模式。在这一模式下,政府既能在一定程度上避免可能出现的政府干预过多的"越位",也能通过企业层面下的参与逐渐熟悉该行业,保证行业的快速发展,同时还能实现相应的监管,实现政策上的"不缺位"。

四、延伸阅读

美国和韩国电子竞技产业发展比较分析[①]

(一)基于国情形成特色

1972 年最早的视频游戏比赛在美国斯坦福大学举行,视频游戏虽然出现近半个世纪了,但其真正的发展是在 20 世纪 90 年代互联网技术出现以后。1990

---

① 案例来源:常任琪,薛建新.美国和韩国电子竞技产业发展及启示[J].体育成人教育学刊,2020,36(2):56—59.

年、1994 年美国各地巡演任天堂世纪锦标赛,1997 年职业游戏玩家联盟(PGL)
成立并举办了第一届职业锦标赛"星际争霸",获得了包括微软、AMD、Nvidia
等上市公司赞助的 120 多万美元。发展到今天,北美的电竞市场约为 2.575 亿
美元,预计 2021 年将超过 3 亿美元。美国因为其浓厚的商业氛围和成熟的市
场机制,成为全球电竞市场的一块高地。

韩国电子竞技发展也有其特殊的历史背景,1997 年亚洲金融危机爆发,韩
国经济受到了严重的冲击,经济下滑、就业率下降造成大批青年赋闲在家,游戏
自然成为大批青年消遣时间、排解压力的重要途径。1998 年恰好暴雪推出了
《星际争霸》,暴雪的效应加上特殊的时代背景,令《星际争霸》很快走红,韩国的
电视台也适时推出相关报道和节目,让更多人变成了星际玩家。韩国政府也在
此时确立了文化立国战略,认为电子竞技产业是其走出经济困境的途径之一。
从 1999 年开始,韩国政府大力发展通信宽带技术,在全国大规模建立高速互联
网端口,并对网络游戏产业进行政策支持和投入。2000 年韩国成立韩国电子竞
技协会(KeSPA),其隶属于文化体育观光部,负责管理全国的电子竞技运动,其
官方目标是使电子竞技成为官方体育赛事,并巩固电子竞技在所有领域的商业
地位。

(二)政策保障激发活力

美国的游戏产业发展主要是以市场需求为导向,比如传统的 NBA 联赛为
了迎合现在电子竞技和游戏需求开始涉足职业电竞联赛,并于 2017—2018 赛
季举办了 NBA-2K 电竞联赛。除此之外,美国还成立了类似大联盟、篮球协会
的电竞联盟,赞助商、广告商也将目标转向电子竞技比赛等。

但是,韩国的游戏产业发展在很大程度上得益于政府的政策引导。1994 年
韩国政府成立了文化产业政策局,开始了系统化的政策研究和制定,并先后出
台了《唱片录像带暨游戏制品法》《文化产业振兴基本法》等法律法规,以支持和
保障游戏产业发展。1998 年韩国确立文化立国战略,更是将发展文化产业上升
到了"实现第二次建国"的高度,政府积极鼓励韩国游戏产业参加 E3、ECTS 等
全球知名游戏展会,并在国家层面成立了"游戏综合支持中心",2000 年还在国
家文化振兴院(KOCCA)下设了游戏学院等。这一系列的政策支持,促进了韩
国游戏产业,尤其是网络游戏产业快速全球化。

(三)多重刺激选手职业化

美国将电子竞技职业称为"六位数"的职业(six-figure average salaries),比
如,"英雄联盟"冠军系列赛(LCS)的高级别的职业球员年薪平均为 320000 美
元,高于美国外科医生、航空公司飞行员和律师的平均工资。但是,职业队的日

常训练和备战确是异常紧张的。通常,美国电竞选手所在的俱乐部会负责选手的日常训练、生活料理、医疗保健以及退休计划制订,他们都有明确的职业规划和保障。所以,越来越多的美国高中生投身电竞职业,社会资本也大量进入。

韩国的电竞选手是通过资格认证、层层选拔的,优秀选手可以被韩国一流大学录取甚至获得全额奖学金等。选手的培养基本上由技能培养、退役职业规划、身体调适与自我评估三部分组成。取得优秀战绩的电竞选手就是体育明星,受到全社会的尊重。比如韩国总统曾经接见星际人皇Boxer,他也是全民偶像,"星际"甚至被称为国技。韩国的"造星"、影视包装商业化程度非常高,对于电竞来说,没有商业就没有电竞,韩国在这方面做得比较成熟,电竞职业选手平时可以依靠奖金很好地生活。他们对自己也有很明晰的职业规划,退役之后可以转型成为教练、领队、俱乐部管理层、分析师、电视解说、平台直播等等。比如:LOL的游戏天才Faker退役之后可以继续在SKT做教练,延续其职业生涯。不仅如此,韩国电竞选手的薪资待遇也极具吸引力,韩国文化内容振兴院公开的调查报告显示:2016年韩国职业电竞选手的平均年薪为6406万韩元(约合39万元人民币),2017年,达到了9770万韩元(约合60万元人民币),增长幅度达到了52.5%。

(四)资本支持项目专业化

20世纪90年代末以来,美国的游戏玩家就一直只能靠自己的技能谋生。但暴雪娱乐(Blizzard Entertainment)在2010年发布的《星际争霸2》(StarCraftⅡ)推动美国的电子竞技逐步发展成为一项广受欢迎的观赏性体育项目之后,电子竞技的商业价值和产业链迅速形成和发展,相继出现了大联盟游戏(MLG)、EVO、星际争霸系列赛或者WCS以及Riot Games等,这些游戏平台已经成为世界上最负盛名的电子竞技组织。美国电子竞技协会(TeSA)通过建立活动社区、在大学之间形成联盟举办各种电竞活动,推动电竞项目不断壮大。比如在密歇根州、新泽西州和马里兰州的部分大学举办的"英雄联盟"赛事,全美6000万个家庭都能收看到。加上美国一些有实力的公司和财团相继涉足电竞项目,如2015年好莱坞艺术家与运动员公司WME(William Morris Endeavour)收购了GEM(Global eSports Management)国际电竞管理公司,亚马逊斥资10亿美元收购全美最大的Twitch电竞直播平台,NBA总裁大卫·斯特恩也投资电子竞技公司FanDuel。这些资本的涌入和电竞协会的推动,促使美国电竞项目商业化、国际化程度越来越高,令其成为美国体育产业一个新的增长点。

韩国的电子竞技赛事一直是以电视转播、网络视频眼球经济为主要看点。

1997 年韩国本土开展的电子竞技比赛"KPGL"是其电子竞技项目的开端。进入 21 世纪,先后经历了几次大的调整,但都是以电视、资本集团为引领进行的变革,比如,2000 年 KIGL、PKO 和 KGL 三大赛事占据大多数市场份额,参赛的职业队伍有 40 支,随后韩国两大游戏电视台 OngmeNet 和 MBC 都举办了自己的电视联赛,韩国电子巨头 SK Telcome 和 Pantech 分别成立了自己的职业队,OngmeNet 和 MBC 把旗下电竞赛事品牌合二为一,形成了规模最大的电竞赛事。另外,韩国政府也不遗余力地推进电竞项目开展,比如,韩国政府 2014 年发布的《游戏产业及电子竞技中长期规划》明确表示,要在 2019 年之前提供 2300 亿韩元来支持韩国游戏产业发展。

(五)产权保护产业专业化

随着电子竞技产业的不断发展,利益不断扩大,纠纷也不断出现。作为体育文化类的产业,对其知识产权、著作权等权利的法律保护就成为市场良性发展的重要基础。较早引起关注的是美国暴雪公司控诉韩国电竞联盟未经许可,擅自允许韩国电视台直播"星际争霸"比赛的事件。虽然美国暴雪公司、韩国电竞协会、OGN 以及 GomTV 在 2012 年达成协议,解决了此事件,"星际争霸"正式成为韩国电竞协会的官方项目,但是该案件应该引起电竞产业甚至体育文化产业界的足够重视,应立法对游戏著作权、知识产权予以严格保护,为电竞产业发展提供法律和政策保障。

五、思考讨论

(一)游戏产业的发展机遇与全球化挑战

一方面,中国是全球最大的游戏市场,2018 年拥有超过 5 亿用户,从业者约 145 万人,游戏产业收入 2144.4 亿元,同比增长 5.3%,在全球游戏市场份额中,中国占比约为 23.6%。其中,中国自主研发的网络游戏产品增长较快,实现了 1643.9 亿元的销售收入,同比增长 17.6%。自 2003 年以来,中国一直将电子竞技列为官方体育运动,近年来,像上海这样的大城市已经公布了把自己变成世界电子竞技中心的计划。

但另一方面,中国国家新闻出版总署自 2018 年 3 月 28 日以来,暂停颁发当年新的游戏牌照,意在加强对游戏行业的控制。中国加强对游戏行业的监管,表层是为了保护未成年人免受伤害,实质上将推动该行业的发展整合,迫使游戏发行商采取更全球化的方式生存下去。中国的游戏市场由少数顶级玩家主导,因此对游戏总量的限制可能会对小开发商造成更大打击。CNG 的数据显示,中国前 20 强手机游戏占整个行业总收入几近六成,其中 16 款来自腾讯

(Tencent)和网易(NetEase)。愈演愈烈的马太效应促使行业资源向头部进一步集中。

2018年,海外市场已成为中国游戏开发企业重要的收入来源。在发行渠道上,中国游戏企业不仅与谷歌、脸书等多个海外分销渠道建立了长期紧密的合作关系,还背靠小米、华为等国内手机企业,在应用商店与软件预装上实现对游戏产品的有效推广。此外,国内游戏开发企业还利用收购或自建分销平台的形式聚拢客户,以腾讯、游族网络、三七互娱等为代表的游戏企业也已全面着手海外平台的布局工作,强化用户深度运营,进一步拓展了产品"走出去"的通路。数据显示,2018年中国自主研发的网络游戏在海外市场上的表现抢眼,当年销售收入达到95.9亿美元,同比增长了15.8%。面对国内游戏产业政策的不确定性,各游戏开发企业不断加大国际营销力度也可谓顺势之举。[①]

结合上述材料,谈谈你对中国游戏市场未来发展机遇与全球化挑战的认识。

(二)游戏开发与营销中的文化价值观

近些年来,世界各国政府都在积极发掘本国的优秀传统文化,并努力将其移植到当代主流文化当中。在这一文化发展背景下,游戏企业也在积极利用自身产品来呼应政府所倡导的社会主流价值观。实际上,网络游戏对民众尤其是青少年的成长会产生重要的影响,其主要表现在世界观、价值观、人生观、思维方式以及生活方式等诸多方面的引导上。对内而言,作为新兴的文化载体,游戏反映了一个国家和社会的意识形态,引导着用户潜移默化地接受社会价值观,并极大地影响着受众的行为习惯和行为方式,从而对社会精神风貌和主流价值观的形成发挥积极作用。对外而言,游戏通过人物、场景和剧情设计等元素,以一种更加隐秘且易接受的方式传播了一国的生活风貌和价值观念等,从某种意义上说,游戏的海外传播实现了国家形象在国际社会中的重塑,并成为影响海外用户的一种文化软实力。故而,将本国文化价值观念、主题、元素融入到游戏产业的对外贸易中,将成为未来文化输出和文化竞争的重要着力点。

一个国家的核心价值观事关国家利益、民族团结与社会稳定。因此,游戏产业市场主体应主动将价值观广植深耕于具体的游戏产品中,发挥出优秀游戏产品对国人尤其是对青少年的教育、引导和激励作用。结合实际案例,谈谈你对游戏产品文化价值观的理解及应对思路。

---

① 数据来源:中国音数协游戏工委(GPC)、伽马数据(CNG)发布的《2018年中国游戏产业报告》。

(三)电竞市场的需求分析与发展趋势

从市场销售收入总体情况来看,中国游戏产业已居世界首位。根据国际数据公司(IDC)的数据,截至 2017 年底,中国游戏产业营收高达 2036.1 亿元人民币,占据全球游戏市场规模的 30%。2008—2017 年 10 年间,中国游戏市场销售总收入更是实现了 10 倍的发展跃迁。相对于 2008 年 6000 多万的游戏消费人数,中国游戏市场消费者的数量也上升了 870%。30% 左右的国人或将是游戏产品的客户,这一巨大用户体量预示了未来中国游戏市场难以想象的规模和影响。

游戏市场的快速发展也带动了电竞市场的扩张。2017 年,据尼尔森媒介研究(Nielsen Media)报道,有 2/3 的电竞爱好者是年轻男性,他们会看直播,其中还有 37% 的人曾经去过现场看电竞比赛。德勤会计师事务所研究发现,X 一代(20 世纪 60 年代初至 70 年代末期出生)有一半的人至少每周都会玩一下电子游戏,这个比例和 Z 一代(网络世代)、千禧世代都比较接近。电竞行业能实现这样的转变,主要有以下几个原因:人们对于对战类游戏的兴趣激增;一些电竞联盟取得了成功;现场和线上观众人数的增加;赞助商和转播商的支持;社交媒体和直播平台热衷于争夺全球电竞赛事的独家转播权。

请结合中国电竞市场发展实际,分析中国电竞消费者的构成状况、产品消费结构及需求变化趋势。

(四)电竞产业发展的模式选择及策略探讨

抛开游戏本身的收入,游戏产业衍生及赛事收入非常小,相比传统体育中的足球、篮球的收入构成,中国电竞尚在学步阶段。从体育项目人数收益转化来看,电竞赛事的效率仍非常有限,从用户规模角度来看,中国电竞市场要在千亿以上才算正常。现在中国电竞发展尚不成熟,呈现着参与人数众多、收入渠道却很少的尴尬局面。造成这种现状的原因主要是三方面:第一,主流社会不认可,电竞用户消费能力一般;第二,中国电竞商业体系不完善;第三,缺乏规模化体育赛事运营经验。

电竞产业有其自身的缺点,比如容易沉迷、流行游戏各自为政、游戏公平性被游戏公司左右等,但不可否认,随着电竞用户数量的增加,这个产业正在壮大。如今,电竞产业已衍生了多种商业模式,大致可归类为四种。

运营赛事模式。虽然电竞游戏开发者多是国外游戏公司,但在不同的国家、地区,游戏公司都会将运营权给予本地游戏运营公司代理,依靠运营、举办赛事收益已是中国电竞主要收入模式。比如在艾瑞报告中所述,电竞游戏收入占比 91.5% 的就是这一类,可以说这是盈利最快的一块,也是相对成熟的一个部分。

战队经济模式。以 LOL 来说,目前许多名企、明星及其他资本都在运作,如王思聪拥有的 IG 战队,周杰伦旗下的 J 战队,NBA 球星、波士顿凯尔特人前锋杰雷布科收购的 Renegades 战队。而名企方面,LOL 中的韩国三星战队,中国虎牙赞助的韩国 ROX Tigers 战队,也都曾在此前的 LOL 全球决赛中获得冠亚军的名次。这些活跃在电竞赛事上的明星战队,其经济来源除了各种赛事奖金、赞助收入外,其本身自带的人气效应也是价值之一:比如三星战队获得了2014 年 LOL S4 总决赛冠军,如以当时《英雄联盟》月活跃用户高达 6700 万来计算,即便抛开赛事奖金不说,这一广告价值对三星而言就是无法估量的。

IP 衍生模式。电竞游戏 IP 开发中,直播是较为成熟的一个,许多电竞播主年盈利已经在千万级别。此外,在内容开发方面也有垂直媒体、小说、漫画等形式可盈利,再加上手办、玩偶周边(目前大多游戏公司未开放知识产权)等盈利模式。电影也是 IP 衍生开发重要的一块,但由于电竞 IP 版权掌握在游戏公司手中,内容 IP 开发受游戏拥有方态度所限,因此通常都是游戏公司自己或选择机构打造,如《古墓丽影》《生化危机》《魔兽世界》等游戏电影都曾获得高票房。

明星运作模式。足球界有足球明星,篮球界有篮球明星,电竞界虽然也有一些业内名人,但相比贝克汉姆、罗纳尔多、乔丹、科比这些传统体育明星所具备的全民影响,电竞业尚未出现一批真正有影响力的明星。可以说,在数以亿计以年轻用户为主的产业领域内,很难想象现在的电竞界居然仍缺乏名人。究其原因,根源可能在于业内缺乏明星操盘手,在国内传统领域明星运营仍多还在起步阶段的情况下,电竞明星运作的上下游链条就显得更为缺乏。

当然,由于电竞脱胎于游戏,在社会认同上,电竞还有很长的一段路要走,但随着互联网原住民 90 后、00 后逐渐长大,对电竞没有天然隔阂的他们,将会在下个 10 年成为社会接纳电竞摇旗呐喊的主力军。从用户基础、参与门槛到人群属性,电竞拥有得天独厚的条件,假以时日电竞或成为最全民的体育"运动",而这背后则是充满想象空间的商业机会。

请结合实际案例探讨四种电竞商业模式的适用条件和应用对策。

第十章　世界演艺之都——悉尼

一、案例描述

表演艺术的价值可以说是无法以数量来计算的,除了纯粹的经济效益,表演艺术包括视觉艺术、电影以及建筑设计等在内的创新产业,都具有非常重要的文化影响。澳大利亚的表演艺术极其多彩,其拥有 6 个专业古典交响乐团、2 个专业伴奏乐队(歌剧和芭蕾)和 2 个专业的室内管弦乐队以及许多室内乐队,其成员多来自专业、社区和业余管弦乐队及唱诗班,其中包括澳大利亚青少年管弦乐队和澳大利亚青少年唱诗班,大多数乐队经常出国演出。此外,澳大利亚还有许多全职爵士乐团和 12 个传统马戏团,其中包括澳大利亚马戏团以及其他许多小型的专业表演艺术公司。悉尼不仅是澳大利亚的商业、贸易、金融、旅游和教育中心,更是澳大利亚乃至世界著名的表演艺术中心。

(一)悉尼表演艺术场地①

1. 悉尼歌剧院(Sydney Opera House)

作为全球最反常规的建筑之一,悉尼歌剧院凭借其超前的设计理念,从诞生前的饱受争议,摇身变为全澳洲最具标志性的建筑。悉尼歌剧院永远不缺少世界级的演出,作为澳大利亚最为热闹的场所之一,每天从早到晚游人、观众络绎不绝,他们或是欣赏音乐,或是观看各种表演和展览,抑或是参加私人宴会或购买纪念品,也有些人到这里来仅仅是为了在剧院门前闲游散步,观赏剧院的雄姿和饱览海港的风光。悉尼歌剧院在 1959 年开始动工兴建,耗时长达 14 年,花费高达 1 亿 400 万澳元,其造型独特、规模宏伟,除耶稣受难日和圣诞节以外,每天常规开放 16 小时,日均活动数量达十来个,可同时容纳 7000 余人,成为城市艺术文化的殿堂,同时也是悉尼的城市灵魂,被举世公认为 20 世纪世

---

① 资料来源:盛楚宜,雪萌.悉尼十大演出胜地:表演时间到了[EB/OL]. http://australia. people. com. cn/n1/2016/0927/c364496-28744225. html.

195

界十大奇迹之一。作为全球知名的表演艺术中心、悉尼城市的标志性文化建筑，悉尼歌剧院可以说是澳大利亚文化生活的心脏：澳大利亚的主要艺术团体轮流在此演出，众多外国著名舞蹈家、歌唱家、音乐家和其他艺术表演者，只要到澳大利亚，都特地前来演出。

2. 都市演奏厅（City Recital Hall）

该演奏厅建于 1999 年，是悉尼市中心唯一一座只作演出使用的音乐厅。整个音乐厅能容纳约 1200 人，因此更适合一些小型的演出。但这并不意味着演出效果将大打折扣，相反地，由于其设计时对声学效果的极致追求，无论是独奏、室内乐还是朗诵，观众都能在这里得到最完美的听觉体验。

3. 地铁剧院（The Metro Theatre）

剧场将原有的两个电影院放映厅改造成了两个演出舞台，每周都会有国际巡回演出在此上演。这里不但深受热爱摇滚的年轻人喜爱，更是潜力乐团起航的地方，堪称悉尼摇滚酒吧中的佼佼者。

4. 霍德恩馆（Hordern Pavilion）

该馆自 1924 年建成以来，一直是悉尼建筑和社会上具有重要意义的地标，其名字源于 20 世纪澳洲最大的百货公司之一安东尼·霍德恩父子公司（Anthony Hordern & Sons）。该馆曾是皇家复活节的展厅之一，现在很多人也同样将其视为大型会展中心，但其实每年同样会有大量音乐节目在这里上演。

5. 地下室（The Basement）

正如它的名字所示，这个可容纳 600 人的音乐俱乐部确实就位于地下一层。略显昏暗的灯光配上忧郁且现代的音乐外加一杯鸡尾酒，一切都是如此的慵懒且梦幻。这里不但曾是爵士乐迷们的挚爱，更早已成为澳洲音乐界一个闪亮的符号。现如今，除了爵士乐，蓝调、摇滚、舞曲、说唱甚至是模仿秀和喜剧都被带到了这里。

6. 恩莫尔剧院（The Enmore Theatre）

该剧院建于 1908 年，是新南威尔士州所有仍在进行艺术演出的剧院中历史最悠久的剧院之一。这座装饰艺术派地标建筑，完美呈现了 20 世纪初期郊区剧院的风貌及发展变迁，其悠久的历史及纽敦（Newtown）别具一格的艺术氛围，吸引了大批国际顶尖艺人前来。滚石、绿洲、酷玩、夜愿、玛丽莲·曼森等知名乐团都曾在此演出。

7. 库多斯银行竞技场(Qudos Bank Arena)

其坐落在悉尼奥林匹克公园之中,作为 2000 年悉尼奥运会的主要场馆,这里不但是世界十佳体育馆之一,同时也是澳洲最大的室内娱乐竞技类场馆。这个斥资超过 2 亿澳元兴建的可容纳 21000 人的大体育场还有一个功能——开演唱会。2013 年,凯蒂·派瑞(Katy Perry)曾在这座场馆连唱六场,更以总观众 89500 人次打破了此前由单向组合(One Direction)保持的 81542 人次悉尼演唱会人数纪录。

8. 国家剧院(The State Theatre)

即使你不看演出,单单逛一逛这里也会觉得心满意足。富丽堂皇、气势恢宏,这绝对是观众走进国家剧院的第一感受。漫步在这座融合了哥特式、意大利式以及装饰艺术派风格的建筑中,便仿佛有种置身于豪华宫殿之感,而这里的演出形式也绝不拘泥,从演唱会、芭蕾舞到苏格兰风笛乃至少林功夫,几乎无所不有。

9. 比弗圣剧院(Belvoir St. Theatre)

每年这里都会吸引澳洲最杰出和最有前途的剧作家、导演、演员和设计师来为观众呈现一场场引人入胜的艺术节目,而比弗圣剧团也是澳洲最受推崇和最负盛名的剧团之一。一直以来,比弗圣剧院的舞台都是澳洲表演艺术家钟爱的艺术圣地,同时这家剧院对推动当地剧团节目,支持崭露头角的艺术家等方面也作出了巨大的贡献。

10. 帝苑剧场(Capitol Theatre)

该剧场曾是一座大型农贸果蔬市场,历史已逾百年。从最初的马戏团表演,到如今接连上演的《音乐之声》《阿拉丁》等歌舞剧,一代又一代悉尼人在这里获得了快乐。百年来,这座剧场曾经历翻修、关门、新文化的冲击,也曾几度改变经营策略,但依旧存在至今。它就像一座图腾,记录了悉尼太多的历史、太多的回忆。

(二)悉尼的表演艺术团体

在所有表演艺术形式中,最伟大的形式之一是将歌剧与音乐、视觉艺术和戏剧相结合为观众提供一次强大而丰富的舞台体验。澳大利亚歌剧团是澳大利亚国内最大的戏剧音乐表演公司,其所在地位于著名的悉尼歌剧院,是本国文化的象征。作为澳大利亚的国家歌剧团,其呈现的演出不仅有着恢宏的场景、华美的装饰和炫彩的舞台灯光,更有着令全球观众喜爱的歌剧剧目,每年演出逾 200 场,观众人数超 30 万人次,是澳大利亚最受瞩目、最具规模和最为繁忙的顶级艺术表演团体。与世界上其他歌剧表演公司一样,澳大利亚歌剧团的资金主要来源于一系列的政府拨款、企业赞助、私营慈善机构和门票收入。

悉尼交响乐团是澳大利亚的旗舰管弦乐团之一,是澳大利亚的主要音乐机构,完成了许多重要的国内外演出任务,并在 2000 年悉尼奥运会的庆典活动中发挥了重要作用。该交响乐团于 1932 年由澳大利亚广播公司组建,第一任总指挥是尤金·古森斯先生,于 1947 年上任。自 2009 年以来,该职位一直由弗拉基米尔·阿什肯纳齐担任,该团常驻悉尼歌剧院。随着悉尼逐渐成为国际知名城市,悉尼交响乐团也已发展成为世界上最好的交响乐团之一。1965 年,悉尼交响乐团实现了它在海外的首次巡演,此后,悉尼交响乐团时常在欧洲、美洲和亚洲进行演出,为该团赢得了全球赞誉。作为世界著名交响乐团之一,悉尼交响乐团汇聚了众多优秀的演奏家,除了一直致力于追求最杰出的、世界级的表演,其同时也成为培养世界顶级交响乐演奏者的摇篮。

(三)悉尼的表演艺术教育

1. 悉尼大学悉尼音乐学院

2019 年 6 月,QS 教育集团发布了 2019 世界大学学科年度排名,排名评选出了 48 个专业领域表现卓越的顶尖大学,表演艺术(Performing Arts)专业就是其中之一。在 2019QS 世界大学表演艺术专业 Top100 强中,澳洲共有 10 所大学入围,占比 10%,表现异常出彩,其中 5 所更是直接跻身全球 TOP50 强。值得一提的是悉尼大学,2018 年该校位居第 51~100 名区间,2019 年一跃而进入全球前 30 强,排名第 28。

西摩中心是悉尼大学最大的多用途专业表演中心,建于 1975 年,其拥有一座 780 席的伸展式半圆型舞台剧场,一座 605 席的镜框式舞台剧场,一间 200 席的小型表演室和 120 席的卡巴莱式空间,另还配有音乐系师生使用的音乐房。除了安排校内各院系的年度演出,在西摩中心演出的公众音乐及戏剧数量也不少,悉尼举办的各种艺术节也常在西摩中心安排节目。除西摩中心外,天桥剧场(Footbridge Theatre)是校内的另一座大型剧场,当然,学校的音乐表演设施还有很多,如 220 席的多用途音乐表演室、两座各 116 席演奏厅以及 213 席的合唱团礼堂(Choral Assembly Hall)等。

悉尼音乐学院(Sydney Conservatorium of Music)是悉尼大学下属的一所历史悠久的音乐学院。其成立于 1915 年,原先是一所独立的音乐学院,1990 年并入悉尼大学从而成为悉尼大学的二级学院。学院开设有音乐教育、作曲、演奏、音乐学等在内的音乐专业学士学位以及键盘乐器、铜管乐器、弦乐器、风琴、打击乐、木管乐器、声乐(歌剧、古典或爵士)表演等专业。作为澳大利亚久负盛名的音乐学院之一,其培育了悉尼首支交响弦乐团和弦乐四重奏组。学院在教学过程中融入欧美音乐精髓,培养了兼具古典与现代音乐风格、努力钻研且富有创新精神的多面音乐人。正因如此,悉尼音乐学院如今已成为澳大利亚享有最高声誉的音乐学府之一。

2.澳大利亚音乐与表演艺术学院(APMA)

学院坐落于悉尼经济核心地带,被邦迪海滩、悉尼歌剧院、海航桥所围绕,是澳大利亚国家级的著名专业艺术院校。学院与澳大利亚整个文化艺术系统都建立了深厚的联结,并与之打造起艺术发展的生态链,相互给养,共生共荣,其与国家歌剧团、"斯卡达达"剧团、悉尼舞蹈团和澳大利亚芭蕾舞团等众多顶级艺术团体均有深入合作,学生表演团每年都会被邀请在西摩中心、悉尼歌剧院等知名演出中心和各大艺术节现场出演,优秀毕业生大量被澳大利亚各级演出团体聘用,担任乐手、乐队指挥、主唱、首席舞者、吉他手等。

学院校区内建有专业艺术场地——汤姆曼剧院,其也是悉尼本地知名的演出场所,可容纳观众 300 名,拥有适合各类演出的巨大舞台和卓越音效,包括戏剧、现场音乐、舞剧、音乐剧等。澳大利亚音乐与表演艺术学院在学生基础学习与个性化学习上较为侧重,拥有高水准的教师和特色的教学指导方式,配备了全国及全球各地具备不同技能的才能艺术家,如舞蹈家、音乐家、作曲家、表演艺术家、舞蹈编导、导演、制片人、教师以及业内专业人士。

得益于得天独厚的地理位置,学院共享了澳大利亚飞速发展的经济和最前沿、专业、领先的艺术资源,并聚合起行业尖端人才,经过 20 多年的发展,其已然成为澳大利亚最具潜力、发展势头最好的艺术中心。

二、案例分析

(一)表演艺术业概念、层次及其特点

2001 年,英国创意产业特别工作小组出版了《创意产业分析报告》[①],如表10-1 所示,其对演艺产业活动进行了相对系统的整理,将表演艺术产业领域的众多活动分为三个层次,分别为"核心活动""相关活动"和"相关产业"。

---

① Creative Industries Task Force of the UK, Creative Industries Mapping Document 2001[EB/OL]. http://webarchive. nationalarchives. gov. uk/+ http://www. culture. gov. uk/reference_library/publications/4632. aspx.

表 10-1　英国演艺产业活动分类

核心活动	相关活动	相关产业
内容创作	旅游观光	音乐
演出制作	酒吧和餐厅	广播电视
现场演出	商业赞助	出版
巡演	配音配乐	电影录像
舞台灯光	场馆运营	设计
服饰设计和制作	教育、社区音乐	特技效果
/	推销	/
/	餐饮服务	/
/	节庆运营	/
/	节目出版	/

在文化产业语境下,表演艺术产业可进行如下界定:"表演艺术产业指的是在既定的演出场所,如大小型剧场或戏院、大小规模不一的音乐厅、室内或室外的体育场或广场等等,针对最为普遍的大众群体,所进行的艺术表演相关活动,此外,还包括有与艺术表演息息相关的票务销售、前期艺术创作、专业配套活动策划等等。"[①]其特点可归纳为以下几点。

第一,同步性。表演与观看是同时、同地发生的,表演艺术活动一般都需在特定的"演出场所"进行,这一特征使其与基于媒介传播(电影、电视及互联网等)的演艺娱乐活动有着极大的区别;

第二,商业性。与无商业意义的群众自发性文化娱乐活动有所不同,表演艺术产业虽然也是面向大众群体的,但是其是以商业价值实现为目标的,其策划、宣传、销售、演出等诸多环节也需要按照商业规则运作;

第三,多元性。"表演"虽然是表演艺术产业的核心活动,但在"表演"之外,产业还有着多元的价值链,如大家所熟悉的前期的艺术创作、策划活动、宣传推广、票务服务、延伸产品的销售等,这些都是构成完整演艺活动和确保活动顺利举办的重要组成部分。

(二)表演艺术场馆管理体制及经营模式

以悉尼歌剧院为例,其在场馆管理体制及经营模式上的经验启示主要有以

---

① 李琦靓.从文化产业视角看中国表演艺术产业化的困境与出路[D].厦门:厦门大学,2014.

下几个方面。

1. 管理体制

（1）悉尼歌剧院信托基金法案（Sydney Opera House Trust Act）。由于悉尼歌剧院是政府主持投资建设的澳大利亚首座国家级的大剧院，耗资巨大，地位重要，因此，1961 年新南威尔士州通过专门法案就悉尼歌剧院的场馆管理作出了详细的规定。该法案规定，由专门信托基金理事会（The Sydney Opera House Trust）负责歌剧院的管理，其宗旨和目标是：管理、保持和完善悉尼歌剧院的建筑物及场地；管理、保持和完善悉尼歌剧院作为一个艺术中心和会议中心的功能；促进和提升所有表演艺术门类的品位和成就；鼓励对新的文化娱乐及艺术表达形式的科学探索与发展。法案还规定了基金会理事成员的提名和任命规则——即州艺术厅厅长提名后再由州长任命。理事会成员共有 10 位，包括悉尼政府官员和社会各界知名人士。此外，法案规定至少要有两名专业人士加入理事会，他们需要有表演艺术方面的专业知识或经验；每位理事每届任期 3 年，如合格可续任，但最长任期都不得超过 3 届。[①]

（2）悉尼歌剧院公司（Sydney Opera House）。悉尼歌剧院公司在信托基金会理事会的领导下成立。作为非营利组织（NPO），其以公益性演出团体身份接受政府资助扶持，并在税收优惠和接受捐赠上享有权利。悉尼歌剧院公司本身并非演出机构，只是演出场地的管理者，其职责主要是为澳大利亚一流的演出团队和机构提供场地服务，并与演出团体和其他演出公司配合做好在悉尼歌剧院的演出活动，以及扶持新艺术家和新的艺术形式，发展本土艺术事业，增加观众的数量和多样性，争取各类资源让悉尼歌剧院成为展示澳大利亚文化艺术最好的"窗口"。

公司实行首席执行官（CEO）负责制，CEO 亦是由州艺术厅厅长提名，并经理事会决议通过后，由州长任命。CEO 下设表演艺术部、物业发展部等 9 个内部机构。悉尼歌剧院公司现有员工 600 名，其中仅 250 名为全职员工，其余为兼职员工或志愿者。

2. 经营模式

（1）资金来源及使用

悉尼歌剧院最早的建设费用主要来自澳大利亚伊丽莎白戏剧基金会的资助，最初预算为 700 万澳元。在随后长达 14 年的曲折艰难的建设过程中，费用

---

① 毛少莹.悉尼歌剧院的经营管理经验及启示［A］.张晓明,胡惠林,谢绳武,等.2006 年：中国文化产业发展报告［C］.北京：社会科学文献出版社,2006.

不断超出预算,政府为解决悉尼歌剧院庞大的建设费用,于 1957 年专门为歌剧院设计发放了"歌剧院彩票"(Sydney Opera House Lottery),以彩票的收入和政府的拨款资助,最终完成了歌剧院的建设。至 1973 年建成开业时,悉尼歌剧院工程总花费逾 1 亿澳元,比设计预算超出了 15 倍之多! 但悉尼歌剧院升值速度也非常惊人,2004 年有关机构评估后认为悉尼歌剧院的市值已达 10 亿澳元,且其价值仍在上升之中。

悉尼歌剧院建成后,多年来一直需要不断完善和维修,比较大的一次是 2001 年,为依照乌特松的设计改善场地,新南威尔士州政府一次性提供了 6930 万澳元的资助。悉尼歌剧院自此开始了大规模有计划的重建或修缮工作。作为地方标志性的高雅艺术表演场所,政府公共财政一直以来也给予了悉尼歌剧院大力支持。通常,新南威尔士州政府每年都划出大笔预算,资助悉尼歌剧院包括场地维修、日常开支、保安等方面的多项开支。这些资助首先由信托基金理事会提出预算,上报州艺术厅,艺术厅审核批准后才分季度给予拨付。此外,悉尼歌剧院也接受社会捐赠。总的来看,悉尼歌剧院 60％的费用由政府资助,自身创收和社会捐赠占比仅为 40％左右。

政府资助是否能够及时给付,有没有延迟给付后产生的利息问题,这在悉尼歌剧院和州艺术厅的年报中是重要的审计内容之一。从已有的资料来看,政府资助的及时给付率一般可达到 93％。自创收入来源主要包括场地出租费、附设商业设施(咖啡厅、餐饮、纪念品商店等)创收、旅游服务、票房分成等。其中,40％左右总创收来自场地出租,旅游服务创收占比也较高,可达 10％以上。

资金的使用(开支)最大项是人工及相关费用、管理及市场营销以及建筑与设备的维护,这三项开支大约各占到总支出的 1/3 左右。作为非营利机构,悉尼歌剧院依法获得税收优惠。一般在扣除有关支出及设备折旧等费用后,作为非营利机构的悉尼歌剧院基本是收支平衡的。当然,通常会略有赤字或略有盈余,如有赤字的情况,将于下一年度的预算中考虑增加以填平补齐,而有盈余时,则用于下一年度开支。

(2)运作模式

悉尼歌剧院各场馆的运作大多采用演出场所与本地艺术团队建立长期固定合作关系的模式,这既是悉尼歌剧院公司的职责所规定了的,也保证了固定的场地用户及上演剧目的水平。与悉尼歌剧院长期合作的澳大利亚演出团队堪称一流,包括悉尼交响乐团(Sydney Symphony)、澳大利亚歌剧团(Opera Australia)、悉尼戏剧公司(Sydney Theatre Company)、澳大利亚芭蕾舞团(The Australia Ballet)和其他一些公司或艺术家。此外,悉尼歌剧院公司还制作自己的节目,除一些保留剧目外,每年推出大约 14 个新剧目,致力于发展多种非传统艺术形式,并力推具有不同文化背景和领域的艺术家。悉尼歌剧院公司还经常首演澳大利亚最具有号召力的创作者的新作,并经常与全球著名演出机构合作共同推出剧目。

以悉尼歌剧院音乐厅与悉尼交响乐团的合作可以来说明固定合作伙伴的具体运作。音乐厅与悉尼交响乐团以合约的方式,确定双方的合作责权。音乐厅以较低的租金提供交响乐团使用,但要求交响乐团每年在音乐厅举办专门的演出季,并承诺重要演出首选音乐厅。一般来说,交响乐团每年可为音乐厅提供大约 100 场左右的演出,这一数字通常可占音乐厅每年演出总场次的 1/2。这些演出剧目,大多为古典音乐作品,也有部分优秀现代作品。此外,悉尼歌剧院公司每年也与悉尼交响乐团合作推出 4～5 个新剧目。类似地,悉尼歌剧院还与澳大利亚歌剧团、悉尼芭蕾舞团建立了固定的合作伙伴关系:每年在歌剧院演出 8 个月、共约 180 场的歌剧,以及 4 个月共约 85 场的芭蕾舞。戏剧厅与悉尼戏剧公司和现代舞团等也建立了固定的合作伙伴关系。

与以上固定合作伙伴的合作之外,悉尼歌剧院每年还有来自世界各大演出团体的租用者。这里也被认为是提高演出团体或演员的知名度的重要场所,此外,其还被用作许多大型活动,如 2005 年的印尼海啸灾区赈灾筹款晚会、澳大利亚偶像竞赛总决赛的场地等。事实上,悉尼歌剧院成为澳大利亚重大事件、公共活动的重要平台和国家形象的代表。此外,悉尼歌剧院也通过建立会员制的艺术爱好者组织,举办群众性艺术推广活动、青少年艺术教育活动、多元文化推广活动等,培养了大批的固定观众。

票价是影响演出市场的重要因素,在必要的公共财政资助和稳定的节目来源基础上,悉尼歌剧院的演出票价是比较合理的:一般纯商业性演出平均票价大约为 75 澳元左右,而某些公益性演出票价还要低,此外,对团体观众、歌剧院会员等也有优惠。合理的定价,适合市民消费水平,让悉尼的演出市场形成了良性循环。

由于节目内容丰富,市场营销和观众培养得力,悉尼歌剧院保持了良好的上座率并吸引了大量的观众。其中,本地观众大约占总观众数的 80%,外地观众(包括来自世界各地的游客以及悉尼以外的澳大利亚其他城市的观众)约占观众总数的 20%。从场馆使用情况来看,悉尼歌剧院近 10 年来的有关数据显示,其出租率高达 76%～83%。

(三)澳大利亚文化创意产业发展路径

1.利用税收激励机制促进产业发展

政府在税收减免和税制奖励等方面制定激励机制,鼓励社会各界投资文化创意产业。以影视制作为例,2007 年联邦议会通过了一项法案,提出了"澳大利亚影视制作激励机制"——政府将在未来四年中投入逾 2.8 亿美元资金以加强国内电影电视制作和吸引国外制作机构入驻。具体内容有以下几点。

一是针对制作单位的政策激励。制作机构如制作澳大利亚电影将获 40% 的税额减收,制作其他类型节目也将获得 20% 的税额减收,这些激励措施有效促进了澳大利亚影视业的快速发展,在吸引投资、降低成本和维持制作机构运营稳定上发挥着重要作用。

二是针对海外合作的激励政策。凡是将澳大利亚作为影视外景拍摄地的可减收 15% 的税额。提升澳大利亚成为好莱坞及欧洲电影外景取景地的竞争力,吸引海外影视机构到澳投资,并增加澳大利亚从业人员与世界优秀制作团队的合作。

三是针对大制作的激励政策。对于 500 万美元以上的影视产品制作,不论其传播范围,澳大利亚政府将一律减收 15% 的税额。

2. 以产业融合助力文创事业发展

"产业融合本质上是一种创新,这种创新和创新方式的扩散带动了产业结构的调整与升级。"[1]"从产业层面上讲,文化创意产业是以创意产品(服务)为主体并以相关产业的产品如工业品或者农产品为基础来实现它自身的价值。"[2]澳大利亚政府大力助推"文化旅游",使文化产业与旅游产业相衔接,并借助本国发达的旅游业带动文化创意产业的发展,最终实现产业升级和结构转型。

3. 扶持与保护并重以保障产业发展

国家级创意产业振兴机构"布里斯班创意产业研究中心"获得联邦政府的直接资助,同时,图书馆、博物馆、美术馆等文化事业机构同样得到政府的大力资金扶持。在政府政策扶持和财政支持带动下,民间资本也纷纷跟上,有力地推动了澳大利亚文化创意产业的市场创新。实际上,在音乐剧、艺术、电影、电视制作、歌剧、互动游戏及数字内容等诸多文化创意产业重要领域,政府都在不遗余力地扶持产业主体做大做强,并适时对产业发展进行引导。此外,政府还十分注重文化历史遗存保护,设有澳大利亚遗产委员会这样的专门机构保障文化事业发展。[3]

---

① 孔令刚,蒋晓岚.基于产业融合视角的文化创意产业发展战略[J].华东经济管理,2007(6):49—52.
② 丁艳春.基于产业融合理论的文化创意产业发展研究[D].景德镇:景德镇陶瓷学院,2011.
③ 文化创意产业课题组.关于澳大利亚、新西兰文化创意产业分析思考[J].天津经济,2012(1):8—10.

三、案例启示

(一)大型公共文化设施建设与管理的启示

美丽的悉尼歌剧院(Sydney Opera House)位于澳大利亚最大城市悉尼,作为全球性地标和最著名的歌剧院之一,其位于悉尼湾环形码头的贝尼朗岬角处,远望犹如一枚枚白色巨形贝壳。自1973年建成至今,悉尼歌剧院一直以造型新颖著称于世,被视为世界建筑艺术的典范。作为首屈一指的世界级表演艺术中心,其也是全球最为繁忙的场馆之一:悉尼歌剧院每年大约举办2400场活动,其中包括1700场左右的现场演出,每年吸引各地观众达120万左右,并接待约400万名世界游客。建成40多年来,悉尼歌剧院更成功举办了超过80000场的各类文化活动,吸引了超过5.2亿的观众参与,从而成为全球重要的表演艺术中心和表演艺术场馆。[①] 2003年,悉尼歌剧院已被登记列为澳大利亚国家文化遗产。

适当的选址、独特的设计、科学的管理、开放的市场、与时俱进的现代经营,是悉尼歌剧院运作40多年的成功经验,其管理经验有着重要的借鉴价值。[②]

1.大型文化设施是国家和城市形象的重要代表,具有极强的公益性,必须重视大型文化设施的建设及其综合效益的发挥

悉尼歌剧院绝不仅仅是一个表演场地,事实上,它既是悉尼乃至澳大利亚的地理地标,更是文化地标。2003年,美国普利兹克建筑奖的评委弗朗克·盖里(Frank Gehry)说:"乌特松设计了一座远远超越其时代的建筑……一座改变了整个国家形象的建筑。"的确,悉尼歌剧院不仅以其美丽直观地改变了澳大利亚的国家形象,更通过其40年来的努力,通过展演本土及世界各地富有创意的文艺节目,极大地丰富了澳大利亚民众的文化生活,保障了公民文化权利的实现,并且有力地促进了澳大利亚与国际社会的文化交流。自开放以来,歌剧院日益扩展其功能,承办了悉尼和澳大利亚最隆重的庆典,包括建国200周年纪念、千禧年、奥运会、新年晚会等等,成为澳大利亚的象征。悉尼歌剧院的经验表明,大型文化设施具有极强的公益性和综合的社会效益,必须重视大型文化设施的建设和发展。

---

① 杨建新,杜毓英,吕龙华,孙宇.关于当前浙江省剧院经营管理的调查报告[J].文化艺术研究,2009,2(1):63—77.
② 毛少莹.悉尼歌剧院的经营管理经验及启示[A].张晓明,胡惠林,谢绳武,等.2006年:中国文化产业发展报告[C].北京:社会科学文献出版社,2006.

2.公共财政的投入与政府政策的扶持是大型公益性文化设施建设和发展的关键

大型公益性文化设施往往需要好的选址和庞大的投入,悉尼歌剧院最早的兴建是政府主持并投入大量资金的,后来在建设过程中政府为解决资金问题还为其设计发放专门的彩票。之后,即便经过 40 年的发展,运营已经十分成熟而且获得了世界性的声誉,悉尼歌剧院仍然离不开政府每年超过其预算成本一半以上的投入。这当中,固然因为悉尼歌剧院特殊的建筑设计所带来的高昂维修费用,另一方面,也可以看出,大型公益性文化设施的运作始终是需要公共财政支持的。这种支持或许可以根据实际情况的不同而多少不一,但是,支持是必需的,完全要文化场馆自负盈亏是不符合实际的。对大型公益性文化设施的管理,政府决不能"缺位",而对非营利机构的管理,更应学习发达国家经验,制定规范的扶持与优惠政策。

3.民主与法治是公共文化设施科学管理的制度前提

悉尼歌剧院的建设与经营无疑是成功的,其成功重要的保障首先是民主与法制的社会制度。从悉尼歌剧院的建设及管理可以看出,作为一个大型公共文化设施,无论是最早决定是否投资兴建悉尼歌剧院,还是选择什么样的地点,决定采用什么样的建筑方案等,都是公开讨论、民主选择的产物。最终,歌剧院能获得一个最佳的选址和世界一流水准的外观设计,获得专门的法案对其资金与管理予以支持,都来自民主法治的社会制度。民主法治制度还是悉尼歌剧院进行科学管理的大前提,因为只有在一个民主法治的社会中,作为公共财政大力资助的非营利大型文化设施的悉尼歌剧院,才处于全方位的监督管理之下,才有社会各界对悉尼歌剧院的决策组织——信托基金会的全面参与,以及对悉尼歌剧院重大决策的参与。此外,悉尼歌剧院财务和业务公开加之接受社会审计与监督等关键性的管理制度设计同样离不开民主与法治这一制度前提。

4.政府间接管理、机构独立运作、社会适度参与的"共同治理模式"是科学管理大型公益性文化设施的理想模式

从悉尼歌剧院的管理架构可见,政府部门(艺术厅)对歌剧院的管理是间接的,政府部门(艺术厅)与悉尼歌剧院信托基金理事会及歌剧院公司自身,形成了一个各司其职的"共同治理结构",实施对悉尼歌剧院的有效管理。其中,政府部门主要负责公共财政的及时投入(上报预算、争取经费、及时划拨)及监督使用(年终审计),负责有关政策法规的解释和法律服务;信托基金会实际上承担了"出资人"角色,受委托(法案规定)行使出资人的权利,既负责公共财政投

入资金的合理使用,又实现歌剧院重大决策的社会参与;歌剧院公司则在 CEO 的主持下,一方面执行理事会决议,另一方面,面向市场,以公司治理的模式独立运作。这种管理体制,实现了决策权、经营管理权和社会监督权的适度分离,换言之,在实现了政府的公共管理职能与公共财政出资人角色的分离、大型公益性文化设施的所有权与经营权分离的同时,还实现了有效的社会监督和参与,提高了公共文化设施的管理水平和服务效率,这无疑是市场经济条件下公益性文化设施管理较为理想的模式。

值得一提的是,政府对悉尼歌剧院的监督是非常全面的,不仅包括资金使用状况等硬指标,还包括了委托专门机构进行观众满意度调查,并了解及报告雇员机会平等状况、健康与保险状况以及信息公开程度如何、私人信息是否被滥用、决策的公众参与程度怎样等方面的情况。悉尼歌剧院监督与管理的全面细致是非常值得学习借鉴的。

5. 艺术场馆的建设可以促进相关艺术门类和机构的发展,而场馆与演出机构进行稳定合作,可以优势互补,有利于获得"双赢"格局

演出场馆需要团体和剧目,团体剧目同样需要演出场馆,像表演艺术这样需要特殊场所条件的艺术门类,其发展更是深受设施建设的影响。回头来看,悉尼歌剧院对澳大利亚的表演艺术有着意义深远的影响:酝酿兴建悉尼歌剧院的时候,除悉尼交响乐团外,澳大利亚并没有国家级的歌剧团、芭蕾舞团,在其开放之前,悉尼每年只上演 8 个星期的歌剧,而如今,上演歌剧的时间长达 8 个月。

某种意义上说,悉尼歌剧院的建立促进了澳大利亚歌剧等表演艺术门类的发展,并催生了歌剧团、芭蕾舞团等演出机构的产生。此后,随着悉尼歌剧院与悉尼交响乐团、澳大利亚歌剧团、悉尼戏剧公司、澳大利亚芭蕾舞团的长期稳定合作,形成了较好的表演艺术产品生产与服务的"产业链",双方在实际的运作中,努力进行资源整合,实现了最大程度的优势互补,既繁荣了悉尼的艺术市场,为观众提供了丰富多彩的节目,又促进了各机构长期稳定的发展,形成了"双赢"的格局。

6. 大型文化设施亦应承担艺术教育、发展多元文化的职责,发挥其在提高公民文化素质、培养艺术市场观众、增加观众多样性等方面的作用

除上演一流的演艺节目、接待国际顶尖级的艺术家之外,悉尼歌剧院还常态化地开展艺术教育和艺术普及活动,并通过优惠场租等办法,鼓励学校、社区等群众性艺术团体到歌剧院演出,如为培养学龄前儿童的艺术兴趣,悉尼歌剧院专门开展了"宝宝在歌剧院"(Kids at the House)活动;为中小学生培养艺术

爱好专门设计推出了艺术教育系列活动（House：ED Programs）；而针对年轻人，悉尼歌剧院利用演播室，与新兴艺术团体或年轻艺术家合作，专门制作推出针对18～35岁年龄层的现代、先锋艺术作品。此外，针对澳大利亚的移民人口构成，落实多元文化政策，悉尼歌剧院还采取措施鼓励少数民族艺术、新兴或边缘艺术形式的发展，如举办"马其顿文化节""亚洲舞蹈节"等。这些做法，让不同年龄层、不同民族与文化背景的人都能亲近表演艺术、欣赏优秀作品，甚至在专门人士的指导下参与艺术创作，大大提高了澳大利亚，特别是悉尼市民的文化艺术素养，形成了普遍的艺术爱好和宽容多元的文化氛围，为表演艺术的发展培养了大量潜在的艺术家和观众。或许正是因为这样，悉尼歌剧院的本地观众高达80％。

7. 大型公益性文化设施应重视配套服务的提供与相关产品的开发

除艺术场馆服务外，悉尼歌剧院还根据观众和参观者的需求，提供导游、餐饮等服务，并开设咖啡厅、纪念品商店等。完善的服务，不仅满足了一般观众的需求，更进一步发挥了悉尼歌剧院优越的地理位置和特殊的社会影响，吸引了大批的食客、观光客。在悉尼歌剧院用餐被称为"最完美的悉尼体验"，而其中可容纳6000人的贝尼朗餐厅更是别有魅力。2003—2004年度，悉尼歌剧院仅餐饮一项就创收233万澳元，几乎等于其场地出租收入546万澳元的一半，可见这些配套设施不仅完善了歌剧院的功能，也给歌剧院带来了可观的经济收益。毫无疑问，大型公益性文化设施应重视配套服务的提供与相关产品的开发。

（二）从"龙头企业带动"到小企业的孵化

文化创意产业更多是由小型企业甚至微型公司这些市场主体组成，这也成为其与传统产业的最显著差异之一。与此同时，文化创意产业所具有的产品、市场及投资回报等多方面的不确定性，更成为对行业可持续发展的极大考验，也令文化创意产业成为服务业中的一个高风险行业。

一般说来，创业者的专业情怀抑或独有创意往往是文化创意小微企业创立的源泉，而这也决定了自我实现、追求创新才是此类公司首要追求的目标，收益和回报甚至是其次的。这些企业创设的门槛（如起步资金要求）并不高，因此表面往往呈现出百花齐放的喜人局面，但它们在运营、管理、产品、营销以及资金运作等方面普遍存在的技能匮乏，导致了较高的市场淘汰率。即便涉险通过初创关隘，在后面的发展中同样会面临诸多风险，因此，对小微文化创意企业进行孵化十分必要且重要，在这些市场主体发展的重要阶段如能给予一定的扶持和资助,帮助其顺利渡过难关,将有助于确保产业发展主体的多元性和可持续性。[①]

以澳大利亚昆士兰州为例,"昆士兰模式"的核心在于澳大利亚创意企业服务公司(Creative Enterprise Australia,简称 CEA)对小微企业的孵化。昆士兰科技大学建立 CEA 旨在为新生小型文创企业提供成长咨询和帮助,以打造文化创意产业有效内部链接为使命,通过整合政产学研各界的创意资源,促进商业性和创新性文化创意产品的生产,成为各方相互联系的链接催化剂。

CEA 的功能和职责主要有三个方面:第一是提供创意空间,它们为文创小企业提供极低价格的办公场所;第二是提供咨询服务,聘请各界专家和学者为创意企业提供咨询顾问服务,指导发展战略、营销策略、商业计划和管理模式;第三是资源对接,一方面,帮助小微文创企业同大企业建立项目、资金等合作关系,另一方面,它们还与州政府及昆士兰科技大学紧密合作,帮助创意企业与大学生实现实习和就业上的对接。

实际上,像 CEA 这样的产业服务机构在澳大利亚为数众多。澳大利亚在全国建立了 6 所创新研究中心(2009 年)——通常也被称之为"企业连接计划"(Enterprise Connect),其中,澳大利亚创意产业企业交流中心(CIIC)建在悉尼科技大学。"企业连接计划"在澳大利亚文化创意产业发展中发挥了重要作用,其为中小企业提供了资源和技术交流平台,有力地支持了众多小微文创企业业务水平的提升。

概括说来,小微文化创意企业的发展需要政府的大力引导和支持。在降低准入、简化审批、拓展融资渠道、打造孵化平台上,政府有广阔的可作为空间——可以通过政策引导和资金扶持等多种措施促进文创产业小微主体创设、发展和成熟。

(三)澳大利亚文化创意产业发展机制启示[②]

一是加大文创产业政策扶持力度。文化创意产业具有高风险、高投入、高利润的产业特征,其发展壮大离不开政府的政策支持。政府应对创意产业发展进行谋篇布局,纳入城市整体发展战略,制定中长期的政策导向,结合城市和产业发展实际,确定文化创意产业主攻方向和产业聚集区的规划布局,并完善产业发展的软硬件环境。资源富足的城市要未雨绸缪及早谋划文创产业发展,规

[①] 王曦.澳大利亚文化创意产业发展对我国的启示——以"昆士兰模式"为例[J].中央财经大学学报,2013(1):71—77.

[②] 文化创意产业课题组.关于澳大利亚、新西兰文化创意产业分析思考[J].天津经济,2012(1):8—10.

避资源陷阱,而传统资源匮乏的城市,则更是要多依靠潜力巨大的智慧性产业,促进地方经济的可持续增长。研究显示,当恩格尔系数低于 50%,人均 GDP 超过 3000 美元时,人们 30%~40% 的消费将会是文化消费。当今世界,文化已日渐成为跨国竞争的主战场,文化创意产业作为国家经济和文化发展的重要组成,对其从税收、资金、人才等多方面给予政策扶持势在必行。

二是促进文创与相关产业融合发展。从澳大利亚的发展经验来看,其创意产业十分注重优势联合,这其中既包括将文化创意产业与制造业优势相融合,也包括将文化创意产业与丰厚的民俗文化、历史遗存相融合,还包括将文化创意产业与旅游等第三产业领域相融合,推动文化创意产业与相关产业的双向交流和相互渗透,使文化创意产业不断进化、升级,通过对现有优势资源的转化利用,实现文化创意产业的结构调整和产业升级,从而创造更显著的经济效益,并提升城市的整体形象和综合竞争力。

三是注重文化创意产业发展研究。政府对文化创意产业的支持还体现在研究上,政府牵头成立必要的文化创意产业研究机构,结合文化创意产业不断遇到的新情况和新问题,组织开展具有战略性、前瞻性和针对性的深入研究,在产业发展和产业创新路径上贡献好思路,在政策制订上多提好建议,在发展措施上多出好点子,为推动文化创意产业在不断变化的竞争环境中实现可持续发展发挥智囊团和思想库的作用。

四、延伸阅读

"创意"澳大利亚研究①

澳大利亚联邦政府至今共出台过两部全国性的文化政策文件,一部是 1994 年颁布的《创意国度(Creative Nation)》,另一部是于 2013 年 3 月颁布的《创意澳大利亚(Creative Australia)》。两个政策文本都是对澳大利亚全国文化发展的各个领域进行全面规划,其核心紧密围绕着丰富和发展澳大利亚的文化创意水平、文化创新氛围的主题,主要目的是通过发展澳大利亚的文化来助推其经济的不断发展。

综观近年来澳大利亚文化事业和文化产业的发展趋势,"创意、创新"已成为其文化发展的关键词,创意文化已逐渐成为澳大利亚文化发展的重要特点之一。

---

① 案例来源:王学思."创意"澳大利亚研究[J].山东图书馆学刊,2014(2):50—53.

（一）对发展文化创意产业的支持

澳大利亚政府将文化产业（包括娱乐业）分为十大类：自然类；文学、图书类；音乐类；表演艺术类；美术类；电影录像类；广播电视类；艺术教育和群众文化类；娱乐健身类；体育类。据 2009 年澳大利亚创意产业企业交流中心（CIIC）发布的《创意产业经济分析报告》显示，澳大利亚创意产业年平均增长率为3.9％,高于澳总体经济增长水平；创造 43.8 万个就业机会，占总就业机会的4.8％；创造的工业生产总值为 311 亿澳元（1 澳元约合人民币 6.8 元）。创意产业对 GDP 的贡献已超过农业、林业、渔业等传统产业以及煤气、水、电、住宿与食品等服务行业。据澳大利亚国家统计局（Australian Bureau of Statistics）2011 年的统计数据显示，澳大利亚共有包括软件和交互内容、设计、建筑、广告和市场、影视和广播、视觉艺术、出版、音乐和表演艺术八大类创意产业企业总计 12.2 万家。

澳大利亚创意产业的繁荣发展，离不开澳大利亚政府对此的引导和扶持。澳政府很早就意识到，文化政策也是一种经济政策，文化可以增值，也可以创造财富。从 1994 年《创意国度》政策颁布以来，澳大利亚的舞台艺术、影视制作、互动艺术、创意设计等都发展迅速，同时，澳大利亚政府以政策扶持和财政支持带动民间资本进入创意产业，实现技术创新和市场创新，孵化产业主体，引导重点行业发展，积极发展创意集群和园区，不仅关注文化产品本身，也关注文化的商业能力。

1.政策扶持

20 世纪 90 年代是澳大利亚早期文化政策的收获季节，文化呈现一派繁荣的景象。1994 年澳大利亚出台了《创意国度》发展战略。这一国家政策标志着澳大利亚不单单要推广和促进文化艺术的发展，同时强调要用文化创造财富。在这一政策引导下，澳大利亚联邦政府的各个部门，包括外贸部、劳动部、教育部、环境部、体育部和国土部等都开始致力于文化投入及其经济产出。《创意国度》不仅是一项文化政策，同时更是一项经济政策，彻底打破了文化和经济在官方政策制定方面的疆界，也打破了政府的文化部门和经济部门长期各司其职、各自为政的状态。

进入 21 世纪后，澳大利亚政府陆续出台了《澳大利亚数字内容产业行动纲领》(2005)、《国家创新系统回顾》(2008)和《推动创意——21 世纪创新发展日程》(2009)和《澳大利亚数字经济的未来》(2009)等发展规划和战略，这些战略又进一步将澳大利亚的文化发展推向创意创新革命。在这样的政策引导下，社会各部门都更加重视对创意和创新的投入，并通过实现创意的商业化来创造更多的经济和社会价值,并从整体上促进整个社会经济体系的创新进程,从而推动经济和社会的进步。

2.财政支持

澳大利亚对文化创意产业发展的资助方式主要采取分级资助和多头资助两种形式。分级资助指的是根据文化产品和服务的影响力和市场占有情况分为国际级、国家级、品牌级、州级等层次,并给予不同额度的配套资助;而多头资助包括联邦政府各部门(不仅指艺术部门,也包括工业和商业部门,甚至是对外贸易的部门)及政府的投资促进机构、行业协会、州政府、社会资助等。这些资助的内容和方式也成为澳大利亚目前文化政策争论的热点,比如是资助艺术家个人,还是资助艺术机构、团体、院校?是资助创新艺术,还是资助文化遗产?艺术教育要不要列入学校大纲?等等。

2009年,澳大利亚政府通过创新产业科技和研究部发表声明实施"企业连接计划"(Enterprise Connect)。这种措施曾在澳大利亚的制造业等许多传统领域的企业中使用过,将其使用在创意产业上尚属一次新的突破。通过澳大利亚创意产业企业交流中心,年收益达到100万澳元以上的企业将可以获得零售商的业务咨询,所涵盖的领域包括表演艺术、广告、时尚、数字和多媒体等。2009年至2010年,澳大利亚创意产业企业交流中心得到了联邦政府投入的1700万澳元,用以帮助创意产业的中小企业提高生产力,提高开发创新内容与创新服务的能力。

(二)对艺术家和创意工作者的资助

据2011年澳大利亚的一项普查显示,澳大利亚约有53.1万的文化从业者。创意文化的主体是人,为了激发和鼓励艺术家和创意工作者的创作热情,为其提供良好的创作条件,澳大利亚联邦和各州、领土区提供了各种类型的资助项目,通常情况下获得这些资助要通过申请和同行评议等流程。覆盖面积较为广泛的项目是由澳大利亚艺术委员会(Australia Council for Arts)提供的资助项目,每年委员会都会向全国的艺术专业毕业生、艺术家个人及专业机构提供总数超过1.6亿澳元的资助。同时这类项目因属于国家级别,所以申请的人数较多,申请成功的比率通常低于30%。这些拨款主要给予社区艺术和文化发展、舞蹈、新兴和实验艺术、文学、音乐、戏剧和视觉艺术等各个艺术门类的理事会,由其向艺术家和艺术机构提供。这些拨款通常通过两个方案予以实施。

1.初期艺术家和制作者计划(Early Career Artists and Producers Program)

艺术起步补助金(Art Start):这项补助是为刚刚从事创意文化类专业的毕业生提供的,申请者须致力于成为作家、视觉艺术家、表演艺术家等,或者是从事社区艺术或文化发展等领域的创新实践者。资助金将用于为申请者提供服务、资源、技能发展和设备等。

职业生涯早期的居民（Early Career Residencies）：这一补助用于为符合澳大利亚委员会所支持的所有艺术形式的艺术家、馆长、编辑和制片人提供发展和实施创意项目的资金，该补助还可同时支持一个组织或机构。

2.创意澳大利亚艺术家津贴（Creative Australia Artists Grants）

该项目于2011年5月由澳大利亚政府启动，用于支持艺术家创造和呈现澳大利亚各个艺术领域的新的作品。该项目以5年为期，共计将为包括青年和新兴艺术家在内的艺术家提供1000万澳元的支持。

(三)在文化教育中鼓励创新能力的培养

澳大利亚政府认为，对澳大利亚年轻一代提供富有艺术内容的教育将有效推动澳大利亚创意产业的发展。因此，澳大利亚的文化艺术教育特别鼓励对学生创新能力的培养。

1.支持部分职业教育机构培养文化艺术精英

职业教育对于一个国家文化艺术的发展是十分必要的。在澳大利亚，艺术家们认为正规的艺术训练是掌握艺术技能的重要来源，因此职业教育较之在职培训更为重要。据统计，大约有87%的澳大利亚艺术家接受过较高级别的职业教育。仅2010年，在高等教育机构修学创意艺术课程的学生达8.3万余名；有5.3万余名学生接受了职业培训机构的培训。

精英培训是使得澳大利亚在艺术领域取得国际成功的温床，同时对于培养高水平的创意实践者也起到重要的作用。在职业教育中，澳大利亚政府十分注重对文化艺术精英的培养，目前，澳大利亚政府为国内取得的卓越艺术成绩以及对社会文化生活和创意经济作出重要贡献的专业艺术培训机构提供相应的经费支持。比如，每年为澳大利亚芭蕾舞学院、澳大利亚国家音乐学院、澳大利亚青年管弦乐团、"飞翔的果蝇"少儿马戏团、澳大利亚国家戏剧艺术学院、国家土著居民和岛民技能发展协会舞蹈学院、国家杂技艺术学院7家艺术机构拨款约1700万澳元，为澳大利亚影视和广播学校、澳大利亚初级电视艺术及广播培训机构拨款2400余万澳元，这将为澳大利亚的创意产业培养更多优秀人才。

2.推进普通教育对艺术创新实践能力的培养

在推进职业教育和精英培养的同时，澳大利亚政府还逐步推进普通教育对学生艺术创新实践能力的培养。1994年颁布的《创意国度》，首先提出了"所有澳大利亚的居民都具有接受提高自身创造力和提升欣赏他人创造能力水平的艺术教育权利。"随后,无论是从联邦层面还是各州、领土区层面都进行了诸多将艺术教育融入普通教育的研究、探讨,相关的文化部门和教育部门也出台了诸多政策,拨付了大量资金用于提升普通教育中的艺术培养。比如,1995年由澳大利亚国家参议院提出的《艺术教育(Arts Education)》政策、2003年由西澳大利亚州政府提出的咨询文件《艺术与教育的创意关系(Creative Connections An Arts in Education Policy Consultation Paper)》等,都指出了教育在文化艺术培养中的重要作用,同时提出了增加教师文化艺术培训水平的相关建议。

为了使澳大利亚的广大学生通过获得更多艺术培养从而提高其创新实践的能力,2008年,澳大利亚政府实施了一项为期4年、投入520万澳元的"艺术家住校"项目。该项目不仅为艺术家们分享卓越技艺提供了机会,同时也为艺术家和在校的老师提供了共同探讨有效的艺术教育方法和实践模式的良好平台。至项目实施的第3年即2010年开始,这一项目已被各州、领土区政府列为了一项常设项目。以昆士兰州为例,任何一所小学、中学甚至是幼儿园,无论是州立还是私营的机构,如符合条件都可以申请这一项目,项目的评估和审批均由昆士兰州政府的文化部门Arts Queensland负责。

(四)在文化外交和文化出口方面重视创意文化

在澳大利亚,澳大利亚国际文化委员会(Australia International Cultural Council)是主要负责文化外交的组织,于1998年由时任外交部部长亚历山大·唐纳(Alexander Downer)建立,主要负责全国的文化外交事务。组建之初,委员会仅有十分有限的预算,其主要的角色更像是促进组织而非拨款组织。经过数年的发展,该组织逐步扩大了其业务范围,拓展了促进澳大利亚的旅游、教育和文化出口等多项功能。如今,委员会已具备了提供奖助金的职能,每年,委员会将向在该年度委员会设定的优先区域和关注国家组织文化活动的项目提供经费资助。

澳大利亚政府一直致力于通过加强艺术、文化以及创意产业的国际合作来营造一个健康的文化外交关系。比如,澳大利亚国际文化委员会组织针对特定国家的文化项目,其目的是通过组织包括表演艺术、视觉艺术、文学和电影等整合的项目活动,从而加深和加强澳大利亚同其他国家的合作关系。第一期特定国家的活动项目是于2001年在美国启动,随后该项目陆续在德国、中国、日本、英国、法国、印度尼西亚、马来西亚、印度等各国举办,以艺术家和艺术组织的交流互访,在大使馆举办各类展览,特别的电影展播以及公共和私人的文化活动等形式组织各类活动。

此外，澳大利亚委员会每年还拨付约 800 万澳元，用于支持澳大利亚艺术家和表演者出国表演的差旅住宿以拓展国际文化市场，同时还用于与其他国家的国立艺术委员会建立互惠合作安排等。此外，澳大利亚委员会还向澳大利亚许多承担国际旅游服务的主要表演艺术公司提供年度拨款，以支持其国际业务的发展。

对于澳大利亚未来的文化外交政策而言，从《创意澳大利亚》的文本中可以发现，澳大利亚政府将继续致力于加强与区域合作伙伴的合作关系，对于创意文化的输出也将是其未来文化外交和文化出口的重点。比如，澳大利亚将进一步完善相关法律以保障澳大利亚主要文化机构用于当代公共展览的文化产品的海外借贷，继续加强澳大利亚网络文化服务的提供，一个包括电视、广播、多媒体等整合了多个平台的服务网络将为亚太地区的观众提供服务，以便让更多的受众了解澳大利亚。

五、思考讨论

（一）表演艺术产业在经济学上的悖论

科学技术进步与社会生产力提高为绝大多数的产业带来毋庸讳言的利好。但是，表演艺术产业可能并非如此，从某种角度上说，其可能恰恰被排除在外，这主要是因为科技发展成果在现场表演领域的共享还相对不足。电影、唱片、电视、留声机和录音机等传播科技的发展和应用，使得更大范围的传播成为可能，这同时也意味着艺术传播的成本将急剧下降。举例来说，管弦乐表演现场的观众数量局限于音乐厅的观众容纳能力，而一旦其在电视上传播，则可以有成千上万的观众。复制科技的发展为艺术传播创造了全新面貌，但不可忽视的是，其也直接导致了大众传媒对表演艺术观众的争夺，对从事现场表演的艺术团体而言，这将是极其不利的影响。因此，表演艺术生产力并未在传播科技提升状况下获得等幅增加，其主要原因或在于表演艺术作为一种"精致的手工业"，其并不能随科技提升而显著增加生产力。现实情况是，传统的现场演出已经受到较大的冲击和影响，其在文化市场上的所占份额被大大削弱。复制技术下的电影、电视、广播以及录像等文化制品正成为现场表演艺术的替代品，这一方面使得高昂的艺术创作可以被大众广泛地进行消费，但另一方面，这种出于利己的合理消费倾向，却令那些基于现场的表演艺术文化消费更加消极。[①]

在这一环境下，更多的观众可以以低廉的花费得到不相上下的艺术消费体

---

① 李琦靓.从文化产业视角看中国表演艺术产业化的困境与出路[D].厦门：厦门大学，2014.

验,而表演艺术团体吸引观众选择现场购票观看也越来越难。一方面,表演艺术成本在社会生产力提高下不降反升,另一方面,表演艺术票价却并未顺理成章地上涨,收支差距与矛盾的进一步恶化和未来的长期存在,将严重影响现场表演艺术的经济状况和发展前景。

请你分析梳理替代品与现场演出各自的优劣势,并谈谈表演艺术业如何更好地走出这一经济学悖论。

(二)演出行业票价高及其机制应对

演出行业的票价形成机制取决于该行业的市场结构,其是在现有市场供需条件约束下,为保证演出行业可持续发展而采用的价格形成策略。一般说来,垄断程度越高的市场越倾向于采取成本导向定价策略,而竞争程度越高的市场越倾向于采取市场定价策略。我国演出行业长期受政府管理指导程度较高,国有市场主体长期处于绝对的优势垄断地位,因此我国演出行业的票价实际上是基于成本导向定价策略的——也即根据成本加成制定票价。由于我国文化消费市场仍旧不够活跃,因此包括人员、设备设施、营销推广等在内的演出运营成本短时间内难以通过提高演出频次予以摊销,而随着演出市场各项生产要素成本的不断增加,成本导向定价策略将来或将面临更大挑战——难以有效解决越来越高的演出票价问题。[①]

当演出运营成本上涨,似乎只能通过同比例上涨票价化解。对当下我国表演艺术产业而言,票价过高实际上是不争的事实。如何才能有效降低演出票价?理论上分析,演出票价如低于表演成本通常是基于三点考虑:第一,基于理想使命或道德的考虑,表演机构自身不愿意增加票价;第二,在观众心目中,表演艺术并非是一种"必需性"消费品;第三,来自于同行的压力,激烈的市场竞争让演出机构无法制定高票价。

在演出票价日渐趋高的当下,诸多演出似乎仍呈现出一派欣欣向荣的发展势头,票房屡创新高。但是,繁荣的票房下也隐藏着令人喜忧参半的问题:从统计来看,剧院观众人数并未有太多增幅,这些演出的丰厚利润更多是依赖票价上涨而获得。与此同时,演出市场黄牛倒票现象屡禁不止,不少演唱会门票更是被炒至天价。过高的票价将热爱戏剧的观众越来越多地挡在剧院门外,高雅艺术消费奢侈化,这有可能使表演艺术欣赏沦为富人的娱乐。

请你根据上述材料,结合我国演出行业的票价形成机制中存在的问题,谈谈如何通过机制完善来推动解决演出行业票价过高的问题。

---

① 寇垠.我国演出行业票价形成机制研究[J].价格理论与实践,2016(3):75—78.

(三)政府是否应该对表演艺术进行支持

20 世纪 60 年代,美国表演艺术产业经历了一段与当前我国极为相似的一个发展阶段。当时,美国政府对表演艺术产业果断提供了经济支持——国家艺术基金会的建立是政府支持表演艺术的突破性进展。实际上,美国首部支持文化艺术事业发展的法规——《国家艺术及人文事业基金法》早在 1965 年就已通过并付诸实施,随后美国国家艺术基金会和美国国家人文基金会相继成立,它们以"发展文化艺术服务、保护丰富的文化遗产和鼓励艺术人才发挥创造功能"为机构宗旨,开启了美国政府向艺术家和文艺团体提供财政及技术支持的步伐。[①]

表演艺术是否应该得到政府资助一直存在着争议:赞成者认为,艺术活动所具有的"内在价值"是其应获得公共支持的核心所在,而反对者则并不认同,他们认为联邦政府对艺术的支持有可能限制艺术创作的自由和艺术产业的发展。在反对者看来,如果把艺术品也看成普通商品,那么在观众愿意支付的费用低于产品成本的情况下,该种艺术产品是没有理由被生产的。

请你从经济、社会和公共管理的视角,就"政府是否应该对表演艺术进行支持"这一问题谈谈你的观点。

---

① 李琦靓.从文化产业视角看中国表演艺术产业化的困境与出路[D].厦门:厦门大学,2014.

第十一章 中国文化古都——北京

一、案例描述

作为中国的政治中心、文化中心、国际交往中心和科技创新中心,北京因其深厚的皇城历史文化积淀和突出的科技创新实力,拥有了发展文化创意产业得天独厚的优势。自 2005 年开始正式提出要大力发展文化创意产业以来,北京市财政便每年安排 5 亿元的预算,设立专项资金来支持文化创意产业的发展。经过十余年的发展,北京文化创意产业正按照全国文化中心建设"一核一城三带两区"的总体框架,以推动高质量发展为目标,聚焦打造产业"高精尖"结构,加快健全现代文化创意产业体系与市场体系,完善文化经济政策,培育产业新兴业态,推动产业集约化、融合化、高端化、国际化发展,建设市场竞争力强、创新驱动力足、文化影响力广的新时代文化创意产业引领区。

(一)北京发展文化创意产业的优势

在文化资源上,无论是深厚的历史底蕴还是特色鲜明的京派文化,抑或是丰硕的教育资源,无不彰显着北京悠久且引人瞩目的文化积淀。作为中国历代政治与文化中心,北京有着 3000 多年的悠久建城史和 860 多年的建都史,拥有辉煌璀璨的帝都景观和厚重悠长的文化底蕴,以故宫、天坛、颐和园为代表的皇城文化加上胡同文化、四合院文化、会馆文化以及以长城为典型代表的古代军事文化,为这座城市文化创意产业发展提供了丰饶的源泉、养料和载体。丰富的文化资源为北京发展文化创意产业提供了先决条件,而众多知名高校聚合形成的中国教育和人才培养的中心地位置,为北京发展文化创意产业带来了强大的智力支持和持久的发展动力。此外,作为一座全球城市,在京的世界各国使领馆和全球各类机构林立,这进一步使北京在信息、人才、资金、技术及创意等各方面都拥有了独特的竞争优势。①

创意人才资源方面,无论是在本土培养还是吸引留学归国人员和海外创意人才的聚集上,北京在文化创意产业发展过程中都牢牢把握和充分发挥了这一核心发展要素的内在驱动力量。作为国家首都和全国的文化中心,北京的高等院校和科研院所数量众多,这为北京文化创意产业发展提供了大批创意人才,奠定了坚实的智力支持基础。与此同时,北京还积极开展"海外人才聚集工程",旨在吸引全球高层次创意人才前来创业,这在一定程度上引发了北京创意人才聚集的蝴蝶效应。

创意产业源于个人的创造性活动,是最契合知识经济时代特征的产业形式,其对区域的选择在很大程度上取决于该区域良好的区域形象。世界上创意产业发达城市如伦敦、纽约、巴黎等大多是拥有良好国际形象的世界级大都市便充分说明了创意产业的这一特性。② 一方面,创意产业发展基于良好的城市形象,另一方面,创意产业发展也有强烈的反哺效应,其在产业自身发展的同时又有力地提升了城市形象。在城市形象上,随着经济社会快速发展和全球城市的逐渐形成,北京的国际地位日益加强,国际声誉逐步提高,城市形象日新月异,因而越来越多的国内外创意型公司纷纷来京投资创业。③

此外,产业集聚优势、人居优势、资本优势和政策优势也都为北京发展文化创意产业起到了重要支撑作用。

(二)北京文化创意产业发展特点

2016 年,北京文化创意产业实现增加值 3581.1 亿元,比上年增长 10.1%;占地区生产总值的比重达到 14.0%,比上年提高 0.3 个百分点。2016 年全市文化创意产业资产总计 37921.3 亿元,收入合计 17885.8 亿元,从业人员 198.1 万人,文化创意产业已经成为首都经济发展名副其实的支柱产业,产业发展呈现出以下特点。

一是文化产品多元化。围绕热门游戏、流行音乐、网络小说等衍生出电影、电视剧、游戏、文创产品、主题乐园、话剧、舞台剧等一系列文化产品,极大地丰富了文化产品的类型,文化创意企业的版权开发形成了以知识产权(IP)为核心的运营模式。文化 IP 资源撬动了包括动漫、影视、出版等业态在内的版权经

---

① 王世崇.北京发展文化创意产业的 SWOT 分析.北京工业大学学报:社会科学版,2012,12(3):39—44.

② 盛垒.北京发展创意产业的战略意义、比较优势及其应对策略[J].北京社会科学,2005(3):72—80.

③ 王三银.南京文化创意产业发展模式研究[D].南京:南京航空航天大学,2009.

济,产业发展也由初期的侧重资本投入转向对创作质量的关注,市场也迎来了从表层流量经济向底层内容经济的结构性转变。[①]

二是产业聚集式发展。"2019 年 1 月 25 日,北京市正式发布 33 家首批北京市文化创意产业园区名单……从空间分布来看,北京文化创意产业现已形成中轴线与两翼齐头并进的新格局。"[②]北京文化创意产业特色鲜明、集聚度高,文化金融、文化科技、文化休闲、出版发行等板块都已形成了强势集聚并保持着较快的增长势头。

三是文化与科技融合。基于文化创意和科技创新上的基础优势,北京文化创意产业融合业态更加具有创新性——文化科技融合的产业发展规模和产业影响力领跑全国。借助"互联网+"发展模式,北京将知识、文化与科技相融合,网络直播、知识付费成为继网络游戏和网络小说之后的发展新热点,传统文物行业也借助"互联网+"异军突起,这从"故宫博物院文创旗舰店(天猫)""掌上故宫"等产品得到消费者深爱便可初见端倪。文化科技融合态势火热,引领着北京文化创意产业的发展,而相关资本的注入则进一步助推了北京网络版权市场的快速崛起。

(三)北京文化创意产业的集聚区发展

理查德·弗罗里达(Richard Florida)在其《创意新贵》一书中有观点:"创意人不会只在有工作的地方聚集,他们聚集在创意的中心,或他们喜欢生活的地方。"在北京,文化创意产业集聚区是文化生产和文化消费的重要场所,也是北京文化经济政策的有效试验田。北京市文化创意产业发展初期,形成了包括798、宋庄等在内的文化创意园区,但这些文化创意产业集聚区在成长过程中,也出现了同质化竞争、创意产业主业淡化等问题,同时还存在集聚区内部集聚效应和集聚区与外部网络联系不明显的问题。为解决这一问题,北京市推动了文化创意产业从空间集聚向功能集聚转型的改革。

2006 年 12 月,北京市评选出第一批 10 个集聚区,即北京数字娱乐产业示范基地、中关村创意产业先导基地、中关村科技园区雍和园、国家新媒体产业基地、北京 798 艺术区、中国(怀柔)影视基地、北京潘家园古玩艺术品交易园区、北京 DRC 工业设计创意产业基地、中关村软件园和宋庄原创艺术与卡通产业集聚区,这些集聚区均被授予了"北京市文化创意产业集聚区"的称号。打造文化创意产业集聚区,以产业集聚的方式来推动文化创意产业发展,是北京实现

---

① 崔君.文化资本视域下的北京文化创意产业发展研究[J].中国经贸导刊,2019(2):102—104.

② 曹珊,王琢.北京顺义文化创意产业空间优化策略研究[J].城市规划,2019,43(6):34—39.

"人文北京、科技北京、绿色北京"社会建设目标的重要途径之一,这些北京市一级的集聚区以及各个区县一级的集聚区,几乎涵盖了文化创意产业的各个门类。各种类型的集聚区建设,极大地带动了北京文化创意产业的迅猛发展,取得了令人瞩目的成绩。

从功能定位上看,北京文化创意产业集聚区呈现出三方面特性:一是北京市重点支持的文化行业呈现出不同程度的产业集聚趋势,集聚区成为北京文化创意产业集群发展的重要承载场所;二是北京文化创意产业空间布局呈现鲜明的团块和带状特征,集聚区也是承载文化生产和消费的重要场所;三是北京文化创意产业发展体现政府引导和市场主体特征,集聚区是文化经济政策研究和投放的实验场所。①

北京的文化创意产业园区主要有以下三类:一是数字娱乐文创园区,依托新一代信息网络技术,重点发展动漫、游戏、软件等行业的创意产业集群;二是传统工业资源文创园区,主要是以北京传统工业资源为基础发展起来的创意产业集群;三是以大型文化创意企业集团为龙头,带动上下游其他企业聚集而形成的创意产业集群。②

综合来看,文化创意产业集聚区的建设为北京文化体制改革提供了新的途径与方法,也为地方产业结构的转型探索出切实可行的实施路径,为北京市服务经济发展提供了新的运作模式和经营模式,为提升北京首都形象、确立"开放的北京国际大都市"品牌起到了巨大的助推作用。

(四)北京文化创意产业发展模式

1.北京文化创意产业中心集散辐射模式

北京有着悠久的文化内涵及广阔的发展空间,再加之其政治上首都的地位,因此其与上海、香港等地的文化创意产业发展模式有所不同,北京市文化创意产业的发展模式可以归纳为中心集散辐射模式,即在现有发展中心的基础上,通过政府的协调和整体规划,针对地区的经济文化发展特点及长远态势对重点发展基地进行规模化集中,提升效应,进行不断推广发散,带动周边产业发展,提升地区整体发展水平,同时注重区域效应,通过中心辐射作用,带动区域协调发展。③ 中心集散辐射模式可以从以下几个方面进行理解。

---

① 孔建华.北京文化创意产业集聚区发展研究[J].中国特色社会主义研究,2008(2):90—96.
② 牛维麟.国际文化创意产业园区发展研究报告[M].北京:中国人民大学出版社,2007:193.
③ 田巧芳.北京市文化创意产业的发展模式研究[D].北京:中国地质大学,2008.

第一,"中心"不是指"某个或某些产业",而是指"文化创意产业园区",强化了文化创意产业高渗透性、集群化、网络化的特征,更有利于北京文化创意产业的集群化发展;

第二,不局限于北京地区文化创意产业的发展,更强调区域范围内创意经济的共同繁荣,利用"首都经济圈"经济的一体化效应,实现规模经济,凭借市场机制的引导,使其极化和扩散效应得到充分发挥;

第三,在北京文化创意产业的初级发展阶段,该模式突出了政府在产业发展中的指导作用,利用政府的宏观调控手段,引导地方锻造产业特色,避免文化创意市场主体因盲目逐利而造成的产业趋同问题;

第四,在产业发展地点选择上,可以逐步消除"新旧工业"之间的差距,不再局限于老厂房、老工业基地,而是根据市场要素选择和北京各区县政府规划相结合的原则,选择产业园区的建造地点。

总之,该模式吸收了"点轴极化扩散"模式和"楼宇集聚关联"模式的优点,在北京文化创意产业发展的初级阶段更注重政府的指导作用,并将区域辐射作用应用于文化创意产业发展中,以实现整合地区资源整体提升文化创意产业的目的。

2.中心集散辐射模式发展思路与重点

北京中心集散辐射模式发展,首先是将地方资源优势转化为产业的发展优势,充分利用北京丰富的文化与人才资源,强调政府的宏观调控和引导指导作用,发挥市场在资源配置上的基础性作用,打破行业垄断和地域限制;其次,巩固文化创意产业作为支柱产业的重要地位,增强产业提供就业机会和创造社会财富的能力,提升产业的带动力和影响力;最后,提升产业的市场竞争力和综合实力,强化北京文化中心的功能,打造全国乃至全球的文化创意产业中心区。[①]

模式发展的重点是要逐步把北京打造成为全国的"八大中心",即影视节目制作和交易中心、文艺演出中心、动漫和网络游戏研发制作中心、出版发行和版权贸易中心、古玩艺术品交易中心、广告会展中心、文化旅游中心和设计创意中心,并从四个结合入手,推动北京文化创意产业的可持续发展:一是与推进产业升级相结合,二是与城市建设和改造相结合,三是与全球性盛会和大型活动的举办相结合,四是与先进文化建设相结合,不断提高北京市文化创意产业的结构水平和附加值。

---

① 王三银.南京文化创意产业发展模式研究[D].南京:南京航空航天大学,2009.

(五)北京文化创意产业发展思路

1.高端引领与创新驱动,着力构建产业"高精尖"结构

明确主攻方向。顺应文化创意产业内容为王、科技引领、资本带动、跨界融合的发展趋势,从科技创新支撑、内容价值引领两个层面,明确产业发展的主攻方向。落实《"十三五"国家战略性新兴产业发展规划》,在文化与科技融合上全面发力,打造数字创意特色。促进数字技术创新链与文创产业链衔接渗透,推动大数据、人工智能、虚拟现实、全息成像等技术深度应用,加快新型文化产品及新型文化装备研发,发展"互联网+会展"的新型商业模式与产业业态。依托北京文化资源优势,在内容版权转化上率先布局,形成文化创新创意策源地。加大精品力作的扶持,打造文化创意产业的内容原创中心、资源集聚中心、版权运营中心,推动文创内容版权化、版权运作产业化,构建完整的版权开发链条。

聚焦重点领域。围绕北京"高精尖"经济结构构建,立足历史文化、人才、科技等资源优势,结合文化创意产业功能属性,以科技创新和内容价值为引领,大力推动创意设计、出版发行、演艺娱乐、广播影视、媒体融合、艺术品交易、文博非遗、动漫游戏以及文创智库等重点领域发展。针对产业复合型特征,着力发展产业链中内容研发、新技术应用、文化资源数字化转化等高端环节。坚持以科技创新提升传统产业含金量,促进传统文化资源创造性转化和创新性发展,以内容价值提升产业发展内涵,承载全国文化中心功能,全面推动文化创意产业内容优化、结构优化、链条优化、层级优化。

推进融合发展。以"文化创意+"提升相关产业附加值,助力首都打造"高精尖"经济结构。扩大与旅游商务的多点融合,研发丰富"北京礼物"以及工业体验游、民俗游、冰雪游等特色品类,鼓励老字号企业利用互联网拓展营销渠道,支持商业场所引入特色文化资源。促进与体育教育的有机融合,加快发展体育传媒、体育动漫、体育会展等新兴业态,开发运用互联网多媒体教学资源,创新丰富文化教育等产品和活动。推动与宜居城市建设的深度融合,展现"首都风范、古都风韵、时代风貌"的城市文化内涵。带动与其他产业增效融合,在制造业、农业等领域提高创意和设计能力,提升产业综合效益。

2.优化布局与拓展空间,形成产业集聚发展新优势

提速产业功能区建设。结合《北京城市总体规划(2016年—2035年)》,从加强统筹管理、提升主导产业、落实专业化服务入手,深入推进文化创意产业的功能区建设,推动文化创意产业及配套设施向城市重点区域、特色区域布局,形成集聚优势,实现错位发展。面向影视传媒、文化艺术、设计服务、数字出版等

领域,建立数字化舞美设计、网络视频云计算技术应用、跨平台游戏引擎等开放共享的专业化服务平台。推进中国北京出版创意产业园等首批 4 个示范区建设,着力打造中国(怀柔)影视产业示范区、国家新媒体产业基地,以及动漫网游及数字内容、创意设计服务等功能区或区内重点园区。

深度推进产城融合。结合疏解整治促提升,以城市空间承载产业升级,以产业发展支撑城市功能完善。规范现有空间载体,构建以"文创产业功能区、文创产业示范园区、文创小镇、文创街区、文创空间"为主的空间体系架构。盘活利用存量空间,以老旧厂房为抓手,通过功能性流转、创意化改造"腾笼换鸟",建设新型的城市文化空间;挖掘公共文化设施资源,鼓励支持美术馆、图书馆、博物馆等在保障公益性服务的前提下,创新体制机制,开展产业化运作,促进传统文化资源传承发展。打造新型空间形态,创建"文化三里屯"、台湖演艺小镇等产业要素集聚、文化氛围浓郁的特色文创街区和文创小镇。

加强区域联动发展。围绕"三个文化带"建设,坚持山水同源、文化同根,把文化产业协同发展作为共同保护传承历史文脉、共同加强生态治理修复的战略支撑,加大跨区域合作力度。组织开展规划对接、企业对接、项目对接、服务对接,促进文化带沿线各地在文博非遗、文化旅游、休闲娱乐、设计服务等领域加强联动合作,实现内生性协同发展。深入推进京津冀文化产业协同发展,支持北京企业跨区域布局,通过投资输出、品牌输出、管理输出,参与项目建设合作。落实京津冀地区增值税、企业所得税、营业税"三税分成"政策,合作建设跨区域"文创飞地"。以筹办 2022 年北京冬奥会、冬残奥会为契机,推进京张跨区域文化合作。支持雄安新区文化创意产业发展。

3.目标牵引与重点带动,发挥重点企业重大项目引领作用

"以点带面"推动企业发展。培育壮大产业主体,构建企业梯度培育机制,着力打造龙头型、旗舰型文化创意企业,支持高增长企业、成长型企业发展,形成"大而强""小而美"企业竞相发展、互促共进的新局面,激发企业内生动力,带动提升文化创意产业整体活力和竞争力。实施分类指导,针对不同类型、不同规模、不同领域的文化创意企业分别制定扶持计划,精准扶持,有效促进企业发展。做强做优做大国有文化企业,以国有文化资本运营、国有文化企业改革、国有文化资产监管为重点,全面推进市属国有文化企业改革,加快建立有文化特色的现代企业制度,探索开展特殊管理股试点;推动新闻出版、广播影视等领域加强战略性资源重组,打造一批具有国际影响力、核心竞争力的龙头企业。

重大项目带动提升产业能级。建立能够展现文创产业特点的资源类、资产

类、资本类"三资"项目投资引导体系。进一步拓展和开发资源类项目,围绕京味文化、古都文化、创新文化、红色文化,打造云居寺佛教文化景区、"三山五园"历史文化景区和云蒙山文化旅游景区等文化旅游融合项目,提升什刹海、南锣鼓巷、古北水镇等历史文化街区的环境品质,以产业开发擦亮北京文化符号。高效推动资产类文创项目,高标准推进台湖演艺小镇、环球主题公园、北京基金小镇等项目建设,打造北京特色文化地标;实施国家数字出版基地、中国乐谷、天桥演艺区等集约化改造项目,推进"书香京城"等项目建设,提高资产的利用效益。大力支持文创资本类项目,支持企业并购重组、挂牌上市,重点在数字游戏、网络视听、国际传媒、移动阅读、影视投资等领域,实施市场规模化提升、国际化拓展项目,实现国内国际领先发展。

4. 拓宽渠道与做大市场,持续扩大文化消费和文化贸易

促进文化消费机制完善。加快北京国家文化消费试点建设,围绕城乡居民消费升级的新形势新要求,加强政府部门的宏观引导和服务促进作用,挖掘消费潜力,增添市场活力。依托惠民文化消费季等品牌活动,丰富活动内容,创新机制模式,强化品牌引领,搭建更加充分、有效的文化消费供需对接平台,以文化消费升级促进产业转型升级。常态化发放年度5000万元的文化惠民消费电子券,实现文化消费的激励引导和精准支持,形成贯穿全年、覆盖全领域的促进效应,进一步增强惠民实效。推进文化惠民卡的功能升级,集成线上线下市场资源、优质活动,完善文化消费的常态化促进机制。拓展文化消费空间,在消费园区基础上,打造一批汇聚阅读分享、艺术表演、创意市集、观影体验等消费业态的富有活力的文创商业综合体。探索城际文化消费的联动和促进机制,尝试京津冀三地联动举办惠民文化消费活动的有效形式。依托大数据、"互联网+"等信息技术手段,借鉴分享经济理念,构建更加便捷高效的电子化、数字化、网络化供需对接和资源链接服务平台。

扩大对外文化交流贸易。整合北京作为国际交往中心的资源优势,与国外城市、国际组织、外国驻华使领馆等加强沟通合作,拓宽与"一带一路"沿线国家的文化交流合作渠道。坚持"请进来"与"走出去"相结合,持续办好北京国际电影节、北京国际设计周、北京国际文化创意产业博览会等国际性展会活动,吸引海外文化创意企业总部落户北京,推动品牌发布、贸易洽谈和国际大型交易博览等活动在京举办。引导北京文化创意企业参加大型国际会展活动,举办自主品牌巡展和推介。实施"文投环球十大中心""中华文化世界行""北京文化庙会""北京优秀影视剧海外展播季"等项目工程,持续打造文化"走出去"品牌。鼓励有实力的文化创意企业申报国家文化出口重点企业

（项目），支持企业以参股、并购、换股等形式与全球品牌企业合作，创新"走出去"模式。深入推进国家对外文化贸易基地（北京）建设，集中打造文化保税综合服务中心。

5.精准施策与优化服务，有效改善产业发展的营商环境

完善政策扶持体系。围绕文创产业的供给侧结构性改革，突出政策引领，优化政策体系和政策服务。制定出台推动文化创意产业创新发展的统领性政策文件，明确产业"高精尖"发展的目标方向、结构体系、重点任务和保障措施。坚持问题导向，健全完善文化科技融合、文化金融融合、国有文化企业改革、老旧厂房保护利用、实体书店、影视行业等有关行业领域的专项政策措施，加强人才、土地、资金等要素资源对文化创意产业的供给和保障，研究制定各区配套政策。以产业创新发展政策为基础，通过行业领域深化、市区衔接联动，在全市形成"1＋N＋X"政策体系，创新体制机制，释放政策红利，鼓励支持更多优质企业、领军人才在京发展。推动北京文化创意产业立法工作，把行之有效的文化经济政策法定化。深化文化领域"放管服"服务改革，对重点企业、重大项目实施"一企一策""一事一议"，提升服务保障效能，提升文化金融服务水平。推进文化金融合作示范区和国家文化产业创新实验区建设，进一步探索机制体制、管理模式、金融产品、财金政策创新，打造全国文化金融创新高地。探索设立北京市文化创新发展基金，加强对重点行业、重点领域、重大项目的投入。进一步完善文化投融资服务体系建设，积极筹建文创银行，支持银行等金融机构设立业务部门或专业性机构，构建文化创意企业的信用评价体系。探索建设文创板，促进文化版权、文化类非上市非公开股权的流转或交易。实施"投贷奖"的联动，发挥政府财政资金的放大效应。培育完善文化金融市场的中介服务体系，建好文化金融生态圈。鼓励和引导民间资本参与投资文创特色小镇建设、非遗传承保护、文化交流贸易和公共文化服务体系建设等，探索文化领域的PPP模式（政府和社会资本合作模式）。

增强系列服务平台功能。建好文化经济的政策服务平台，提供"一站式"政策服务，及时对接反馈企业需求，增强服务平台的综合效能。依托北京国际版权交易中心、北京文化产权交易中心等机构，打造集版权孵化与登记、维护与开发、交易与输出于一体的综合性文化IP服务平台。发挥首都文化企业30强30佳、文化消费品牌榜及北京市文化创意创新创业大赛、文创杰出人物推选等活动平台功能，大力培育北京文化品牌以及领军型、创新型企业及人才。规范引导行业组织发展，支持首都文化产业协会、首都互联网协会、首都版权产业联盟等发挥枢纽平台作用。探索组建专家咨询委员会，广纳海内外优秀专家资源，

为企业发展建言献策。广泛动员社会各方力量,形成支撑体系与服务合力,创新推动文创产业高质量发展,开创新时代产业发展的新局面。①

二、案例分析

近年来,北京市通过政策引导、规划保障以及资金支持等政策措施,营造了有利于文创产业发展的基础环境,取得了显著的发展成果。梳理总结北京发展文化创意产业的实践经验,可以概括为"七个体系"。②

(一)多部门参与的领导体系

北京市文化创意产业领导小组负责全市文化创意产业发展的指导协调,在发展战略、产业政策、重点投资和重大项目方面实施决策。其下设办公室,除日常政策文本制定工作外,还对全市文化创意产业发展中的重大事项进行协调与督办。全市 23 个委、办、局均为成员单位,形成了市级领导小组成员与办公室成员、联络员三位一体的工作领导构架。为进一步加强文化创意产业发展中的沟通协调和工作推进,北京市还成立了文化创意产业促进中心,旨在为产业主体提供高效及时的服务,搭建了政企之间的互动沟通平台。

(二)文化经济政策引导体系

北京市研究制定并发布了《北京市促进文化创意产业发展的若干政策》,其主要内容包括 8 个方面共计 35 条政策,其在市场准入机制、鼓励研发创新、营造产权环境、融资渠道拓展、市场需求拉动、产业优化升级、人才智力支撑、组织协调机制等多方面为北京文化创意产业的发展提供了政策支持。此外,在文创产业的重点行业以及关键环节,北京市政府有关部门也积极研究制定具有针对性的实施细则,文化创意产业"1＋X"政策体系正不断完善。

(三)文化创意产业规划指导体系

北京市制定和发布了文化创意产业发展规划,该规划结合北京文化创意产业发展实际,明确了北京发展文化创意产业的指导思想、目标愿景、主要任务和保障措施,同时,其还分别研究制定了广播影视、文艺演出、动漫游戏、出版发行等一系列文化创意产业领域的专项规划,在规划体系上也形成了"1＋X"格局,有力地指导和推动了北京文化创意产业的健康发展。

---

① 北京市国有文化资产监督管理办公室,中国传媒大学文化发展研究院.北京文化创意产业发展白皮书[R].2018:30—36.

② 陈冬.北京市文化创意产业发展的实践与探索[J].北京社会科学,2008(1):8—15.

(四)文化创意产业投融资服务体系

北京文化创意产业走了一条企业主体、市场主导、政府引导的发展道路,在政策资金扶持之外,其还积极探索建立了文创产业投融资服务体系。第一,与金融资本对接合作开辟文创企业贷款绿色通道,并开展基于无形资产的质押贷款试点;第二,在专项资金中安排专款支持金融机构在文化创意产业领域内的经营,对文创企业实行贷款贴息的优惠政策;第三,建立了北京文化创意产业的贷款担保机制;第四,构筑了文创产业投融资服务平台,为社会资本投资文创产业提供平台,同时探索文创企业融资上市,培育和支持市场主体做强做大。

(五)财政资金保障体系

为促进文化创意产业的发展,北京专门设立了两项专项扶持资金。第一,自 2006 年起设立文化创意产业发展专项资金,每年安排 5 亿元资金,对重点扶持方向的文化创意产品、文化创意服务和文化创意项目给予项目补贴、贷款贴息、后期奖励和政府重点采购等方式的支持。第二,设立资金规模 5 亿元的文化创意产业集聚区基础设施专项资金,该资金项目分 3 年投入,重点对集聚区的环境治理、基础设施以及公共服务平台建设等方面给予支持。

(六)现代市场体系

为更好地发挥市场在文化创意产业资源配置中的基础性作用,北京在加强行业自律、搭建交易平台和提升服务水平等诸多方面,大力营造有利于文创产业发展的市场环境,积极培育现代市场体系。第一,为搭建文创展示和交易平台,推动产业交流与合作,北京于 2006 年创办了中国北京国际文化创意产业博览会。第二,加强文化创意产业中介服务体系建设,建立和完善文化创意产业行业组织。第三,创新文创产业体制机制,建立健全市场体系,重塑文创市场主体。为营造体制环境、推进体制改革,北京制定并发布了《关于深化北京市文化体制改革的实施方案》,同时,积极推进了北京歌剧舞剧院、北京儿童艺术剧团、中国杂技团和中国木偶剧团等经营性文创单位的转企改制工作。第四,进一步加强了对文创产业发展的监测分析,探索建立了富有针对性的产业统计指标体系,并按季度对文创产业进行统计分析,对产业运行状况实现了常态化的监督反馈。

(七)文化创意人才支撑体系

在文化创意产业发展推进过程中,北京注重做好人才培养和引进工作:一方面,支持在京高等院校开设文化创意相关专业,鼓励产学研一体的文创人才培训基地建设;另一方面,北京也加大了对文创高端人才的招引力度,吸引文化大家、创意名师在京创办工作室。为留住人才,北京还从强化组织领导、健全保障激励机制、加强政府与文创人才的交流等多方面入手,应对专业人才供给总体不足和结构性短缺的突出问题。[①]

三、案例启示

(一)政府是打开文化创意产业发展局面的重要力量

北京文化创意产业发展的经验表明,在文化创意产业发展初期,政府是推动产业发展的重要力量——适宜产业生存和企业公平竞争的发展环境营造离不开政府的努力。首先,文化创意产业相对而言还是一个新生事物,其发展仍处于自发状态,因此,政府应该成立专门机构从理论上进一步加深对产业发展的研究;其次,虽然市场在文化创意产业发展中发挥着基础性作用,但政府无论是在公共服务完善还是政策法规制定上,其都可以为文化创意产业发展营造一个适宜的外部环境(如知识产权保护),这对文化创意产业发展具有积极的推动作用;最后,政府可以通过加大对文化创意产业的资金投入发展文化创意产业,也可以通过营造一个成本最低、信息最灵、效率最高的融资环境,吸引国内外更多的创意人才和机构开展文化创意产业投融资。[②]

(二)园区产业集聚模式是促进创意经济发展的有效模式

集聚区是文化创意产业整合资源优势、释放集聚效应、强化产业竞争力的重要基础和支撑。文化创意产业具有较强的内部关联性,高度的产业融合性对产业发展过程中的资源整合提出了要求,集群化发展是文化创意产业发展的必然趋势。北京在文创产业发展过程中,加强了对特色文化创意产业集群的培育,建设了一批优势突出、特色鲜明的文化创意产业基地和园区,打造了一条完整的文创产业发展链条,实现了文创产业集聚效应与规模效应的充分释放,成为地方文化创意企业的高效孵化器。

园区经济已成为包括文化创意产业在内的新兴产业发展的重要主导性模式。同类企业、互补配套企业以及相关服务业在一个区域范围内的高度聚集,促进了生产的专业化分工,完善了生产的配套体系,从而具备了非集聚企业所不具备的发展优势。产业集聚发展的考虑已不仅限于资源区位、运输成本等范畴,其还涵盖了集聚主体间的知识与信息的交流、溢出以及竞争文化、创业理

---

① 徐晓明.文化创意人才对政策扶持有何期盼——关于北京市文化创意产业人才状况的调查与思考[J].中国人才,2014(13):39—41.

② 田巧芳.北京市文化创意产业的发展模式研究[D].北京:中国地质大学,2008.

念、信用网络等人文环境。集聚区的技术、知识甚至理念作为一种具有巨大溢出效应的公共产品,让园区内的企业充分获益,但对园区外的企业,要获得这些公共知识产品往往需要高昂的交易费用。专业化的知识和技能在聚集区内的高度集中,使园区内的企业呈现出一种"竞合"的态势:产业主体(不仅包括文创产品生产企业,也包括中介机构、协会等)在地理上或园区内的相应集中,为聚集企业协同创新和做大市场提供了支持,而同行之间的相互比较则会带来竞争压力,并进一步转化为产业创新的动力。[①]

纵观国内外文化创意产业的发展历程,打造文化创意产业园已成为发展创意经济的一种有效路径。文化创意产业园区的建设有两种不同的模式。一是市场导向模式,该模式主要依靠市场力量配置产业内部资源,充分依靠本地资源,积极吸收外来技术、经验和资本,最终实现自我创新、自我发展的一种发展模式。市场导向的文化创意产业园区核心力量是市场,资源是通过这一力量进行合理配置的。从发展案例来看,市场导向的文化创意产业园区大多都是经过长期的积累形成的,其主要原因在于文化创意企业发展中的高沉没成本和高成长风险所导致的规模企业难以形成。北京的"798"是市场导向的文化创意产业园区的一个缩影:通过吸引大批的文化人、艺术家、设计师举办各种创作和交流活动,给这一地区带来了极佳的创意氛围,在市场自主选择的基础上,逐渐形成了文化创意产业聚集区。

但值得注意的是,世界上文化创意产业发达的国度,几乎很少有单纯依靠市场力量而形成创意产业集群的。因此,这就涉及另一种园区建设模式——政府主导的文化创意产业园区。对新兴的产业集群或者本地缺乏产业基础的集群而言,通常都是这一发展模式。相比市场导向的文化创意产业园区,政府主导的文化创意产业园区空间聚集更集中,在这一特定的集聚区域内,通常能够享受相较于市场导向的文化创意产业园区更加优惠的发展政策。由于集聚区内的相互协作和资源共享策动于政府主导,因此,基于企业自发的协作与共享相对较弱。当然,一旦园区能够良性运转、自我造血,园区内的合作网络会自动增强协作和共享。以北京CBD的新闻出版集聚为例,中央广播电视总台、北京电视台以及诸多国外新闻机构均云集于此,其背后离不开政府有意识地推动全球传媒巨头在此集聚的努力——给予优惠的政策支持及提供各种便利,这也成为政府主导具有产业基础的文创集聚区建设的典型。[②]

如今,大多数国家和地区更多地采用政府主导的文化创意产业园区建设模

---

① 李念之.创意产业哲学研究[D].北京:中共中央党校,2007.
② 吴琼.文化创意产业概论[M].北京:中国经济出版社,2010:117—118.

式。实践经验表明,建立文化创意产业园区,不仅在空间上让文创企业形成了集聚,更为重要的是,集群为文创企业的发展提供了配套设施和服务平台,政府也能更有针对性、更加有效地对重点文创产业和企业进行精准扶持。当然,文化创意产业园区集聚也是有一定条件的,包括产业结构升级需求、经济增长所处阶段、创新资源存量水平、市场深化发展状况、创新宽容程度以及产业组织结构的演进水平等。寻求文化创意产业园区的有效发展模式,就是要在这些条件限制下进行通盘的考虑和决策。

四、延伸阅读

从 798 艺术区看城市旧工业厂区的再生[①]

798 艺术区作为北京最著名的当代艺术区,同时也是一个经自发形成后被政府纳入统一管理的文创产业集聚区,如今已发展成为我国城市利用边缘区废弃工厂发展文化创意产业的典范。798 艺术区前身是国家"一五"期间的重点工程 718 联合军工厂,属于典型的包豪斯风格建筑,在亚洲较为罕见,其见证了新中国工业化的历程。2000 年前后,798 发展成为我国当代艺术最为重要的聚集地,也是北京文化创意产业发展的名片之一。[②]

(一)北京 798 艺术区的历史沿革及定位

北京 798 艺术区最初是新中国"一五"期间建设的北京华北无线电联合器材厂,即 718 联合厂,2001 年工厂的生产功能正式停用。厂区内建筑是由德国建筑公司所设计,由于受到包豪斯建筑精神的影响,整个厂区建筑呈现了实用与简洁的完美结合。低廉的租金、规划有序的厂区以及独特的建筑风格,吸引了一大批艺术家,改造后的 798 艺术区在原有建筑的独特风格之上进行修饰,变成充满特色的艺术展示和创作的空间。在此后几年的发展中,艺术区先后入驻不同类型的机构,主要以创作展示和设计类为主。其中,至少有 300 位以上的国内外艺术家直接搬到此处居住工作,就这样 798 艺术区渐渐兴起,由一开始的废旧厂房变成了极具活力的艺术文化区。

北京 798 艺术区主要以艺术文化产业为主,主打原创的艺术是其主体发展方向,包括展厅、商业机构内大部分的艺术品都具有文化底蕴。园区内艺术家

---

① 案例来源:陈薇薇.从 798 艺术区看城市旧工业厂区的再生[J].家具与室内装饰,2015(5):22—23.

② 黄斌.北京文化创意产业空间演化研究[D].北京:北京大学,2012.

和文化机构进驻后,将空置的厂房改造成画廊、艺术中心、设计工作室以及餐饮酒吧等商业空间,逐步将原本废弃的工业区改造成为国际性的"SOHO 式艺术聚落"和"LOFT 生活方式"。如今,北京 798 已成为一个艺术与文化的代名词,艺术文化、工业历史以及城市生活环境有机结合,对城市文化产生了巨大影响。

(二)北京 798 艺术区的再生与利用

首先,对厂区旧厂房的结构进行扩建、加建,利用建筑良好的可塑性和使用性,延展内部空间,进行功能完善,使其能够接纳更多不同类型艺术产业。比如索卡艺术中心、佩斯北京、798 创意广场等等,其中索卡艺术中心就是在原建筑基础上加建,并对外墙进行改造,加建后增加了 20 余平方米,打造出新门厅。

其次,对建筑外墙进行不同风格改造设计,根据租户需求进行建筑外形改造。如现代简洁的玻璃钢架结构改造,乡村风情的木材改造,个性涂鸦风格的涂料改造,绿色生态的植物墙改造等等,与风格不同的艺术家工作室以及艺术机构结合起来,成为艺术园区独特的风景。

再次,对建筑内部空间进行再设计,在空间组织上通过对原有建筑空间进行垂直或者水平等方式进行空间改造。以索卡艺术中心为例,根据不同展示需求,保留主要空旷空间来满足核心展品展出,其他空间根据需求进行隔断,并将墙体与原建筑横梁有意相互交错,打造出更为灵活的空间,来满足不同展览需求。

除了以上对厂房建筑的改造外,在园区的公共景观和规划设计上也进行局部改动。在公共装置艺术品的设计上则是将原有的物体进行保留与美化,保留厂区原有的文化产物。同时,以保证道路的畅通为首,改造设计出简洁的道路与休息区域,并加以适当的美观绿化。

(三)从 798 艺术区看城市旧工业区的再生

北京 798 艺术区可以说是我国城市旧厂区改造参考的榜样,可以从这一艺术区由废弃旧工业厂区再生利用成为特色艺术区的过程中,总结出城市旧厂区再生利用的设计策略。

1. 发展方向的定位

城市旧工业厂区在城市发展的过程中地理位置的优势得到充分的体现,由于所处不同的地理位置,旧厂区的再利用必须充分考虑其所处位置对于城市的作用。比如,北京 798 艺术区、广州 TIT 创意园、广州红专厂,这一些厂区在城市中处于相对较偏僻的区域位置,租金肯定会比城市中心区域要低,加之其厂房建筑本身就具有特色,对改造成创意文化产业有很好优势。但是广州的太古仓,其厂房所处位置在广州珠江畔,并且靠近码头,属于城市中心区域,加之原本厂房所处的码头风景优美,这使其能够改造成吸引游客观光类商业区,白天美丽江景和晚上璀璨夜景,加上原本厂房建筑的风格,令太古仓已经成为广州城众所周知的文化特色观光商业区。

由此可见,在对城市旧工业厂区进行再生利用时,必须对周边的环境以及厂区本体环境进行全面的分析,考虑厂区自身拥有的有利发展条件,更要分析周边的环境与经济发展所将带来的影响。只有改造前期对厂区进行了正确的分析,才能在改造再利用时准确地作出发展方向的定位,将其规划与改造往最有利的方向进行。

2.适应性的改造设计

城市旧厂区的改造主要包括厂区建筑外观、建筑内部空间、公共空间景观三个主要方面,其改造宗旨是以保留厂区的原有历史文化与建筑风格特色为前提,进行适应性的再生改造设计。改造的过程必然要依照一些具有限制性的指标来引导:对于旧厂房的改造方法很多,没有统一的设计模式,根据租用者的使用需求,对不同的空间类型进行不同的功能设计,其总的原则就是适应性。

作为旧工业建筑,在功能布局、建筑形式等方面对再次利用或多或少都会存在不适应性,因此,进行适应性研究和改造设计,是旧工业建筑改造中人性化设计的保证。比如将大跨度的厂房或仓库改造成为超市、餐饮中心、展厅等;把多层厂房改成办公空间、居住空间等;对于成片的旧工业区则可以多元化,不同功能的场所相互交叉,使其成为艺术园区或者创意园等等。此外,公共空间改造也应把适应性作为设计的出发点,完善原本厂区道路交通、升级公共区域绿化、增加无障碍设施以及公共便民设施等等。总之,改造设计过程必须要考虑到现行功能的适应性和宜用性,使旧的工业遗存能重新与社会的发展融合。

3.改造后的合理宣传与开发

对旧厂区重新包装的相关宣传是城市旧工业厂区改造后不可缺少的关键。北京798艺术区由原本的废弃工厂开发成具有浓郁文化特色的艺术区,但如果缺乏合理的宣传,仅凭圈内人士的相互交流是无法推进发展的,更无从进行潜能产业的开发,我们应该将合理的宣传当成是旧工业厂区改造的后续,是保证其良性发展的"软实力"。

通常,我们会利用当今发达的媒体和数字信息传播对一些事物进行宣传推广,那么对于改造后的城市旧工业厂区也可以通过网络、城市广告、新闻传媒等多种形式对其进行合理宣传,以达到最佳的改造效果。但是也必须认识到,除了媒体的宣传,更为有效的应该是厂区改造后其本身的特色以及所散发出来的文化底蕴,这些都应该是和厂区建筑本体特征以及厂区原本环境浑然一体的。

比如,舒适的新环境往往能给参观游玩的人们留下深刻印象,这样就是最无法取代的宣传。因此,要正视适当宣传给改造后的艺术区带来的效益与作用,良好的宣传管理能增加知名度,吸引更多的艺术机构、创意机构的入驻,更进一步提高厂区改造后的存在价值,两者相辅相成、相互推动,最终使改造后的厂区更加生机勃勃,充分显示改造的意义。

五、思考讨论

(一)文化创意产业发展的资源观

人类在对地球资源的充分利用和挖掘基础上不断进步,现代文明也在地球资源的不断消耗中越发辉煌。然而,有限的自然资源与无限的人类欲望之间的矛盾已然显现,资源、人口、环境的协调发展是人类文明进一步发展面临的首要问题。美国麻省理工学院教授也是罗马俱乐部成员的丹尼斯·米都斯(Dennis L. Meadows)撰写了一部研究成果——《私有化增长的极限》(*The Limits to Growth*),书中利用各种数据及图表揭示了传统资源消耗型的发展模式让人类与自然陷于尖锐的矛盾对立之中,其认为增长与极限无论如何都是一对不可调和的矛盾,资源、人口与环境三者永远不可能迈向协调,人类或只能走向最终毁灭。[①]

实际上,国外经济学者自20世纪90年代起就清醒意识到资源短缺给人类未来发展将带来的制约,因此他们结合后工业社会的特点,努力寻找新动力源改善自然资源依赖,以刺激经济发展。创意产业、创意经济在这一环境背景下应运而生,并日渐彰显出强大的经济潜力。文化创意产业涉及文化、创意和产业三个方面,其并非简单地来源于传统资源产业,而是一种新型的文化资源产业,其价值系统由创意、人才、资金和运作平台四方面要素以及内容产业、支持产业和分销产业三个运作环节所构成。

请你通过总结北京所提出的"保护传统自然资源,发展信息、科技、金融和生产性服务业以及文化创意产业"目标愿景,阐述北京作为自然资源相对稀缺的特大型城市如何挖掘实现文创产业可持续发展的支撑元素。

(二)文化创意产业的公共性与外部性

公共产品是相对于私人产品的概念,是不同于私人产品的、在消费或使用上具有非竞争性、收益上具有非排他性的产品。从公共产品理论视角分析,文化创意产品分为三类:私人文化创意产品、纯公共文化创意产品和准公共文化

---

① 侯博.基于资源产业的文化创意产业研究[D].北京:中国地质大学,2009.

创意产品。前者具有消费或使用上的竞争性及收益上的排他性,具有明确的产权归属,可通过市场来实现;中间这类产品同时具有消费或使用上的非竞争性及收益上的非排他性,公共广播、电视等是典型代表,主要通过政府公共服务来实现;后者比较特殊,其在消费或使用上仅具有非排他性或仅具有非竞争性,介于纯公共文化创意产品和私人文化创意产品之间,包括文化演出、付费音乐、网络电视等在内的文化创意产品基本都可列入准公共文化创意产品的范畴。由于在消费或使用上存在的非排他性或非竞争性的特殊属性,准公共文化创意产品消费中难免出现"搭便车"的现象。[①]

外部性理论是指个体参与社会经济活动,对其他参与个体造成正向或负向影响,而其并未获得相应的行为收益或承担相应的行为成本,从而出现了经济学意义的外部性。外部性分为正外部性、负外部性两种。前者指个体给其他参与个体带来好处,而受益方并未花费代价,从而造成利益创造个体不能得到补偿;后者恰恰相反,其是指行动个体给其他参与个体造成了损害,但行为人却未付出行动代价,从而造成受损方得不到利益补偿。

文化创意产品大多都具有显著的正外部性。文化创意产品具有高附加值和强融合性等特性,这也令文化创意产品生产者所创造的外部总效益通常都大于文化创意产品的生产成本,如文化创意产品在实现市场交易价值的同时,更让消费者有了娱乐享受和精神体验,满足了消费者精神文化的需要,甚至为社会带来了幸福感的传递。但现实是,创意经济的行为者获利却可能低于其成本,这使得追求利润最大化的市场主体不再愿意提供这类产品,最终导致市场上文化创意产品的供给不足。

一方面,由于文化创意产业独有的属性和特点,单纯依靠市场机制很难有效配置文化创意产业资源,与此同时,作为一个新兴产业,市场有效运行所需的产权制度、信息披露制度、交易制度等条件不完善,也容易出现"市场缺失",因而文化创意产业领域市场失灵现象并不鲜见。但另一方面,政府在支持和引导城市文化创意产业发展过程中,也同时存在着"越位"和"缺位"问题。

请你利用公共产品理论和外部性理论分析政府与市场在文化创意产业发展中的作用,并谈谈如何处理好政府与市场的关系以寻求政府与市场发挥作用的最佳结合点。

(三)文化创意产业的空间集聚

纵观世界发达国家文化创意产业发展的历程,空间集聚已经成为全球文化

---

① 郭颖庭.关于财政支持文化创意产业发展问题的研究[D].北京:首都经济贸易大学,2018.

创意产业发展的一大重要特征。发达国家和城市的文化创意产业集聚更为明显,像纽约、伦敦、洛杉矶这样的国际大都市都已成为文化创意产业集聚的中心,形成了享誉世界的文化创意产业集群,如洛杉矶的影视娱乐产业集群、伦敦的设计媒体集群和纽约的娱乐产业集群等,无不显示出巨大的集聚经济效益和国际竞争力。以洛杉矶的影视娱乐产业集群为例,仅在好莱坞附近约100平方公里的范围内,便集聚了美国七大娱乐和电影公司总部,而这足以控制世界电影和娱乐市场的大部分份额。研究发现,经济越是发达的国家或地区,文化创意产业的经济贡献越大,且产业集聚的水平也越高。故而,对文化创意产业发展而言,产业集聚是其主要组织形式和特征。[①]

同文化创意产业在发达国家和地区集聚发展的规律一样,我国文创产业集聚发展的趋势也日趋明显,六大文化创意产业集聚区已初步形成,分别是首都文化创意产业集群(以北京为中心)、长三角文化创意产业集群(以上海为龙头)、珠三角文化创意产业集群(以深圳和广州为核心)、中部文化创意产业集群(以长沙为核心)、滇海文化创意产业集群(以昆明、丽江和三亚为核心)和川陕文化创意产业集群(以重庆、成都和西安为代表),文化创意产业集聚效应已然显现。

而在北京市,创意产业园区更是如雨后春笋般迅猛发展,以战略投资者和骨干文化企业为主体、市级文创产业集聚区为依托的产业发展格局已初步形成,文化创意产业集聚区已成为推动首都文化产业发展、落实产业扶持政策的重要载体。一大批成熟的产业园区集聚效应明显,孕育了一批龙头企业,打造了区域文化产业高地。如798艺术区,其不仅成为当代艺术培育的创新土壤,还成了城市旅游文化中的新热点——"登长城、吃烤鸭、逛798"已成为外国游客到北京的首选。

影响文化创意产业集聚水平的因素有哪些?如何推动文化创意产业的集聚发展?谈谈你的理解。

---

① 杨益永.北京文化创意产业集聚的实证研究[D].北京:首都经济贸易大学,2014.

第十二章　中国时尚之都——上海

一、案例描述

提到时尚之都,你可能会最先想到巴黎,但据英国《每日邮报》报道,2014年美国纽约就已挤下巴黎,成为全球最为时尚的城市。同时,中国的上海排名超过东京,成为亚洲地区的时尚之先驱。

约翰·霍金斯曾表示:"如果我有一个'中国最佳创意城市'的奖杯,我会把它交给上海,因为上海最可能成为中国创意产业领导者。"作为中国最重要的经济中心城市,上海也被称为"魔都",其像磁石一样吸引着国内外的来客,交通便利,万商云集,实业兴盛,文人修学,承传文化有序,素得风气之先,是一座既怀旧又现代,既富东方神韵又有西方风味的城市,令人痴迷。人们被她的文化、历史、人文以及所有这个城市在成为世界级大都市中所表现出来的冲劲与活力所吸引,"东方明珠"之美誉就是其似西太平洋海岸一颗璀璨明珠的生动写照。

(一)引潮流之先河的中国新品消费之都

华为Mate20 Pro、苹果iPad Pro、戴森卷发棒、李宁纽约时装周系列、"美加净×大白兔"润唇膏……这些产品虽来自不同品牌,但却有一个共同点,即一经发布就受到市场追捧,除此之外,它们还有一个共同点——不约而同地选择了上海这一"全球新品首发地"进行产品的首发。纵观上海近百年历史可以发现,其对整个中国的消费趋势有着至关重要的影响,这一城市舞台不仅能展现创新的意义,更完美演绎了创新为中国消费者创造的理想生活。

事实上,越来越多的新品"第一次"亮相就在上海,上海的消费实力和创新能力也不断成就了新品。一个最新的案例是在上海揭幕的镰仓衬衫快闪店。镰仓衬衫是日本的小众品牌,之前只在日本和美国开设门店,没有电商业务,它被中国游客在出境游时发现后,很快成为国内社交平台上的"网红"。面对中国消费者的热情,品牌决定试水中国市场,一边在上海开设快闪店,一边在网上开出旗舰店,镰仓在中国市场首次亮相选择上海的背后,是"全球新品首发地"的魅力:在镰仓看来,上海是中国的时尚之都,通过与上海消费者线下面对面的交流,品牌能更好地了解中国市场,确定下一步发展战略;上海又有丰富的零售业态,为品牌落地提供了多种选择,像快闪店就能让品牌用不太高的成本迅速获得线下曝光。

相关数据还显示出上海的消费实力对新品的吸引力。阿里研究院与天猫联合发布的《2018 中国新品消费趋势报告》显示,上海新品消费力居全国所有城市之首,成为当之无愧的中国"新品消费之都"。具体来看,上海有 298 万"重度新品消费用户",他们格外重视潮流趋势,年均新品消费金额达全国平均水平的3.9 倍。上海消费者对新品的选择面很广,数码、家电、服饰、美妆、食品、快消、家居、汽车等领域的新品都被上海用户收入囊中;从消费金额看,上海用户还愿意为高质高价的新品买单。更重要的是,上海的消费实力和市场对时尚的敏感度还孵化了很多新品,上海这一"全球新品首发地"所展示的魅力和实力影响的不仅仅是消费者,更是所有的品牌乃至相关行业。[①]

(二)"大时尚"产业及消费概念下的时尚之都建设

2015 年,中国纺织工业联合会与上海市签署了《共建上海国际时尚之都战略合作框架协议》,共同推进"中国纺织服装品牌创业园"这一国家级时尚产业基地建设,打造了田子坊、新天地、8 号桥等重要的时尚创意地标,设立了中国时尚趋势研究院,引入了包括中国国际服装服饰博览会等在内的一批重点展会。在各方的共同努力下,上海日渐成为中国时尚企业与时尚人才迈向世界的舞台,同时也成为国外时尚企业开拓国内市场的"桥头堡"。2016 年,国际时尚联盟认定上海市为全球成长最快的时尚之都,上海也被中国品牌促进会确认为品牌经济发展要素最佳省市。[②]

根据城市自身产业特征与资源禀赋,上海时尚之都建设秉承"大时尚"产业及消费概念的理念,涵盖家具家居、服装服饰、工艺美术、美丽保健、健康运动五大行业,以市场需求的时尚化倒逼包括消费品业等在内的传统产业转型升级,并基于资本、科技与时尚产业的融合,推动消费品工业实现"增品种、提品质、创品牌"。

具体来看,开展时尚服装饰品业的转型升级,鼓励龙头时尚企业加大原创设计力度,支持中小时尚企业加快自主品牌创建和营销模式创新,加强上海国际时尚中心、环东华时尚创意产业集聚区、上海家纺园、时尚谷等重点集聚园区

---

① 任翀.上海:当之无愧的中国"新品消费之都"[N].解放日报,2019-01-10(6).

② 刘锟.解读"上海文创 50 条",上海时尚之都要树立"大时尚"产业及消费概念[EB/OL].https://www.iyiou.com/p/62949.html,2017-12-25.

布局提升;发展工艺美术业,继续推动黄金珠宝首饰业向高端化、精品化发展,支持应用艺术瓷产业做强做大,支持琉璃类艺术作品的创新应用,推进中国轻工业联合会"国匠杯"手工艺精品评选落户上海,支持上海工美艺术品交易中心等在内的要素平台建设;延伸发展上海美丽健康业,着重布局以"东方美谷"为代表的"一核二片五联动"特色产业集群;创新拓展时尚智能家居产业,扩大 AI等新技术的场景应用,培育国内知名的品牌智能家居平台型企业;积极培育时尚数码业,重点布局金桥出口加工区、张江文化创意产业基地、松江 G60 科创走廊;继续推进包括上海时尚之都促进中心等在内的公共服务平台建设,引导市场资本组建上海都市产业转型、上海科技时尚等基金助力时尚产业升级。①

上海时尚之都建设的目标是,到 2020 年,消费品工业在全市工业经济中占比超过 20%,纳税和利润高于全市工业平均水平 10% 以上,推进时尚产业价值链中品牌、设计、市场、贸易、零售、人才、展示等各环节有机融合,进一步提升上海在世界时尚领域的地位,打造市场活跃、品牌荟萃、影响广泛、消费集聚、风投云集的国际时尚之都。

(三)上海时尚产业的发展特征与路径框架

上海一直努力打造平等、自由和开放的时尚创意产业集聚空间,建成了一线城市中较为完整和相对成熟的时尚创意空间,其中以独立设计师品牌为主要构成的群体也已然形成氛围并显现出相应的时尚创意效应。②自 21 世纪初以来,上海创意产业仅用短短的几年时间便形成了集群化,上海市政府的扶持与激励、产业及其他机构的支持和参与为上海时尚产业发展营造了显著的环境优势,创意产业的空间集聚及环境优化也大大改善了在时尚创意产业发展中处于重要位置的设计师品牌的生存与发展。对于能够容纳不同民族、不同地域文化的全球大都市而言,开放的时尚创意环境持续吸引了大量海内外时尚品牌及设计师投身到以"海派"文化为核心的上海时尚创意环境建设中,并形成了与地方时尚创意产业相契合的竞争选择性特征,如采用流行的 SHOWROOM 经营理念的上海尚之坊时尚文化创意园。③ 当前,上海时尚产业正由制造驱动型向消费驱动型发展模式转变,在人文、地理、政策、经济和产业等五大支撑条件前提下,发展时尚创意产业、推动和促进时尚创意产业集聚是上海未来的发展选择

---

① 刘锟.打造设计之都时尚之都品牌之都[N].解放日报,2017-12-20(2).

② 赵孟超,许旭兵.上海时尚创意产业发展下独立设计师品牌研究[J].艺术科技,2017,30(11):6—7.

③ 孙福良.创意产业基础理论研究[M].上海:学林出版社,2014:39—57.

与突破重点,也为国内外时尚创意人才提供了更加开放和自由的环境与平台。①

2017年12月14日,上海印发了《关于加快本市文化创意产业创新发展的若干意见》,提出了国际时尚之都建设的路径框架:加强时尚服装、饰品产业原创设计、工艺改进、品牌定位和商业模式创新,重点布局环东华时尚创意产业集聚区、上海国际时尚中心等公共载体;支持贵金属首饰、宝玉石、陶瓷等工艺美术业规模化、精品化发展,重点布局世界手工艺产业博览园、上海木文化博览园等公共载体;聚焦东方文化特色的护肤、彩妆产品和环保可降解的护理、洗涤产品,大力发展符合东方文化特质的美丽产业,重点布局以"东方美谷"为核心的"一核二片五联动"美丽健康产业集群;打造以海派家具、家纺龙头企业为主体的时尚家居产业集群;大力发展智能可穿戴设备、智能健身运动器材等,培育时尚数码产业集群;培育促进时尚消费,把上海时装周打造成为具有国际影响力的中外时尚设计师集聚平台、时尚品牌国内外发布推广平台和时尚产业"亚洲最大订货季"平台;加强上海时尚之都促进中心等平台建设;推进时尚设计咨询、贸易流通、时尚传播、流行趋势和指数发布等时尚服务业发展。②

以时尚服装行业为例,打造"国际时尚之都"的五大重点工作分别为:设立中国时尚趋势研究院、共建中国时尚产业发展有限公司、推进国家级时尚产业基地建设、促进时尚产业国际交流合作以及努力加强时尚产业品牌建设。③ 其中,中国时尚产业发展有限公司将主要从组织和开展时尚产业趋势研究发布、时尚产业国际交流合作、时尚产业基地建设以及积极引导社会资本共同参与等方面开展工作。中国时尚趋势研究院则主要开展中国纺织面料流行趋势、中国色彩流行趋势、中国家纺流行趋势以及中国服装流行趋势等方面的研究和培训,并利用国内外知名时尚活动平台权威发布流行趋势。国家级时尚产业基地建设主要从引导和支持"中国纺织服装品牌园"这一国家级产业基地建设入手,加强中国时尚信息服务中心、中国流行面料发布展示中心和时尚设计师俱乐部等一批公共服务平台建设,打造国家级水准的大师工作室。同时,上海市将积极引导企业依据《品牌价值评价》和《中国纺织服装品牌培育管理体系及实施指南》等国家标准规范,加强时尚产业的品牌建设,积极开展品牌培育和评价工作,制定实施时尚产业品牌发展战略。在促进时尚产业的国际交流合作上,上海市政府积极支持包括中国国际纺织面料及辅料博览会、中国国际服装服饰博

① 夏帆.服装自主品牌"双师驱动"工作模式构建及实施对策[J].浙江理工大学学报,2013(7):497—500.

② 关于加快本市文化创意产业创新发展的若干意见[EB/OL].http://wgj.sh.gov.cn/node2/n2029/n2031/n2064/u1ai154175.html.

③ 刘勤.共建上海时尚明天[J].纺织服装周刊,2015(16):42.

览会、中国国际家用纺织品及辅料博览会等在内的国家级展会,中国纺织工业联合会积极鼓励相关单位参与在沪重要时尚活动,协调推进上海与伦敦、纽约、米兰、巴黎等时尚之都的国际合作项目,并共同建立了中国上海时尚之都建设推进领导小组。

(四)上海打造国际时尚之都的主要做法

作为一个经济活跃、自由开放的国际大都市,上海在时尚产业发展上拥有着极佳的区位优势和良好的市场基础与潜力,同时也具备了时尚产业发展所必需的精密制造和纺织工业基础。在时尚产业发展上,上海位居全国前列,其以国际时尚潮流新领地和策源地为愿景,较早地提出了"打造国际时尚之都"的目标,并对时尚产业价值链塑造高度重视。[①]

1.科学规划时尚产业目标定位

上海时尚产业发展的总体目标是打造国际时尚之都,瞄准成为亚太时尚体验消费中心、世界时尚展览展示中心、长三角时尚贸易流通中心、东方时尚创意设计中心和国内时尚产业经营管理人才培养服务中心。围绕"风尚上海"主题,上海以市场驱动型发展模式,加强国际对接,发展多样化的时尚产品,培育特色的产业集群,实现了传统消费产业向时尚产业的迈进。

2.高度重视产业集聚园区建设

上海市政府高度重视时尚产业平台园区建设,以上海国际时尚中心为例,2012年初其由国棉十七厂改建而成,整合了各类产业资源,打造了集面辅料高端制造、专业秀场、商务营销、新品研发设计、人才交流、产品体验及服务于一体的、贯穿服装产业全价值链的时尚产业高端综合园区。如今,M50、上海国际时尚中心、上海国际设计交流中心和尚街 LOFT 已形成上海时尚产业界的四大创意园区品牌。

3.培育新型产业联盟运作主体

时尚产业的行业构成及商业运作模式都相对复杂,其发展创新更是一个系统工程,产业变革来自于诸多具体运作环节的改良推动。在时尚产业运作模式的创新中,运作主体扮演了十分重要的角色。以上海纺织时尚产业发展有限公司为例,其依托上海本地丰富的纺织资源,依托创意设计产业,在研发提升和产业对接上取得显著成效,通过产业互补、老厂房再造、渠道建设与品牌运营等措施,打造了中国时尚产业航母级市场主体——由 4 大品牌、6 大平台和 11 家专

---

① 夏毓婷.产业价值链视角下的武汉时尚产业发展研究[J].江汉大学学报(社会科学版),2012,29(6):73—78.

业公司组成。在上海纺织时尚产业链的重塑过程中,上海纺织时尚产业发展有限公司发挥了重要的推动作用,是上海时尚产业新型产业联盟运作主体的典范。

二、案例分析

世界城市的发展历史表明,时尚已成为国际大都市不可或缺的标志,时尚产业日益成为经济活动和社会生活的重要内容。从影响力和辐射力来看,国际时尚之都均已大大突破区域甚至国界的范围,时尚产业有力加强了城市在世界文化、经济和贸易领域的地位,同时也促进了城市经济的转型发展,实现了城市产业向服务经济的跨越。

从某种程度上说,时尚产业的发展水平不仅是城市软环境的重要体现,也是城市综合竞争力的重要指标,其甚至代表了这一城市的形象。上海是中国时尚产业的重要发源地,同时也是中国时尚品牌诞生的摇篮,历史上曾涌现出一批享誉全国乃至蜚声海外的著名时尚品牌,时尚成为了这座城市的品牌标签。开展上海时尚之都建设,是打造全球卓越城市的必然之选,同时也是上海人民和时尚产业界的切实期望,更是满足市民对美好生活向往的重要实现路径。以"设计决胜"为特征的时尚产业,为上海创意产业和创新活动提供了有形的经济价值,有助于人才、资本、科研、精密制造等综合优势最大程度的发挥。此外,时尚产业将城市资源(自然、经济、社会和文化资源)发挥到极致,活跃了城市创新能力,扩大了土地的"亩产出",改变了长期以来存在的轻重工业产出比例失调的状况,并减少了污染排放,降低了能源消耗。时尚产业还充分彰显了经济中心城市的价值,提升了上海的产业竞争力与城市综合竞争力,并为城市开创了由财富驱动迈向创新驱动的发展新局面。①

(一)时尚产业认知误区与发展趋势

时尚是当代社会风尚的集中展现。从产业发展来看,时尚产业兴起于19世纪的欧洲,随着时代变迁其产业范畴、商业模式、表现形式都有了极大的变化,其并非独立的产业门类,而是基于传统产业资源要素的整合、提升和组合,并融合各种创意、高科技和媒体因素后形成的一种独特的产品、服务及商品运作模式。

时尚产业,英文可表述为"Fashion Industry",这种说法最早源于法国巴黎

---

① 宋煜,胡晓鹏.浅析上海时尚产业发展路径选择[J].企业经济,2011,30(10):130—133.

和意大利米兰的服装纺织业。① 戈沃瑞克认为："时尚创意产业是一系列经营活动的总称,这些活动包括对时尚产品和时尚服务进行设计、采购、制造、推广、销售、使用、消费、收藏等。"②在当前发展阶段,由于大部分人对时尚和时尚产业的理解较为片面,很容易走入两个误区:一是误将时尚产业狭义化,随着信息技术不断革新以及个性化服务需求的不断衍生,时尚产业已不单单局限于时装、珠宝等行业,目前在娱乐、媒体领域也催生了大批时尚产品和时尚消费,这同样属于时尚产业范畴;二是误将时尚产业奢侈化,时尚产业不等同于奢侈品或奢侈服务,时尚可以是竞相争购的产品,但更是当前流行的生活方式、生活态度,因此,时尚产业其实涵盖了各个领域,并非某一个独特奢侈的产业门类。时尚创意产业包括了一系列与文化艺术相关的产业,如绘画艺术、音乐艺术、服装设计、文化传媒、视觉传达设计、形象设计和建筑设计等。③

时尚产业从兴起至今经历了几个阶段,从目前世界各国发展现状和特点来看,时尚产业呈现出以下六点发展趋势。

一是创意设计成为时尚产业的核心环节。"创意设计的价值不言而喻,从来就是人类从事创新实践活动的先导和起点,也是工业与信息化时代企业和国家的核心竞争力所在。"④当前,无论是时尚产品制造还是时尚服务、时尚消费等,都是通过特立独行的创意对全过程或者核心环节进行设计,引发消费者的共鸣。

二是快速、个性、多元的消费需求带来新市场。在信息化水平发达的今天,快速、个性、多元的需求催生了潜在的市场。尤其对时间、个性敏感度较高的时尚产业,一些快速消费、个性消费和多元消费需求渐成潮流,其所具备的流行、稀缺等特点足以吸引和打动大多数时尚消费者。

三是信息平台和互联网成为时尚消费的主战场。随着信息技术不断革新,消费模式发生翻天覆地的变化,时尚产业同样也跟随着潮流,建设网络平台进行宣传、推广、销售和服务。据统计,几乎所有的一线时尚品牌都建有自己的网站,相对大众化的品牌则开始依托网络、手机、新媒体等平台进行营销和扩大影响力。

四是产业跨界融合的趋势愈加明显。时尚产业是高端制造业和现代服务业跨界融合后的高端产物,环节包括前期创意设计、中期制造、后期的销售与服

① 陈希.意大利时尚产业文化[D].北京:对外经济贸易大学,2007.

② 吕洁.时尚创意产业:上海经济转型的战略引擎[J].中国市场,2010,(35):73—76.

③ 孙福良.创意产业基础理论研究[M].上海:学林出版社,2014:39—57.

④ 蒋聚波,何立.创意设计之市场价值的实现与转化[J].浙江树人大学学报(人文社会科学版),2014,14(3):47—50.

务,涵盖各类产业领域,各种元素交错融合,引发新一轮时尚潮流。尤其在当下二三产业发展融合大趋势下,时尚产业更将其主要价值从产品制造转移至后续服务和品牌上。

五是新兴时尚市场逐渐开拓。步入 21 世纪,除了欧美日传统国家之外,越来越多的新兴经济体也开始发展时尚产业、制造时尚产品,例如韩国、巴西、俄罗斯、中国等,一方面是由于经济全球化进程的快速推进,另一方面是由于这些国家居民消费能力有了显著提升,许多时尚元素和资源逐渐向这些新兴时尚城市集聚并辐射。

六是时尚服务和体验成为主要竞争环节。时尚已经成为满足消费者精神需求的产品,因此时尚产业不仅局限于某一类产品,有些是服务,而有些只是体验。

(二)国际时尚产业发展经验

1. 政府引导时尚产业统筹发展

首先,确立产业长远规划。政府是时尚产业发展战略的制定者和实施者,国际时尚城市发展时尚产业往往首先通过明确时尚产业的长远规划,形成城市发展时尚产业的基本依据。2003 年伦敦发布《伦敦:文化资本——市长文化战略草案》,明确指出要将伦敦建设成为世界级的时尚文化中心,在文化机构建立、基础设施建设、旅游品牌打造、创意产业支持等方面提出了 12 项具体措施。其次,设置政府推进机构。由政府成立专门机构来领导时尚产业发展成为共识。通过政府的统一领导和协调,形成行业协会、企业、科研院所、媒体网络多维一体的社会联盟,建立时尚产业的联动发展机制。以法国为例,国家财经就业部企业总署负责规划法国工业发展策略,其中消费品处下设立负责纺织品、服饰及皮件的工业发展科,规划发展相关产业策略。再次,发展时尚行业协会。与政府机构相比,行业协会在发达国家时尚创意产业发展进程中扮演着十分重要的角色,其作用是组织产业内部有序竞争、健康发展,协调时尚产业与相关产业的关系。东京行业协会(或商会)作为政府和企业的连接机构,积极沟通政府政策和企业经营信息,根据行业的特征推出相关行业准入制度、完善行业标准、辅助政府和社会实施职称评定、人才培养等。美国是世界上设置纺织品服装行业专业协会组织最多的国家,其专业协会涉及纺织服装行业的各个方面,这些协会在政府和企业之间提供沟通、统计以及生产、贸易、技术和信息的咨询服务及指导。

2. 平台助推时尚产业集群发展

一是打造时尚产业中心。制造或设计驱动型时尚都市一般会由政府主导或者市场自发形成专门的产业中心,尤其在设计创意以及高端制造环节上,存在相当大量的优势企业在国家或城市特定的产业中心集群发展。法国在2005年成立两个纺织服装竞争中心,分别为北方的北加莱海峡大区和东南方的罗纳阿尔卑斯省,重点发展新技能、多功能服饰、纳米、回收和农作物纤维的开发和大众消费行为研究。米兰时尚产业的制造业特点就是产业集群,生产企业分布相对集中,具有很强的专业性和地域性,主要表现为产品相似的企业多聚集在同一地区,形成类似模块化的地区分布模式,然后通过在工艺流程上的相互联系,形成一个完整的地区间合作系统。二是布局时尚消费中心。时尚业的发展壮大也离不开聚集区的规模效应。城市时尚消费中心在市场环境中不断巩固形成,按照功能和品牌提供不同的时尚消费服务,满足不同消费层次和不同消费动机的需求。伦敦的时尚消费创意中心集中在东部地区,是时尚设计师、建筑师和家具制造商的乐土,也是数字媒体公司、艺术家和画廊的聚集地。米兰最著名的时尚街区,莫过于位于传统城市中心的"黄金四边形"地区,几乎所有的意大利知名品牌都把旗舰店设在这个时尚集聚圈里。三是建立公共服务平台。时尚活动和传媒是时尚产业发展不可或缺的两大平台。时尚活动是产业发展的催化剂,而时尚传媒是时尚传播的助推器,潮流趋势和时尚文化通过它们辐射到全世界。以五大时尚之都名称命名的"米兰时装周""东京时装周"等成为世界最知名的时尚发布活动。除此以外,每年举办的各种与时尚产品发布、时尚人物评选相关的展会也吸引着全球目光,成为掀起流行的另一个重要平台。作为传统纸质媒体的时尚杂志,无论在潮流信息发布还是在时尚商业推广上,对时尚产业发展都起到了举足轻重的作用,如法国的 *ELLE* 杂志和美国的 *VOGUE* 杂志作为权威时尚杂志都已成为世界流行风尚的风向标。

3.教育夯实时尚产业人才基础

一方面,培养创意设计人才。时尚创意设计人才是引导、推动和运营时尚产业发展的中坚力量,也是最具活力的时尚产业要素。[①] 世界各大时尚之都政府在推动时尚产业发展过程中,无一不重视对人才的培养和挖掘。创意英国——新人才新经济计划(*Creative Britain—New Talents for the New Economy*)明确列出26项承诺和举措促使创意人才冲破禁锢,有力促进了创意产业的蓬勃发展。另一方面,注重劳动力技能培训。时尚之都政府往往通过设立各类不同层次的职业技能培训机构,并出资对各类就业对象进行无偿培训和各种专业化训练,全面提高员工的就业能力。法国1994年底为纺织服装业员工在职培训专

① 周苏欣.上海发展时尚产业的若干问题研究[J].学术探索·理论研究,2011(5):129—131.

门成立了欧洲工会联合会（FORTHAC），资金来源为政府补助、会员会费及自愿捐助，此外对在职人员、政府人员也开展了相应的技能培训，这些措施都从不同层面保障了劳动者的基本素质。

4.资金提供时尚产业发展保障

一方面，采取有效措施刺激国内消费。为应对金融危机对米兰乃至整个意大利的制鞋业和纺织服装业的冲击，米兰政府采取了一系列优惠政策措施，如消费者购买儿童服装的支出可以凭借发票享受税收抵减；衣物以旧换新享有折扣；对旅馆业重新装修所购买的纺织产品采取税收刺激等。另一方面，财政资金支持补贴产业收入。巴黎提供纺织服装科研税收奖励，为鼓励厂商开发新产品和新原料，相关企业研发投入经费可获得科研税务贷款（CIR）优惠，这是法国首创的专门针对企业科研创新的特殊的公共财政补偿机制，对鼓励企业研发创新以及吸引研发型外资项目起到了积极作用。[①]

（三）时尚创意产业发展的实现路径

1.围绕时尚创意设计价值部署创新链

"文化创意产业的产业价值链则是一个以创意内容生产和创意版权认定为核心，基于创意版权的资本运作，不断由内向外拓展产品形态、延伸产品价值内涵的多向度、多层次的开发系统……从产业价值链运作机制看，创意内容的生产从根本上带动了创意产品从设计、制作到销售，乃至衍生品开发的价值链延伸过程。"[②]创意设计产业涵盖广泛，包括时尚产业、设计产业、文创产品及设备制造、软件及信息服务业等诸多行业，而上海"时尚之都、设计之都、品牌之都"是一个整体，在其中，设计之都是手段和基础，时尚之都是定位和形象，品牌之都是目标和引领。上海市汇聚各方力量共同推动创意设计产业的发展，从不同角度和层面为时尚企业搭建起产业交流合作平台。

2.以文化创意展会活动助推时尚产业发展

一方面，不断巩固与提升中国上海国际艺术节、上海国际电影电视节、中国国际数码互动娱乐展览会等重大活动在国际同类会展活动中的领先地位，与此同时，提升区域性重点会展活动的汇聚能力，发挥市场机制和产业链带动作用，提升上海书展、中国国际动漫游戏博览会、上海旅游节、中国上海国际童书展、上海双年展、上海时装周、上海科技节等文化展会活动的社会影响

① 唐忆文，詹歆晔，蔡云，屠烜.国际时尚产业发展趋势及上海借鉴[J].上海文化，2013(4)：66—72.

② 王媛.江苏省文化创意产业价值链开发对策研究[J].创意与设计，2017(4)：41—46.

力,引进全球顶级文物艺术品展会,积极鼓励社会力量举办富有特色的艺术节庆活动。

通过每年举办上海时装周、设计之都活动周和中国国际工业博览会设计创新展等时尚创意主题活动,为城市营造了良好的创新创意氛围。以上海时装周为例,时装周期间,近50场风格各异的作品发布活动在新天地太平湖公园的水上秀场呈现,而静安800秀则推出了"锋尚新势力"板块,打造以设计院校作品和童装品牌为主的特色发布。这些活动吸引了众多国内外的知名设计师、重量级买手和具有影响力的意见领袖纷纷来到上海,构筑了中国设计迈向国际市场的通路。① 上海时装周以展示、发布、贸易为核心打造时尚产业生态圈,通过推动原创设计发展助力上海国际时尚之都建设,成为上海以文化创意会展活动助推时尚创意产业发展的一个生动缩影。再以2015年移师上海的中国国际服装服饰博览会为例,其已发展成为全亚洲最具规模和影响力的时尚服装专业博览会,在创造展会自身价值的同时更为上海时尚之都建设带来了丰富的溢出价值。

3.时尚资源的开放性重组与多方治理

国际经验表明,由政府成立专门机构来领导时尚产业发展成为共识。通过政府的统一领导和协调,形成行业协会、企业、科研院所、媒体网络多维一体的社会联盟,建立时尚产业的联动发展机制。与政府机构相比,行业协会在发达国家时尚创意产业发展中扮演着十分重要的角色,其作用体现在组织产业内部有序竞争、健康发展和协调时尚产业与相关产业的关系等诸多方面。

上海围绕时尚创意产业价值链的核心环节,组建时尚产业联盟,并以此种产业组织形式,将行业协会、企业、设计师协会、传媒、研究机构和相关高校等涉及设计、艺术、展贸、加工制造和时尚消费的资源串联起来。以政府力量为主导,以龙头企业、中小企业扶持培育为抓手,上海打造了集成果转化、融资担保服务、人才培训、专项基金、法律保障等于一体的时尚创意产业公共服务平台体系,推动了产业发展规划与优惠政策的落地。

三、案例启示

上海国际化程度较高、产业实力雄厚、商业高度发达、政策持续聚焦、制度管理规范、海派文化深厚,具备发展时尚产业、成为国际时尚中心的大部分要素条件。近年来上海对时尚产业发展日益重视,已经出台一系列重要的政策举

---

① 董笑妍.2016秋冬上海时装周构筑时尚产业生态圈[J].纺织服装周刊,2016(15):12.

措,日渐成为具有一定知名度和等级的时尚城市。上海提升时尚产业的发展水平和能级,打造世界时尚之都可以从以下几个方面进行把握。①

(一)构建"政府推动＋消费驱动"的发展模式

发挥政府推动的优势。上海属于新兴时尚中心,需要在较短的时间内快速出形象、出亮点,才能跻身与世界传统时尚之都平起平坐的行列。东京和首尔的经验都表明,政府引导是发挥"后发优势"的必要条件,有助于集聚资源、少走弯路。上海近年来日益重视时尚产业发展,已经通过促进机构、专项资金、要素集聚等多个方面加以推进,后期应当坚持现有政策,并进一步发挥规划引导、政策引领的作用。

上海近期定位应为消费驱动的时尚中心,中远期应定位为设计之都。完整的时尚产业包括"设计－制造－消费"三个基本环节,上海在时尚消费环节上最具有比较优势,作为全国最大的消费市场,其扩大时尚消费规模的产出时间短,投入成本低,易于见效,有助于政府快速打造形象,企业也能够在迅速扩大的市场中取得现实的经济利益,有助于激发企业投入的积极性。设计环节是上海时尚产业长远发展的动力。无论起步阶段是设计、制造还是消费驱动,当时尚中心形成了一定积淀之后,只有持续创新的设计能力才能保持长期的兴盛。因此,上海可以成为没有大规模制造的时尚中心。新兴时尚中心完全可以将一般制造部门乃至部分设计部门分布在周边城市,中心集中承担核心设计制造和展示消费功能,形成"设计－展示－消费"的新模式。从国际时尚中心形成的主导力量和主导环节上分析(如表 12-1),上海近期可以"政府推动"和"消费驱动"的双引擎模式快速打造国际时尚中心形象,中远期则要以"设计之都"形成和其他国际时尚中心相当的长期竞争力。

表 12-1　国际时尚中心形成的主导力量和主导环节

	传统时尚中心	新兴时尚中心	发展条件
主导力量 主导环节	自由形成	政府推动	
设计驱动	巴黎	首尔	一流的设计能力,并有稳固的文化圈,设计作品能够作为文化快速输出和传播

---

① 唐忆文,詹歆晔,蔡云,屠烜.国际时尚产业发展趋势及上海借鉴[J].上海文化,2013(4):66—72.

续表

	传统时尚中心	新兴时尚中心	发展条件
制造驱动	伦敦、米兰	东京	强大的制造能力,能够实现各种复杂创意,并匹配用户的细化需求
消费驱动	纽约	—	庞大的消费市场,能够为大众化、小众化、个性化的各类产品提供足够的盈利空间

(二)集聚国际一流的要素资源

上海时尚产业发展应多借助政府的主导性推动力量,依靠政府的资源配置能力,把握在人才、品牌、文化等方面的比较优势,将相关时尚要素集聚到一起构造出引力核,并不断吸引集聚更多要素,形成"滚雪球效应"。

集聚一线品牌设计大师和时尚创意人才。以时尚展会、时尚企业为平台,吸引设计师、品牌管理和销售人才、时尚买手等频繁地光临上海,带动上海整体时尚水平和节奏接轨国际潮流。塑造中青年时尚创意人才的成长环境,为人才、设计院校和企业建立多向沟通交流的平台。打造国际知名时尚展会或相关活动,不断提高国际化程度,在吸引国际一线时尚要素参与上扩大影响。

吸引国内外知名时尚品牌。和国际时尚中心相比,上海的国际品牌引进尚显不足,也缺少本地优势品牌,上海发展时尚产业必须有所突破。深化对品牌的认识,包括珠宝首饰、钟表、家纺、美容、电子等各种具备时尚元素的消费品品牌。进一步扩大开放,引进更多国际品牌。培育本地品牌,集中力量打造若干个精品品牌,占据时尚设计高端或时尚市场份额,支持国内品牌在上海发展。

大力繁荣文化娱乐产业。文化传播是提高时尚影响力、间接推动产业发展的重要路径。"哈日""韩流"通过音乐、影视、动漫率先在整个东亚地区传播,为主体城市培育了具有特定审美偏好的人群,进而带动了整个时尚产业的发展。相比之下,上海虽然文化产业发达,但没有形成标志性的、能够传播的文化要素,新海派文化还没有上升到普遍文化的高度,故亟需进一步繁荣文化娱乐产业,使其成为承载和展示时尚要素的重要载体。

(三)培育风格多元的消费群体

消费驱动的时尚中心离不开对消费群体的培育。上海庞大的中等收入群体是形成时尚消费群体的重要基础。要进一步发挥出消费能力逐渐提升的软实力,积极地向公众传播时尚元素,诱发公众的时尚消费需求。

引进和发展时尚媒体。时尚媒体在传播时尚信息方面有不可替代的作用。除了平面媒体和电视媒体外,新兴媒体依托网络正在逐步发展,应当大力引进和发展时尚媒体,扩大其在公众中的传播力度,推动时尚消费市场需求的形成。

鼓励成立各类时尚协会。鼓励时尚企业、组织成立各类协会,扩大时尚产业的内部交流,组织更多样的活动向公众传播时尚元素。提升时尚企业的积极性,鼓励通过协会推广自己的理念与产品,吸引时尚消费需求,从而形成长效化的市场运作。

培育先锋消费群体。先锋消费群体对扩大时尚影响、推动市场潮流具有重要的作用。为鼓励消费群体的形成,应该用更宽容的心态允许各类艺术形式和潮流元素依法传播,例如鼓励合法注册的摄影、户外、汽车、文化演出等社会团体,鼓励前卫艺术形式依法发布展出,鼓励在创意园区、文化娱乐场所开展形式更多样化、参与群体非专业化的时尚展示。

培育大众消费群体。大众消费群体是时尚消费的主力,其需要具备两种能力,一是具备消费能力,二是具备理解时尚的能力。消费能力是基础,理解时尚的能力决定了时尚产业的发展高度。理解时尚的能力可以通过不断的时尚元素刺激和互动参与来培育,例如鼓励传统展会与网络平台互动,鼓励上海双年展等大众艺术展览扩大规模。

(四)建设功能错位的产业载体

时尚产业的载体可以分为两类:一类是时尚地标或时尚园区,通过前卫的设计、要素的集聚起到引领时尚潮流的作用;另一类是时尚商圈,是时尚消费的天堂。打造时尚产业需要发展这两类功能互补的产业载体。结合上海时尚产业发展现状和未来城市空间布局,其时尚产业可形成"一片两河多点"的总体格局。

沿一片(历史风貌区)两河(黄浦江、苏州河)布局特色时尚据点,满足先锋时尚需求。在黄浦江两岸凸显外向性特色,引进国际时尚潮流,承担时尚展示和发布功能,包括宝山国际邮轮度假区、杨浦国际时尚中心、外滩、世博园城市最佳案例实践区、徐汇水泥厂项目及黄浦江游船等。在苏州河侧重艺术和时尚的结合,吸引艺术和设计人才,并成为创意产生和传播的区域,如莫干山路50号(M50)、苏河艺术中心等。在历史风貌区偏重休闲和知性生活模式或中西时尚要素的融合,如复兴路—武康路周边的创意小店、思南公馆、田子坊等。

结合市级和区域商业设施多点布局时尚消费中心,满足大众消费需求。国际时尚中心需要质量和数量都有足够支撑力的商业中心,要鼓励现有商圈提高能级,引进更多的品牌、最新的时尚产品和款式,鼓励内外环之间、浦东和郊区新城建设高等级商业中心,吸引时尚品牌门店和专柜的数量增加,鼓励体验店、展示店,全面提升城市商业水准。

(五)构建开放综合的产业体系

上海完全有能力发展时尚产业的各个门类,可以不限制时尚产业的发展。重点鼓励文化创意和时尚设计的结合、具有创新的销售模式、能体现时尚产业发展趋势和行业竞争力的产业发展。

积极引进国际知名时尚企业区域总部。上海具备国际化的商务环境和巨大的消费市场,交通便利辐射力强,能够吸引国际知名企业总部或区域总部,同时,可以在总部引进过程中对时尚企业给予更大支持,通过引进一个龙头企业来带动一个未来产业。

培育或引进若干个有国际竞争力的本土精品品牌或企业集团。上海可通过自身的平台优势,吸引并重点扶持若干个有国际竞争力的本土精品品牌或企业集团,引进已具备成熟商业模式的时尚企业,对上海和时尚企业来说都是一种双赢的选择。

积极发展会展、媒体等配套产业。上海要充分利用自身的市场和平台优势,成为全国时尚自然集聚的中心,形成"时尚品牌遍全国、时尚平台唯上海"的产业格局。积极发展会展、媒体等时尚配套产业,通过时尚会展、媒体报道持续地影响国内时尚潮流,在国际时尚舞台发声。

鼓励传统都市产业向时尚都市产业转型。时尚产业发展是都市遗留的制造业向附加值高、污染少的都市产业提升的重要机遇。这一过程中,要对既有都市工业作梳理排摸,对有条件实现产业升级的企业,强化设计和营销能力,发展高精尖的定制加工能力。

(六)完善时尚产业的实施保障

继续落实既有政策,保持专项资金长效运作。已有政策和专项资金已经取得了较好的实施效果,未来应继续坚持并扩大影响。对于更多新引进的产业,可以结合企业需求和产业引导需要,出台后续政策和予以资金扶持。

进一步扩大开放,完善商务和贸易环境。对国际时尚企业来说,完善的商务和贸易环境是一个重要的考虑因素。目前市场制度还有许多欠缺和不足,制约了国际化时尚中心的形成。上海作为国内开放先行先试的城市,仍然有许多体制机制需要继续突破。

完善知识产权等法律环境。时尚设计是智力密集型的产业,设计投入高、设计风险大,但仿制容易,因此特别需要知识产权等相关法律保障。要完善相关法律环境,保障时尚设计及有关产业健康发展。

强化长三角区域联动,为长三角企业搭建发展平台。上海发展时尚产业过程中,长三角区域将为上海提供广阔的市场腹地和可靠的制造基底。上海要和长三角其他城市形成产业链的合理分工,上海重点发展消费市场,同时掌控一部分核心设计,而其他城市结合自身特色,承担成品制造、零部件制造、原料制造、工厂设计等各个配套环节。

四、延伸阅读

时尚产业内涵、特质与国际发展经验[①]

(一)时尚产业的内涵与特质

时尚产业是指为满足时尚消费,通过对人和人紧密相关的生活环境进行装饰和美化,使人的生活更加美好的产业。

1. 产业内涵

作为都市产业的典型表现形式(如表 12-2 所示),时尚产业并不是一个独立的产业门类,而是对各类传统产业资源要素进行整合、提升、组合后形成的一种较为独特的产业链,是多产业集群的组合。在产业形式上,时尚产业是跨越高附加值先进制造业与现代服务业产业界限的多产业集群组合;在产品表现上,时尚产业表现为提供体现流行审美情趣和消费理念的中高档消费品或消费服务。

表 12-2　时尚产业的内涵与产品表现形式

层次	内涵	内容
核心层	对人体进行装饰和美化	时装与服饰(核心)、鞋帽衬衫、箱包伞杖、美容美发,乃至珠宝首饰、眼镜表具等
扩展层	对人在生活和工作中所处的小环境进行装饰和美化	家纺用品、家饰装潢、家居用具等
延伸层	对于人生存和发展中相关的事物和情状进行装饰和美化	手机、MP3/MP4、数码相机、动漫、电玩等

---

① 案例来源:高骞.上海时尚产业政策研究[J].科学发展,2009(10):87—95.

2. 主要特征

纵观国际时尚产业总的发展趋势,当前时尚产业突出表现为以下四大特点。

(1)关联性与边缘性。时尚产业涵盖设计、品牌、技术、文化、传播、消费、服务等诸多要素,是经济与文化、技术与艺术、商品与服务、消费与品牌的高度结合。

(2)包容性与多元性。时尚产业是一张涵盖面极其宽泛的产业网,各种产业元素在这张网上相互影响、彼此作用,形成环环相扣的纽带,通过与时尚元素的结合,产生巨大的经济效益。

(3)引领性和超前性。现代社会,时尚产品已超越了服装、首饰、箱包等传统的消费领域,而且已拓展到手机、MP3/MP4、GPS、汽车美容等方面。时尚的引领使人生中多彩的活动、兴趣、观点和不同价值观通过各种元素得以展现。

(4)变化性与创新性。时尚是一个动态的概念,随着社会生活潮流的变化而变化,相应的时尚产业是一个动态的产业,随着时尚的变化而不断创新、丰富和发展。

3. 资源体系

时尚产业通过对市场、人才、品牌、企业、活动等要素的整合,对接形成独特产业链。一般而言,时尚产业的资源体系构架如下。

(1)时尚地标。是时尚产业发展的重要载体,兼具展示城市时尚、宣传时尚理念、推广时尚产品、提供时尚体验等的多项功能,是时尚商业化的集中呈现。

(2)时尚人物。包括时尚设计师、时尚摄影师、形象造型师、时尚评论员、时尚模特、时尚品牌策划专家等,是引导、推动和运作时尚产业发展的主要力量,是时尚产业发展中最具活力的要素。

(3)时尚品牌。是国际时尚消费的主流,也是创造时尚消费新趋势的推动者和引领者,多具有国际性的特点。

(4)时尚平台。包括科技创新和研发力量、时尚教育培训、行业协会、国际性会展、时装发布、现代信息传媒业、时尚出版业(包括报纸、杂志、电视、电影、网络)等,是推广时尚产品、提升时尚地位的主要媒介,直接关系到城市时尚产业发展的水平和档次。

(5)时尚活动。如时装周、文化艺术节、时尚表演秀等,与时尚发言权密切相关,其种类丰富度、活动密集度,反映着一个城市在时尚界的地位和国际影响力。

(6)时尚文化。它是发展时尚产业的重要人文因素,体现着开放的城市精神和社会心态。

(二)时尚产业发展的国际经验借鉴

1.产业发展规律

世界五大时尚之都的崛起虽各有独特的城市发展背景,但也有其普遍性规律。分析近几年国际时尚产业的创新发展趋势,可总结出一些普遍的经验和做法。

(1)城市经济发展水平是时尚产业发展的基础。只有城市规模足够大,才能产生包容万物的广博气势及巨大的融合力,实现各类时尚信息的迅速化、瞬时化传递,才能最大效率地实现资源的高效运转和利用。

(2)文化底蕴是城市时尚产业发展的基石。一个城市的文化底蕴影响着城市自身时尚的发展方向和风格特点,时尚是吸收传统融入创新后创造的一种新的流行,需要传统文化的滋润。

(3)时装与服饰产业是城市时尚产业发展的核心。巴黎、米兰、纽约、伦敦、东京的时尚产业发展历程,都是在确定时尚产业的主导地位后,通过时尚产业链的整合,塑造了各具特色的时尚文化与时尚经济,成为举世公认的世界级时尚中心,时装与服饰是时尚产业最基本的产业内容。

(4)时尚个性是城市时尚产业发展中的灵魂因素。个性是城市时尚产业的精髓所在,也是整个城市时尚文化的中心点,在时尚界中,它就是城市的代名词,人们想到某个时尚城市时,它的时尚风格个性会第一时间在人们的脑海中浮现,这就是深入人心的城市时尚个性。

(5)本土时尚品牌是城市时尚产业中的"明星人物"。从世界各国时尚大都市发展变化来看,拥有自己本土的时尚品牌是支撑国际时尚地位的最主要要素,它们在城市时尚产业的发展中起着明星人物的作用,往往受到世界时尚界广泛的关注。

2.产业发展路径

纵观五大国际时尚之都和香港、首尔、迪拜等新兴时尚城市,其时尚产业的演进轨迹,大致有两大类模式。

(1)制造驱动模式。以米兰、伦敦、东京为典型代表,依托在制造业某一方面(比如服装工业、面料工业、钻石加工等领域)的强大工艺基础和技术优势,不断推出新产品,引领消费时尚,并逐步带动相关产业的多样化和集群化发展,形成完善的高技术、高附加价值的时尚业结构。在这种模式下,时尚产品制造商或者设计商主导着时尚风格。

(2)市场驱动模式。以纽约、首尔为典型代表,依托终端消费时尚的强大购买力,吸引厂商、设计人员集聚,对接销售与制造、市场与研发,逐步围绕时尚产业服务,延伸拓展关联产业结构。在这一驱动模式中,销售服务、市场推广远比制造更为重要,通过国内外时尚企业的云集,来挖掘和形成时尚风格,进而策动国际时尚流行。

上述两种发展模式,有着不同的产业发展背景、城市发展阶段和要素禀赋要求:制造驱动模式要求具备绝对竞争优势的轻纺产业基础,类似意大利的男装、英国的羊毛制品、日本的电子消费品;市场驱动模式则要求具备发达的流通体系和庞大的市场消费能力。

五、思考讨论

(一)时尚产业在城市经济转型中的战略价值

如果说没有华尔街,就没有纽约,那么缺少第五大道,纽约也不能成为纽约。与此相类似,人们很难想象没有时装的巴黎,没有范思哲、古驰和阿玛尼的米兰与意大利。可以说,离开时尚创意产业的国际大都市是令人难以想象的。现代都市已不再仅是传统意义上的加工制造与商品贸易的集中地,其更是人类社会的知识中心与信息中心。在社会文化意义上,城市也不仅是社会精英与文化人在简单意义上的集结和交会,其已逐渐形成"城市价值""城市精神"和"城市文化"。全球每一处时尚中心的形成和建立,无不经历了历史的积淀,并呈现出一些出奇一致的共性:"一定的城市规模和较高的经济发展水平,深厚的文化底蕴,同时服装服饰产业在这些城市都占到相当大的比重,丰富的时尚活动等。"[①]

对上海而言,如要发展成为全球城市,除了在经济规模和实力上应尽快提升外,还必须着重考虑如何打造国际大都市所具备的综合竞争力,而发展时尚创意产业就是实现路径之一,由此也延伸出"时尚城市"的理念。时尚创意产业充分挖掘了创意人才的创造力、技能与才华,并利用工业制造、服务业、产业转型融合、金融体系等产业配套体系,把时尚创意成功转化为巨大的城市财富,从某种意义上,国际大都市核心优势的很大部分源自于创造力基础上所建构的时尚创意产业——其也是城市综合竞争力的精髓所在。

---

① 吕洁.时尚创意产业:上海经济转型的战略引擎[J].中国市场,2010(35):73—76.

《上海时尚产业发展报告(2017)》显示,全球时尚行业 2016 年总价值达 2.4 万亿美元,如果拿这一产业与各个国家的 GDP 相比,全球时尚产业将位列第七。如今,我国已成为全球第二大经济体,也是世界第二大时尚产品消费国,来自 Euromonitor 的数据显示,至 2025 年我国还有望超越美国成为时尚产品消费的世界第一大国,这为中国时尚中心城市参与全球竞争创造了绝佳的外部条件。

请结合实际案例谈谈你对时尚创意产业价值和发展条件的理解。

(二)时尚产业模块化组织价值创新要素及其影响机制

对伦敦、米兰、纽约、巴黎和东京五座时尚之都的时尚产业进行分析,可以将这些城市时尚产业价值创新要素进行模块化归类,可以看到,时尚产业基于价值创新的来源要素、生产要素以及消费要素,获得了组织模块化的信息传递效应、结构优化效应与知识溢出效应(如图 12-1 所示),最终实现产业组织价值创新(如图 12-2 所示)。[①]

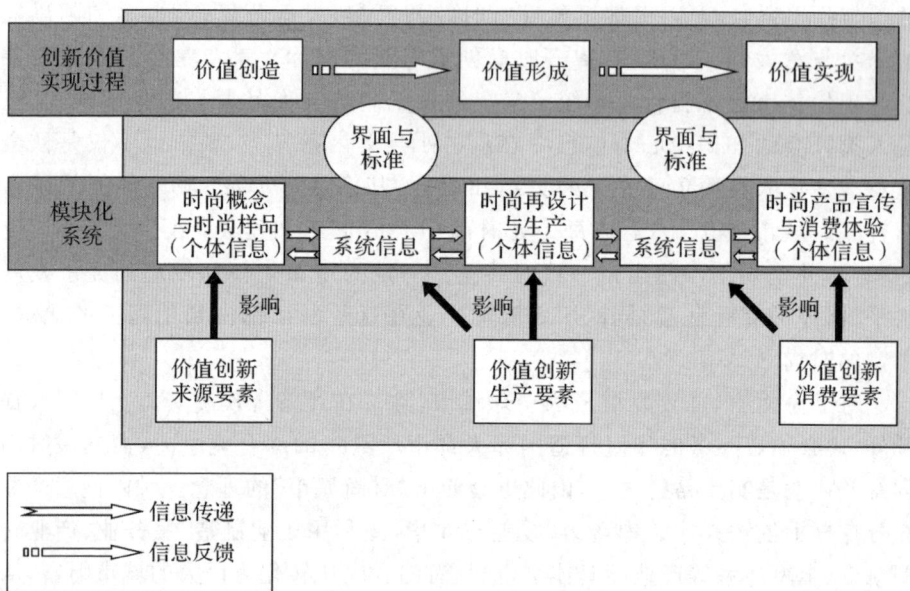

图 12-1 时尚产业模块化组织价值创新信息传递效应

---

① 颜莉,高长春.模块化视角下上海时尚产业发展路径研究[J].人文地理,2012,27(3):60—66+146.

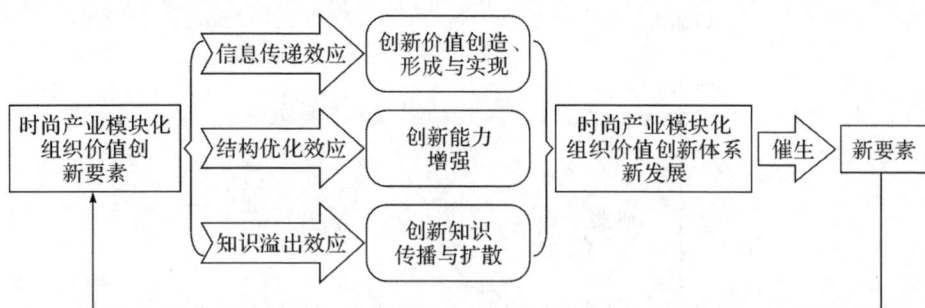

图 12-2 时尚产业模块化组织价值创新机制

上海市政府早在 2008 年就将时尚产业列入了上海产业发展重点支持目录,上海时尚产业打造"世界时尚展览展示中心、亚太时尚体验消费中心、东方时尚创意中心"的成就也初步获得了全球时尚界的认可。但是,在设计与生产制造、营销与服务等诸多具体环节上,上海的整体状况仍旧落后于五大时尚之都。①

请结合模块化组织价值创新机制理论谈谈上海时尚产业的发展对策。

(三)时尚产业价值链断层与瓶颈

结合价值链、产业价值链的基础理论,时尚产业价值链可界定为"以人的时尚为根本,以实现时尚产品及其相关产品价值增值最大化为目的,以时尚产品为核心,确保时尚价值、信息、资金等资源在整个价值链上畅通流动,由时尚企业及其相关企业所形成的紧密合作的制作—服务型的企业价值网链结构"②。时尚产业具体涵盖了研发与设计、加工制造、展示与体验、销售与品牌塑造等主要架构环节,具有以全球化时尚潮流为创意设计导向的天然特性,研发与设计作为时尚产业价值链的核心环节,具有较高的附加值(如图 12-3 所示)。

我国目前还处在时尚产业价值链的搭建过程中,时尚产业价值链尚不完善,在产业全价值链开发上捉襟见肘,难以创造高附加值和高集聚的产业效应。不少企业现阶段仍对时尚产业价值链存在认识误区,认为时尚产品不过是设计人员将传统文化或高科技因素添加至产品中而已。实际上,要将产品变成时尚消费品,企业要经历脱胎换骨的变化,企业上下的观念、业务流程和资源分配,

---

① 颜莉,高长春.时尚产业模块化组织价值创新要素及其影响机制研究——以五大时尚之都为例[J].经济问题探索,2012(3):141—148.

② 王书芬.海门市家纺时尚产业发展研究——基于产业价值链视角[J].商场现代化,2013(8):124—126.

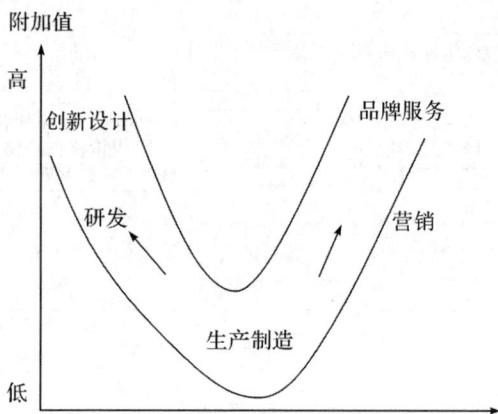

图 12-3　时尚产业价值链特征

都要重新思考。[①]

　　上海时尚产业的发展条件较为优越,但目前产业发展还仍处于小规模"零敲碎打"阶段,集约化、规模化的领军企业与领衔行业仍有待培育,科技创新与研发力量尚未形成体系,高级工艺制造能力、专业信息、营销渠道、产业资本的支撑不足,时尚品牌和文化艺术氛围也有待进一步提升。时尚的分支产业之间需要相互联合或者是互相支撑进行产品创新与营销创新,然而,时尚产业的创意与设计、研发与制造、营销与推广、培训与保障等诸多环节衔接仍存在着问题,时尚产业资源要素现实中分属不同行业,跨越不同部门,它们均在寻求各自的利益最大化,导致文化与时尚、时尚与创意、设计与市场、产业与活动之间的相互联动不够,亟待整合成相对完整的产业链。[②]

　　请你从价值链优化的角度谈谈如何应对时尚产业价值链断层与瓶颈问题。

(四)基于"钻石模型"的文化创意产业分析

　　波特认为,产业竞争力是一个国家(地区)竞争优势的核心基础,而产业竞争力形成的关键在于能否使主导产业具有优势。分析国家(地区)竞争力问题应从产业入手,考察一个国家的经济、社会、政治等环境如何影响各个产业的竞争力。波特将决定竞争力大小的因素归纳为"钻石模型",其基本内涵是,一国特定产业是否具有竞争力取决于四个基本因素:一是生产要素,包括自然资源、人力资源、资本资源、知识资源、基础设施等,波特特别强调的是"要素创造",而

---

　　①　夏毓婷.产业价值链视角下的武汉时尚产业发展研究[J].江汉大学学报(社会科学版),2012,29(6):73—78.

　　②　宋煜,胡晓鹏.浅析上海时尚产业发展路径选择[J].企业经济,2011,30(10):130—133.

不是一般的要素禀赋；二是需求条件，包括市场需求的量和质（需求结构、消费者的行为特点等）；三是相关与辅助产业的状况；四是企业策略、结构与竞争对手。此外，政府和机遇是两个不可或缺的因素。在钻石体系中，每个点以及体系本身都是影响企业和产业在竞争中获得成功的基本条件。各点的作用要看其他点的表现，任何一点出问题，都会限制整个产业进步与升级的潜力。此外，每个点也会自我强化，构筑成一个体系。[①]

　　请以波特的"钻石模型"分析提升上海时尚产业竞争力的策略。

————————

　　① 张伟,谢宇鸿.城市文化创意产业竞争力研究——广州与上海、深圳的比较[J].产经评论,2012, 3(5):62—72.

第十三章　中国创意之都——杭州

"江南忆,最忆是杭州。""上有天堂,下有苏杭。"杭州这座曾被意大利旅行家马可·波罗誉为"世界上最美丽华贵之城"的城市,如今正在成为全国文化创意中心,成为创新集聚的摇篮。近年来,文化创意产业在这块土地上生根、发芽、开花,创意资源和创意人才不断涌向这座城市,杭州这座历史文化名城不断焕发出前所未有的创新生机与活力。

一、案例描述

(一)跨境电商:网络自贸区的旗舰

摩根士丹利预计,未来 20 年内全球 70% 的商务交易将通过网络进行。文化创意产业具有很强的渗透力和辐射力,通过与其他行业的跨界"混搭",可以造就更高水平的融合发展。

全球电商巨头阿里巴巴,充分利用上海自贸区建设和"金砖五国"开发银行落户上海的有利条件,"接轨大上海,融入长三角",助力杭州文化创意产业参与国际竞争与合作的能力与水平提升。"文化创意＋电子商务"双轮驱动的新业态,推动杭州经济实现从代工制造向自主产品的设计制造、文化营销转变,从单一的生产结构向多元化的商贸结构、创意经济结构、信息经济结构转变,从低利润、低增加值向高利润、高增加值转变,加速形成实体经济和网络经济融合、线上和线下融合、线上营销线下成交或线下体验线上购买的营销模式,形成网上块状经济和产业集群,进而建立互联互通、共享共治的网络自贸区。

2015 年,国务院首次批准设立中国(杭州)跨境电子商务综合试验区,致力于打造世界最大的电商平台,藉此与国际著名文化创意企业结成战略联盟,实行"创意港"和"电商港"的融合运作。阿里巴巴好风凭借力,纵横捭阖,或注资入股日本软银集团、富士康科技集团、上海文广集团,或联合打造"口碑"生活服务平台和"魅力惠"奢侈品闪购电商平台,或与美国百货零售巨头梅西百货、全球领先的零售贸易集团麦德龙等进行独家战略合作。研究表明,"杭州、深圳、上海的跨境电商运行绩效位列所有综试区前三。无论是基础性效率指数、服务性效率指数、成长性效率指数,还是运行绩效综合性指数,杭州均远远高于其他综试区。"究其原因,"杭州作为第一批跨境电商试点城市,背靠跨境电商龙头企业阿里巴巴,在跨境电商企业集聚、人才集聚等方面具有先发优势。相应地,作为第一批试点城市,杭州能够享受试点政策红利的时间也相较于其他城市要更久远,从而使得该区域跨境电商发展势头要明显强于其他区域。"①

　　阿里巴巴的跨境电子商务,已经成为发展"一带一路"沿线国家经济的一个重要组成部分,并发挥着整合沿线国家和区域优势资源、强化边境贸易合作、实现互惠互利的作用②,并荣膺 2019 福布斯全球数字经济 100 强榜单第 10 名,2019《财富》未来 50 强榜单第 11 名,"一带一路"中国企业 100 强榜单第 5 名,2019《胡润全球独角兽活跃投资机构百强榜》第 7 名,并入选 2019 中国品牌强国盛典榜样 100 品牌。

(二)动漫之都:文化消费的视窗

　　动漫产业是文化创意和科技融合最紧密的新兴业态之一,是产业链长、延展性强的产业,也是投资、风险和国际化程度较高的产业。杭州作为中国的动漫之都和中国国际动漫节的永久落户地,以"专业化、国际化、产业化、品牌化"为目标,以"动漫我的城市,动漫我的生活"为主题,回应"建设数字杭州、构筑天堂硅谷"和打造"休闲之都"的城市功能定位,尝试借助"码上智慧博览""网上游动漫"等手段改变传统的画展模式,通过屏幕投影、全息影像、3D 立体画、动态捕捉技术、新媒体互动和绘画艺术相结合,在高清晰的连环巨幅屏和幕墙、地面上,让漫画真正"动"起来。中国国际动漫节作为"城市文化和城市文化创意产业的重要内容,在推动城市现代转型发展、活跃城市文化氛围、拉动城市经济增长、塑造城市文化形象等方面均具有正向作用"③。

---

　　①　裴东霞.我国跨境电商运行绩效评价与提升策略——基于跨境电商综合试验区样本数据的分析[J].商业经济研究,2020(6):145—148.

　　②　李书峰,刘畅."一带一路"背景下沿线国家电商物流的渠道选择与发展[J].价格月刊,2020(3):72—76.

　　③　王林生.动漫节庆产业对城市发展的文化意义——以日本东京为例[J].同济大学学报(社会科学版),2014,25(1):63—67.

综观杭州动漫产业的发展,以下几个特征十分突出。一是产业主体多元。在市委、市政府发展动漫产业政策的扶持鼓励下,一大批动漫企业、优秀人才进驻杭州,而其中民营资本的进入为杭州动漫产业的发展注入了新的活力。二是产业结构优化。随着"手机的电脑化"和"电脑的手机化",手机动漫和网络动漫迅速兴起并迅猛发展。发展手机动漫和网络动漫,提高动漫影视产业的国际化水平,承接国际特色动画外包业务,是杭州动漫产业突破瓶颈、转型升级,也是我国从动漫"大国"走向动漫"强国"的致胜之道。三是产业链条延伸。动漫产业链的发展是培育动漫新增长点的重要途径。杭州动漫积极创新产业模式,构建产业价值链,实现资源整合和合理配置,大力拓展市场空间。[①] 四是产业成就斐然。《乐比悠悠》《秦时明月》《梦回金沙城》,人气画本《拾遗录》《斗罗大陆》,人气手游《仙剑奇缘》《逆水寒》等作品,具有明显的中国元素、中国画风,杭州原创动画作品稳居全国首位。而与《寻梦环游记》导演李·昂克里奇、《养家之人》导演诺拉·托梅、日本"初音未来"之父伊藤博之等动画名人的合作,则展示了千年古城的文化全球化融合之路,创造了新时代动漫世界的浙江传奇。

(三)影视制作:浙军奋进的传奇

影视产业是当代最具影响力和传播力的文化创意产业,是杭州打造"全国文化创意中心"和实施"文化强市"战略的重要举措。数媒经济时代,"一方面,数字媒体催生丰富新颖的娱乐体验,为受众带来了全球化的影视产品,使得传统影视产业面临巨大挑战;另一方面,媒体融合拓展了影视产业发展的空间,为媒体产业资源整合、结构优化提供了历史性的机遇"[②]。因此,提升影视产业核心竞争力,持续扩大影视文化消费的受众基础和市场规模,是杭州影视产业蓬勃发展的根本所在。

近年来,杭产影视剧创作、生产势头劲猛,电视剧年产量和省级卫视播出剧集数均位居全国同类城市前列,影视剧集数直逼北京,位居全国第二。《刀尖》《刺客聂隐娘》《我的少女时代》《盗墓笔记》《卫子夫》《何以笙箫默》《捉妖记》《烈日灼心》等影视剧既叫好又叫座,成为年度爆款之作。据统计,2016年在杭注册影视企业有356家,8家实现上市,数量位居全国第三。[③]

---

① 吴佳.为百姓创造更多与动漫文化交流的机会[J].杭州(周刊),2011(4):22.
② 李阳,郁东,肖俊.数媒经济时代杭州影视产业发展对策研究[J].杭州研究,2015(3):203—209.
③ 侯利民.推进杭州影视产业跨越式发展[J].浙江经济,2016(12):52—53.

号称"中国电视剧第一股"的浙江华策影视有限公司,年产电视剧达 1000集;浙江长城影视有限公司被誉为"中国最大的纪录片生产制作基地和片库";杭州南广影视制作有限公司以制作发行精品电视剧而闻名全国;浙江天鹏传媒有限公司、浙江中南卡通股份有限公司、蓝天下影视传媒、华麦网络科技、时光坐标等均是各展其长、遍布影视产业全产业链的行业翘楚。西溪创意产业园区、中国影视产业国际合作实验区、英皇影视文化村白马湖生态创意城等一批备受海内外瞩目的国家影视文化产业园区,使杭州成为全国第二大影视生产基地,其中西溪创意产业园区影视剧产量占杭州市出品总量的 70%以上,占浙江省的 50%以上。

投资 30 亿、规划面积 12 万平方米的国家级影视产业园区——中国(浙江)影视产业合作实验区杭州总部,以出口为导向,成为中华文化走出去的"华流梦工厂"、影视产业的新兴行业性孵化基地和浙江文化走出去的重要桥头堡。如今的杭州影视产业不仅具有跨媒介、跨行业、跨国别、规模大、实力强、主业突出、核心竞争力超群的特点,而且形成了集影视创意、剧本创作、拍摄制作、发行放映、全球营销、衍生品开发和生产"一条龙"的完整产业链,接轨国际规范,实现了影视产业的集约式发展。

(四)创意设计:"杭州创造"的名片

创意是科学,设计是技术,智慧的碰撞和两者的结合就能形成新的产业革命。工业设计的概念如今已日益深入人们的日常生活之中,随着全球市场的形成和消费经济的发展,越来越多消费者的生活开始了从"量"变到"质"变的转变。对于提高产品的感性价值来说,工业设计的重要地位毋庸置疑。中国工程院副院长潘云鹤院士认为:"作为创意产业的重要组成部分,工业设计是先进制造业的先导产业。杭州打造先进制造业基地,必须重视发展创意产业,重视培养创新型人才,并注意加强知识产权保护。"

有效利用互联网、智能化和物联网时代的高新科技,充分发挥设计服务于传统产业的创新引领作用,形成相关产业全方位、深层次、宽领域的融合发展格局,已经成为杭州市区(县)政府的共识。自 2007 年开始,每年一度的"市长杯"创意杭州工业设计大赛定期举办,赢得了国内外工业设计界的高度重视,吸引了来自全球众多国家和地区的高校师生、专业设计人员、企业家参赛,征集到的创意作品和专利产品数万件,"创意杭州"已建立起巨大的品牌效应,一大批创意设计作品的专利权向企业转移,实现了从创意到产品到商品的华丽转身。从某种意义上说,"创意杭州"工业设计大赛成为杭州提高工业设计自主创新能力、推动产业转型升级、建设现代产业体系的一个重要加速器,成为"杭州制造"

向"杭州创造"转变的重要见证者和实践者。

为促进杭州智力资源、文化资源和技术资源优势的有效集聚和利用,专家建议,杭州市依托"环象山"(中国美术学院)、"环紫金"(浙江大学)、"环屏峰"(浙江工业大学)、"环下沙"(浙江理工大学)在杭高校的学科特色和研发设计优势,联合制造业企业、智慧产业企业、国内外著名设计机构和设计院校、互联网和移动互联网企业、工业设计创新服务平台、设计协会或创意组织和风险投资等,组建"杭州设计产业协同创新国际联盟"。

(五)特色小镇:创意园区的"杭州模式"

特色小镇建设是策划、产业、文化在空间关系上的集中反映,它对当代的城镇化建设和发展具有特殊的引领和带动作用。2016 年 7 月,国家住建部、发改委和财政部三部委联合下发《关于开展特色小城镇培育工作的通知》,提出到 2020 年全国将培育 1000 个各具特色、富有活力的特色小镇,这为杭州的特色小镇建设提供了难得的机遇。

有"中国神奇小镇"美誉的良渚文化村,集生态、景观、人文名胜、休闲游乐与人居于一体,它是依托世界文化遗产和生态环境,汇聚文创产业发展动力的创意园区建设经典案例。其核心构架是"二轴二心三区七片",二轴是以文化村东西主干道和滨河道路串联主题村落,二心是东西分别设旅游中心区和公建中心区,三区是分别设立核心旅游区、小镇风情度假区和森林生态休闲区,七片是分布在山水之间的主题居住村落。良渚文化博物馆及周边主题园林构成了良渚圣地的核心部分,既体现了当代先进的建筑设计理念,又体现出良渚文化内在精神在时空上的延续;既有鲜明的个性特点,又完全融入自然山水之中,与周边环境得体地对话,成为一道"自然的"风景。

位于余杭的梦想小镇,以章太炎故居、"四无粮仓"深厚的历史底蕴和"在出世与入世之间自由徜徉"的自然生态系统为依托,以科技城开放、包容、创新、服务的政务生态系统为支撑,以阿里巴巴总部所在地和金融资源集聚发展的产业生态系统为驱动,通过建设"众创空间"、O2O 服务体系、"苗圃+孵化器+加速器"孵化链条,创造了"人才+资本+孵化"的开发模式,开拓了以信息化为动力、以人的城市化为根本的新型城镇化之路。作为浙江 100 个特色小镇的先行试点,梦想小镇已经具备了互联网创业小镇和天使小镇两大特色,据《中国特色小(城)镇 2018 发展指数报告》数据,梦想小镇已入选中国最美特色小镇 50 强。

艺尚小镇时尚文化历史街区,融合产业功能、文化功能和旅游功能,街区总企业数达 439 家,其中文化企业 113 个,从业人员 1674 人,已聚集国内外顶尖设计师 24 名和 500 多名新锐设计师,着力打造集时尚研发、创意办公与时尚创客为主题,集历史、文化、艺术、科技等展现方式于一体的创意街区。[①]

(六)智慧会展:城市品牌的增效器

UFI 董事总经理及首席执行官 Hattendorf 对会展架构有过一个精彩的比喻:一个展会活动就像一个多维网络——尽管彼此维度不一,但却无处不相连。放眼我国会展业,杭州无疑已大步迈入"快车道"。

杭州云栖大会前身为阿里云开发者大会,是中国最早的开发者创新展示平台,2015 年正式更名为"云栖大会",并且永久落户西湖区云栖小镇。过去 10 年间,伴随互联网和云计算的蓬勃发展,大会规模逐年扩大。2018 年云栖大会吸引了来自 81 个国家及地区超过 12 万人次参会,成为全球开发者领域的第一科技盛会。2019 杭州·云栖大会继续探索人类科技演进的脉搏,面向未来 20 年展示基础科学、创新性技术和应用的重大突破,以数字经济为核心议题,以全球开发者为会议主角,共设两天两场主论坛、110 余场峰会和分论坛,覆盖机器智能、5G、云原生数据库、生物识别、芯片、区块链、自动驾驶、异构计算等,附设展览面积达 2 万平方米。

已成功举办六届的世界互联网大会,旨在搭建中国与世界互联互通的国际平台和国际互联网共享共治的中国平台。大会以"互联互通·共享共治""创新驱动·造福人类""发展数字经济·促进开放共享""创造互信共治的数字世界""智能互联·开放合作"等为主题,在全球范围内邀请千百名来自政府、国际组织、企业、科技社群和民间团体的互联网领军人物,围绕全球互联网治理、网络安全、互联网与可持续发展、互联网知识产权保护、技术创新以及互联网哲学等诸多议题进行探讨交流。"互联网之光博览会"以"国际、创新、未来、领先、融合"为定位,聚焦世界互联网最新发展趋势,以及全球范围内互联网新成果、新技术、新应用。

二、案例分析

(一)整体的制度设计

根据《杭州市城市总体规划(2001—2020 年)》,杭州文化创意产业的发展定位于建成国际文化创意中心,以打造具有国际水准和国际竞争力的文化创意产

[①] 中共杭州市委宣传部,杭州市文化创意产业办公室.杭州文化创意产业发展报告(2018 年)[M].杭州:杭州出版社,2019:187.

业品牌为文化创意产业的发展目标。为此,杭州市委、市政府全面规划,统筹安排,明确政府促进文化创意产业国际化发展的整体思路,借鉴国外的成功经验,先后制定了《杭州市文化创意产业发展"十二五"规划》和《杭州市文化创意产业发展"十三五"规划》,出台了《关于加快建设国际文化创意中心的实施意见》,形成了国际化发展的"时间表"和"路线图":一是提高资源整合的国际化程度,开发关键要素资源,提高原创能力和国际化管理能力,扩大相关产业链的延伸,提高产品的附加值;二是营造尊重和保护知识产权的法制环境,引导文化创意出口企业建立知识产权管理应用体系,保障文化创意产品的国际市场收益;三是引进和培养一批具有国际视野的创造者、策划者、设计者,提高城市的"创意产能";四是加快国际合作渠道建设,支持文化创意企业与外国公司共同开发新产品、新项目,共享国际市场,扩大文化制成品出口;五是建立和完善以专业化、市场化、商业化为导向的海外市场专业服务体系,发展非制成品形态的服务贸易;六是开展对外跨国投资,鼓励文化创意企业直接在境外投资设立分公司或者分支机构,进行本土化经营;七是委托国际代理公司和中介机构,加强文化创意产品和服务的国际销售,从而使杭州文化创意产业发展的国际化目标体现积极性,具有可能性,突出创造性。

2016年9月,举世瞩目的G20杭州峰会成功举办;2018年8月,第十四届世界短池游泳锦标赛在杭州圆满落幕;2022年,第十九届亚运会将在杭州举办。伴随着国家层面一系列重大项目在杭州的战略布局和杭州城市国际化战略的全面实施,杭州的城市综合能级得到明显提升,城市国际化程度有效提高,"东方文化国际交流重要城市"正在崛起,这些都为杭州文化创意产业在更高平台上整合资源并实现跨越发展提供了动力支持。

(二)明确的功能定位

"杭州市文化创意产业布局的总体思路是:以丰富的现代美学创意、丰厚的传统人文底蕴和优美的自然风景为依托,充分体现'五水共导'的核心内涵,以'环西湖、环西溪、沿运河、沿钱塘江'为主线,以'市级文化创意产业园区'为重点,充分发挥各区、县(市)的产业优势和区位特点,积极拓展新兴文化创意产业园区,逐步形成'两圈集聚、两带带动、多组团支撑'的文化创意产业空间新格局,为打造全国文化创意中心提供良好的空间载体。"①

《杭州市国民经济和社会发展"十三五"规划纲要》提出,杭州市文化创意产业的未来发展,要围绕创新要素融合汇聚、文化资源整合利用两条主线,立

---

① 参见《杭州市文化创意产业发展"十三五"规划》.

足信息服务业、设计服务业、现代传媒业、动漫游戏业、文化休闲旅游业、艺术品业、教育培训业、文化会展业八大产业板块,到 2022 年,将重点规划建设西湖创意谷、山南国际设计创意产业园、南宋御街中北创意街区、西溪创意产业园、西湖数字娱乐产业园、创意良渚基地、运河天地文化创意园、乐富智汇园、杭州创新创业新天地、之江文化创意园、白马湖生态创意城、高新区国家动画产业基地、东方电子商务园、湘湖文化创意产业园、下沙大学科技园、分水制笔创意园区等 16 个文化创意产业功能区,在空间结构上形成"两圈集聚",构筑环西湖文化创意产业圈和环西溪湿地文化创意产业圈,充分发挥自然山水赋予的灵气和丰厚的文化底蕴,将其打造成为杭州市文化创意产业的核心区。在功能定位上,通过 5 年的努力,将它们打造为全国文化创意中心、区域文化发展中心、产业融合示范中心、国际文化交流中心、新兴业态孵化中心等5 大中心。

从地理上看,21 世纪的文化创意产业生产比 20 世纪更加多中心化。杭州文化创意产业在空间上组成了"两圈集聚、两带带动、多组团支撑",它们的功能在表现上各有不同和侧重。但是,"这些集聚区并不是缺乏活力的或是生产者在地理上的临时集合,它们在很大程度上是以共同的模式和进程为特点,以致所有个体生产者的命运从本质上休戚相关"①,在彼此相互依存的结构关系中共同形成文化创意产业的创造力和竞争力的发展基础。

(三)配套的政策供给

政策是促进产业发展的导航仪和助推器。理性审视城市文化创意产业的运作方式以及政策是如何致力于改善这种状态,加大政策作为公共产品供给的力度,是激发杭州文化创意产业增长的决定性因素。

根据中共杭州市委、市政府《关于加快建设国际文化创意中心的实施意见》提出的战略定位和发展目标,杭州文化创意产业增加值将以年均 15% 左右的速度递增,到 2022 年,文化创意产业增加值达 5000 亿元以上,总产出达 2 万亿元左右(按国家统计口径,文化产业增加值达 2600 亿元左右);构建在国际上有较高知名度、在全国具有引领示范作用的之江文化产业带,培育 6 个以上产业能级达百亿元的文化创意产业集群,打造成为全市文化创意产业提质增效发展的主引擎、全省文化产业发展的重要增长带;推动全市基本形成开放统一、要素集聚、竞争有序的现代文化产业体系和市场体系,基本建成"全国领先、世界前列"

---

① [美]艾伦·J.斯科特.城市文化经济学[M].董树宝,张宁,译.北京:中国人民大学出版社,2010:177.

的国际文化创意中心。

贯彻创新、协调、绿色、共享、开放的新发展理念,提高产业政策的扶持力度和精准度,是破解文化创意产业发展难题的"点金术"。为此,杭州制定了一系列加快和促进文化创意产业发展的配套政策和文件,包括《杭州市文化创意产业发展"十三五"规划》《关于支持浙商创业创新促进杭州发展的实施意见》《关于推进旅游休闲业转型升级的实施意见》《关于全面落实"凤凰行动"计划的实施意见》《关于加快文化创意产业园区建设的若干意见》《关于利用工业厂房发展文化创意产业的实施意见》《关于促进文化和科技融合的若干政策意见》《关于推进杭州市动漫游戏产业做优做强的实施意见》《关于加快特色小镇规划建设的实施意见》《关于推进"互联网+"行动的实施意见》《关于加快跨境电子商务发展的实施意见》《关于鼓励为文化创意产业提供融资服务的实施意见》《关于加快杭州市国家数字出版基地建设的通知》《杭州国家级文化和科技融合示范基地建设方案》《关于加快文化产品和服务出口的实施意见》《关于深入推进文化创意产业与相关产业融合发展的实施意见》《杭州"创新创业新天堂"行动实施方案》《关于扩大文化消费的十项举措》《杭州市文化创意产业园区认定和管理办法》《杭州市文化创意产业特色楼宇认定和管理办法(试行)》《杭州市文化和科技融合示范区、示范企业、示范公共服务平台认定管理办法》《杭州市初创型文化创意企业孵化工程(展翅计划)实施意见》《杭州市成长型文化创意企业培育工程(登高计划)实施意见》《关于贯彻落实〈支持实体书店发展的实施意见〉的实施方案》《杭州市文化创意产业统计测算制度》《杭州市会展业促进条例》《杭州市之江文化产业带建设推进计划(2018—2022年)》等。

(四)多元的资金保障

持续强化大中型银行在行业生态中的连接器角色,是杭州实现文化创意产业狂飙突进的重要举措。杭州市文创专项资金重点加大对原创精品、龙头企业、示范园区、人才引进等项目的支持力度;壮大杭州市文创产业创业投资引导基金规模,力争基金扩大规模增加至30亿元,放大财政资金杠杆效应,积极引导社会资本投资文创项目;充分发挥杭州银行文创支行、建行浙江省分行杭州文创专营支行和杭州联合银行文创特色支行等金融机构的作用,加大对中小文创企业的金融服务;全力推进符合条件的文创企业上市或新三板挂牌融资,开发符合文化企业特点的金融产品和服务模式,拓宽文化产业投融资渠道。鼓励文化创意企业和人才以成果、专利技术、项目等作为无形资产入股。

除了金融支持,杭州对文化创意产业发展的政策支持举措同样得力。一是税收优惠,对功能区具有引领作用的文化旅游企业或园区、楼宇、小镇运营商,按 15% 的税率征收企业所得税。二是经营者奖励,对功能区内符合奖励标准的文化或旅游企业,按企业上一年上缴税收形成区级财力部分的 5%,连续 3 年给予企业主要经营者(或企业领导集体)特别奖励。三是研发扶持,对功能区内文化旅游企业在引进、消化、吸收创意类、设计类、艺术表演类国外先进技术和知识产权等投入给予补贴,投入在 1000 万~5000 万元的,按实际投入的 30% 给予补贴;投入在 5000 万~1 亿元的,按实际收入的 25% 给予补贴;投入在 1 亿元以上的,按实际收入的 20% 给予补贴。四是贷款补贴,对符合功能区发展方向且具有"高精尖"层次的文化旅游企业,对其实施重点项目所实际发生的贷款利息给予补贴。[①]

此外,杭州市还"积极发挥网商银行、蚂蚁金服等在中小微金融服务方面的作用,充分强调大中型银行、省内主要法人金融机构与生态内大型企业及中小企业的命运共同体关系,最大限度地发挥大中型银行的行业连接器作用,在进一步完善其对大型企业的全方位服务和供应链金融方案的风险管理能力的同时,进一步强化对生态内中小企业各项支持的精准性和时效性,促进行业生态综合能力的不断提升"[②]。

(五)优化的服务环境

全球化导致了全球经济的开放性、依存性和市场一体化的趋势明显增强。在斯科特看来,"市场竞争是保证产业效率的条件之一。但是,当竞争阻止了生产者共享某些资源和禀赋(如技术、技能和信息),危害了竞争优势的时候,那么改善性的干涉就是适当的。某些形式的集体行动和制度建构可以通过建立信任度,克服合作障碍和锻造有效的商业实践习俗来减轻残酷竞争带来的最坏影响"[③]。围绕"跑一次是底线、一次不用跑是常态、跑多次是例外"的目标,杭州通过"最多跑一次"改革让文化创意企业享受到了"杭州温度"和"杭州速度",持续吸引了更多市场主体在杭州"落地开花",为产业发展带来了更多的实惠。

1.办事效率提速

以深化"最多跑一次"改革为契机,杭州打造"移动办事之城",加快"城市大

---

① 中共杭州市委宣传部,杭州市文化创意产业办公室.杭州文化创意产业发展报告(2018 年)[M].杭州:杭州出版社,2019:225.

② 贾圣林.如何提高政策扶持的力度和准度[N].社会科学报,2020-03-05(002).

③ [美]艾伦·J.斯科特.城市文化经济学[M].董树宝,张宁,译.北京:中国人民大学出版社,2010:214.

脑"建设,创建审批事项最少、办事效率最高、政务环境最优的城市。创新优化文创项目立项审批、内容审查等部门审批管理程序,建立绿色通道,为入驻企业提供更加精准、便利、透明、高效的"一站式服务"。加强重点行业协会建设,充分发挥协会的沟通、协调作用。积极培育法律咨询、财务咨询、人才培训、风险投资、代理服务等专业中介服务机构。①

2. 服务水平提升

完善文化基础设施,优化文化消费环境,增强居民购买意愿和能力,引导科学合理的文化消费理念,不断提升城乡居民的文化消费水平。亚洲最大的铁路枢纽站之一的杭州火车东站实施文化体验提升项目,让旅客在站内可以现场体验传统工艺,领略杭城自然风光的四季变更,也将"邂逅"场景化沉浸式文创产业成果展览或快闪……在寻求文化创意产业富有吸引力的产品的过程中,杭州为那些最成功的文化创意产业企业提供着高水平的服务和有吸引力的市场,营造了良好的营商环境。

3. 便利化程度提高

杭州的桐庐县率先实现企业开办"一窗、一次、最多三天",商事领域改革持续领跑全国;杭州经济技术开发区简化企业审批程序,压缩时限,使企业、群众办事更便捷高效;杭州下城区大幅提高网上办理、"零上门"办结事项,部门职能进一步理顺。

三、案例启示

(一)数字经济的"头雁效应"

数字经济是杭州新旧动能转换的关键,也是城市转型发展的支柱。"三化融合"行动,就是要推进数字产业化、产业数字化、城市数字化,不断做优存量、做强增量、做大流量,推动互联网、大数据、人工智能与实体经济深入融合,实现人产城、数产城深度融合。

1. 打造全球数字内容产业中心

依托国家经济信息示范区、国家数字出版产业基地、国家级文化和科技融合示范基地、国家数字娱乐产业示范基地、国家级动画产业基地、"中国网络作家村"等重点平台和阿里达摩院、网易云音乐、咪咕数字阅读、天翼数字阅读等重点项目建设,加快推动内容创新、技术创新、模式创新、业态创新,培育一批具

---

① 参见《杭州市文化创意产业发展"十三五"规划》.

有较强创新能力和核心竞争力的数字内容领军企业和重点产业平台。深度应用大数据、云计算、人工智能等科技创新成果,促进创新链与产业链有效对接,数字娱乐、数字传媒、数字出版等重点领域实力明显增强,形成品质优良、技术先进、消费活跃、效益良好的数字内容产业发展格局。产业实力位居全国前列,产业带动力和影响力辐射全球。

2.打造全球跨境电商平台集聚地

作为中国(杭州)跨境电子商务综合试验区,其战略目标是引导跨境电商平台面向"一带一路"沿线国家输出资本、技术、数字贸易,通过电商平台直接连接买卖双方,借助数字技术实现商品交易的在线化和直接化。据统计,目前杭州已集聚跨境电商平台类企业 810 家,通过总部位于杭州的跨境电商进出口平台,全球 100 多个国家的优质商品进入中国,也推动了"中国制造"走向全球 200 多个国家和地区。

围绕打造数字丝绸之路战略枢纽,杭州加快建设全球数字贸易平台集聚地、全球数字贸易服务中心和开放高效的数字贸易产业合作走廊、全球数字贸易发展交流平台,预计到 2022 年,培育和集聚年交易额 100 亿元以上的全球数字贸易平台 30 个以上,服务全球供应链及中小微企业超过 300 万家,培育 200 个以上杭州数字贸易出海品牌。

杭州作为全国电商的大本营,聚集了浙江省 80% 的电子商务企业,是电子商务投资最活跃的地市,也是电商趋势最早的感知者和推动者,荣膺"2019 年中国最适合电商创业的十大城市"(如表 13-1 所示)。透过杭州数字经济头部企业的实践经验,我们可以发现,"它们的产品质量高、种类多,生产者展示出随时间的变化不断改变设计结构的能力;生产者在商业活动的各个维度都具有很强的创新性;它们的产品从其原产地获得了强大的集体声誉效应"①。

表 13-1　2019 中国 TOP10 电商城市排名

排名	城市	2019 电商 TOP100 榜单企业	企业数量	以上企业 GMV 总量(亿元)
1	杭州	阿里巴巴、网易电商、微拍堂、云集、蘑菇街、贝贝网/贝店、海拍客、斑马会员、执御、ClubFactory、宋小菜、年糕妈妈、好衣裤、东家、环球黑卡	15	61490

---

① 〔美〕艾伦·J.斯科特.城市文化经济学〔M〕.董树宝,张宁,译.北京:中国人民大学出版社,2010:205.

续表

排名	城市	2019 电商 TOP100 榜单企业	企业数量	以上企业 GMV 总量（亿元）
2	北京	京东、转转、美菜网、快手电商、今日头条电商、当当网、易久批、什么值得买、每日优鲜、小米有品、寺库、趣店、聚美优品、酒仙网、本来生活、华采找鱼、大 V 店、蜜芽、达令家、必要、楚楚街、同城帮、一件直播、迷橙、画卷商城、有好东西、宝宝树、款多多、易点租、衣二三	30	18884
3	上海	拼多多、小红书、返利网、洋码头、爱回收、毒、爱库存、食务链、天天果园、淘集集、波奇网、花＋、易果生鲜、一条生活馆、叮咚买菜、萌推、店达商城、野兽派、秒生活	19	5286
4	南京	苏宁易购、汇通达、孩子王、SHEIN、YOHO! 有货	5	2661
5	广州	唯品会、花生日记、钱大妈、1 药网、对庄、洋葱海外、礼物说、Fordeal、量品	9	1540
6	深圳	环球易购、百果园、行云全球汇、乐信、Aukey、patpat、兰亭集势、找靓机、kilimall、人人优品、回收宝、SEE 小电铺	12	483
7	成都	1919	1	60
8	武汉	卷皮网、食享会、大件会	3	43
9	宁波	海上鲜	1	35
10	长沙	兴盛优选、考拉优选	2	12

备注：本排名基于"海豚智库 | 2019 中国电商企业 TOP100 排行榜"整理，数据为 2018 年全年 GMV，城市电商企业数量为进入 top100 排行榜的企业数。

（二）城市群的空间溢出效应

城市群是城市发展到成熟阶段的最高空间组织形式。城市文化经济学告诉我们，"新兴的全球文化经济倾向于浓缩成以散布拼凑的城市和区域生产体系为形式的地理景观，这些生产体系构成了当代审美和符号生产的基本神经中枢。"①由于每一个城市都是"拥有连锁生产和服务功能的综合体,它们以某些独特的集体资产(物质的或社会的)为基础吸引消费者,这些集体资产因随着地方生产体系发挥商业化作用而变得容易接近,并被不断地重新描绘"②。

《2010 年中国城市群发展报告》显示,长三角城市群已跻身于六大世界级城市群。2018 年 11 月 18 日,中共中央、国务院发布的《中共中央国务院关于建立更加有效的区域协调发展新机制的意见》明确指出,以京津冀城市群、长三角城市群、粤港澳大湾区、成渝城市群、长江中游城市群、中原城市群、关中平原城市群等城市群推动国家重大区域战略融合发展,建立以中心城市引领城市群发展、城市群带动区域发展新模式,推动区域板块之间融合互动发展。长三角城市群以上海、南京、杭州等一线大城市为核心,组成一个世界级的超大城市群,总共由 27 个市组成,总面积 22.5 万平方公里,总人口超过 1.5 亿。优越的地理位置、丰富的物质资源、强大的工业体系等条件使得长三角地区成为我国整体竞争力最强的地区之一。

文化创意产业的空间集聚,会促进区域内的企业提高产品质量和服务水平。杭州文化创意产业通过深度嵌入长三角城市群的文化经济体系之中,将区域内的智力资源、文化资源、科技资源三大要素纳入传统产业中,不仅藉此与城市群中的其他各类产业建立了密切联系,更赢得了区域在专业技能和才能上的发展空间和机遇,而且还常常从彼此的溢出效应以及能够加深地点印象的地方文化产品中获得竞争优势和市场支配力。"这种空间溢出效应得益于文化创意产业本身就属于高知识技术性、高渗透性、高融合性的产业,同时与制造业存在较高的产业关联效应,相互间通过创新服务网络的延伸、知识溢出、创新人才流动以及信息资源共享机制,突破空间、时间方面的局限,使得空间外溢效应更加明显。"③

据统计,"十二五"期间,杭州市文创产业增加值年均增速高于全市 GDP 增速 7.74 个百分点。2015 年,全市文创产业实现增加值 2232.1 亿元,占全市 GDP 比重达 22.2%;规模以上文创企业实现利税 888.66 亿元,增长 24.9%;规模以上文创企事业单位从业人数达 56.8 万人。按照国家《文化及相关产业分类》统计口径测算,2015 年,杭州市文化产业实现增加值 855 亿元,增长

① [美]艾伦·J.斯科特.城市文化经济学[M].董树宝,张宁,译.北京:中国人民大学出版社,2010:256.

② [美]艾伦·J.斯科特.城市文化经济学[M].董树宝,张宁,译.北京:中国人民大学出版社,2010:14.

③ 杜楠楠.文化创意产业集聚对制造业效率的影响研究[D].天津:天津财经大学,2018.

22.3%，占 GDP 比重 8.5%。清华大学和台湾亚太文化创意产业协会联合发布的《2015 两岸城市文化创意产业竞争力研究报告》显示,杭州文化创意实力居大陆城市第三。[①]

(三)人才新政的"虹吸效应"

加快文化创意产业发展,人才是关键。人才作为创新的源头活水,是科技创新的第一资源,也是文化创意产业繁荣与发展的基本条件。缺少优秀的人才和熟练的工匠,高质量的文化创意产品是不可能获得的。因此,集中供应足够数量和品质的精英人才,是文化创意产业成功的基本要素。

着眼于高端人才的培养与引进在人才引导培育的政策方面,杭州市以《杭州市文化人才发展规划》为主体,以《杭州市文化人才认定办法》《杭州市文化人才认定标准》为配套,构建"1+3"文化人才扶持政策体系,打造文化人才高地。"建立杭州市文化创意产业高级人才专项户籍指标制度,在户籍办理、子女入学入托等方面提供政策保障。设立人才专项奖励资金,鼓励各类人才以知识产权、无形资产、技术要素等作为股份参与企业利润分配。推广人才'打包'引进模式,以团队、核心人才带动等方式大力吸引海内外优秀高端人才入驻功能区。"[②]

近几年来,杭州还先后出台"人才新政 27 条""人才若干意见 22 条"《关于加快推进杭州人才国际化的实施意见》《关于加快文化创意产业人才队伍建设的实施意见》《关于杭州市高层次人才创新创业人才及团队引进培养工作的若干意见》《关于深化人才发展体制机制改革完善人才新政的若干意见》《杭州青年文艺家发现计划》《杭州市新引进应届高学历毕业生生活补贴发放实施办法》《杭州青年设计师发现计划》《稳企业稳增长促进实体经济发展有关人才政策举措的实施细则》等政策,放宽人才落户条件,搭建人才平台,提升人才服务,以形成人才储备的"虹吸效应"和蓄水池效应。得益于对人才的多项重视举措,2019 年上半年,杭州人才净流入率和海外人才净流入率继续位居全国榜首(如图 13-1 所示)。

---

① 参见《杭州市文化创意产业发展"十三五"规划》.
② 中共杭州市委宣传部,杭州市文化创意产业办公室.杭州文化创意产业发展报告(2018 年)[M].
杭州:杭州出版社,2019:226.

2018Q2-2019Q2全国中高端人才净流入率最高的城市TOP20

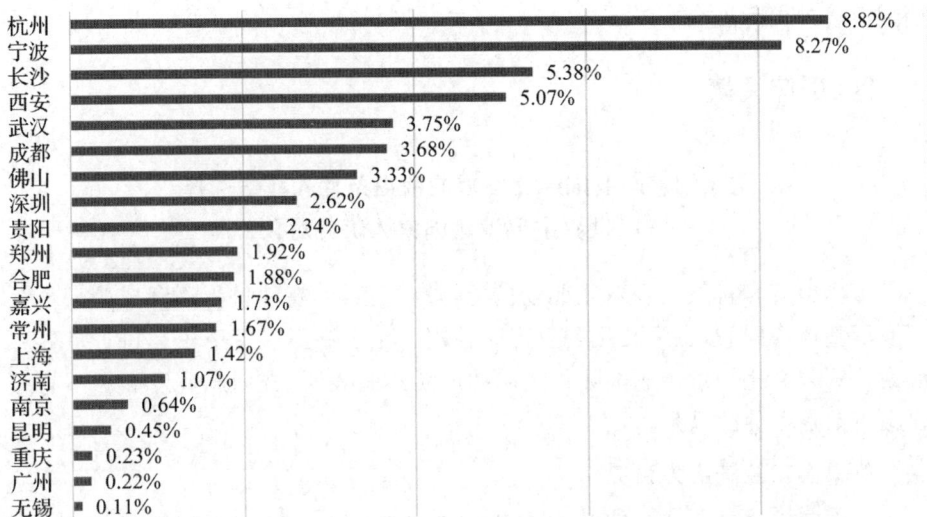

图 13-1　全国中高端人才净流入率状况（数据来源：猎聘大数据研究院）

（四）文化输出的"马太效应"

当代社会生产的一个普遍特征就是倾向于让越来越多类型的产品充满审美化和符号化的内容，这种特征正深刻地改变并控制现代社会的产品供求关系。一个出色的文化创意企业通常具有三个主要特征，也即企业冒险精神、创新能力和适应能力，以及产品在世界范围内销售的影响力。如今，由于创新扩散效力的显著增强，处于全球产业链和供应链系统中的文化创意产品，越来越多地相互竞争于全球市场，并穿越地理空间而跨区域散布存在。

秉承为历史留文化、为未来填空白的宗旨，日益兴盛的杭州文化创意行业，为城市文化发展所作的贡献越来越大。杭州借助互联网传播优势，践行文化"走出去"，积极推进"网文出海"，网络文学逐渐成为中国文化产业输出的先锋队。联合浙江外国语学院成立网络文学"一带一路"海外传播翻译基地，《回到明朝当王爷》《锦衣夜行》《何以笙箫默》《微微一笑很倾城》《杉杉来吃》等被翻译成泰语、越南语、印尼语、韩语等，在东南亚国家热销并形成一定影响力。沧月的《镜系列》英文版在美国亚马逊电子图书上架，为欧美读者所认知。目前海外中国文化中心总数已经增加到 35 个，丝绸之路影视桥、"光明里的故事"影视讲座、中澳影视合拍论坛等活动纷纷开展，以影视、音乐等为载体的中华文化对外合作领域不断拓展，阿优动漫、孚德世界杯衍生品、影视作品不断走出国门。

"融—Handmade In Hangzhou"及"新杭线"文创品牌先后亮相巴黎卢浮宫《文化中国》大型文化艺术展览、米兰设计周、丹麦专题展、台湾文博会、香港设计营商周等境外国际展会。

四、延伸阅读

文化创意产业国际化发展的前提条件和战略选择
——以世界主要发达国家为研究对象①

市场经济和科技进步双轮驱动的"全球化"浪潮,在使世界逐渐成为一个统一发展整体的同时,也为文化创意产业的国际化发展提供了历史契机。世界主要发达国家文化创意产业国际化发展的成功经验表明,文创产业发展无不有赖于以下前提条件的满足。

(一)国家经济实力强健

一个国家的经济社会发展水平是文化创意产业国际化发展的根本要素和内生动力来源。从经济来看,一个国家或地区的居民家庭食品支出总额占消费支出总额的比重(即恩格尔系数)如果降至 50% 以下,亦或人均 GDP 超过 3000 美元,意味着其文化支出总额将会超过消费总量的 30%~40%,文化创意产业就有可能获得较大市场空间,并成为新的经济增长点。这就是说,文化创意产业是由生产力大幅提高而带来的一种经济形态更替。高水平的经济发展不仅可以为文化创意产业国际化发展创造广阔的市场空间,还可以提供诸如技术、资金和优秀人才等投入的物质保障。

文化创意产业国际化发展,其实质是本国文化与他国文化在世界范围内的同场竞争,其力量强弱既反映外部世界对本国文化的了解认知,也彰显本国文化的精神价值。但是,文化创意产业的国际竞争力归根结底有赖于经济社会发展水平的提升。环顾世界文化创意产业发达的国家,像欧洲的英国、德国、法国、瑞典、芬兰、荷兰,北美的美国、加拿大,亚洲的日本、韩国、新加坡,澳洲的澳大利亚、新西兰等,无一不是以其强大的经济实力为助推器,将自己的创意产品和文化价值观推向世界的。支撑欧盟"创意欧洲"计划落实的,是高达 18 亿欧元的预算。打造美国创意品牌的诸多神话,离不开过去 30 年时间里其文化创意产业研发支出的稳定增长。不可否认,"欧洲文明的发祥地是意大利和希腊,

---

① 文化创意产业国际化发展的前提条件和战略选择——以世界主要发达国家为研究对象[J].编辑之友,2016(3):103—108.

而不是英国,但是英国却成为文化创意产品最大的出口国;文化资源贫乏的美国堪称世界上最具影响力的文化产品输出国。"①

(二)科学技术水平发达

随着文化业态、商业模式和竞争格局发生的深刻变化,以数字技术、信息技术为代表的高新科技将成为文化创意产业国际化发展的"点金术"。高新科技不仅使创意人的奇思妙想成为可能,大大提高了文化要素的附加值,而且还通过技术投入使文化创意产品市场化,获得巨大的创利前景。美国、日本的动漫生产商将数字技术、电脑技术与影视制作技术相结合,使其产品不仅生动活泼,具有极强的视觉冲击力,同时大大降低了生产成本,呈现强大的国际竞争力。电影《马达加斯加2》通过电脑特技制作出广阔的非洲大草原,模仿每年夏季都会出现的东非动物大迁徙,给观众以身临其境之感。押井守的《攻壳机动队:无罪》、渡边信一郎的《星际牛仔》、大友克洋的《阿基拉》、野村哲也的《最终幻想4》等动画作品热衷于把对哲学的思考和人性的拷问寓于前卫的科技表现之中。难怪迪士尼和皮克斯动画影业首席创意官约翰·雷斯特夸赞:"3D技术和电脑特效能帮助我们以最好的方式讲述故事。"②

如今,建筑节能、新能源汽车、5G移动通信、电子标签、智能交通等新技术与文化创意产业的耦合随处可见。2010年上海世博会上日本馆的未来"生活墙"不但能与现实中的人进行互动,还能演绎2020年人类居家出行信息沟通等新型生活样态;2015年米兰世博会上英国馆充满创意的超级铝制"大蜂巢"造型,有助于人们更深刻地理解生物的多样性与技术所扮演的角色等问题。这些科技与文化交融的杰作,让观众不仅感受到了工业文明的震撼,也加深了对创意文化的感知,进而激发出对未来生活的向往。

(三)投资融资渠道多元

文化创意产业的国际化发展有赖于多元的投融资渠道和有效地利用国际文化资本。解析美国文化创意产业的资金投入总量,国际资本的比例要远远高于国内资本。实力超强的"八大金刚"思科、IBM、谷歌、微软、高通、英特尔、苹果、甲骨文,背后都有国际大金融财团的直接支持。完备成熟的投融资体系、名目繁多的文化基金使美国电影产业如鱼得水。在2005—2006年间,Magic Film基金曾向迪士尼集团投资5.05亿美元,而Gun Hill Road基金也积极加入到索尼公司和环球影业公司的募资活动中。英国文化创意产业资金主要由政府的

① 白远.论文化创意产业投资的行业界定和发展条件[J].国际贸易,2007(11):28—31.
② 张守荣.美国动漫的特点及运作模式[J].新闻爱好者,2011(12):47—48.

公共资金和民间的私人资金构成,每年来自政府部门的公共资金超过总数的3/4。"英国政府还与行业共同推动成立了众多的基金,建立起政府、银行和行业基金及创意产业之间紧密联系的融资网络,解除了创意产业发展的后顾之忧。"①德国联邦政府每年为文化事业提供相当可观且逐年增长的财政预算,以促进文化创意产业的蓬勃发展,例如2009年的预算为11.4亿欧元,相比2005年增长了20%;德国还十分重视为文化创意产业的投资和融资牵线搭桥,设立诸如"电影促进基金"等多种基金。对韩国来说,政府直接投入是文化创意企业资金的最主要来源:韩国政府专门设立"文化产业基金",对文化创意产业的投资增至国家预算的1%;2011年,韩国政府的文化创意产业财政预算创历年新高,达到3003.709亿韩元。② 与政府投入相得益彰的是银行贷款、债券融资、股票融资等多种金融手段的灵活运用。

(四)知识产权保护有力

日本学者梅田久指出:"20世纪是专利的时代,21世纪是版权的时代。"英国文化创意产业之父霍金斯把版权视为全部文化创意产业的基核。由于文化创意产业的各个环节,从构思、开发、制作、销售到最终被消费者所接受,都与知识产权密切相关,且文化创意产业在经济和社会发展中的贡献率远远高于其他传统产业的贡献率,其增长率几乎是英国、德国、荷兰、奥地利、新西兰等国GDP增长率的两倍,于是许多国家纷纷从国家战略的层面认识知识产权保护的重要性,全面推进保护知识产权的各种法律法规。

为了增强国际贸易中知识产权保护的强制性,最大限度地维护美国的知识产权利益,1996年,美国主导和推动世界知识产权组织通过了《世界知识产权组织版权条约》和《世界知识产权组织表演和录音条约》,以满足互联网时代美国文化创意产业在海外扩张的需要。"按照美国国际知识产权联盟的最新统计数据,美国总体版权产业增加值占美国GDP的11.05%,核心版权产业增加值占GDP的6.44%。"③日本的《21世纪文化立国方略》明确提出要将日本建成世界第一知识产权国家,并把文化创意产业作为其重点发展战略。与此相应,日本国会通过了《高度情报通信网络社会形成基本法》《知识产权基本法》以及旨在明确振兴文化艺术的基本理念和方向的《文化艺术振兴基本法》等多部新的法律,以顺应文化创意产业发展的新趋势。法国总统奥朗德就任后,立即着手酝

---

① 蔡荣生,王勇.国内外发展文化创意产业的政策研究[J].中国软科学,2009(8):77—84.

② Booyens I. Creative industries, inequality and social development: developments, impacts and challenges in Cape Town[A]//Urban Forum[C]. Springer Netherlands,2012,23(1):43—60.

③ 阎晓宏.21世纪为什么是版权的时代[N].光明日报,2011-07-10(005).

酿多部文化法案,试图通过制度创新和政策引导驱动文化创意产业的发展。奥朗德认为,文化是一种具有经济效益的投资。实施"文化例外法案",既能保障公民通过互联网接触文化的权利,又能有效地遏制非法下载行为。①

(五)产业集聚特色鲜明

在美国学者阿伦·斯科特看来,"地理特征和地方文化创意公司集群的相互影响而产生的产业氛围是集聚地产业发展的特征之一,特定的地理位置具有提高文化创意产业集群内企业创新行为的功能和作用"②。美国纽约、英国伦敦、日本东京、法国巴黎等城市之所以能成为各具特色的国际文化创意中心,一条成功的经验是这些国家都充分发挥了文化创意产业集群优胜劣汰机制的重要作用。

1980 年至 2001 年,美国文化产业园区的数量从 12 个迅速发展到了 900 个以上,旧金山湾区的数字多媒体产业集群以及洛杉矶电影、音乐唱片、娱乐产业集群名闻天下。英国伦敦享有"国际设计之都"的美誉,汇聚了全英 1/3 以上的设计机构,这些机构中近 3/4 在世界各地设有分部。伦敦设计产业产值占全国设计产业总产值的一半以上。法国地区发展署于 2004 年 9 月发起产业集群项目,300 多家企业及科研机构共同致力于建立一个以数字化生活为核心、集内容和应用为一体的"图像、多媒体和数字生活"竞争力集群(IMVN),进而将巴黎大区发展成为创作、出版、通信多媒体数字内容服务领域的欧洲之冠、世界首列的竞争园区。③ "动漫之都"东京凭借 4000 多家出版机构、200 多家动漫出版商以及一大批自由职业的卡通画室的资源及区位优势,创造了一种多重交互性产业网络模式。韩国"自 2001—2010 年的 10 年期间,在全国建设 10 多个文化创意产业园区,10 个传统文化产业园区,1 至 2 个综合文化创意产业园区,形成全国的文化创意产业链……提升研发生产能力和文化创意产业的整体实力"④。

(六)文化输出能力超群

依照约瑟夫·奈的观点,"软实力"是源于文化、政治价值观及外交政策等非物质因素产生的吸引力和同化力。文化是一个国家的核心竞争力,亦是终极

---

① 梁建生.制度创新是文化繁荣的关键[N].中国文化报,2012-08-13.

② 王乾厚.发达国家文化创意产业集群发展及启示[J].河南大学学报(社会科学版),2015,55(4):120—126.

③ 邓文君.数字时代法国文化创意产业的创意环境构建研究[J].深圳大学学报(人文社会科学版),2014,31(6):141—145.

④ 佟贺丰.英国文化创意产业发展概况及其启示[J].科技与管理,2005(1):30—32.

竞争力,文化输出表征着一个国家的"软实力"。从本质上说,"发展文化创意产业就是要促进文化内容和形式的创新力,扩大文化价值观的影响力,增强文化对产业的辐射力,提高文化传播的吸引力,提升全民族的文化素质,以推动文化强国的建设"①。

从世界范围看,目前美国文化创意产品的出口数量遥遥领先,位居其后的分别是日本和德国。截至 2004 年数据显示,"全球影院 85% 的片源来自美国好莱坞,美国传媒业控制世界 75% 的电视节目和 66% 的广播节目的生产与制作"②。以电视真人秀节目《美国偶像》为例,除向全球 85 个国家直播外,还被 33 个国家仿制成"偶像"系列,如《加拿大偶像》《印度偶像》《澳大利亚偶像》等,全球产品授权效益达 10 亿美元。随着到达率更高、个性化更强的智能手机的普及,以手机为媒介终端的内容服务迅速进入美国创意产业在全球的业务领域,迪士尼一举成为当下全球最大的手机内容提供商之一。日本实行产、学、政一体化的独特模式,政府及研究机构为企业有效地提供国外市场的背景资料、发展前景和产业预测,以便他们能够更精确地掌握他国文化的特性,源源不断地把文化创意产品输往亚洲和世界各地。为了促进文化创意产品出口,英国成立创意产业输出顾问团,为创意产业提供咨询,协调创意产品出口;通过退税等措施鼓励创意产业发展海外市场,如规定游戏企业能在中国等国家展开海外合作,该企业将会获得最高 50% 退税优惠。③

五、思考讨论

杭州文化创意产业的未来发展,要以本地历史文化资源及科技、人才资源为依托,以全面深化文化体制改革和供给侧结构性改革为动力,以"文创产业化、产业文创化"和"创意引领生产与生活"为主题,以"做精、做专、做强、做优"为主线,着力培育特色行业,着力优化空间格局,着力创新体制机制,着力推进文化与相关产业融合,着力提升文化创意产业的行业首位度、产业融合度、开放包容度、品牌美誉度和国际知名度。

(一)文化创意产业的头部效应

近年来,杭州八大重点行业在全国的首位度不断攀升。2019 年,杭州动漫游戏精品力作不断涌现,杭产动漫推优数继续蝉联全国第一。杭州全年共生产

---

① 厉无畏. 创意文化产业是文化强国的重要动力[EB/OL]. http://finance. sina. com. cn/hy/20111219/092911015611. shtml.

② 侯博. 基于资源产业的文化创意产业研究——以北京市为例[D]. 北京:中国地质大学,2009.

③ 陈淑荣. 欧洲文化产业发展及其对河北省的借鉴作用[J]. 商业时代,2013(19):130—132.

原创动画片 8683 集,时长 10.8 万分钟;制作动画电影 6 部,创作漫画作品 474 部,发行总量 165.5 万册;开发游戏产品 575 款。全年动漫游戏产业实现产值 198.2 亿元,上缴税金 7.1 亿元,动漫游戏境外销售收入达 5.8 亿元。全球电商巨头阿里巴巴 2019 年以 20 亿美元全资收购网易考拉,领投网易云音乐 7 亿美元融资,雄踞 2019 福布斯全球数字经济 100 强榜第 10 位、2019《财富》未来 50 强第 11 位、"一带一路"中国企业 100 强榜单排名第 5 位、2019 胡润全球独角兽活跃投资机构百强榜第 7 位,并入选 2019 中国品牌强国盛典榜样 100 品牌。中南卡通致力于原创动画制作、影视节目发行、音像图书行销、动漫品牌授权、衍生产品开发及特许经营等相关产业链建设,原创的《天眼》系列、《魔幻仙踪》、《乐比悠悠》、《郑成功》、《郑和下西洋》、《钢甲小龙侠》、《中国熊猫》等动画作品,进入世界 90 多个国家和地区的播映系统,并与海内外新媒体播出平台建立了紧密的战略合作关系,现已成为国内动漫产业的龙头企业和十大最具影响力国家文化产业示范基地。西泠印社 2019 年秋季十五周年拍卖会以总成交额 16.6 亿元、总成交率 85.35% 的出色成绩,庆生馈岁。其中当代油画雕塑专场中,两件万众瞩目的刘海粟油画作品《苏州河》(1957 年)、《斗鸡》(1962 年)表现抢眼,分别以 1500 万元和 700 万元上拍,经过多轮激烈竞价,终以 3634 万元和 1725 万元成交,再创刘海粟油画作品拍卖最高纪录。浙大网新深入挖掘大交通、大金融、大健康三大垂直行业,提供人工智能、大数据为核心的数字化规划设计与咨询方案,并以自身的云计算平台技术为基础,开发人工智能、大数据等应用系统,推进产业智能化升级,其众创科技 2020 年 3 月获批国家专业化众创空间。

　　行业首位度标志着一家企业或一个产品所作的社会贡献在业内的影响力和显示度,同时也意味着它在一个行业中的话语权和领导力。请你结合某一具体重点行业实例,谈谈城市文化创意产业如何打造行业首位度、发挥头部效应。

(二)文化创意产业融合发展趋势

　　杭州市遵循文化创意产业发展的内在逻辑和原生动力,依托文化创意产业功能区建设,重点围绕"文创＋科技""文创＋金融""文创＋旅游""文创＋制造"等领域,拓展文化创意与设计服务、先进制造业、信息产业、商业、农业等领域的融合发展空间,打造一批产业融合的创新示范基地,重点培育文创融合示范项目,驱动传统制造业、服务业改造升级,促进经济转型发展和文化创意产业融合发展。

　　具体地说,"以文化科技融合主线为主要载体,推动文化创意产业功能区和杭州国家高新技术产业开发区、杭州市未来科技城协调发展;促进文化和金融融合发展,推动功能区和阿里巴巴网商银行、浙江省互联网金融资产交易中心、萧山陆家嘴金融创新园等金融服务业高地互动发展；促进文化创意尤其是创意设计服务业注入高端制造业发展，推动功能区和格力电器杭州产业园、万向新能源汽车城等高端产业功能区共创发展；促进功能区与信息产业融合，推动功能区和京东杭州电商产业园、望江智慧产业园、临安龙岗坚果电商小镇、富阳硅谷小镇等信息产业集群联动发展；推动功能区带动传统制造业与传统商务办公、商业零售产业转型升级，通过融合创意要素、文化要素，激活现有资源，增进第二、第三产业个性化、柔性化、人性化因素，向高端制造业、高端服务业转型；推动功能区带动第一产业转型升级，发挥文化旅游业的融合效应与品牌效应，带动景区周边村庄传统农业向'文旅农'融合的绿色农业、休闲农业转变"①。

产业融合是实现现代经济振兴和社会协调发展的重要举措。近年来，随着我国新型工业化、信息化、城镇化和农业现代化进程的加快，文化创意产业已贯穿在经济社会各领域各行业，呈现出多向交互融合态势。推进文化创意和设计服务等新型、高端服务业发展，促进与实体经济深度融合，是培育国民经济新的增长点、提升国家文化软实力和产业竞争力的重大举措，是发展创新型经济、促进经济结构调整和发展方式转变、加快实现由"中国制造"向"中国创造"转变的内在要求，是促进产品和服务创新、催生新兴业态、带动就业、满足多样化消费需求、提高人民生活质量的重要途径。

谈谈你对文化创意产业融合发展趋势及策略的理解。

（三）开放包容与文化创意产业发展

开放包容不仅是文化创意产业创新、竞争和发展的必要条件，也是一个国家或城市成为全球治理体系重要参与者不可或缺的精神气质。面对全球范围内"文化经济高地"的新一轮博弈，杭州市在共建共享与世界名城相媲美的"生活品质之城"的过程中，坚持"五湖四海"、任人唯贤，坚持公开、平等、竞争、择优，坚持不唯学历、不唯职称、不唯资历、不唯身份，以"不拘一格降人才"的胸怀和气魄，营造青年文艺家创新创业的优良环境和人才辈出的生动局面，通过发现、培养、引进一批青年文艺家，形成杭州文艺人才队伍循环递进式梯队建设机制。

实行更加灵活有效的政策，采取人事调动、合同聘用、项目合作、开办工作室/创作室和来杭长期定居、短期旅居等多种形式，积极开展青年文艺家的引进

---

① 中共杭州市委宣传部，杭州市文化创意产业办公室.杭州文化创意产业发展报告（2018 年）[M].杭州：杭州出版社，2019：201.

工作。已经在国内外享有较高声誉、成就丰硕的作家、艺术家和创意家来杭居住,参照杭州市高层次人才引进的相关规定,采用一人一策的办法,给予安家补贴或安置住房,为其开办工作室、创作室、艺术沙龙和开设艺术教学培训等提供场所;已经具有一定艺术成就的青年艺术家来杭创业,适当给予安家补助、住房补贴或优先分配安居房等政策,帮助解决后顾之忧。在推进旅游休闲业转型发展的过程中,着力构建全球重点目标市场营销网络,策划全球性主题活动,借助杭州旅游海外社交媒体平台,运用多类新媒体资源,创新推广杭州品牌形象;支持开通更多杭州至欧美和澳新远程旅游市场的国际新航线,不断提升国际游客可进入性;通过出台对持有第三国签证的外籍人士实行 72 小时过境免签政策,完善机场中转旅游服务体系,出台相关便利政策。

文化创意产业是依靠创意人的智慧、技能和天赋,借助于高科技对文化资源进行创造与提升,通过知识产权的开发和运用,产生出高附加值产品,具有创造财富和就业潜力的产业。文化创意产业的发展离不开包容和多元的文化氛围:创意和创造的繁荣需要宽松包容的文化氛围,对各种文化创意,只要无害就应允许其存在;同时,文化创意产业的发展和文化创造活力的提升还需要多元文化,多元文化交流可以促进创意和创造的生成。

就如何提升城市的开放、包容、多元的特性以适应文化创意产业发展的需要,谈谈你的理解。

(四)文化创意从吸引眼球到品牌价值创造

品牌是精品的象征和创新的动力。城市的"文化产品由于其质量上乘和风格独特而成功地渗透到国际市场,这种品质与风格是建立在依靠其娴熟技术全心全意服务于传统上有辨别力的顾客的历史遗产上的"[①]。品牌一旦创立,就成为品牌所有者或相关者的事业支柱甚至精神支柱,更是他们不断创新的强大动力。

围绕专业化、品牌化目标,杭州文化创意产业发展在创新思路、创新机制、创新手段、创新载体上不断突破:杭州文创博览会已跻身于全国创意产业四大综合性展会;西湖区精心举办中国数字阅读大会、中国影视艺术创新峰会、西溪影人会、西湖 IP 大会等大型品牌节展活动;鼓励并组织企业积极参与中国国际动漫节、杭州文化创意产业博览会、长三角国际文化产业博览会等大型节展活动,积极推广"创意西湖"品牌形象影响力;华策影视、宋城演艺持续跻身中国

---

① 　[美]艾伦·J.斯科特.城市文化经济学[M].董树宝,张宁,译.北京:中国人民大学出版社,2010:13.

"文化企业 30 强"榜单,4 家企业入选国家文化出口重点企业,宋城演艺的澳大利亚传奇王国入选文化部"一带一路"文化贸易与投资重点项目。

此外,依托区域特色旅游景点与高端旅游服务的资源优势,杭州市拱墅区着力打响桥西历史文化街区——浙江省文化创意街区的品牌。2018 年以来,桥西历史文化街区进行全域提升改造,开展了明确核心路段范围、完善配套设施、统筹规划发展等一系列工作,先后引入网络文学"三剑客"、网红人气茶馆"遇到你要的时光"、程方程晓工作室、吴理人工作室、拾百艺匠人社等名人工作室,不断推进文化创意产业在运河边的蓬勃发展。

"'从吸引眼球到品牌文化再到创造价值'这一直是品牌竞争的目标,有文化的创意品牌对拥有者和缔造者来说意味着更大的价值,对消费者来说意味着更多的信赖和关注。"[①]试从新媒体传播角度谈谈如何打造文化创意产品品牌。

(五)城市与文化创意产业的国际化互促

任何产品的国际知名度都凝结着服务对象多年的感情和信任,它是产品在竞争激烈的市场上制胜的利器和王牌。"文化产品产业越来越多地参与到拥挤的全球市场的竞争之中,并且将无形和有形的产品品牌推至最大化的地点垄断力量,有助于它们在这种竞争中获得成功。"[②]为办好中国国际动漫节,进一步提高杭州动漫节的国际知名度,杭州市重点扶持发展起点高、企业实力强、作品质量好、市场运作灵的动漫游戏企业,形成"以大带小、母子相连"的集团发展态势;加大对题材新颖、市场看好的原创精品的扶持力度,打造品牌作品;加快科技创新成果转化,不断提升企业的技术装备水平与研发能力,增强动漫产业的核心竞争力;支持原创绘本业发展,打造全国原创绘本基地;促进与国内外发达地区和城市的交流合作力度,提高动画产业发展的国际化水平;发挥比较优势,承接国际特色动画外包业务;加快发展网络游戏,积极发展网页游戏,丰富拓展产业链条,提升网游产业竞争力;依托杭州制造业优势,加大对动漫衍生产品的开发与生产力度,打通动漫产业链条,提升动漫产业综合竞争力。[③]

"杭州钱塘江文化节"聚焦互联互通,积极开展合作交流,一方面联合国际护水者联盟、国际水资源管理联盟等国际机构,举办 H2O 国际拥江发展城市大会,邀请 20 个滨水国际城市市长或代表团齐聚钱塘江畔,共同探讨拥江发展的

---

① 万晓丹. 对中国文化创意品牌的认识与思考[D]. 大连:大连工业大学,2013.

② [美]艾伦·J. 斯科特. 城市文化经济学[M]. 董树宝,张宁,译. 北京:中国人民大学出版社,2010:13.

③ 参见《杭州市文化创意产业发展"十三五"规划》.

新成就、新思考、新举措；另一方面，举办 2018 杭州－台湾"创意对话创意"活动，成功协办"情系钱塘，诗画浙江"两岸文化联谊行活动，以文化推介、文艺汇演、民俗展演、成果展示、实地考察、交流座谈等方式，综合展现钱塘江文化建设的深厚底蕴和发展成就，为"文化浙江"和"独特韵味别样精彩世界名城"建设奠定了基础。

"文化创意企业的国际化发展，无论是对于国家的经济增长、科技进步还是文化软实力的提升都有着重大的战略意义。"[①]城市的国际化有助于文化创意企业的国际化，而文化创意企业的国际化，也对城市国际化发挥着重要的支撑作用。"一个国家如果把文化创意产业的发展眼光仅局限于国内市场，缺乏世界市场的支撑，那么它的全面和可持续发展是不可能的。"[②]

就中国文化创意产业"出海"所面临的机遇与挑战，谈谈你的认识。

---

① 高丽珺，方刚.文化创意企业国际化路径分析[J].商场现代化，2016(29)：2—3.
② 冯根尧.论中国文化创意产业的国际化战略转型[J].当代经济，2009(9)：78—79.

第十四章 中国创新之都——深圳

一、案例描述

深圳市是我国第一个经济特区，也是全国性经济中心城市和国际化城市，2019 年 8 月被确认为中国特色社会主义先行示范区。近些年来，深圳文化创意产业实现了爆发式增长：2017 年深圳文化创意产业实现增加值 2243.95 亿元，增长 14.5％，占全市 GDP 比重超过 10％，产业增加值在深圳七大战略性新兴产业中位居第二；2018 年，深圳全市文化创意产业实现增加值增至 2621.77 亿元。目前，深圳文化创意企业有近 5 万家，从业人员超过 90 万，其中规模以上企业 3000 余家，深圳文创产业增加值正以同期 GDP 增速的两倍迅速增长[①]，文化产业已经成为深圳国民经济支柱产业，在深圳发展中占据了重要位置，其总体发展水平处于国内领先地位。

（一）深圳文化创意产业发展现状

深圳市对文化产业历来高度重视，并赋予其前瞻性战略定位：早在 2003 年，深圳就提出了大力实施"文化立市"的战略，2005 年文化产业被列为深圳第四大支柱产业，2011 年深圳明确部署了"文化强市"建设方案路径，将文化创意产业确定为深圳重点支持和优先发展的战略性新兴产业，并使其成为推动全市产业结构优化升级和经济发展方式转变的主导产业之一，这在全国各大城市中是第一家。在较短的时间内，深圳建立了相对完备的文化创意产业发展体系，形成了"文化＋创意""文化＋金融""文化＋科技"等新型文创产业发展模式，打造了鲜明的产业特色，并成为国内文化创意产业发展的先锋城市之一。[②]

在 2018 年的中国城市文化创意指数排行榜中，深圳位列全国第二、广东省第一。从具体指标来看，其在企业设计资源、公共文化创意空间资源、人均文

---

① 李佳钦.深圳发展文化创意产业的经验对汕头的启示[J].潮商,2016(6):63—65.
② 王劲生,肖丽娜.深圳文化创意产业创新特色及启示[J].广东科技,2014(13):51—53.

创意普惠等方面都位居全国领先地位,与其他副省级城市相比,深圳具有量级优势,尤其在"文化创意＋"审美驱动力和"文化创意＋"创新驱动力两方面。深圳已悄然崛起为公众瞩目的"文化之都""设计之都""创新之都",当年的文化沙漠如今已成为国内文化创意产业最发达和最具代表性的城市之一。2008年12月7日,深圳被宣布为创意城市网络的第16位成员,这是中国首个、全球第6个获此殊荣的"设计之都"。

整体来看,深圳文化创意产业发展经历了萌芽阶段(1979—1991年)、初步发展阶段(1992—1999年)、新定位阶段(2000—2005年)和大发展阶段(2006—2010年),取得显著成效:动漫产业发展最早,华强动漫产量居全国之首;打造了一批领军企业,在全国占有重要地位;"设计之都"当之无愧,产业转型升级取得突破;文化旅游名扬四海,主题公园独占鳌头;文博会越办越好,成为产业发展"助推器";"文化＋科技"新模式,彰显深圳成功经验。[①]

(二)深圳发展文化创意产业的政策措施

1.战略规划与组织保障

"文化立市"的方针在深圳既存已久,在此基础上,2011年深圳更进一步地将文创产业确立为城市的六大战略性新兴产业之一。一方面,深圳市设立了新兴产业发展领导小组,并专门制定了文化创意产业发展联席会议制度,以加强政策在各部门间的沟通与协调,形成重大文化工程建设协同推进的良好局面。另一方面,深圳市制定了考核和评估机制,监督检查文创产业发展推进过程中的工作落实情况,同时,引导成立了行业自律的文创产业协会,加强了文创行业的自我约束,也增进了文创企业间的沟通合作。

2.金融支持与财政减负

深圳市专门设立了资金额度高达每年5亿元的文创产业专项资金,用于推进重大文化工程、资助企业研究中心建设、公务采购相关产品、原创研发等方面。与此同时,财税部门则多次为文创企业减负,实施了一系列的文创企业税收优惠政策,如对前海合作区内的文化创意企业只按15％的标准征收企业所得税,此外允许企业同时享有国务院颁布的相关优惠政策。

3.消费扩容与产业培育

深圳市将提高文化消费水平、扩大文化消费总量作为促进文化创意产业进一步转型和升级的重要环节,在坚持拓展一般大众文化消费基本盘的基础上,

---

① 陈汉欣.深圳文化创意产业的新跨越[J].经济地理,2012,32(3):1—8.

加强对文化消费高端市场的探索,通过城市名片式的品牌文化活动打造,将极具潜力的深圳特色文化消费转型升级为城市经济的新引擎。如今,深圳已创立了包括"创意十二月""读书月""深圳晚八点""市民文化大讲堂"等在内的一系列特色文化活动。

4. 扶优做强与特色集聚

设立并发布深圳市"文创产业百强"名单,除进行公开表彰外,对百强企业中年度增加值增长逾30%的单位给予最高百万元的奖励;同时设立深圳市"文创产业出口十强"名单,大力支持文创企业"走出去";坚持"创新是第一动力"理念,设立专项资金资助文化创意企业的原创研发;在切实降低文化创意企业生产成本方面,中小微企业在政府特定产业用房租赁上可获免租或减租。与此同时,为了促进规模经济效益和发挥产业集聚效应,深圳市根据各区要素禀赋、特色优势的差异,合理划分了文创功能区域,优化了城市文创产业的布局。如今,深圳市拥有包括游戏、动漫、出版、设计等多领域的特色文化产业园区/基地总计达62个,涌现了华侨城、华强文化等一批大型文创企业,收入破亿的文创企业已经超过100家,其中更有20家文创企业收入破10亿——华侨城、华强文化两家文创企业更多次进入"中国文化企业三十强"名单。①

5. 平台搭建与公共服务

深圳市十分重视公共服务平台、公共技术在服务产业、服务社会上的独特作用,大力推进包括深圳文化产权交易所和中国(深圳)国际文化产业博览交易会等在内的文化创意产业发展平台建设。深圳文化产权交易所以"文化对接资本、交易创造价值"为发展理念,在"产权交易平台"建设基础上,积极协助深圳开展文创企业孵化、文化创意企业投融资、产权登记托管、无形资产评估等工作,实现了平台服务功能多样化。中国(深圳)国际文化产业博览交易会则已发展成为国内最大的文创产业展会,是我国唯一一个国家级、综合性、国际化的文化产业博览交易会,被行业誉为"中国文化产业第一展"。② 此外,一批文化创意企业孵化园也依托于深圳辖内高等院校蓬勃发展,为产业发展提供了教育、培训和智力支持。

---

① 李佳钦.深圳发展文化创意产业的经验对汕头的启示[J].潮商,2016(6):63—65.
② 王瑞娇.会展产业文化传播价值与功能探析——以中国(深圳)国际文化产业博览交易会为例[J].中国商论,2017(26):143—144.

(三)深圳文化创意产业的创新特色

1.营造环境——政府扶持和社会参与相结合

第一,坚持政府政策引导与市场化运作相结合,营造良好的文创产业发展市场环境。在文化创意产业发展中,充分发挥政府在规划与指导、服务与管理上的作用,以战略性新兴产业的高度看待文化创意产业发展,为文化创意产业可持续发展提供政策支持。第二,创新政府管理的体制与机制,营造适宜文创产业发展的政策环境。结合文化创意产业长周期的发展特点,摒弃"短平快"的发展思路,加深文化创意产业对城市经济转型升级重要性的正确认知,进行产业优化与全域空间布局,构建具有示范和推广价值的文创产业发展体制与机制。第三,以财政资金扶持为着力点,助力文化创意企业的孵化和成长。深圳市自"十一五"起,每年都在文化产业发展上投入专项扶持资金,极大地解决了文创企业发展中的资金不足问题。第四,推动产业要素集聚,打造文创产业竞争优势。加强深圳文化形象品牌建设,打造强势的城市"文化名片",鼓励社会机构和民间资本的资源朝文化创意产业集聚,充分发挥市场资源配置的作用,构建基于文化生产、文化创新、文化服务等在内的核心产业集聚,鼓励金融、贸易等服务业对文创产业的支持,在良性竞争格局下打造深圳文化创意产业的集群竞争力。

2.创新驱动——传统文化、现代科技与金融资本相结合

深圳充分发挥金融中心城市、高科技城市及海滨旅游城市的独有特色,在对相关产业资源进行深度挖掘、整合和联动基础上,形成了"文化＋金融""文化＋科技"等一系列产业发展新业态、新模式。第一,在"文化＋科技"文创发展模式探索上,以现代科技助力传统文化产业的转型和升级,促进产业向规模化、特色化、品牌化、高级化方向发展,通过产业科技含量提升来打破资源瓶颈,不断扩大产业领先优势,提升市场占有率。作为"文化＋科技"这一高新技术创新文化生产方式模式的最早提出者,深圳以科技和文化含量较高的行业为着力点,不断优化和完善文创产业的技术结构,为产业在新时代的高端起步与跨越式发展奠定了技术保障和"壁垒优势"。如今,深圳文化创意产业以数字内容为核心、以高新科技为支撑呈现迅猛发展态势,年均增速逾30％,文化科技类企业成为全市文化创意产业发展的一支主力军。第二,在"文化＋金融"文创发展模式探索上,深圳以文化产业投资基金和文化产权交易所为主导,以文化产业投融资、文化产权交易和文化企业孵化平台构建为载体,创新文化创意产业的金融支持方式,发挥资本市场在文化创意产业振兴中的巨大作用。深圳早在2009年便建立了文化产权交易所,并参与了首支总额200亿元的国家级文化产业投

资基金的发起设立,依托金融资本市场得天独厚的条件,深圳加强了与金融机构、风险投资和证券公司的合作,不断拓宽投融资渠道,为创业型中小文创企业、成长型文创项目以及文创成果转化提供了有力的金融支持,促进了文化资源与金融资本的融合发展,文化创意产业呈现出国有主体、中外合资主体和民营主体共同参与、多元化的创投发展格局。

3.融合发展——文化创意新集群打造与传统产业集群转型升级相结合

第一,促进文化元素和实体产业的资源整合,探索"文化+旅游""文化+创意""文化+饮食""文化+休闲"等多形态融合发展,将文创理念、经营模式与城市特色相结合,推动文化与经济的深度融合。深圳"文化+创意"的融合特色十分突出,创意引领作用显著,创意设计类企业发展迅猛,在文创产品生产、制作、营销、传播的全过程中浸润着创意设计理念,这不仅大大提升了产品的文化含量与经济附加值,也为产业发展注入了新鲜活力,更同步彰显了"创意城市""设计之都"的产业特色乃至城市形象。第二,大力推进城市特色创意产业的集群发展,加快文化创意产业集聚区、文化创意产业基地与特色文化产业项目的建设力度,不断优化产业的空间发展布局,形成集聚和示范效应。第三,推动传统优势产业与文化创意融合发展,强化包括品牌文化、深圳制造、创意设计、商业模式等经营文化和价值文化在内的深圳文化符号,通过融入创意、品牌和科技等元素,展现文化创意促进传统产业转型升级的独特魅力。加强传统优势产业集群中文化创意的渗透和融合,实现文化创意、工业设计环节向传统优势产业集群的扩张,并提升其集约化、网络化和专业化的程度,进而向"成熟转移"阶段推进。

4.园区带动——行业积聚与空间集中相结合

建设和完善现有产业园区,推动文化创意业态的产业化,完善产业链条,构建创意价值链。推动园区从"孵化器"阶段向"强化聚集"阶段跃迁,推动文化创意产业由空间集中向产业集群转变,加快形成集聚示范效应。在政府的有力引导和推动下,深圳采用"行业集聚、空间集中"的发展策略,按照"企业运作、政府支持、行业集中、功能完善"的原则,培育了一批具有一定规模和影响力的园区、基地,它们又反过来通过带动融合促进传统产业转型升级。目前,深圳认定了十大重点领域文化创意产业园区/基地,在综合规模、产业内容、人员结构、规划起点、经济效益、自主知识产权、资金投入、进驻企业的产业集中度、服务平台建设等诸多方面都发挥出相应的集聚效应,并呈现良好的成长性与可持续的发展能力。

5.龙头引领——示范效应与行业集约化发展相结合

发挥政府在文化创意产业上的引导推动作用,鼓励文创企业实施科技创新,大力培育具有示范效应和带动作用的文创龙头企业,支持龙头文化创意产业上市融资。在打造龙头平台企业的同时,深圳着力引育一批文化创意产业配套经营企业,扭转行业小、散、杂"碎片化"发展态势,推动了行业集约化发展。[①]

(四)深圳文化创意产业百强企业

2011 年出台的《深圳文化创意产业振兴发展政策》(深府〔2011〕175 号)强调,培育一批具有实力和竞争力的文创发展主体,支持地方国有文化集团、总部企业、领军企业、产业集聚区、中小企业和初办企业等市场主体的快速发展,发挥企业在文化创意产业发展中的主体作用。政策中一条重要措施就是发布文化创意产业百强企业名单,并对其中增速高的文化创意企业给予奖励,以激励领军企业做大做强。为落实这一政策,政府随后出台了《深圳市文化创意产业百强企业认定和发布办法(试行)》,进一步明确和鼓励文创领军企业做大做强,发挥示范、表率和带动作用。

该项目评审标准为:对符合"深圳市文化创意产业百强企业"认定对象的企业,按照增加值(权重 40%)、增速(权重 10%)、纳税总额(权重 20%)及增速(权重 5%)、主营收入(权重 10%)、企业总资产(权重 10%)及职工期末人数(权重 5%)等 7 项指标进行量化测评。从激励设计来看,该实施办法对被认定为"深圳市文化创意产业百强企业"的自主申报企业(如表 14-1 所示),由深圳市文体旅游局和市统计局对其上一年度增加值进行统计、审核,对增加值增速达到 30%以上,且上年度地方财力贡献超过 100 万元的企业,给予最高 100 万元的奖励。[②]

表 14-1　深圳市文化创意产业百强前十(2017—2018)

序号	企业名称
1	腾讯科技(深圳)有限公司
2	深圳市裕同包装科技股份有限公司
3	深圳市兆驰股份有限公司
4	周大福珠宝金行(深圳)有限公司

① 王劲生,肖丽娜.深圳文化创意产业创新特色及启示[J].广东科技,2014,23(13):51—53.

② 袁长乔.深圳文化创意产业百强腾讯第一.[EB/OL].http://district.ce.cn/newarea/roll/201212/20/t20121220_23958790.shtml.

续表

序号	企业名称
5	深圳报业集团
6	悉地国际设计顾问(深圳)有限公司
7	深圳市亚泰国际建设股份有限公司
8	华强方特(深圳)电影有限公司
9	广东大地影院建设有限公司
10	深圳市建筑设计研究总院有限公司

近年来,深圳文化创意产业呈现出持续健康快速发展,涌现了一大批文创领军企业,成为助推深圳经济转型升级的强劲新引擎。以华强方特(深圳)电影有限公司为例,南宁"方特东盟神画"、嘉峪关"丝路神画"和安阳"殷商神画"……一大批展示和传播不同地域独特文化的主题乐园均出自深圳华强方特集团之手,他们对各地迥异的文化资源进行深入挖掘并展开全新创意,以科技＋文化＋娱乐的手段实现了创意的落地开发,并成功向国外输出了中国自主品牌的文化主题乐园。如今,全球 100 多个国家和地区均有华强方特原创动画作品发行,以"熊出没"动画电影为例,其已先后发行至俄罗斯、土耳其、菲律宾、韩国、哥伦比亚、秘鲁等国家和地区,取得较为良好的票房及口碑;华强方特的动画电影还先后签约埃及、西班牙、保加利亚、印度、南非等国家,成为中国动画品牌获得全球青睐的一个缩影。[①]

二、案例分析

文化与创意的激情碰撞,让深圳释放更多活力。深圳文化创意产业能在包括生物、互联网、新能源、新材料、新一代信息技术、节能环保等在内的七大战略性新兴产业中位居第二,其可资借鉴的经验主要有以下几个方面。[②]

(一)政策导向明确

深圳是国内较早把文化产业列为支柱产业的城市,出台了首部文化产业促进条例,并发布了 10 多个针对文化产业发展的政策和规划,涵盖税收优惠、金

---

① 严圣禾,党文婷."创意之都"深圳文化产业发展背后的力量[EB/OL]. http://www.ce.cn/culture/gd/201712/07/t20171207_27143376.shtml.

② 雷钟哲.深圳文化创意产业爆发式增长看点在哪[EB/OL]. http://opinion.southcn.com/o/2018-03/22/content_181181386.htm.

融扶持、产业内细分行业专项政策和产业空间等。将文化创意产业布局为战略性新兴产业后,深圳又出台了文创产业振兴规划、振兴发展政策及专项资金管理办法等系列政策措施。截至 2017 年底,深圳市级已下达专项资金超过 26 亿元,资助项目 3034 个。正是系列政策的实施及专项资金的扶持,有力推动了深圳文化创意产业的快速发展。

(二)融合产业发力

深圳积极探索、大力推动产业融合发展,形成了"文化＋创意""文化＋旅游""文化＋科技""文化＋金融"等"文化＋"产业新模式、新业态,为文化创意产业发展开拓出新的增长点。以"文化＋科技"为例,深圳在网络技术、软件技术和数字技术等现代信息科技支撑基础上,涌现出包括华强文化科技、腾讯等在内的一批高成长性的文化科技型企业。这些以数字内容为主体、以高新技术为依托、以自主知识产权为核心的"文化＋创意＋科技"类企业的迅猛发展,极大地提升了深圳文创产业的文化含量与经济附加值。

(三)龙头企业引领

深圳通过海内外招商、产业集聚吸引、城区厂房旧改等方式,多渠道加强文化创意产业招商引资力度和重大项目建设,支持龙头品牌企业发展,逐步培育起动漫游戏、创意设计、高端印刷、文化旅游、文化会展、黄金珠宝等多个具有较强竞争优势的行业品牌,这不但使深圳成为国内第一个被联合国教科文组织认定的"设计之都",而且其工业设计、平面设计、建筑设计、服装设计、室内装饰设计等在全国都占有较大份额,创造了显著的经济效益。

(四)集群效应彰显

深圳基于行业集聚与空间集中的产业发展路径,建设了一大批成规模、有影响的文化创意产业园区和基地,起到了良好的产业拉动作用和经济示范效应。深圳已认定的市以上文化创意产业园区(基地)达 53 家,其中 1 家为国家级文化产业园区,11 家为国家级文化产业基地。"扎堆效应"使园区的经济效益日益凸显,产业集聚辐射功能显著增强,成为全市文创产业的重要增长极。

除此之外,深圳还打造了一批国家级产业平台,包括文化产权交易所、文化产业投资基金和文化产业博览会等。目前已成功举办了 15 届的深圳文博会作为全国唯一国家级、国际化、综合性文化产业展会,既为文化产业发展搭建起展示、交易、信息平台,又促进了大量资金、项目、技术、人才在深圳汇聚,有力推动了区域文化产业的发展。如今,深圳已成为国家对外文化贸易基地,并努力建立泛珠三角对外文化贸易辐射圈,国家版权交易中心和数字出版基地等也落户深圳,多方平台共同汇聚构筑起深圳文化创意产业的发展合力。

三、案例启示

(一)加大文化创意人才吸引和培养

人才是推动文化创意产业发展的核心动力。佛罗里达在《创意阶层的崛起》中指出:"城市成功的关键在于吸引并留住人才,而不仅仅是吸引企业。"发展文化创意产业,要把人才引进与培养放在极其重要的位置,通过建立健全创意人才的吸引与培养机制,营造有利于人才成长和发挥才干的良好环境。首先,可以面向海内外引进一批高层次文化创意人才,特别是高端的营运人才、创意人才和管理人才。其次,探索建立产学研一体的文化创意人才培养机制,加强高校、社会机构与创意企业联合创建人才培养基地。最后,要对人才激励、人才管理等方面的政策措施进行优化,构建人尽其才的良好机制体系,减少和防范创意人才流失。

(二)以文化创意旅游放大产业价值

"如今,人们不再局限于单纯的观光旅游,更加强调旅游过程中的参与感、体验感,并希望通过旅游丰富自身的精神世界。在这样的背景下,'旅游＋文化创意'的产业模式应运而生,二者有机融合产生了一种新的旅游业态形态——文化创意旅游。"[1]加强文化资源的开发、利用和创新,吸收和借鉴各种优秀思想、创意和知识,充分运用现代信息技术整合城市文化资源,可将优秀的文化资源转化为现实的产业竞争力。一方面,文化创意产业使旅游业发展突破了资源限制,城市可利用自身有利条件,积极开发富有特色的文化创意旅游景点,还可以与周边传统旅游景点进行合理搭配,连点成线,从而提升旅游产品的经济效应。另一方面,文化创意旅游的发展,实际上也放大了文化创意资源的产业价值。

(三)培育文化创意园区核心竞争力

创意产业园区建设要明确自身定位。一方面,定位要求园区依托比较竞争优势,实施差异化、个性化战略,这有利于园区核心竞争力的培育;另一方面,这也是产业增强创新意识,从根源上避免出现盲目跟风行为和防范落入产业雷同误区的有效方法。为在园区建立文化创意生态系统,可成立包括创意设计理论家、著名创意设计师、管理者、教育家等专家在内的文化创意专家委员会。同

---

[1] 文乔君.文化创意旅游游客旅游涉入对地方依恋的影响研究——基于创意体验和满意度链式中介模型[J].无锡商业职业技术学院学报,2019,19(5):69—76＋90.

时,应创新文创企业服务经营模式,在信息网络化、营销规模化、经营品牌化、服务终端化的趋势下,促进文化创意产业涌现一批具有自主知识产权和较强竞争力的知名龙头企业。①

(四)优化文化创意产业内部结构

加工制造仍旧是文化创意产业发展的主体,从产业内部结构上看,当前产业链发展仍需完善:对终端"加工制造"的依赖和缺乏核心的创意设计,这都限制了产业创新创意能力的提升。创意产业结构亟需优化调整,一是可抓住高新技术发展的时代机遇,挖掘文化与科技有机结合的潜力,借助科技创新使文创产业价值"倍增";二是大力发展创意设计产业,吸引知名品牌、知名创意设计师、知名大学这"三名"来抢占创意产业高地;三是着力大型文化创意龙头企业培育,以市场为导向,通过并购、联合、重组等多种方式,推进文化创意产业的结构调整,实现文化创意产业发展的提质增效。

(五)营造文创产业发展法治环境

"文化创意产业作为一项将当代经济与文化高度相融合的知识密集型行业,依托创意人才发挥创造力,且具有可持续性、高附加性等特征。知识产权作为文化创意产业发展的关键要义,其运营关乎发展的繁荣兴盛与否。"②知识产权保护可以说是文创产业得以健康发展的必要前提与充分条件。侵权、盗版等行为会大大削弱文创企业投资的积极性,加上版权意识和执法力度上仍存在着一些问题,这就对完善知识产权保护管理机制和严格落实有关法律法规提出了新的要求。"总而言之,在缺少知识产权的保护下,最大获利者将可能不是耗费心血的原创者,而是仿冒者。若知识产权不被重视,则文创商品将被抄袭、仿冒,非但无法创造利益,而且将会降低文创产品质量,进而影响人类生活质量提升。也就是说唯有在受保护情况下,创作才能够获取更完整的利益,文创产业也才能作为国家未来重要生产力。"③因此,要不断提高文化创意知识产权领域的市场监管水平,打造开放统一、竞争有序的市场体系,为文化创意产业健康可持续发展"保驾护航"。

(六)构建富有创意氛围的创意城市

"所谓创意氛围指的是组织中促进新产品、服务或工作方式的产生、思考与

---

① 马春辉,黎明,晏茜.深圳文化创意产业集群发展问题[J].开放导报,2013(6):94—96.
② 李梦雨.文创产业知识产权运营及其法律规制研究[J].品牌研究,2020(4):17—18.
③ 陈淑萍.文化创意商品知识产权保护与管理[J].安徽电子信息职业技术学院学报,2018,17(5):102—104.

采用的氛围……这里所谓的组织可以指代各种范围,比如团队、社区、城市、社会、国家。创意氛围浓厚的环境里面,创意产品生产等人员之间的交流充分展开,通过思考、顿悟、灵感突现等行为产生创意的可能性大大增加。"①城市创意氛围的营造需要长期的积累,更需要政产学研各方的共同努力。一方面,政府要在扶持政策制定和各界关系整合方面积极作为,可在风险防范基金设置、创意企业税收优惠、加大教育培训投入等方面开展工作。另一方面,要充分激发民间的创意活力,为民间创意机构和个人搭建展示交流平台,诱发和引导全民创新创意的热情。此外,要注重对公民创意素养的培养和塑造,为城市创意产业发展注入生生不息的灵感溪流,最终为构建创意城市奠定坚实的基础。②

四、延伸阅读

筑梦"第四产业"——探寻杭州深圳文化创意产业发展之路③

崛起十年,中国文化创意产业群雄逐鹿,杭州、深圳异军突起。

2011年,杭州"文创"产业实现增加值843.3亿元,占全市GDP12%,成为经济发展新引擎,而深圳这两个指标分别为900多亿元和8%,文创产业跃居高新技术、金融业、物流业之后第四大支柱产业。

(一)"文化雄心",有容乃大

不到1平方公里的范围,聚集了刘恒、余华、麦家、邹静之、高满堂等一批著名影视编剧,不到3年便形成国内独具优势的高端影视原创基地布局。杭州西溪创意产业园的产业成效可谓立竿见"影"。

在一个没有专业美术院校的城市,在一个没有西洋艺术氛围的村庄,在一个没有相关产业基础的地方,短短十多年却崛起了一座全国最大的商品油画基地。深圳大芬油画村写下了"无中生有"的发展传奇。

横空出世,为何是它们?

杭州:杭州因西湖而名,更因文化而美。这给了杭州人文化自信的底气。近年来,杭州引进了数十位文化名人,都是"来去自由",没有每年住多长时间的"硬杠杠",也没有每年写多少作品的"硬指标"。自由的创作空间、宽松的生活

① 张记闻.创意园区创意氛围维度分析[J].现代商贸工业,2020,41(6):56.
② 段杰,张智立.城市创意产业竞争力实证分析——以深圳为例[J].上海金融学院学报,2013(6):95—104.
③ 案例来源:刘泰山,江南,禹伟良.筑梦"第四产业"——探寻杭州深圳文化创意产业发展之路[J].当代贵州,2012(26):56—57.

环境,为艺术家提供了肥沃的创作土壤。许多文化名人与杭州"结缘"之后,激情迸发,成果迭出。

深圳:婉约的西湖孕育了大气的杭州。源于南国边陲小渔村的深圳,也有一种"吞吐八荒"的大气度。"来了,就是深圳人",一句简单质朴的口号,沉淀的是领时代风气之先的"深圳观念",张扬的是这个新兴移民城市包容的性格及其独特气质。就是冲着这里独特的创业、创新氛围,一批又一批的"孔雀"南飞深圳,筑巢圆梦。

作为我国现代平面设计的发源地,深圳被称为"设计之都"。这里,数千家设计公司,云集了全国最优秀的设计师、6万多名从业人员,包括创意、策划、美术、音乐、电影等艺术人才,以及数字技术、信息技术、自动控制等科技人才。

杭州:开放包容的大胸怀,是因为有瞩目长远的大气魄。对文化,杭州有一种深刻的自觉。"既提升经济硬实力、更提升文化软实力,既修复自然生态、更修复人文生态,既打造投资者天堂、更打造文化人天堂。"——这样的文化发展观,内化于心,外化于行。杭州在全国较早地开启了文化体制改革、文化产业发展的大幕,发展目标直指文化名城、文化强市、全国文化创意中心。杭州提出构建"3+1"的现代产业体系,在一、二、三产业这个"3"之外,文化创意产业就是单独列出的那个"1"。文创产业被提高到"第四产业"的高度。

深圳:自信,方能包容;自觉,才有动力。文化设施曾经只有戏院、电影院、展览馆"三家店"。在许多人眼中,深圳是一片"文化沙漠"。但是,特区人的文化自觉丝毫不亚于任何城市,反而在全国率先提出"文化立市"战略。"以文化论输赢、以文明比高低、以精神定成败。"曾经只为经济"搭台唱戏"的文化,在深圳"摇身一变",成为战略主角,站到了发展舞台的中央。无论是曾经规划的四大支柱产业,还是着力打造的六大战略性新兴产业,文化创意产业都赫然在列。

(二)跨界"融合",如虎添翼

国内首个以"文化科技"冠名的企业——华强文化科技集团,原是深圳一家老牌电子企业,在传统模式陷入低谷时,大胆探索文化和科技融合发展的新路子,短短几年时间创新开发出特种影院、数字动漫、大型文化科技主题公园等高端文化产品,环幕4D电影畅销美国、加拿大等40多个国家和地区,成为推动中华文化走向世界的成功典范。

华策影视、宋城集团2010年10月、12月相继在创业板上市,分别成为"电视剧第一股""旅游文化演艺第一股"。至今,杭州已有16家文创企业上市。创意与资本"对接共舞",激活了文化生产力。借助上市带来的新优势,华策影视在夯实电视剧主营业务的基础上,开始布局全国性院线建设、进军新媒体等,拓展产业链。

文化跨界融合,为何能催生裂变?

杭州:2012 年 5 月,杭州市成为全国首批"国家级文化和科技融合示范基地"。科技借文化腾飞,文化借科技绽放。现在,杭州发展势头看好的几大文化新业态,"文化+科技"的特征都很明显。动漫游戏、数字出版、数字娱乐等,已经形成了优势产业。

华数数字电视传媒集团凭借"新媒体、新网络"双轮驱动,短短几年间,实现了跨越式发展,建成国内最大的数字化节目库,并率先涉足"云数据"平台,打通互动电视、手机电视、互联网电视等全媒体业务链。

深圳:高新技术产业,本就是深圳第一支柱产业。文化与科技"联姻",深圳具有先天优势。文化家底薄的深圳,大力实施"自主创新"和"文化立市"两大战略,双轮驱动,迅速发挥出"1+1>2"的叠加效应,涌现一批以高新技术为依托、数字内容为主体、自主知识产权为核心的高成长型文化科技企业。

腾讯、华强文化、雅图、第七大道、A8 音乐……在深圳高新区,文化制造业不再占文创产业增加值"大头"。"文化+科技"型产业收入和净利润的增长率,分别高出园区经济增长率的 3.79 倍、1.17 倍,奏出高新区产业发展"最强音"。

杭州:文化不与科技携手,创新很难;而文化不与金融对接,做强很难。

寻找文化与金融资本有效对接、融合发展之道,杭州屡出妙招。市里专门设立了文创专项资金,规模从 2008 年 1.52 亿元增加到 2011 年 4.11 亿元。5 年来,享受扶持项目共 1600 多个,带动社会投资约 250 亿元。

针对文创企业无形资产比重大、回报周期长、担保能力差等特点,杭州"度身定制"了"动漫版权质押贷款""艺术品贷款""服务外包订单质押贷款""无形资产抵押贷款"等一系列金融创新产品。同时,协调金融机构推出"宝石流霞""满陇桂雨"等集合信贷产品,为 144 家次的中小文创企业,提供了 2.6 亿元信贷支持。

深圳:"文化+科技""文化+金融""文化+旅游"……深圳、杭州两地不谋而合。为了突破资金"瓶颈",深圳没少动脑筋。市政府每年集中 5 亿元专项资金,以空前力度支持发展创意设计、文化软件、动漫游戏等十大产业。在全国首创以艺术品质押获得银行贷款的融资模式,出台了扶持创业投资基金发展的优惠政策……深圳充分发挥区域性金融中心城市特色,不断创新对文化企业的金融支持方式。

(三)"文化引擎",驱动转型

如果不涉足文创产业,易尚展示公司也许至今还是一家默默无闻的展柜生产商。但是，引入文化、科技元素之后，易尚摇身一变，融文化、科技、设计和多媒体展示于一体，登上深圳品牌营销商的榜首。董事长刘梦龙庆幸自己选对了路："不借文化之力，哪有易尚的今天？"

拓展"新蓝海"、培育"增长点"，"从文"何以成为突破口？

杭州：杭州是资源小市，缺矿产、缺港口，发展工业有较大局限；又是文化大市，拥有深厚的文化底蕴和人文资源。发展文化创意产业这一"无烟"产业、"黄金"产业，从拼资源、拼环境转向拼技术、拼文化，势在必行、志在必得。

搞建筑起家的吴建荣，只有小学文化，面对资源"瓶颈"的现实，看到动画产业蕴藏的巨大潜力，毅然投身动漫这个"烧钱"的行业。"现在烧小钱，将来赚大钱。"这个农民出身的企业家，抱着这样的信念，积极培育以原创动漫为核心的动漫产业链，开始了"以老养新、产业升级"的二次创业之路。不到10年，中南卡通就已经发展为我国动漫产业的一艘巨舰，年收入过亿元，年利润逾5000万元。未来，中南集团销售额大盘子里，传统产业和文化产业将各占半壁江山。

深圳：深圳身负土地、能源、环境、人口压力，深圳的选择是率先转变发展方式、创造"深圳质量"。在全国新一轮大发展的总体格局中，再度闪光，发挥先导、引领和"试验田"的作用。

2009年开建的"中国丝绸文化产业创意园"，将南岭村原来4家来料加工企业的旧厂房，"蝶变"成集设计制作、科研创新、展示交易、旅游休闲等为一体的高档丝绸与刺绣制品及其延伸产品的产业平台。这张深圳文化产业的新名片，也是南岭村在国际金融危机背景下实现产业升级转型的杰作。

杭州：当然，拼文化，并不是简单地以"抓经济"的手段"搞文化"。浙江以民营制造业为支撑的块状经济发达，嫁接这一发展模式，杭州文创产业集聚效应逐步显现。截至去年底，全市已有16家市级文创产业园区，使用面积超过215万平方米。

这些园区并不简单类同于一般的工业园区，而是各具文化特色。像诗意流淌的西溪创意产业园，紧邻曾作为电影《非诚勿扰》外景地的西溪国家湿地公园，将影视产业作为特色定位水到渠成。

深圳：文化产业的内涵是文化，必须遵循文化内在规律，避免急功近利，摈弃简单、重复、叠加的粗放发展模式，才能发挥其助推经济突围转型的作用。华侨城集团的发展就是例证。

深圳既无名山大川，又无深厚文化积淀，华侨城集团却在这里上演了文化旅游的"盛宴"，创新推出欢乐谷、锦绣中华、民俗文化村、世界之窗、东部华侨城等系列主题公园，并拓展到全国市场，20多年长盛不衰。"今天的文化，就是明天的经济"，享受了"文化溢价"的华侨城深有体会。

五、思考讨论

(一)文化创意企业公共服务平台

在深圳的文化创意企业中,中小企业几乎占据着主体。但显而易见的是,中小文化创意企业在管理经验、资金、业务渠道和信息等诸多方面都存在较大的劣势。对中小文化创意企业而言,弥补这些劣势至关重要。解决中小文创企业发展短板的一个重要举措,就是打造服务中小文化创意企业的公共服务平台,借助政府的力量提供包括融资、税收、人才培训等多方面的扶持。

以创新金融服务为例,文化创意产业园区可以搭建一个联系文创企业与金融机构的服务平台,如此不仅能够使园区发展更为壮大,也能有效促进园区企业的孵化与成长。当前,金融机构的服务模式、信用评级体系、内部制度、奖惩机制、产品设计等与文创企业的实际需求并不相适应,文创产业创新投融资体制就是需要金融机构结合文创产业特点有针对性地开展金融服务创新,为文创企业融资与产业活动提供更为便捷、优质、高效和全方位的服务,这为园区开创了新的发展机遇,也更好地解决了中小文创企业融资难的问题。[①]

试述文化创意企业公共服务平台的主要功能,并谈谈你对平台建设和运营机制的建议。

(二)高新技术在文化创意产业中的应用

中国创意产业发展报告论及"创意"和"高新技术"之间关系时说,创意更为强调的是体验,突出参与者的感受,注重个性张扬;在具体表现方式上,人们已经不再仅仅满足于传统工艺设计及传统制造业所提供的消费感受,在这一状况下,充分运用高新科技手段来满足消费者的全新视听需要,就显得尤其迫切。创意不能脱离科技发展的实际水平,也不能脱离文化创意产业发展的实际水平,即便一个创意很新颖,但如果不能够被高新技术所实现,不能被产业化,那么也不能称之为文化创意产业。[②]

许多优秀的创意并非凭空而生,它们多是依托于新技术、新载体、新生产工具而产生的。比如美术设计与制图,除了传统的手绘,现在依托计算机技术有了新的方法,通过绘图制图软件、绘制输入端就能很轻松地取代传统的纸和笔。比如手机的智能化,最早的手机只有简单的无线通话功能,然后出现 TXT 文本阅读与 MP3 播放功能,再之后出现彩屏与 MP4 功能,现在则具备了微型电脑

---

① 李兵磊.深圳文化创意产业园区发展研究[J].现代商贸工业,2014,26(10):5—6.
② 孟实.深圳文化创意产业振兴发展规划的借鉴意义[J].群众,2012(1):81—82.

的功能。这些事物的进步,无一不是创意与科技巧妙结合的结果。因此,可以说,没有科技支撑的"创意"不过是镜花水月,就好比人类的飞天梦,若没有空气动力技术与精密机械技术的支持是难以想象的。有梦想,就有创意,就有创意与高新技术的融合发展。

高新技术的成果无疑为文化创意产业的成长与壮大提供了肥沃的科技"土壤"与丰富的科技"养分",请你结合实际案例予以说明,并谈谈未来文化创意产业中高新技术应用的前景与应对策略。

(三)创意城市建设中的人才问题

创意城市是 21 世纪世界城市发展的最新理念。英国经济学家也是创意城市理念倡导者之一的汤姆·坎农认为,未来的城市特别是大城市参与全球经济竞争,将更依赖于人的创意与创造力,未来创意的思维和理念将渗透到社会和经济的每个领域。在其看来,创意城市可以说就是"人的城市",城市的未来是由人的创造力和能力所塑造。人作为城市发展进程中的软因素,其决定了城市的未来,应当依靠人的创意与创造力去提升城市的竞争力。创意城市一般都有着发达的创意产业,同时也都以这一产业支持和推进全社会更为广泛的经济创新。

《创意阶层的崛起》的作者查理·佛罗里达认为,创意经济时代人类的创意力对经济发展起着不可忽视的重要作用,经济发展的驱动力不再是单纯的科技抑或信息。不仅如此,创意力还逐步转变为推动经济发展的首要动力,未来发展只有借助"创意资本",才能构建新理念、新商业模型、新文化形式、新技术和新产业。创意城市建设的关键是创意人才,随着创意产业的进一步发展深化,专业创意人才和高端创意人才的匮乏或将成为产业发展的最大软肋。故而,要围绕创意产业重点发展领域,加快人才培养和引进,这是建设创意城市过程中必须未雨绸缪的重中之重。此外,还需营造有利于激发公民创意热情、有助于创意人才成长的文化氛围和社会环境。①

创意城市和创意产业发展中主要存在哪些人才短板?结合你所在城市谈谈你的认识与解决思路。

---

① 彭立勋,黄发玉,乌兰察夫.创意城市建设与城市转型发展——深圳的创意城市发展之路[J].广西城镇建设,2010(12):24—26.

第十五章　中国文娱之都——香港

一、案例描述

　　文化创意产业是香港最具活力的经济组成之一,在促进经济增长和创造就业机会上发挥了重要作用。香港长期以来都是亚洲的创意中心,拥有数码娱乐、创意、电影、漫画出版、设计等诸多文传业态,在亚洲乃至全球都具有一定的影响力。如今,香港文化创意产业早已名闻遐迩,创造了令人称奇的辉煌成就,文创相关产业对香港生产总值的贡献已超出 15%,极大地促进了香港经济整体向知识型经济迈进。①

(一)香港文创产业发展概览

　　香港特区政府 2017 年发布的《香港文创产业发展报告》显示,2005 年至2015 年,香港文化创意产业的名义增加值平均每年升幅为 7.6%,高于香港名义本地生产总值同期 5.4%的增幅。文化创意产业增加值相对于香港本地生产总值的百分比,亦相应地由 2005 年的 3.8%上升至 2015 年的 4.7%。在 2005年至 2015 年期间,文化创意产业就业人数由 2005 年的 171990 人增加至 2015年的 213880 人,平均每年升幅为 2.2%,高于香港同期总就业人数 1.2%的年均升幅。文化创意产业就业人口在香港总就业人口的占比情况,亦相应由 2005年的 5.1%上升至 2015 年的 5.7%。

　　从香港文化创意产业 11 个组成界别的 2015 年数据具体来看:

　　艺术品、古董及工艺品界别的当年增加值为 102 亿港元,占文创产业总增加值的 9.3%,该界别的就业人数为 18810 人,占文创产业总就业人数的 8.8%,当中古董、艺术品及工艺品的销售占该界别的增加值逾 90%;

　　文化教育及图书馆、档案保存和博物馆服务界别的当年增加值为 13 亿港元,占文创产业总增加值的 1.2%,这一界别就业人数为 10800 人,占文创产业

---

　　① 王鹏.香港文化创意产业的发展经验及启示[J].经济界,2007(2):72—74.

总就业人数的 5.0%；

表演艺术界当年增加值为 12 亿港元，占文创产业总增加值的 1.1%，该界别就业人数为 5110 人，占文创产业总就业人数的 2.4%；

电影、录像及音乐界别的当年增加值为 35 亿港元，占文创产业总增加值的 3.2%，该界别就业人数为 15050 人，占文创产业总就业人数的 7.0%；

电视及电台界别的当年增加值为 72 亿港元，占文创产业总增加值的 6.6%，该界别就业人数为 6960 人，占文创产业总就业人数的 3.3%；

出版界别的当年增加值为 126 亿港元，占文创产业总增加值的 11.6%，该界别就业人数为 40810 人，占文创产业总就业人数的 19.1%，按照增加值及就业人口核算，该界别也是香港文创产业的第二大界别；

软件、互动媒体及电脑游戏界别的当年增加值为 461 亿港元，占文创产业总增加值的 42.4%，该界别就业人数为 56730 人，占文创产业总就业人数的 26.5%，该界别是香港文化创意产业的最大组成部分；

设计界别的当年增加值为 41 亿港元，占文创产业总增加值的 3.8%，该界别就业人数为 16220 人，占文创产业总就业人数的 7.6%；

建筑界别的当年增加值为 107 亿港元，占文创产业总增加值的 9.8%，该界别就业人数为 15830 人，占文创产业总就业人数的 7.4%；

广告界别的当年增加值为 92 亿港元，占文创产业总增加值的 8.4%，该界别就业人数为 18740 人，占文创产业总就业人数的 8.8%；

娱乐服务界别的当年增加值为 28 亿港元，占文创产业总增加值的 2.6%，该界别就业人数为 8810 人，占文创产业总就业人数的 4.1%。

从整体发展趋势来看，香港文化创意产业增加值保持了年均 4% 以上的增长，至 2017 年末，香港文化创意产业增加值达 1117.66 亿港元，而该产业的就业人数占总就业人数的百分比也保持在 5% 以上，至 2017 年末，香港文化创意产业就业人数达 21.34 万人（如表 15-1 所示）。

表 15-1　香港文化创意产业增加值及就业人口状况 (2008—2017) ①

参数	2008	2009	2010	2011	2012	2013	2014	2015	2016	2017
增加值/港元	63275	63266	77573	89551	97837	106050	109680	108920	109607	111766
就业人数/人	191260	188250	189430	192930	200370	207490	213060	213880	212820	213400

① 数据来源于《2019 中国文化及相关产业统计年鉴》。

(二)香港文化创意产业发展历程

香港文化创意产业相较而言起步早、发展快,充分发挥了香港作为国际大都市所拥有的独特优势,"创意之都"建设令香港经济增长获得了新的动力。香港文化创意产业形成于1997—2004年,其间以发展电影业、旅游业及广播业为主;2005—2008年是香港文化创意产业发展成型期,设计、数码创作及电影被视为本阶段重点发展的领域;2009年之后,香港文化创意产业进入转型提升期,文化创意产业被香港确定为六项优势产业之一,文化创意产业发展得到持续推进。2009年,曾荫权特首主持成立了"创意香港"专职机构,成为香港发展创意产业的一个里程碑,也是加深巩固香港创意之都的重要举措。

从香港文化创意产业发展的历程来看,香港发展文化创意产业具有十分明显的优势。香港拥有积极有效的吸引创意人才机制、完善的法律保护机制和自由市场为主导的运作机制,这些都使香港文化创意产业发展具备了良好的市场竞争与产权保护环境。此外,对文化创意产业发展的资助不仅来自政府的政策和支持措施,许多非营利机构也积极参与,其中就包括香港马会。而从文化创意人才角度来看,香港八所大学所施行的人才输入计划,为香港创意人才的储备奠定了坚实的基础。与此同时,香港本地企业为人才提供的国际化舞台,更能为人才进一步成长和发挥效用提供大好平台。香港还拥有优秀的品牌资源,在金融、贸易等行业领域有牢固的根基,这都为香港文化创意产业的繁荣发展提供了难得的环境与机遇,也是文创产业能够在此生根发芽并得到长足发展的原因。①

(三)香港文化创意产业的基础建设

自1998年提出发展文化创意产业后,历届特区政府在产业基础设施建设上持续地投入,这些政府或非政府机构、商业与教育组织在推动香港文创产业发展中发挥了巨大作用。②

1. 香港设计中心

香港设计中心(www.hkdesigncentre.org)成立于2002年,是特区政府发起的文创非营利性组织。该机构以"创意城市设计驱动,为香港成就设计愿景"为理念,在香港"亚洲设计之都"战略实施计划中扮演重要角色,其在搭建政府

---

① 范宇鹏.粤港澳地区文化创意产业现状与融合——基于价值链视角[J].经营与管理,2015(12):27—29.
② 范莹,王超.香港文化创意产业的发展历程及启示[J].文化创新比较研究,2019,3(29):186—189+194.

和民间沟通桥梁、促进国际国内文化交流、吸引文创企业和多元化人才、开展公民创意素养教育以及凸显香港文创的影响力和专业性上发挥着重要的作用。

2. 创意香港

创意香港（www. createhk. gov. hk）是特区政府于 2009 年 6 月为倡导和推动文创产业发展而设立的一个专职办公室。该单位下辖了多个部门，负责动漫、游戏、电影等不同领域和方向的创意经济活动协调，主要在创意人才培育、公司发展、市场促进、社会创意氛围营造等方面开展工作，此外，该办公室同时管理和运作"设计智优计划""创意智优计划"和"电影发展基金"。其中，"创意智优计划"先后于 2009 年和 2013 年获得特区政府总计 6 亿港元的资金投入，有力地推动了香港本土创意产业的发展。为了重新振兴 20 世纪末由盛转衰的电影产业，香港特区政府于 1999 年设立了"电影发展基金"，为事关香港电影发展的重大项目及中小成本的电影制作提供了有力资金支持。作为政府方，"创意香港"还负责监督和审核两项由香港设计中心管理的创业培育计划的资助申请。

3. 香港知专设计学院

香港知专设计学院（www. hkdi. edu. hk）是 2007 年成立并由香港职业训练局所管辖的教育机构，旨在为香港培养专业设计人才和推动城市文创产业发展而设立。该学院下辖创意设计及数码媒体、时装及形象设计、基础设计和建筑、室内及产品设计共四个学系，提供了不同层次的设计课程。与此同时，学院还常态化举办各种类型展览，邀请全球知名设计人才与团队前来参展，并通过公众开放的形式推动和普及香港的设计教育。

4. 元创方

元创方（www. pmq. org. hk）是 2014 年投入使用的、香港标志性的创意中心。元创方由香港已婚警察宿舍改建而成，经过重新打造后，如今的元创方已成为香港一处独具特色的创意产业中心。元创方分布有家居、服装、设计室、珠宝等店铺，通过为创意的商业化过程提供服务，元创方为香港培育了众多文创品牌和设计师。此外，元创方还经常举办免费的展览、工作坊、讲座和推广活动，向公众推广创意与设计理念。元创方虽然是由特区政府所发起，但除了开始阶段由政府负责的基础工程建设以外，其运营资金均来自于自身运营和社会捐赠。

5. 西九文化区

西九文化区（West Kowloon Cultural District）是一项为提升香港世界地位

及文化水平的发展项目,于 1999 年由香港特区政府在施政报告中所提出。西九文化区前身是西九龙文娱艺术区,覆盖香港九龙西部地区,集中了一批剧院、博物馆和广场等文化艺术场地,在潮流、文化、娱乐和时尚等方面展示着香港顶级水平的内容。该项目联合教育机构、艺术团体和本地社区共同发起各色文化活动,举办展览和文艺表演等活动,既为香港文化艺术的长远发展夯实了基础,也回应了香港市民的日常文创消费需求。

(四)香港发展文化创意产业的主要举措

1.政府制订规划

香港贸易发展局于 2002 年 9 月发布了第一份《香港的创意产业》研究报告,系统评估了文创产业对香港经济的贡献;自 2003 年 6 月起,《更紧密经贸关系安排》在香港和内地间多次签署,大大促进了香港文创企业进军内地市场;至 2004 年,香港特区政府推出了基于"创意的成果、人力资本、结构及制度资本、社会资本与文化资本"综合评价的"香港创意指数"(HKCI),对 1999—2004 年间的香港创意产业发展情况进行了定量研究;从 2005 年起,香港特区政府在《施政报告》中十分详尽地对推动文化创意产业的缘由和限制进行论述,从政策上为香港文创产业发展进行了梳理和引导。如今,创意香港和康乐及文化事务署两部门通过制定法规条例、出台政策文件和实施专项计划等政策措施,推动着香港向"世界级大都会及盛世之都"和"亚洲创意之都"目标迈进。[①]

2.创意人才引育

在文化创意人才培养方面,香港特区政府不遗余力,在诸多方面开展了卓有成效的工作。第一,在人才教育上,在基础教育阶段以及新高中课程、高等教育阶段通过鼓励学生持续参与"艺术发展"相关活动,激发、培育和提升学生的艺术素养和创意能力,为香港特区文化创意产业持续健康发展储备充足的高质量人力。第二,在人才引进上,香港特区政府十分鼓励各界人才自由申请香港工作签证或以其他身份赴港发展或定居,仅 2005—2007 年这三年间,香港就引进了 1.1 万名内地人才。第三,在人才培育上,香港知识产权署(IPD)、工商及科技局通信及科技科(CITB)和香港海关(C&ED)联合制定、监督和规范知识产权保护法规,鼓励文创人才发挥才华和创意,通过创造良好的市场环境和产业生态助力人才成长和培育。

---

① 赵自芳.香港文化及创意产业的发展经验及启示[J].人文天下,2016(11):13—19.

3.投资融资拓展

第一,包括创新科技署、工业贸易署等在内的香港特区政府部门成立应用研究基金、创新及科技基金和中小企业发展支援基金等专项发展基金,扶持文化创意产业的发展。第二,在符合公共利益、私人企业能力不达及资源许可的状况下,特区政府给予担保协助,以电影产业为例,特区政府牵头成立了电影贷款保证基金,银行则以履行合约保证的形式,给电影制作公司发放贷款,这一做法有力促进了香港电影业的发展。第三,特区政府牵头搭建融资平台,在影视行业,融资平台为中低成本的影视制作提供了重要支持。

4.加强对外宣传

在品牌推广上,自 2005 年《施政报告》起,香港特区政府就把文创产业置于城市发展的主议程上。香港贸易发展局常态化在国内外举办各类推广活动,如"香港时装节""康城香港电影巡礼 2002""香港国际影视展"等,极力扩大香港创意产业的全球影响力。在区域合作方面,特区政府积极推进与"泛珠三角地区"的贸易联系,不断加强香港和内地的发展融合,促进《内地与香港更紧密经贸关系安排》政策落实并产生实效。此外,特区政府还在产业生产推进及消费社会化等方面开展了努力,以 2006 年香港面向全球执行的"精彩香港旅游年"推广计划为例,其间就设计了"香港购物节""新春国际汇演之夜""香港缤纷冬日节""美食之最大赏"等精彩活动,让游客充分体验香港与众不同的传统与文化特色。[1]

二、案例分析

进入知识经济的时代,文化与创意越来越成为一国经济发展的重要推动力量。香港文化创意产业的发展经验表明,文化创意产业是充满活力的发展领域,其对经济增长的贡献率大大高于传统产业。香港文化创意产业发展主要有以下几点经验值得借鉴。[2]

(一)自由和健全的市场体制

香港拥有健全的自由市场体制,不仅表现在企业可以自由经营上,还有无关税及配额、自由贸易以及对外投资和对外来投资的无限制。与此同时,香港的自由市场体制还体现在独立税收制度、低税政策、港币自由兑换和无外汇管

---

① 陈颖.创意产业集聚区环境对创意企业竞争优势的作用机制研究[D].上海:东华大学,2011.

② 王鹏.香港文化创意产业的发展实践对广东建设文化大省的启示[J].现代乡镇,2007(2):41—46.

制上。香港作为世界金融商贸中心之一,曾连续 10 年被评为世界上最自由的经济体系(美国传统基金会评价),资金进出和流动十分自由。特区政府在银行业监管上也较为宽松,香港没有中央银行以及存款保险制度,特区政府仅发行低面额的辅币,法定钞票的印发由私营商业银行负责。当下,香港已成为欧元和美元的亚洲实时结算中心,也是人民币的最大境外流通中心,作为单独关税区,香港还能以"中国香港"的名义在 WTO 框架下开展商贸活动。健全的自由市场体制使包括文创企业在内的香港市场主体具备更强的灵活性和适应性,能够在国际政治经济不断变化的环境下作出更为快速的结构调整和发展转变。

(二)有为无为结合的政府角色

根据不同产业链的发展需要,香港特区政府承担着不同角色,自由市场思想主导下的政府角色,是尽量实现自由的生产与流通,政府仅提供产业发展不可或缺的商业环境和法治基础。在具体管理上,香港特区政府采取事后管理机制,即文创产品只有在违反法律或受到市民正式投诉的情况下,特区政府才会依法进行处理。整体看来,香港特区政府的行政能力范围虽然有限,但其执行力度却极其有效。特区政府无为之外也有积极有为的一面,在私人企业能力不达、符合公共利益、资源许可的情况下,特区政府则会出手予以协助。以香港电影业为例,特区政府牵头成立了电影贷款保证基金,银行以履行合约保证的方式发放贷款,促成了电影业和银行业的合作,为香港文创产业发展缔结更多成果创造了可能。

(三)吸引创意人才的体制机制

"在文化创意产业的各个领域内,香港拥有众多高水平专业化技术及管理人才,为香港文化创意产业的不断发展奠定了强而有力的人力基础。文化创意产业是以人的创造力为核心的产业,创意人才对于产业的发展极为重要。"[①]香港吸引文创人才的体制机制灵活,具有极强的竞争优势,不同地区和文化背景的人才在香港汇聚、交流和碰撞,大大增强了香港文化创意企业的生机与活力。对于创意人才的引进,香港持有积极开放的态度,各类人才来港发展或定居不存在制度障碍。在创意人才培养上,香港特区政府也是十分重视,对大学生从事创意产业实行每人每月补贴 4000 港元的创业扶持计划。加上"输入内地人才计划"等一系列人才政策的施行,让香港拥有了高水平的文创专业及管理人才队伍,他们或具备企业运营技巧,或有着长期的国际项目经验,抑或在成本控制、国际融资、市场开拓等方面技能精进,为香港文创产业的可持续发展提供了

① 张瀚钰,韩英.深圳对接香港文化创意产业发展研究[J].改革与开放,2015(1):16—18.

坚实的支撑。

（四）创意知识产权保护深入人心

香港是一个法制社会，其独立的司法制度更是为文化创意产业发展提供了法律保障。成立于 1985 年的香港国际仲裁中心，如今已是世界主要仲裁地之一，在金融、商业、建筑及船务等许多领域能为仲裁提供拥有丰富经验的各色专家，包括律师、会计师、工程师、建筑师、银行家等。法治精神、司法制度、知识产权保护的法律体系确保了香港从事文化创意产业的企业或个人不用担心交易的隐性成本，最大化地实现了商业的公平竞争。当然，良好的知识产权环境绝不仅是法律框架内的议题，还需要全社会的行为习惯、道德准则和价值认同的系列支撑，这也是香港创意产业发展中建设"预防远胜于治疗"的知识产权文化的初衷。"在香港地区的知识产权文化实践中，通过多种形式进行知识产权宣传推广和公民教育活动，培养香港市民的知识产权意识，尤其是注重培育企业的知识产权意识，在企业中推广知识资产管理的理念，这些活动对香港社会及中小企业的发展起到了明显的促进作用。"①

三、案例启示

文化创意产业是香港的优势产业之一，其在产业所包含的 11 个界别领域均形成了发展优势，覆盖了香港经济社会的方方面面。"全球创意和设计城市网络正在不断扩张。香港特区政府强调崭新的创意、优秀的设计、设计知识共享、文化交流和国际合作的重要性，实施多项政策和措施，成功推动香港置身国际设计界版图。"②香港文化创意产业的发展，无论是顶层设计、市场健全、产业融合、人才培育还是环境优化上，都有着值得借鉴的宝贵经验。③ 针对内地文化创意产业发展中存在的管理体制不顺畅、政策法规不健全、产业结构待优化、创意人才尚紧缺等诸多问题，香港特区发展文化创意产业的经验提供了弥足珍贵的启示。④

（一）加强政府组织领导，制定产业长远规划

自 20 世纪 90 年代以来，香港进行了大量的文化创意产业发展基础研究，形成了《香港的创意产业》报告（2003 年）、《香港创意产业基线研究》报告（2003

① 张颖露，刘华.香港知识产权文化建设概况[J].中国发明与专利，2013(12):18—20.
② 范莹，王超.香港文化创意产业的发展历程及启示[J].文化创新比较研究，2019,3(29):186—189+194.
③ 赵自芳.香港文化创意产业的经验及对杭州的启示[J].杭州学刊，2016(2):162—169.
④ 俞强.香港文创产业发展对浙江的启示[J].浙江经济，2012(15):42—43.

年)、香港创意指数(2004年)和《就香港经济未来发展、巩固和优化现有支柱产业及发展优势产业的跟进研究》报告(2009年)等在内的一批成果,在文化产业发展规划、知识产权保护和文创产业市场拓展等方面建立起一个全面综合的行动方案,为香港特区政府决策提供了完整丰富的信息支持,有力地保证了香港政府在文创产业政策上的有效性、连贯性和一致性。基于香港的经验,文化创意产业发展中应加强战略研究,做好组织规划和协调,建立政产学研多方参与的产业发展指导委员会,制订产业发展的远景、方向、目标和政策。此外,文化创意产业发展还需健全政策法规,营造政策环境,建立常设机构,推动文创产业工作常态化(责任制)。

(二)完善投融资扶持,发展中小型文创企业

在文化创意产业投融资方面,香港特区政府通过成立产业发展基金的形式对有发展潜力的或富于创新精神的中小微文创企业提供支持,其中香港工业贸易署设有4个资助计划,而创新科技署创新及科技基金设有5个资助计划。早在2004年,香港特区政府就成立了专门基金,设立"设计智优计划",并组建"创意及设计中心",用以扶持新兴的文化创意企业。此外,香港特区政府还通过提供信用保证以保障借贷的形式帮助企业解决融资问题,如出口信用保险(香港信用保险局提供)和中小企业信贷保证计划(香港电影发展局提供)。借鉴香港的经验,文化创意产业发展中可成立不同性质的产业发展基金,不断完善内资与外资相结合、政府投入和社会投入相结合的、多元化多渠道的投融资机制,扶持有发展潜力的企业或人才创业,资助优秀文化创意的产业化。此外,在支持文化产业大集团发展的同时,制定完善中小文创企业的激励和管理体制,加强税收、财政和金融支持,提升中小文创企业的成长力和竞争力。

(三)培养和引进并重,打造文创人才高地

为培养创意产业所需的各类人才,特区政府首先是坚持在教育上的投资,积极培养和开发本地的人力资源:香港八所本地大学和香港演艺学院提供学士学位课程,而香港职业培训委员会和香港生产力促进局以及继续教育学院则负责提供副学士学位、文凭及证书课程,这些教育机构协调配合,为学生搭建了从职业课程到学历文凭的多样化选择。与此同时,香港特区政府还制订了一系列优厚政策以吸纳各方人才,无论是海外人士的移民投资还是内地人才的赴港创业,都能获得积极接纳。基于香港的经验,文化创意产业发展中应在创意人才引进和创意教育改善上多下功夫,建立和完善文化创意人才培养、引进和激励机制,大力引进具有现代产业理念与宏观文化视野、实际经营水平与科学决策能力的复合型高端文创管理人才,着力培养能够从事项目策划、创意研发、媒介

公关、市场运作和国际文化交流与传播的文创专门人才。

(四)健全文创法制建设,切实保护知识产权

相较而言,香港特区的政策与法规清晰且全面,加之严厉的执法措施和普及的公民教育,这些都为香港的知识产权保护提供了良好的土壤。在具体实施层面,香港工商及科技局通信及科技科、知识产权署和香港海关三部门就政策厘定、立法辅助和刑事执法工作分工协调,构建了一个较为完善的知识产权保护框架体系。而从目前全国内文创知识产权保护来看,仍然存在着侵权现象时有发生、缺乏知识产权保护意识、发展方式不够完善和政府监管力度不够强的问题[①],因此,香港较为成熟的政策与法律体系以及先进的知识产权理念对指导新时期文创产业发展可谓大有裨益。基于香港的经验,文化创意产业的知识产权保护一是要加强立法工作,通过法律法规来规范文化创意市场,重塑市场规则秩序,二是要严格执法、有法必依,对伪造、盗版、假冒等知识产权侵权行为依法制裁,三是要强化公众版权意识,从生产、流通和消费的全环节加强对文创知识产权的保护,形成社会各界共治的良好发展生态。

四、延伸阅读

发达国家或地区发展文化创意产业的启示[②]

世界各主要国家或地区文化创意产业均产生于 20 世纪 90 年代,文化创意产业成为各经济体激发经济活力、转变经济结构、提升国家和地区形象的重要途径。韩国、日本、英国、美国、加拿大、澳大利亚、新加坡等国家和地区文化创意产业的发展历程和经验,对发展我国文化创意产业具有重要的学习和借鉴意义。

(一)发展战略上,均将发展文化创意产业上升为国家(地区)战略

韩国 1998 年提出"文化立国"战略,将文化产业作为 21 世纪战略性支柱产业,2010 年成为世界第三大游戏强国,形成"韩国设计"品牌效应。日本 1995 年确立"文化立国"战略,2006 年直指"知识立国",目前日本是世界上最大的动漫王国。英国、新加坡和中国香港地区则是"创意立国(地区)"战略的代表。英国最早提出创意产业概念,2003 年提出"创意英国"战略,10 年间创

---

① 袁新忠.浅析文创产业知识产权保护机制问题与策略[J].法制博览,2020(21):179—180.
② 案例来源:王伟伟.发达国家或地区发展文化创意产业的启示[J].北方经贸,2012(5):137—138.

意产业增长 93%。新加坡 1998 年出台《创意新加坡》计划;2002 年政府制定了《文艺复兴城市 2.0》《设计新加坡》《媒体 21》三个详尽战略计划。还有就是以美国、澳大利亚为代表的"版权战略":20 世纪 70 年代,美国全面实施"版权战略",1996 年始成为全球版权产业最为发达的国家;澳大利亚 2001 年指出"版权产业"包括核心版权产业、部分版权产业、版权分销产业,同时积极发展数字技术产业。

(二)组织机构上,均设置了形式各异的文化创意产业相关机构

韩国设置了全面的文化产业组织机构,主要采取了政府下设专门机构＋行业专门组织＋协会、社团组织的模式。1994 年首次设立"文化产业局",2002 年组建"文化产业支援机构协议会",整合 140 多个由民间自发组织的社团组织,致力于各行业的自律和发展。美国、英国、中国香港等国家和地区主要采取了"政府下设专门机构＋工作小组"的模式。美国设立了完善的版权产业管理组织机构,加强版权监督与保护;英国 1997 年成立"文化、媒体与运动部",成立了"英国创意产业特别工作组"和文化媒体与体育部;中国香港特区政府 2003 年开始成立"文化委员会",2009 年成立"创意香港"办公室,设立 3 亿元"创意智优计划",成立香港文化创意督导委员会,协调和推动有关措施。新加坡 2002 年成立了创意工作小组,专门分析创意产业现状、战略和对策,公布了《创意产业发展战略》,提出经过 10 年发展,使创意产业占 GDP 比例翻一番,到 2012 年创意产业增加值提升到 GDP 的 6%。

(三)产业内涵上,均注重版权但划分标准各异

韩国重点发展以影视、音乐、广播和游戏为主体的内容产业,具体划分为出版业、新闻业、漫画产业等共 17 项;日本重点发展感性产业,包括内容产业、休闲产业和时尚产业三大产业类型 20 个行业,近些年来,数字内容产业增长迅猛;英国创意产业包括广告、建筑、艺术品与古董市场等 13 个行业;美国重点发展核心版权产业、交叉版权产业、部分版权产业和边缘支撑产业;中国香港重点发展三大类 11 个行业,将健身美容、美食、文化旅游等服务业称为创意行业;新加坡创意主要发展文化艺术、设计、媒体及广播三大类;澳大利亚重点发展核心版权产业、分版权产业、版权分销产业。

(四)发展模式上,充分体现了政府与市场的不同作用

一是以韩国、中国香港、加拿大为代表的"政府主导"发展模式。韩国经济是一种政府强烈干预型模式,政府在产业引导、市场保护、扶持大企业集团、创建品牌及开拓国际市场等方面发挥着巨大作用;中国香港特区政府重视创意经济,自 2003 年开始,每年都将创意产业纳入施政报告;加拿大国家主体意识十

分强烈,在国际、国内一切文化艺术活动中维护国家主权是所有加拿大文化艺术机构最高准则。二是以日本为代表的"政府主导与市场引导相结合"发展模式。政府主导产业发展战略和规划,制定"政府指导体制",建立与企业长效沟通机制,成立专项基金,形成官产学模式。三是以美国为代表的"市场主导的商业运作"发展模式。美国政府鼎力扶持版权产业,提供了宽松外部环境和严格法律保障,企业实行商业运营模式。四是以英国为代表的"政府主导,全员参与"和"自下而上的创意产业集群"发展模式。

(五)法律政策上,制定了比较完备的法律法规保障体系和产业支持政策

韩国 1999 年首次制定了《文化产业振兴基本法》,近两年陆续出台《影像振兴基本法》《著作权法》《电影振兴法》等,被废止或修改内容达 70% 左右,保障了文化产业发展各项权益。日本注重知识产权保护,将内容产业发展上升到法律高度。英国专利局设立独立知识产权网站,提供使用者和创作者关于版权、商标、专利及设计等信息促进资讯自由流通。美国则形成了世界最详细的版权保护法律系统。政府先后通过了一系列版权保护法规,形成了全球保护范围最广、相关规定最为详尽的法律系统。在产业政策上,英国、韩国、加拿大等国建立了完整的产业支持政策。英国产业政策最为系统,出台了一系列产业支持政策。韩国制定了详尽的产业和企业发展支持政策,如产业规划、优惠政策、企业税制支援等。加拿大实施文化贸易"举国体制",形成了全社会共同发展文化产业的氛围,制定了减免税、文化经费投入、公共经费资助、社会施援、基金扶助、奖金激励等政策。

(六)人才培养上,人才在文化创意产业发展中起核心作用

一是制定了人才培养专项计划。日本把创意人才培养纳入《知识产权推进计划 2005》,制定海外人才推进计划,并设立专项留学基金;英国政府注重从小培养公民创意才能;中国香港特区 2009 年推出的"设计智优计划"效果十分显著;韩国构建了"文化艺术和文化产业双赢"的人才培养机制,加强艺术学科的实用性教育。二是加大了对人才培养投入。韩国政府在 2000 年至 2005 年共投入 2000 多亿韩元培养创意产业复合型人才;日本经济产业省 2008 年在内容产业上投入 17.0 亿日元;英国政府曾在 3 年内资助 2500 万英镑,实施"发现你的才能"项目;美国开出各种优厚条件,在全球范围内网罗了一大批杰出的创意人才。三是加大了人才培养力度。韩国在首尔、全州等地院校开设了创意产业相关专业共 80 余种;日本许多大学和职业学校都开设有关内容产业的专门学科;美国 30 多所大学纷纷开设了艺术管理专业,注重以创意产品、产业为导向的创意经济人才链的构建,重点培养"创意核心群"。

(七)文化内容上,加强传统文化保护和现代艺术教育

一是对传统文化的保护与传承。韩国政府十分重视保护和发掘本国优秀传统文化,对每项无形文化财产及掌握该绝活的民间艺人都进行编号管理;积极学习中国传统文化和西方科技文化,形成独特的开放文化、创新文化和竞争奋进意识;澳大利亚重视传统文化保护,设有保护文化遗产的专门机构和专项法律,同时政府拨款支持传统艺术和博物馆、图书馆、美术馆等文化设施和机构。二是强化对现代艺术和人文学科的教育和培训。英国政府引导公民充分发展和享受创意生活,制定引导大众发展和享受创意的计划,大力开发"创意公民";新加坡政府注重培养和提升民众创意品质,通过整合艺术和人文科学,使其成为从学前教育到大学的教育核心课程,并建立与社会团体、产业的联系;中国香港重视艺术文化教育,注重艺术产业集群以及艺术教育和培训计划。

(八)投融资机制上,均采取各种方式获得金融支持

韩国采用"官民共同合作"投融资运作方式,以动员社会资金为主,政府和民间共同融资方式,运作"文化产业专门投资组合",文化产业振兴院 2000 年至 2001 年两年期间,成功运作"投资组合"17 项,共融资 2073 亿韩元;同时,国家加大文化产业预算,2000 年首次突破国家总预算 1%,财政投入与文化产业市场规模之间形成了正相关关系。日本政府鼓励多元投融资机制,支持非文化企业和境外资金投入内容产业;成立基金会,由政府和民间共同出资,通过市场运作文化产业项目,民间企业投资比例越来越大。新加坡通过实施"国家协作战略"涵盖各阶层利益,促进创意产业合作伙伴与政府和个人合作;加大对文化基础设施投资,通过发展创意集群进一步提高创意产业经济等。

(九)社会参与上,均重视发挥社会非营利性组织的作用

美国政府对具有创意产业性质的非营利性组织管理形成了良性循环机制。通过适当的免税、基金支持等优惠政策予以扶持,政府通过国家艺术、人文基金会和博物馆学会面向所有符合政策导向的团体进行大资助(投资),特别注重发挥营利组织在进一步支持非营利组织发展中的作用,明确非营利和营利部门组合是城市创意活动得以持续发展并保持高质量的根本。日本拥有发达的中介组织平台,协会组织丰富多彩,几乎每个行业都有自己专门的协会,分工明确,职责清晰,减轻了文化管理部门的监管职责分工;每年进行产业政策的研究,以发现商机、减少交易成本。韩国有 140 多个由民间自发组织的社团组织,致力于各行业的自律和发展。

（十）发展环境上,均鼓励营造宽容开放的文化氛围

英国营造了世界上最为宽容开放的环境。在大伦敦区,居民说着近 300 种语言,人口在 1 万人以上的少数族群社区有 50 多个,创意产业项目有近 200个。新加坡政策充分体现了对多元文化的接受与包容,其文化基础是儒家文化,精神却是西方文化,利用特色文化催生特色产业。澳大利亚政府鼓励文化多元化,鼓励在原有艺术品种上创新,积极引进新艺术品种以丰富文化生活,活跃文化市场。加拿大已经形成了多元文化精神,其移民文化形成了加拿大文化"马赛克"现象,尊重、平等、多样价值取向成为其精神生活内容。此外,国际市场上,各国家和地区均注重全方位的对内对外交流与合作。在基础研究上,各国家和地区均定期发布行业报告。英国是世界上第一个持续六年公布《创意产业发展报告》的国家;美国定期发布版权产业发展报告,每一两年发表系列报告,纽约、洛杉矶等地也先后公布了创意产业发展报告,描述创意产业发展规模及其对美国经济的影响。

五、思考讨论

（一）新环境下时尚业的转型发展

城市较高的对外开放水平,就意味着更少的对外壁垒,这毫无疑问有助于引进跨地区的甚至是国外的时尚产品、消费者和人才。时尚品牌对其品牌及商品的排他性(或称之为独占性)尤为强调,这既与商品的价格有关,与商品销售场所的可达性同样有关。当下,内地跨境电商迅猛发展形成了传统供销体系的"去中介化",这对香港引以为豪的传统贸易枢纽角色造成极其严峻的挑战,而人力成本的高企同时也让香港时尚产业涉入跨境电商领域的步伐严重滞后。为应对发展内地市场的僵局,卓悦(Bonjour)、莎莎(Sasa)等化妆品连锁商与恒生银行、银联等积极展开合作,抛出大幅优惠折扣以谋求挽救颓势。在香港旅游局发起的官方宣传推广中,高档商场购物游(以国际一线化妆品销售为主)作为旅游重点项目被列入政府推介目录,在复活节、圣诞节以及农历新年前夕欢迎世界游客前来。①

除了大规模的折扣促销优惠,新环境下香港时尚业如何转型发展,谈谈你的看法。

---

① 陈文晖,刘雅婷.香港时尚产业发展研究[J].中国纺织,2018(7):138—141.

(二)文化创意产业区域协同发展

传统行业在全球金融危机中遭受了严重打击,而文化创意产业却出人意料地展现出极强的韧性和旺盛的生命力,成为危机时刻拉动经济恢复和增长的新动力。粤港澳地区作为重要的经济区,对我国经济的发展贡献巨大。广东省产业基础坚实,经济实力常年位居全国榜首,先进的工业制造业为当地文创产业发展奠定了产业基础;香港是亚洲重要的金融中心,历经金融危机的洗礼,经济转型发展仍有待突破"瓶颈";澳门素有"东方蒙地卡罗"之称,"赌风"盛行虽然带来了不菲收益,但房价攀升、人口拥挤、贫富差距拉大、辍学率升高等一系列社会问题却不可小觑。

粤港澳三地文创产业发展各具优势,如能打破地域界限,利用各地方的优势资源互动协作、取长补短、融合发展,必将为三地文创产业共赢发展提供新的强大动力。与此同时,融合发展也将有利于各地间加强交流学习、共享宝贵经验与先进技术,真正起到优化和提升各地产业发展水平的作用,这将不仅带来直接的经济效益,对三地产业升级也将带来好处。对粤港澳三地而言,文化创意产业融合是实现大湾区文化创意产业协同发展、实现共赢的现实之举。①

就粤港澳大湾区文化创意产业融合发展谈谈你的建议。

(三)新时期艺术村文化创意与社群互动

《在地知识》作者、人类学家吉尔兹(Clifford Greedz)曾在其论著中指出:艺术是文化体系的本质和基础,文化的书写与诠释也须从艺术家的作品中探究,从艺术中,可觉察到某一民族文化中的规范、社会关系与价值系统。

在西方,艺术家与社会参与的较早论述可追溯至1978年波登(Su Braden)出版的著述《艺术家与民众》,作者在该书中对20世纪70年代的社群艺术运动有着诸多剖析,并指出民众而非政府机关才是创造文化的真正主体。艺文发展与文化政策不应只发展精英艺术,而应从社群艺术文化和社会大众文化入手,并努力寻求两者之间的平衡发展。英格兰艺术委员会于1997年委托马塔拉苏(Francois Matarasso)完成的《有效或装饰:艺术参与的社会动机》研究报告有针对性地揭示了社会改革中艺术的影响:艺术的目的并非在于财富创造,而更多的是在创造一个更自信、稳定与富有凝聚力及创造力的社会。艺术活动的价值不仅仅是反映社会的变迁,艺术活动的大众参与更有助于创建一个自

---

① 范宇鹏.粤港澳地区文化创意产业现状与融合——基于价值链视角[J].经营与管理,2015(12):27—29.

觉且自我认同并富有文化创意的社会大环境。英国著名艺术家约翰·雷森（John Latham）拥有着相似的主张，他认为：艺术家应主动参与社群并积极介入社会权力机构，而不是孤立于社会成为边缘人。在这一思想指导下，他于20世纪60至80年代推动艺术家安置团体，并联合欧洲其他艺术家开展了艺术家参与社群的一系列艺术运动，其行动影响了艺术界、社区、政府部门、教育机构以及营利与民间单位等。

纽约观念艺术家柯书思（Joseph Kosuth）先后提出了"在哲学之后的艺术"（1969年）和"作为人类学者的艺术家"（1975年）的观念。其认为，从本质上看，当代艺术家逐渐开始具有知识分子的特质，他们成为意义和文化书写的代理人及媒介，他们参与文化活动就像人类学家及哲学家，在诸多艺术介入社群的活动当中，透过艺术家自身与观众的连结以及艺术作品通过展览与观众的接触，人与人的关系链接较之以往变得更有影响力。艺术的发展使地方文化得以扎根，也令大众文化的纪录与建构生生不息。当艺术家介入一个社群或社区之中，其独具的艺术语言能够引领公众重新发现日常生活之美，反省周遭文化与环境，由此艺术足以产生带动社会变迁的力量。

艺术村科学合理的营建与开放能实现艺术与配套产业多方共赢的局面。但现实情况是，多次转型的内地艺术村大多仍处于自我管理、自发集聚的初始阶段，缺少规划与指导，艺术发展基金捉襟见肘，人文旅游也是零散无序，发展的长远定位更是模糊不清。艺术活动不应只在美术馆、音乐厅、戏剧院等固定场所被欣赏，艺术存在于人们的日常生活之中，当艺术家与艺术活动更加自由解放时，人们可以更加了解自我的文化与形象，并透过艺术来实现自我表达与反省，最终让每个艺术活动参与者也成为艺术发展的一部分。因此，对地方政府、业界、艺术家、学界而言，有必要联合起来一同打造起和谐、新型的艺术村落，展望未来，艺术介入社群也将发挥越来越重要的作用。[①]

艺术村文化创意与社群互动在新时期有何现实价值？如何进一步促进艺术村文化创意与社群互动？谈谈你的理解。

① 赵澄,邵晓峰.香港艺术村文化创意与社群互动研究[J].福建论坛（人文社会科学版）,2016(6)：151—157.

参考文献

一、学术著作

[1] Einav G, Carey J. Is TV dead? Consumer behavior in the digital TV environment and beyond[A]//Television goes digital[M]. New York: Springer,2009:115—129.

[2] Horkheimer M, Adorno T W, Noeri G. Dialectic of enlightenment[M]. Stanford:Stanford University Press,2002.

[3] Landry C. The creative city:A toolkit for urban innovators[M]. London: Earthscan,2012.

[4] 艾伦.J.斯科特.城市文化经济学[M].董树宝,张宁,译.北京:中国人民大学出版社,2010.

[5] 爱德华·赫尔曼,罗伯特·麦克切斯尼.全球媒体:全球资本主义的新传教士[M].甄春亮,等译.天津:天津人民出版社,2001.

[6] 安德鲁·古德温,加里·惠内尔.电视的真相[M].魏礼庆,王丽丽,译.北京:中央编译出版社,2001.

[7] 陈楠.会展业概论[M].北京:北京大学出版社,2014.

[8] 黛博拉·史蒂文森.文化城市:全球视野的探究与未来[M].董亚平,何立民,译.上海:上海财经大学出版社,2018.

[9] 何建平.好莱坞电影机制研究[M].上海:上海三联书店,2006.

[10] 亨利·列斐伏尔.空间:社会产物与使用价值[M].王志弘,译.上海:上海教育出版社,2003.

[11] 理查德·佛罗里达.创意阶层的崛起[M].司徒爱勤,译.北京:中信出版社,2010.

[12] 理查德·佛罗里达.新城市危机:不平等与正在消失的中产阶级[M].吴楠,译.北京:中信出版集团股份有限公司,2019.

[13] 隆·莱博.思考电视[M].葛忠明,译.北京:中华书局,2005.

[14] 鲁思·本尼迪克特.菊与刀[M].吕万和,熊达云,王智新,译.北京:商务印书馆,2009.

[15] 毛少莹.悉尼歌剧院的经营管理经验及启示[A]//张晓明,胡惠林,谢绳武,章建刚,江蓝生.2006年:中国文化产业发展报告[C].北京:社会科学文献出版社,2006.

[16] 牛维麟.国际文化创意产业园区发展研究报告[M].北京:中国人民大学出版社,2007.

[17] 帕克(Park,R.E.),等.城市社会学[M].宋俊岭,等译.北京:华夏出版社,1987.

[18] 乔治·罗德曼.认识媒体[M].邓建国,译.北京:世界图书出版公司,2010.

[19] 日下公人.新文化产业论[M].范作申,译.北京:东方出版社,1989.

[20] 施拉姆(W.Schramm),波特(W.E.Porter).传播学概论[M].陈亮,等译.北京:新华出版社,1984.

[21] 孙福良.创意产业基础理论研究[M].上海:学林出版社,2014.

[22] 吴琼.文化创意产业概论[M].北京:中国经济出版社,2010.

[23] 新渡户稻造.武士道[M].张俊彦,译.北京:商务印书馆,2009.

[24] 约翰·霍金斯.创意生态:思考在这里是真正的职业[M].林海,译.北京:北京联合出版公司,2011.

[25] 张英进.多元中国:电影与文化论集[M].南京:南京大学出版社,2012.

[26] 张政.电视传播多维透视[M].北京:北京广播学院出版社,2001.

[27] 中共杭州市委宣传部,杭州市文化创意产业办公室.杭州文化创意产业发展报告(2018年)[M].杭州:杭州出版社,2019.

二、硕博论文

[1] 毕悦.论日本动漫的受众拓展研究[D].南京:南京艺术学院,2018.

[2] 柴渊哲.承接国际服务外包竞争力比较研究[D].大连:东北财经大学,2012.

[3] 陈峰.海西软件产业集群发展战略研究[D].福州:福州大学,2014.

[4] 陈亮."制片人中心制"电影流程管理在家具设计项目管理中的应用[D].长沙:中南林业科技大学,2018.

[5] 陈希.意大利时尚产业文化[D].北京:对外经济贸易大学,2007.

[6] 陈燕.世纪之交的中国艺术产业[D].福州:福建师范大学,2007.

［7］陈颖.创意产业集聚区环境对创意企业竞争优势的作用机制研究［D］.上海：东华大学，2011.

［8］丁艳春.基于产业融合理论的文化创意产业发展研究［D］.景德镇：景德镇陶瓷学院，2011.

［9］董崇悦.战后美国知识产权对外保护战略研究［D］.长春：吉林大学，2011.

［10］杜楠楠.文化创意产业集聚对制造业效率的影响研究［D］.天津：天津财经大学，2018.

［11］葛永娇.软件产业发展模式驱动因素分析研究［D］.西安：西安电子科技大学，2008.

［12］郭颖庭.关于财政支持文化创意产业发展问题的研究［D］.北京：首都经济贸易大学，2018.

［13］侯博.基于资源产业的文化创意产业研究——以北京市为例［D］.北京：中国地质大学，2009.

［14］胡德江.山东省文化企业集群化发展战略研究［D］.济南：山东大学，2013.

［15］黄斌.北京文化创意产业空间演化研究［D］.北京：北京大学，2012.

［16］黄玉妹.我国现代会展业的功能研究［D］.福州：福建师范大学，2011.

［17］金泰勋.韩国游戏企业进军中国市场的策略研究［D］.哈尔滨：哈尔滨工业大学，2018.

［18］孔舰.软件外包理论分析与实证研究［D］.北京：中国人民大学，2008.

［19］李丽娜.政府营销在城市会展发展中的作用分析［D］.长春：吉林财经大学，2007.

［20］李念之.创意产业哲学研究［D］.北京：中共中央党校，2007.

［21］李琦靓.从文化产业视角看中国表演艺术产业化的困境与出路［D］.厦门：厦门大学，2014.

［22］李琼.美国、日本动漫产品全球渗透与中国动漫产业发展及文化安全研究［D］.桂林：广西师范大学，2013.

［23］李小琪.厦门市政府会展业政策研究［D］.厦门：厦门大学，2011.

［24］李艳丽.中美艺术类网站网络营销对比分析［D］.昆明：云南艺术学院，2010.

［25］李月珍.米高梅破产的个案研究［D］.重庆：西南大学，2012.

［26］林玉娴.日本动漫的全球扩散与日本文化输出战略［D］.广州：暨南大学，2007.

［27］刘嫦娥.日本动漫产业国际营销问题研究［D］.哈尔滨：黑龙江大学，2014.

［28］刘翔宇.中国当代艺术品交易机制研究［D］.济南：山东大学，2012.

[29] 刘筱柳.会展经济论[D].成都:四川大学,2008.

[30] 马天艺.日本东映动画公司国际化经营问题研究[D].哈尔滨:黑龙江大学,2015.

[31] 沈菲.布鲁诺·蒙古齐的设计研究[D].杭州:中国美术学院,2013.

[32] 孙胜南.我国艺术品交易市场政府监管问题研究[D].天津:天津财经大学,2017.

[33] 汤凯青.三维游戏动画角色设计的研究和探索[D].上海:同济大学,2007.

[34] 田巧芳.北京市文化创意产业的发展模式研究[D].北京:中国地质大学,2008.

[35] 万晓丹.对中国文化创意品牌的认识与思考[D].大连:大连工业大学,2013.

[36] 汪菲.网络嵌入视角下创意产业区演化机理研究[D].北京:对外经济贸易大学,2014:35.

[37] 王炳淇.我国电子竞技品牌创建研究[D].长沙:湖南师范大学,2018.

[38] 王昆仑.基于城市品牌的会展经济及其战略应用研究[D].天津:南开大学,2008.

[39] 王三银.南京文化创意产业发展模式研究[D].南京:南京航空航天大学,2009.

[40] 王玉莹.地方政府对旅游危机事件的应急管理研究[D].沈阳:沈阳师范大学,2019.

[41] 吴威.创意产业与区域经济增长互动发展研究[D].长春:吉林大学,2014.

[42] 杨益永.北京文化创意产业集聚的实证研究[D].北京:首都经济贸易大学,2014.

[43] 殷小溪.意大利米兰地区独立式时装店的建筑设计研究[D].西安:西安建筑科技大学,2018.

[44] 于晓东.服务外包业产业集群聚集机制的理论与实证研究[D].沈阳:东北大学,2013.

[45] 于兴伟.爱尔兰服务外包的发展及对中国的启示[D].天津:天津财经大学,2010.

[46] 曾婧婧.爱尔兰软件产业发展要素及其支撑体系研究[D].武汉:华中科技大学,2008.

[47] 周宜群.中国国际工业博览会服务营销策略研究[D].南宁:广西大学,2018.

[48] 庄梦丹.国际秀场的展示风格研究[D].北京:北京服装学院,2015.

三、期刊论文

[1] cici zhang,班博.超越平凡的设计[J].设计,2012(9):130—137.

[2] Emma."再创造"而非"再设计"[J].设计,2018(16):28—35.

[3] Montgomery J. Cultural quarters as mechanisms for urban regeneration. Part 2:A review of four cultural quarters in the UK,Ireland and Australia [J]. Planning,Practice & Research,2004,19(1):3—31.

[4] 埃齐奥·曼齐尼,辛向阳,孙志祥.创事:社会创新与设计[J].创意与设计, 2017(3):4—8.

[5] 案例来源:陈薇薇.从798艺术区看城市旧工业厂区的再生[J].家具与室内 装饰,2015(5):22—23.

[6] 案例来源:高骞.上海时尚产业政策研究[J].科学发展,2009(10):87—95.

[7] 案例来源:刘泰山,江南,禹伟良.筑梦"第四产业"——探寻杭州深圳文化创 意产业发展之路[J].当代贵州,2012(26):56—57.

[8] 案例来源:马雪萍.金字塔旅游开发和营销理念的启示[J].旅游科学,2000 (3):25—28+46.

[9] 案例来源:王伟伟.发达国家或地区发展文化创意产业的启示[J].北方经 贸,2012(5):137—138.

[10] 案例来源:王学思."创意"澳大利亚研究[J].山东图书馆学刊,2014(2): 50—53.

[11] 案例来源:张晓明,徐丽莎.论德国会展业"长盛不衰"的七大优势[J].未来 与发展,2016,40(5):27—33.

[12] 白远.论文化创意产业投资的行业界定和发展条件[J].国际贸易,2007 (11):28—31.

[13] 卜彦芳,陈元元.以动养动:日本动漫企业运营模式探析——以虫制作公司 和吉卜力工作室为例[J].现代传播(中国传媒大学学报),2010(9): 92—94.

[14] 蔡春霞.公共文化产品服务的现状调查——以北京市为例[J].北京印刷学 院学报,2020,28(5):62—69.

[15] 蔡荣生,王勇.国内外发展文化创意产业的政策研究[J].中国软科学,2009 (8):77—84.

[16] 曹珊,王琢.北京顺义文化创意产业空间优化策略研究[J].城市规划, 2019,43(6):34—39.

[17] 常任琪,薛建新.美国和韩国电子竞技产业发展及启示[J].体育成人教育学刊,2020,36(2):56—59.

[18] 常悦.中国电视软实力还太"软"[J].青年记者,2009(3):35.

[19] 陈冬.北京市文化创意产业发展的实践与探索[J].北京社会科学,2008(1):8—15.

[20] 陈汉欣.深圳文化创意产业的新跨越[J].经济地理,2012,32(3):1—8.

[21] 陈佳靓.国内外城市文化创意人才培养探究——以伦敦和上海为例[J].教育现代化,2019,6(57):17—19.

[22] 陈丽娟,王大智.从介入文学到文化民主——法国作家安德烈·马尔罗与儒道思想关系探究[J].社科纵横,2016,31(10):144—147.

[23] 陈琳,高德强.英国文化创意产业发展的经验与启示[J].四川省干部函授学院学报,2016(3):5—10.

[24] 陈淑萍.文化创意商品知识产权保护与管理[J].安徽电子信息职业技术学院学报,2018,17(5):102—104.

[25] 陈淑荣.欧洲文化产业发展及其对河北省的借鉴作用[J].商业时代,2013(19):130—132.

[26] 陈维民,李光全.世界城市发展趋势和我国建设世界城市的意义[J].城市,2015(10):10—17.

[27] 陈文晖,刘雅婷.香港时尚产业发展研究[J].中国纺织,2018(7):138—141.

[28] 陈晓倩.堪比大片的美剧[J].西部广播电视,2007,3(3):77.

[29] 储双月.2018年美国电影的社会实践价值与发展趋势[J].艺术评论,2019(4):121—131.

[30] 褚劲风.东京动漫产业集聚空间组织与空间优化研究[J].世界经济研究,2009(6):74—79+89.

[31] 崔佳琦,王松,邢金明.我国电子竞技赛事运作发展研究[J].河北体育学院学报,2019,33(5):40—44.

[32] 崔家华."向自然学习"的当代博物馆展示空间——意大利贝尔托尼博物馆展示设计[J].设计,2018(15):30—32.

[33] 崔君.文化资本视域下的北京文化创意产业发展研究[J].中国经贸导刊,2019,(2):102—104.

[34] 邓文君.数字时代法国文化创意产业的创意环境构建研究[J].深圳大学学报(人文社会科学版),2014,31(6):141—145.

[35] 丁丁.论艺术品拍卖的起源与发展[J].艺术科技,2016,29(10):405—406

+425—426.

[36] 董笑妍.2016 秋冬上海时装周构筑时尚产业生态圈[J].纺织服装周刊，2016(15):12.

[37] 杜杨.英国政府对文化创意产业集群发展支持模式研究[J].企业导报，2016(9):173—174.

[38] 段杰,张智立.城市创意产业竞争力实证分析——以深圳为例[J].上海金融学院学报,2013(6):95—104.

[39] 段晓旭,孟欣源.艺术品投资:风险与规避[J].人文天下,2020(3):44—51.

[40] 兑浩建.中国电子竞技运动的发展模式研究——基于中韩对比的视角[J].四川体育科学,2020,39(1):13—17+22.

[41] 范莹,王超.香港文化创意产业的发展历程及启示[J].文化创新比较研究,2019,3(29):186—189+194.

[42] 范宇鹏.粤港澳地区文化创意产业现状与融合——基于价值链视角[J].经营与管理,2015(12):27—29.

[43] 范宇鹏.粤港澳地区文化创意产业现状与融合——基于价值链视角[J].经营与管理,2015(12):27—29.

[44] 冯根尧.论中国文化创意产业的国际化战略转型[J].当代经济,2009(9):78—79.

[45] 弗雷德里·瓦瑟著,徐进毅、段远东译.好莱坞就是美国吗？美国电影产业的跨国化[J].世界电影,2014(4):176—192.

[46] 高静.公共文化服务需求表达机制缺陷及对策分析[J].经济师,2020(6):222—225.

[47] 高丽珺,方刚.文化创意企业国际化路径分析[J].商场现代化,2016(29):2—3.

[48] 高文知.德国会展业发展原因探究[J].北京电力高等专科学校学报:社会科学版,2011,28(18):257—258.

[49] 苟世祥,陶楠.美国电视剧产业运作的启示[EB/OL].http://blog.sina.com.cn/s/blog-5409f06b0100fgda.html,2009-09-11.

[50] 顾蓓蓓."践行"在意大利历史文物保护基础教学中的培养——以米兰国立美术学院历史文物保护专业为例[J].中外建筑,2018(3):33—36.

[51] 顾江,阮南燕,周锦.文化产业:制度创新、审美衍生与文化战略[J].马克思主义美学研究,2009,12(2):77—92.

[52] 关世杰.把握世界文化发展趋势 寻求中国文化发展对策[J].国际新闻界,2002(1):10—16.

［53］郭春春.黑龙江省沿边开放带发展服务外包业存在的问题及对策［J］.黑龙江对外经贸,2010(12):9—10.

［54］郭强.比较与启示:从英国创意阶层的崛起看我国高校文化产业人才培养模式［J］.黑龙江高教研究,2017(7):16—21.

［55］郭玉军,王岩.法国文化遗产保护立法的沿革、特点及对中国的启示［J］.武大国际法评论,2020,4(1):71—97.

［56］韩静.政府在产业发展中的作用探析——对印度软件产业兴起的思考［J］.产业与科技论坛,2008(1):255—256.

［57］韩明勇,张琲.浅析国内外动漫产业商业模式［J］.特区经济,2010(3):95—97.

［58］韩女子.以艺术之名游巴黎［J］.防灾博览,2014(6):78—85.

［59］韩祥芝.爱尔兰信息通信技术产业发展概况及问题分析［J］.现代商贸工业,2019,40(24):43—44.

［60］韩祥芝.爱尔兰信息通信技术产业发展概况及问题分析［J］.现代商贸工业,2019,40(24):43—44.

［61］韩祥芝.爱尔兰信息通信技术产业发展概况及问题分析［J］.现代商贸工业,2019,40(24):43—44.

［62］韩晓宁,杨毅.优质数字内容与全球资本运营:时代华纳新时期战略研究［J］.中国出版,2017(4):64—67.

［63］何骏.中国发展服务外包的模式研究［J］.求索,2008(6):1—4.

［64］侯利民.推进杭州影视产业跨越式发展［J］.浙江经济,2016(12):52—53.

［65］胡颖颖.推进公民道德建设和提高公民文化素养研究［J］.佳木斯职业学院学报,2015(1):56＋62.

［66］花建.中国艺术品产业的发展战略——迈向"十三五"的国际视野和中国路径［J］.上海财经大学学报,2015,17(5):57—70.

［67］黄春平.创意经济兴起的文化、技术及产业背景解析［J］.浙江传媒学院学报,2014,21(6):43—46.

［68］黄辉.巴黎文化产业的现状、特征与发展空间［J］.城市观察,2009(3):28—37.

［69］黄永林.文旅融合发展的文化阐释与旅游实践［J］.人民论坛·学术前沿,2019(11):16—23.

［70］黄玉蓉,车达.法国文化资助制度运作特点及其对中国的启示［J］.深圳大学学报(人文社会科学版),2015,32(5):110—115.

［71］黄志锋.创意产业价值链的运行与演化形成［J］.河北地质大学学报,2017,

40(2):52—57.

[72] 汲晓辉."意大利制造"印记下的艺术设计教育特点与优势[J].美术教育研究,2018(18):70—71.

[73] 健湘.创新是我们的座右铭——2013米兰国际家具展速递[J].家具与室内装饰,2013(4):90—93.

[74] 姜滨,朴彦.日本动漫文化特征及其传播策略[J].艺术研究,2012(3):124—125.

[75] 姜国峰.美国、英国和日本文化自信的经验比较[J].新丝路,2020(8):254—255.

[76] 姜鸣.创意米兰[J].创意设计源,2011(3):2+1.

[77] 蒋聚波,何立.创意设计之市场价值的实现与转化[J].浙江树人大学学报(人文社会科学版),2014,14(3):47—50.

[78] 焦钰涵.一个价值17亿美元全球产业 看全球电竞行业人才缺口[J].求贤,2019(12):40—43.

[79] 金轲,王昕.大力发展文化产业的产业政策研究——以电竞产业为例[J].经济研究参考,2017(56):58—64.

[80] 金乃玲,高建.以米兰垂直森林为例简析高层绿化的发展趋势[J].建筑与装饰,2018(5):138—139.

[81] 金然.跨界:2010德国红点产品设计奖[J].设计,2010(8):22—29.

[82] 金韶,黄翀.日本动漫产业的IP运营模式和经验启示[J].传媒,2018(24):53—56.

[83] 孔建华.北京文化创意产业集聚区发展研究[J].中国特色社会主义研究,2008(2):90—96.

[84] 孔令刚,蒋晓岚.基于产业融合视角的文化创意产业发展战略[J].华东经济管理,2007(6):49—52.

[85] 寇垠.我国演出行业票价形成机制研究[J].价格理论与实践,2016(3):75—78.

[86] 李兵磊.深圳文化创意产业园区发展研究[J].现代商贸工业,2014,26(10):5—6.

[87] 李程骅,赵曙明.发达国家创意人才的培养战略及启示[J].南京社会科学,2006(11):1—5.

[88] 李昳,张向前.英国适应创新驱动的科技人才发展机制对中国的启示[J].科技与经济,2017,30(1):76—80.

[89] 李芙蓉,李常庆.日本超人气动漫作品在中国传播的新特征[J].现代出版,

2019(1):87—90.

[90] 李华伟.文化和旅游融合的国际经验启示[J].洛阳师范学院学报,2019,38
(7):18—21+32.

[91] 李辉.爱尔兰服务外包产业发展的经验[J].全球化,2014(4):87—
96+134.

[92] 李佳.意大利的汽车造型设计[J].汽车与安全,2003(8):31—34.

[93] 李佳钦.深圳发展文化创意产业的经验对汕头的启示[J].潮商,2016(6):
63—65.

[94] 李佳钦.深圳发展文化创意产业的经验对汕头的启示[J].潮商,2016,(6):
63—65.

[95] 李建强.高科技时代电影娱乐价值意义的确认及其尺度[J].未来传播,
2019,26(1):65—70.

[96] 李丽萍,杨京钟.英国文化创意产业税收激励政策对中国的启示[J].山东
财经大学学报,2016,28(2):48—54.

[97] 李梦雨.文创产业知识产权运营及其法律规制研究[J].品牌研究,2020
(4):17—18.

[98] 李明超.创意城市与英国创意产业的兴起[J].公共管理学报,2008(4):
93—100+127.

[99] 李萍萍.埃及的旅游环境影响、环保举措及启示[J].和田师范专科学校学
报,2009,28(3):26—27.

[100] 李书峰,刘畅."一带一路"背景下沿线国家电商物流的渠道选择与发展
[J].价格月刊,2020(3):72—76.

[101] 李显波.洛杉矶和旧金山的不同发展轨迹对上海的启示[J].科学发展,
2019(11):21—27.

[102] 李昕烨,罗紫初.文化市场体系对文化产业发展的支持机制与机理研究
[J].湖北民族学院学报(哲学社会科学版),2016,34(2):91—93+107.

[103] 李阳,郁东,肖俊.数媒经济时代杭州影视产业发展对策研究[J].杭州研
究,2015(3):203—209.

[104] 李宗桂.文化自觉与文化发展[J].中山大学学报(社会科学版),2004(6):
161—165+266.

[105] 理想生活实验室.世界设计潮流的"风向标"4月米兰全城皆设计[J].工
业设计,2017(4):12—13.

[106] 厉无畏.建设创意城市与发展会展业[J].国际经贸探索,2012,28(8):
4—11.

[107] 梁剑.论爱尔兰软件信息服务业发展历程[J].科技管理研究,2010,30(5):179—181+173.

[108] 梁剑.论爱尔兰软件信息服务业发展历程[J].科技管理研究,2010,30(5):179—181+173.

[109] 梁明洪.论中国文化产业品牌战略[J].西南民族大学学报(人文社科版),2007(8):113—115.

[110] 梁钦.中国电子竞技亟需品牌突破[J].每周电脑报,2006(18):10—11.

[111] 刘北辰.探析印度的IT产业[J].中外企业文化,2015(8):36—37.

[112] 刘贝琳.以4C为基础的电影品牌整合营销传播特点[J].中国电影市场,2018(12):19—21.

[113] 刘晖.埃及旅游业,飘摇中的"热气球"[J].世界知识,2013(7):50—51.

[114] 刘杰,胡春凌.生生不息的文化活力——法国文化产业发展现状与趋势[J].世界文化,2017(4):4—8.

[115] 刘晶.恐怖主义对埃及旅游业的影响及政府的应对措施[J].内蒙古民族大学学报(社会科学版),2011,37(3):69—72.

[116] 刘明阳."哈利·波特"的成功因素分析及启示[J].出版广角,2016(5):63—65.

[117] 刘平.国外创意城市的实践与经验启示[J].社会科学,2010(11):26—34.

[118] 刘勤.共建上海时尚明天[J].纺织服装周刊,2015(16):42.

[119] 刘飒.美国电视剧的商业模式[J].中国广播影视,2008(9).

[120] 刘义星.韩国游戏产业凭什么火[J].宁波经济(财经观点),2019,(3):51—52.

[121] 刘勇,杜俊良.区域创意产业创意阶层培育机制研究[J].广义虚拟经济研究,2018,9(4):44—50.

[122] 流水时光.紫藤道的秘密热播剧同名游戏《绝望的主妇》揭密[J].数字通信,2007(7):72—76.

[123] 陆静.画廊业:无奈停摆,何以安身?[J].艺术市场,2020(4):22—25.

[124] 吕丹.好莱坞、宝莱坞的发展及国际化的共同经验探究[J].新闻世界,2015(7):205—207.

[125] 吕洁.时尚创意产业:上海经济转型的战略引擎[J].中国市场,2010(35):73—76.

[126] 吕洁.时尚创意产业:上海经济转型的战略引擎[J].中国市场,2010,(35):73—76.

[127] 吕玉贵.世界博览会场馆设计中教育理念的应用与分析[J].科学教育与

博物馆,2019,5(2):163—167.

[128] 马春辉,黎明,晏茜.深圳文化创意产业集群发展问题[J].开放导报,2013
(6):94—96.

[129] 马凤娟."互联网＋"语境下文化创意产业价值链的重构[J].中国文化产
业评论,2016,23(1):142—153.

[130] 马云.马云:世界重新洗牌,看懂未来的几条建议[J].中国企业家,2018
(13):16—17.

[131] 马运朋,孙海英.中韩游戏产业发展对比研究[J].网络财富,2009(7):
188—189.

[132] 曼纽尔·卡斯特,戈岳,高向平.城市化[J].国外城市规划,2006,21(5):
7—14.

[133] 毛里齐奥·卡尔塔,胡敏.意大利创意城市:新景象与新项目[J].国际城
市规划,2012,27(3):42—48＋53.

[134] 梅峰.新技术和好莱坞的生意经[J].电影艺术,2000(4):115—116.

[135] 孟实.深圳文化创意产业振兴发展规划的借鉴意义[J].群众,2012(1):
81—82.

[136] 缪学为.英国创意产业发展的经验与启示[J].人文天下,2015(21):
28—34.

[137] 南华.性别政治与娱乐经济——2000 年后美国女性电视剧发展之路[J].
当代电影,2008(12):101—104.

[138] 牛方,徐乐中."度"量米兰的时尚"三围"[J].中国纺织,2015(11):
112—114.

[139] 潘源.2019 年美国电影产业发展报告[J].电影艺术,2020(2):49—57.

[140] 裴东霞.我国跨境电商运行绩效评价与提升策略——基于跨境电商综合
试验区样本数据的分析[J].商业经济研究,2020(6):145—148.

[141] 裴睿.金融恐怖主义与我国的应对措施[J].经营与管理,2019(9):7—12.

[142] 裴永刚.英国传媒产业发展现状、问题及趋势分析[J].编辑之友,2018
(5):101—106＋112.

[143] 彭侃.2018 年北美电影产业发展报告[J].电影艺术,2019(2):46—52.

[144] 彭立勋,黄发玉,乌兰察夫.创意城市建设与城市转型发展——深圳的创
意城市发展之路[J].广西城镇建设,2010(12):24—26.

[145] 彭亮."米兰"——从国际家具展到创意设计城——2010 米兰国际家具展
设计趋势分析及对中国家具产业的启示[J].设计,2010(7):53—63.

[146] 彭亮."再迎盛事"——从国际家具展到创意设计城——2010 米兰国际家

具展设计趋势分析及对中国家具产业的启示[J].家具与室内装饰,2010 (6):52—57.

[147] 彭婷婷.英国文创地产的启发[J].城市开发,2019(12):78—79.

[148] 祁述裕,孙博,孙凤毅.论文化市场[J].福建论坛(人文社会科学版),2015 (2):51—58.

[149] 千里岩.埃及恐怖活动加剧,警方应对困难重重[J].现代世界警察,2018 (8):4—5.

[150] 钱志中.价值链的动态演进与美国电影产业的持续竞争优势[J].世界经济与政治论坛,2008(6):106—111.

[151] 钱紫华,闫小培.好莱坞电影产业集聚体的演进[J].世界地理研究,2009, 18(1):118—128.

[152] 尚继媛.埃及政府文化遗产保护举措[J].文物工作,2002(8):41—42.

[153] 邵甬,阮仪三.关于历史文化遗产保护的法制建设——法国历史文化遗产保护制度发展的启示[J].城市规划汇刊,2002(3):57—60+65—80.

[154] 盛垒.北京发展创意产业的战略意义、比较优势及其应对策略[J].北京社会科学,2005(3):72—80.

[155] 石光宇.东京全球城市的形成及其功能考察[J].日本研究,2014(3): 45—50.

[156] 舒叶.法国电影产业国家资助体系浅析[J].东方电影,2011(10):70—73.

[157] 宋淑运.蓬勃发展的埃及旅游业[J].阿拉伯世界,1991(2):70.

[158] 宋树德,林澄昀.意大利城市街道家具启示[J].绿色环保建材,2017(5): 248.

[159] 宋树德,林澄昀.意大利城市街道家具启示[J].绿色环保建材,2017 (5):248.

[160] 宋煜,胡晓鹏.浅析上海时尚产业发展路径选择[J].企业经济,2011,30 (10):130—133.

[161] 宋煜,胡晓鹏.浅析上海时尚产业发展路径选择[J].企业经济,2011,30 (10):130—133.

[162] 孙勤燕,刘才金.韩国电子竞技发展的特点及其对我国的启示[J].体育科技文献通报,2020,28(6):120—121+124.

[163] 孙微,杨沙沙.创意经济,帮英国华丽转身[J].中国中小企业,2015(4): 74—75.

[164] 孙燕.法国印象派与现代艺术品交易商的兴起[J].美术教育研究,2012 (21):52—53.

[165] 谭文浩,王婷.浅谈米兰垂直森林对中国城市发展生态意义[J].现代园艺,2017(3):95—96.

[166] 唐忆文,詹歆晔,蔡云,屠烜.国际时尚产业发展趋势及上海借鉴[J].上海文化,2013(4):66—72.

[167] 唐忆文,詹歆晔,蔡云,屠烜.国际时尚产业发展趋势及上海借鉴[J].上海文化,2013(4):66—72.

[168] 唐忆文,詹歆晔,蔡云,屠烜.国际时尚产业发展趋势及上海借鉴[J].上海文化,2013(4):66—72.

[169] 唐莹莹,赵宗.发达国家文化中心城市建设的经验及对北京的启示[J].北京联合大学学报(人文社会科学版),2014,12(2):19—25.

[170] 佟贺丰.英国文化创意产业发展概况及其启示[J].科技与管理,2005(1):30—32.

[171] 童明.创意与城市[J].时代建筑,2010(6):6—15.

[172] 汪维山.对标志设计准则的反思[J].苏州工艺美术职业技术学院学报,2017(1):21—24.

[173] 王春才.德国会展中心城市的发展路径与策略研究[J].江苏商论,2010(1):56—58.

[174] 王凤丽.印度、爱尔兰软件产业发展模式对我国的启示[J].内蒙古财经学院学报,2008(3):10—12.

[175] 王国华.文化产业发展与社会价值取向[J].北京联合大学学报(人文社会科学版),2015,13(2):31—37+116.

[176] 王华宇.借鉴国外经验 发展动漫产业[J].特区实践与理论,2006(5):66—68.

[177] 王吉英.法国文化政策模式探究——以法国密特朗时期的文化政策为例[J].苏州科技学院学报(社会科学版),2014,31(1):62—68.

[178] 王劲生,肖丽娜.深圳文化创意产业创新特色及启示[J].广东科技,2014,(13):51—53.

[179] 王劲生,肖丽娜.深圳文化创意产业创新特色及启示[J].广东科技,2014,23(13):51—53.

[180] 王林生.动漫节庆产业对城市发展的文化意义——以日本东京为例[J].同济大学学报(社会科学版),2014,25(1):63—67.

[181] 王林生.伦敦城市创意文化发展"三步走"战略的内涵分析[J].福建论坛(人文社会科学版),2013(6):48—54.

[182] 王梅.悠久的历史 古老的文化——埃及印象与见闻[J].地理教育,2009

(2):76—77.

[183] 王鹏.香港文化创意产业的发展经验及启示[J].经济界,2007(2):72—74.

[184] 王鹏.香港文化创意产业的发展实践对广东建设文化大省的启示[J].现代乡镇,2007(2):41—46.

[185] 王乾厚.发达国家文化创意产业集群发展及启示[J].河南大学学报(社会科学版),2015,55(4):120—126.

[186] 王瑞娇.会展产业文化传播价值与功能探析——以中国(深圳)国际文化产业博览交易会为例[J].中国商论,2017(26):143—144.

[187] 王书芬.海门市家纺时尚产业发展研究——基于产业价值链视角[J].商场现代化,2013,(8):124—126.

[188] 王蔚.以经济发展为核心 以领跑全球为愿景——英国互联网发展与治理报告[J].汕头大学学报(人文社会科学版),2017,33(7):142—148.

[189] 王曦.澳大利亚文化创意产业发展对我国的启示——以"昆士兰模式"为例[J].中央财经大学学报,2013(1):71—77.

[190] 王小环.日本动漫衍生产品的开发对我国的启示[J].编辑之友,2008(4):90—92.

[191] 王永友,史君."文化共享"理念的理论演进与实践逻辑[J].南京社会科学,2016(1):149—156.

[192] 王媛.江苏省文化创意产业价值链开发对策研究[J].创意与设计,2017(4):41—46.

[193] 王战,杨婷.好莱坞电影的营销和推广策略研究[J].湖南大众传媒职业技术学院学报,2012,12(5):5—11.

[194] 王哲媛.英国创意产业及其价值观国际传播的思考[J].对外传播,2019(2):71—73.

[195] 魏家猷.好莱坞电影的全球化策略——以《疯狂动物城》为例[J].今传媒,2017,25(8):105—106.

[196] 文化创意产业课题组.关于澳大利亚、新西兰文化创意产业分析思考[J].天津经济,2012(1):8—10.

[197] 文乔君.文化创意旅游游客旅游涉入对地方依恋的影响研究——基于创意体验和满意度链式中介模型[J].无锡商业职业技术学院学报,2019,19(5):69—76+90.

[198] 邬少飞,吕涛,刘军,姚峰,汤剑琴.软件服务外包人才培养模式研究[J].计算机产品与流通,2019(11):233.

[199] 吴泓,张震.法国借鉴及中国公共文化服务体系构建路径——从法国音乐节和巴黎沙滩节说起[J].现代经济探讨,2012(9):84—87.

[200] 吴花,秦荣廷.政府主导型展会发展的现状及对策分析[J].现代经济信息,2018(4):62—63.

[201] 吴佳.为百姓创造更多与动漫文化交流的机会[J].杭州(周刊),2011(4):22.

[202] 吴萍.城市文化中公共艺术空间的拓展[J].包装工程,2015,36(6):17—20+24.

[203] 西沐.艺术品市场:从艺术品交易到艺术财富管理——以中国市场为观察中心[J].齐鲁艺苑,2020(3):94—104.

[204] 夏帆.服装自主品牌"双师驱动"工作模式构建及实施对策[J].浙江理工大学学报,2013(7):497—500.

[205] 夏毓婷.产业价值链视角下的武汉时尚产业发展研究[J].江汉大学学报(社会科学版),2012,29(6):73—78.

[206] 肖金明.文化法的定位、原则与体系[J].法学论坛,2012,27(1):26—35.

[207] 肖龙.我国电竞行业发展现状及前景分析[J].内蒙古科技与经济,2018(12):50—52.

[208] 谢传仓,李正园.传统而内敛:法国文化产业的价值取向[J].贵州社会科学,2016(11):44—50.

[209] 邢华.文化创意产业价值链整合及其发展路径探析[J].经济管理,2009(2):37—41.

[210] 修竹.造梦工厂:二十世纪福克斯[J].现代企业文化(上旬),2014(1):80—81.

[211] 徐风.让办公室变得像家一样 去米兰寻找最酷的家居概念[J].中国经济周刊,2013(15):80—81.

[212] 徐宏.论中国电影院线制改革背后的寡头垄断实质及其弊端[J].文化产业研究,2011(1):76—85.

[213] 徐晓明.文化创意人才对政策扶持有何期盼——关于北京市文化创意产业人才状况的调查与思考[J].中国人才,2014(13):39—41.

[214] 徐兴锋.印度、爱尔兰软件产业扶持政策及其对我国的启示[J].国际贸易,2007(5):30—37.

[215] 许忠伟,严泽美.会展业对地区经济影响的研究述评[J].旅游论坛,2016,9(6):1—9.

[216] 颜莉,高长春.模块化视角下上海时尚产业发展路径研究[J].人文地理,

2012,27(3):60—66+146.

[217] 颜莉,高长春.时尚产业模块化组织价值创新要素及其影响机制研究——以五大时尚之都为例[J].经济问题探索,2012(3):141—148.

[218] 杨辰,周俭,弗朗索瓦丝·兰德.巴黎全球城市战略中的文化维度[J].国际城市规划,2015,30(4):24—28.

[219] 杨光斌.英国新工党政府创意文化产业发展的SWOT分析[J].四川省干部函授学院学报,2019(2):15—18.

[220] 杨建新,杜毓英,吕龙华,孙宇.关于当前浙江省剧院经营管理的调查报告[J].文化艺术研究,2009,2(1):63—77.

[221] 杨晓民.观众主导 营销助力——美国电视剧播出季营运模式[J].新闻前哨,2007:44—45.

[222] 杨亚茹.艺术品交易背后的价值逻辑[J].商业观察,2017(5):24—25.

[223] 杨越.艺术品拍卖行的作用[J].美术观察,2004(4):101.

[224] 姚恒美.国际会展业发展动态[J].竞争情报,2012(1):32—40.

[225] 叶红.色情:毁了日本动漫?[J].观察与思考,2004(Z1):94—97.

[226] 怡萱,蔡靖婧,钟军.金融在艺术品产业链中的功能初探[J].中国市场,2018(11):59—60.

[227] 易前良.美国"电视研究"的学科起源与发展[J].中国电视,2009(5):76—79.

[228] 尹鸿,张卫,陈洪伟,张俊龙.提升中国电影竞争力:工业化能力·人才建设·本土化和"走出去"策略[J].当代电影,2017(6):4—14.

[229] 尹明明.巴黎文化政策初探[J].现代传播(中国传媒大学学报),2010(12):166—167.

[230] 于超.中国服务外包发展战略浅析[J].现代商业,2019(22):85—87.

[231] 于达忠,周卫东.种子圣殿——2010年上海世博会英国馆参观记[J].六师五家渠年鉴,2014-12-25.

[232] 余晓曼.城市文化软实力的内涵及构成要素[J].当代传播,2011(2):83—85.

[233] 俞强.香港文创产业发展对浙江的启示[J].浙江经济,2012(15):42—43.

[234] 袁超.美国电视剧的文本特征浅析[J].声屏世界,2008(1):62—63.

[235] 袁红清,钟昌标.世界软件产业发展的特点和地理构成[J].世界地理研究,2000(2):61—66.

[236] 袁瑞娟.日本漫画图书的出口优势及对中国的启示[J].对外经贸实务,2009(3):77—79.

[237] 袁新忠.浅析文创产业知识产权保护机制问题与策略[J].法制博览,2020 (21):179—180.

[238] 阅读材料参见:花建.中国艺术品产业的发展战略——迈向"十三五"的国际视野和中国路径[J].上海财经大学学报,2015,17(5):57—70.

[239] 张瀚钰,韩英.深圳对接香港文化创意产业发展研究[J].改革与开放,2015(1):16—18.

[240] 张慧,石春让.美国电影中的中国元素及其自主产权[J].电影评介,2018 (24):69—71.

[241] 张记闻.创意园区创意氛围维度分析[J].现代商贸工业,2020,41(6):56.

[242] 张锦秋.城市文化环境的营造[J].规划师,2005(1):73—75.

[243] 张俊华.西雅图、洛杉矶发展经验及对杭州的启示[J].杭州(周刊),2019 (34):44—49.

[244] 张立群.世界设计之都建设与发展:经验与启示[J].全球化,2013(9):59—74+127.

[245] 张娜,田晓玮,郑宏丹.英国文化创意产业发展路径及启示[J].中国国情国力,2019(6):71—75.

[246] 张守荣.美国动漫的特点及运作模式[J].新闻爱好者,2011(12):47—48.

[247] 张微微,李雨瑭.国际服务外包发展趋势与中国服务外包业竞争力[J].农家参谋,2017(20):223+229.

[248] 张伟,谢宇鸿.城市文化创意产业竞争力研究——广州与上海、深圳的比较[J].产经评论,2012,3(5):62—72.

[249] 张颖露,刘华.香港知识产权文化建设概况[J].中国发明与专利,2013 (12):18—20.

[250] 张芷盈.电竞:当"玩物"不再"丧志"[J].中外玩具制造,2018(10):20—22.

[251] 张志彤,张远馨.论中美贸易摩擦的成因及对策[J].现代商贸工业,2019,40(24):44—45.

[252] 章淑芳,郑丹丹,王敏杰.发达国家会展业智慧化发展特征与模式探析[J].管理观察,2016(5):74—77.

[253] 赵澄,邵晓峰.香港艺术村文化创意与社群互动研究[J].福建论坛(人文社会科学版),2016(6):151—157.

[254] 赵孟超,许旭兵.上海时尚创意产业发展下独立设计师品牌研究[J].艺术科技,2017,30(11):6—7.

[255] 赵自芳.香港文化创意产业的经验及对杭州的启示[J].杭州学刊,2016

(2):162—169.

[256] 赵自芳.香港文化及创意产业的发展经验及启示[J].人文天下,2016
(11):13—19.

[257] 郑能.法国的软实力建设及其对我国文化建设的启示[J].中共浙江省委
党校学报,2011,27(5):107—113.

[258] 周家高.埃及旅游业何以得到蓬勃发展[J].环渤海经济瞭望,2001(5):
41—42.

[259] 周苏欣.上海发展时尚产业的若干问题研究[J].学术探索·理论研究,
2011(5):129—131.

[260] 周志.构筑生活、诠释时代、回应社会——2019米兰设计周巡礼[J].装
饰,2019(7):40—51.

[261] 朱晓楠.奥运话语与国家形象建构——从北京到伦敦[J].长沙大学学报,
2014,28(4):95—97.

[262] 朱羽君,殷乐.减压阀:电视娱乐节目——电视节目形态研究之一[J].现
代传播(北京广播学院学报),2001(1):92—96.